吴官正

汉水横冲

武汉城市改革的实践与思考

人民出版社

出 版 说 明

　　本书分上下两篇，上篇主要选编了吴官正同志1983—1986年任中共武汉市委书记（当时王群同志任第一书记）、市长期间的部分讲话、谈话和文章，下篇内容来自1988年出版的《城市改革与系统工程》一书（该书在吴官正同志1985年于中央党校市长研究班上的讲课稿《城市改革是一个巨大的社会系统工程》基础上修改充实而成）。本书附录部分收入了十四篇通讯报道稿，主要是为了从第三者角度反映和体现武汉当时采取的重大改革举措以及产生的积极影响。

　　吴官正同志任武汉市市长的年代，恰逢中国城市经济体制改革的兴起。在1983年走上市长岗位后，他在省委副书记、市委第一书记王群同志为班长的集体领导和支持下，在国家体改委安志文、周太和、陶鲁笳等领导的指导和帮助下，向老同志学习，向干部群众学习，向实践学习，借鉴外地的改革经验，与市委、市政府班子成员一起，大胆放开蔬菜和副食品价格，探索产销体制改革；注意发挥中心城市的作用，争取中央批准武汉计划单列，进行城市经济体制综合改革；敞开三镇大门，让企业经竞争的风雨，见市场的世面；聘请洋厂长，推行现代经营管理；试行企业破产，实行资源重组；引入竞争机制，试行洗衣机配件招标投标；加强对市场监管，制止不正当竞争；率先成立市政府咨询委员会，努力实现决策的科学化、民主化；带头实施对口扶贫，关心贫困地区人民群众的生活；"微服私访"，调查服务行业和城市管理的薄弱环节，不断扩大城市的开放度，提高城市改革发展和管理水平……。在城市经济体制综合改革这场伟大的变革中，

1

吴官正同志与武汉广大干部群众一起，以实际行动实践了邓小平同志"改革是第二次革命"的科学论断。

本书选编的内容，既有鲜活的改革实践，印记了武汉这座城市改革发轫之初的历史轨迹，记录了吴官正同志在市长岗位上，在省、市委的领导下，与广大干部群众一起，顺应历史，敢为天下先，不断开拓进取，冲破旧体制的束缚，解放生产力、发展生产力的心路历程；又有系统的改革理论，反映了吴官正同志注重综合改革、全面改革的改革理念与思想。

本书名为《汉水横冲》，取自唐代杜牧《寄牛相公》中"汉水横冲蜀浪分"的佳句，意为华中重镇武汉，按照中央的改革精神，从实际出发，积极探索，敢为人先，大胆改革，使改革一浪高一浪地向前发展。

今年是改革开放三十周年。值此之际，对武汉城市改革这一在改革开放初期全国城市经济体制改革中有着重要影响力的改革试点的经验作出理论与实践上的系统梳理和总结，对于我们今天进一步推动改革开放事业，有着积极的现实参考意义。本书提供的许多材料和见解也体现了较高的史料价值和理论价值。

在本书编辑过程中，我们请武汉大学经济学教授、博士生导师伍新木，武汉大学社会学教授、博士生导师向德平，中国人民大学科技哲学教授、博士生导师刘大椿，中国自然辩证法研究会自然辩证法史专业委员会秘书长、科技哲学博士刘劲杨，武汉市政协主席、经济学博士叶金生，中央纪委研究室正局级纪律检查员、监察专员兼副主任余蚕烛等帮助审阅书稿，在此表示感谢。

人民出版社

二〇〇八年八月

目　录

上　篇
武汉城市改革初期实践
（工作文稿选）

做好利改税工作　促进财政增收 ………………………………（ 3 ）

　　（1983 年 5 月 21 日）

把权力与智力结合起来　努力实现决策的科学化 ………（ 8 ）

　　（1983 年 5 月 26 日）

以改革为动力　开创科技工作新局面 …………………（13）

　　（1983 年 12 月）

治理黄孝河　造福武汉人民 …………………………………（22）

　　（1984 年 1 月 9 日）

大力加强基础设施建设 ……………………………………（24）

　　（1984 年 1 月 14 日）

放开手脚　勇于改革 …………………………………………（30）

　　（1984 年 4 月 24 日）

重视研究经济工作中的几个关系 ……………………………（38）

　　（1984 年 4 月 30 日）

做好下放企业的服务工作 ……………………………………（42）

　　（1984 年 8 月 6 日）

尊重价值规律 推进物价改革 ……………………………… (45)

　　(1984 年 11 月 8 日)

实行政企分开 增强企业活力 ……………………………… (52)

　　(1984 年 11 月 12 日)

要支援郊县发展 ……………………………………………… (64)

　　(1984 年 11 月 13 日)

走好改革的"四步棋" ………………………………………… (65)

　　(1984 年 11 月 22 日)

改革流通体制 大力发展服务行业 ………………………… (70)

　　(1984 年 12 月 22 日)

调整农业结构 搞活农村经济 ……………………………… (72)

　　(1985 年 2 月 4 日)

注意用法律手段解决经济体制改革中的问题 …………… (79)

　　(1985 年 3 月 13 日)

城市经济体制改革要说"北京话" …………………………… (81)

　　(1985 年 3 月 31 日)

大胆放开搞活 加快城市改革步伐 ………………………… (83)

　　(1985 年 5 月)

坚定不移地把改革引向深入 ………………………………… (91)

　　(1985 年 5 月 17 日)

大力发展第三产业 …………………………………………… (96)

　　(1985 年 6 月 25 日)

加强信访工作 保证改革的顺利进行 ……………………… (103)

　　(1985 年 8 月 3 日)

加快农业发展 ………………………………………………… (112)

　　(1985 年 9 月 17 日)

城市改革是一项巨大的社会系统工程 …………………… (118)

　　(1985 年 10 月)

在改革中需要进一步研究和探索的问题……………………（151）

　　（1985 年 11 月 10 日）

推进社会治安综合治理………………………………………（157）

　　（1985 年 12 月 26 日）

加快老苏区建设………………………………………………（162）

　　（1985 年 12 月 27 日）

改革迈出勇敢的一步…………………………………………（165）

　　（1986 年 3 月 10 日）

要做好职工的思想政治工作…………………………………（171）

　　（1986 年 4 月 6 日）

要提高人民群众的素质………………………………………（172）

　　（1986 年 7 月 26 日）

勇于探索　推进改革…………………………………………（176）

　　（1986 年 8 月 7 日）

下　篇
城市改革与系统工程

概述………………………………………………………………（183）

系统工程的基本观点和基本方法………………………………（188）

　　一、系统工程的基本观点……………………………………（188）

　　二、系统工程的基本方法……………………………………（191）

城市是一个大系统………………………………………………（198）

　　一、城市是商品经济发展的产物……………………………（198）

　　二、城市是一个开放的大系统………………………………（208）

　　三、城市是一个复杂的大系统………………………………（216）

　　四、城市是一个社会化的大系统……………………………（224）

　　五、城市是一个多功能的大系统……………………………（233）

城市大系统的发展方向…………………………………（240）

　　一、城市是一个动态的大系统…………………………（240）

　　二、城市大系统发展的方向是现代化…………………（246）

城市改革的可行性研究…………………………………（254）

　　一、可行性研究的概念和任务…………………………（254）

　　二、可行性研究的方法步骤……………………………（261）

　　三、武汉市城市经济体制综合改革方案………………（269）

城市经济体制改革是一个巨大的社会系统工程………（274）

　　一、运用系统论指导城市经济体制改革………………（274）

　　二、城市经济体制改革的目标模式……………………（283）

　　三、改革企业体制　增强企业活力……………………（289）

　　四、敞开城门　开放市场　发展社会主义的

　　　　市场体系……………………………………………（303）

　　五、完善间接控制手段　建立新的宏观经济

　　　　管理制度　…………………………………………（317）

在改革中建立和完善信息系统…………………………（323）

　　一、信息系统在社会的发展中产生和发展……………（323）

　　二、信息系统的组成……………………………………（331）

　　三、信息的传递…………………………………………（334）

　　四、信息反馈在城市改革中的作用……………………（336）

在城市改革中完善控制系统……………………………（344）

　　一、控制论在社会实践中产生和发展…………………（344）

　　二、控制论的目标和特点………………………………（346）

　　三、控制论在城市改革中有广阔的应用前景…………（349）

　　四、关于控制固定资产投资规模………………………（354）

　　五、关于控制信贷规模…………………………………（359）

　　六、关于控制消费基金增长……………………………（364）

　　七、关于控制物价水平…………………………………（368）

八、关于加强对社会集资的管理……………………（373）

九、关于控制居民收入差别的过分悬殊…………（376）

十、关于控制城市人口规模……………………（379）

十一、建立间接控制体系………………………（380）

用系统论处理城市改革的问题………………………（384）

一、创造良好的政治环境和经济环境　促进

改革的顺利进行　………………………………（384）

二、改革要顾全大局　立足为国家多作贡献………（393）

三、用改革的办法解决改革中出现的新问题………（396）

四、划清各种政策界限坚决刹住不正之风…………（399）

五、在放开搞活中管理好城市…………………（402）

转变城市政府职能　改革经济管理体系………（406）

一、必须深化对城市管理经济职能转变的认识……（406）

二、城市政府管理经济职能的目标模式…………（411）

三、城市政府管理经济职能的转换………………（414）

四、转变职能必须改革机构……………………（418）

坚持社会主义方向　搞好精神文明建设……………（427）

一、在进行物质文明建设的同时必须大力加强

精神文明建设………………………………（427）

二、努力开创教育、科技事业的新局面…………（436）

三、切实加强对精神文明建设的领导……………（459）

附录

来自人民　服务于人民………………………………（465）

　　（1983 年 3 月 30 日）

市长碰到了"死角"…………………………………（469）

　　（1984 年 2 月 23 日）

武汉市长微服出访竟遭服务人员辱骂……………………（470）

　　（1985 年 3 月 24 日）

要讲处分得先处分我这个当市长的……………………（472）

　　（1985 年 3 月 20 日）

外国厂长能办到的中国厂长为什么办不到……………（473）

　　（1985 年 1 月 6 日）

这个建议提得好………………………………………………（475）

　　（1985 年 1 月 6 日）

聘任"洋厂长"前后…………………………………………（477）

　　（1998 年 11 月 20 日）

要维护个体户的合法权益………………………………………（480）

　　（1984 年 1 月 3 日）

鼓励先进　鞭策后进………………………………………（482）

　　（1984 年 3 月 8 日）

我是 27777…………………………………………………………（483）

　　（1985 年 1 月 16 日）

领导者和"智囊团"…………………………………………（485）

　　（1985 年 3 月 7 日）

走一步　看一步……………………………………………（489）

　　——记武汉市蔬菜市场放开前后

　　（1985 年 3 月 17 日）

有胆略的决定………………………………………………（494）

　　——武汉三镇大门是怎样敞开的

　　（1985 年 5 月 11 日）

胆识来自智力"集团军"……………………………………（499）

　　——武汉的城市改革是怎样寻找突破口的

　　（1985 年 6 月 25 日）

上 篇
武汉城市改革初期实践

（工作文稿选）

做好利改税工作　促进财政增收[*]

（1983 年 5 月 21 日）

一、统一思想认识

　　对国营企业逐步推行以税代利，把企业上交利润改为所得税，是改进国家与企业分配关系的基本方向，是经济管理体制改革的一个重要方面。建国 33 年来，我国工商企业的财务管理体制经过了多次变化，但是，从总体的情况看，基本上是吃着统收统支的"大锅饭"。在这样的体制下，企业对国家是一种行政上的关系，"收多收少全部上交，花多花少实报实销"。这种办法不能奖勤罚懒，阻碍生产力的发展。1979 年以来，实行了企业基金、利润留成、利润包干等办法，使企业的财权有所扩大，财力有所增加，这同统负盈亏、吃"大锅饭"的体制相比，前进了一大步。但是，从建立健全企业经济责任制的要求来看，还没有从根本上突破吃"大锅饭"的体制。实行利润留成、利润包干办法的一个最主要问题是，留成比例、包干基数需要定期调整。在对企业的潜力还摸不清，多数企业还有待整顿以及基础工作不够扎实的情况下，基数、比例要定得合理是困难的，争基数、吵比例的情况也会经常发生，企业上交利润的比例有较大的弹性。一旦外部条件有变化，比如市场需求、物资供应和价格调整等等，都会影响企业利润或升或降，其结果，不是国家少收，就是企业少得。

　　＊　这是吴官正同志在武汉市利改税工作会议上的讲话。

实行利改税，就可以较好地解决这些问题。因此可以说，实行利改税比利润留成办法又前进了一大步。

据了解，现在有个别部门和企业从局部利益出发，愿意搞利润包干，而不愿实行利改税。其实，从全局来说，要从根本上改进国家与企业的关系，实行税收制度是比较好的形式。所谓利改税，就是把企业上交利润的制度改为交纳税金的制度。税率固定、国家与企业的分配关系也固定下来，这样，比较可靠，能够持久。按目前推行的第一步税利并存的办法，既保证了国家财政收入，也给企业留了不少余地。"水涨船高"，企业多盈利，交税后也能相应多得，企业的责、权、利也结合得更紧密了。使企业外有压力，内有动力，企业这个最基本的经济细胞，就能够发挥出更大活力。这次利改税，从全国来说，企业留利原则上维持去年的水平，总的精神是"不挤"、"不让"，但是，对少数企业留利水平过高、不合理的，或者拿了"双份钱"的，按照中央规定应该调整压缩。这是国家全局利益的需要，局部利益要服从全局的利益。

还有的部门和企业，对实行利改税与完成今年财政收入上交任务的关系不明确，工作有些放松，全年的上交任务没有落实下去。实现的利润该上交的也不及时上交了，等着搞利改税。应当认识到，实行利改税后只是上交形式上的变化，今年国家下达的上交任务不变。全市任务要按上交所得税加税后上交的利润和调节税进行考核。因此，不但不能放松增产增收的工作，而且应当适应形势发展的要求，采取得力的措施，狠抓经营管理，提高经济效益，力争把今年生产计划和财政上交任务完成得更好。

总之，利改税是财政税收制度的重大改革，是中央经过充分酝酿，反复研究后作出的一项重大决策，是完全正确的，比利润留成、盈亏包干等办法具有更多的优越性。一定要统一思想认识,坚决贯彻执行,同心协力,搞好这项改革。通过改革,进一步调动企业和职工的积极性,促进生产的发展,达到胡耀邦同志强调的"五出"(出效益、出速度、出财源、出人才、出精神文明)的目的。

二、必须执行统一的政策

一是中央和省对利改税工作规定了许多具体政策界限。这次省的会议上又对一些问题作了解答,特别是关于大中小型企业的划分标准、税后利润的分配、各项专项贷款的归还办法以及对亏损企业的弥补问题等等都规定了明确的政策界限。各局、区、县一定要按照中央、省统一规定的利改税办法执行,以保证全市利改税工作的顺利进行。

二是关于留利水平问题。中央总的原则是"不挤"、"不让"、基本维持企业的总留利水平,合理的留利可以保,不合理的要拉下来,省里已经给市里分配了一个控制指标,市里这次会议也如数分解给各局、区、县了。各局、区、县也应按市里分解的指标对各企业进行认真测算,商得财政部门同意后如数下达给有关企业。这次省里对我市企业留利压缩的数额,主要是压缩了一些单位留利水平过高、重复提留的部分。剔除这些因素外,基本上保住了上年全市合理的总的留利水平,有些企业还有一些增长。

三是关于对各局已实行各种包干办法的处理。根据国务院规定,我市年初计划会议上确定各局上交收入承包任务和承包办法,要一律按利改税的办法改过来,原来确定半年预提包干分成的也同时取消;市下达各局、区、县1983年的上交企业收入任务,要分别按照上交所得税、调节税和利润的办法换算过来;各局对所属企业也要在市核定的税后留利水平、调节税率总的范围内将上交任务和留利水平层层分解,落实到企业,并要继续搞好企业内部的经营承包责任制，不断提高经济效益，保证完成上交财政任务。

四是亏损问题。利改税以后，凡属政策性的亏损，继续实行定额补贴的办法，超亏不补，减亏分成；对经营性亏损企业，一定要限期扭转，在规定期限内，国家只补贴职工的基本工资和企业必不可少的生产维护费。超计划和计划外的经营性亏损企业，在规定期限内扭转不了的亏损，财政不弥补。

五是关于归还各项专项贷款问题。这几年，国家通过财政、银行等部门对企业发放了大量专项贷款，去年底国营企业的各种贷款余额达 24000 余万元，这对支持企业技术改造，促进技术进步起了一定的作用。现在的问题是，要管好用好这些贷款资金，充分发挥资金效益。实行利改税后，按有关规定可以在税前从贷款项目的新增利润中归还，但是，对贷款一定要严格控制。今后企业申请贷款时，必须有 10％至 30％的自有资金用于贷款项目；还款时，首先要用自己的钱归还，不足部分再从贷款项目的新增利润中归还，不能把自己的钱存起来，而用利润归还。企业归还各种专项贷款，都必须经过财政部门审查，防止弄虚作假、挖国家收入等不正当做法。贷款没有经济效益的，企业和银行要共同承担风险。

三、确保全年财政收入任务的完成

国营企业利改税，不仅是财政税收制度上的一项重大改革，而且是整个经济管理体制改革的一个重要组成部分。为进一步加强对利改税工作的领导，市政府决定由一名副市长负责抓这件事，市财办、经委、建委和财政、税务、银行等部门各参加一名领导同志组成利改税领导小组，并从以上各部门抽调业务熟悉、有一定政策水平的同志组成办公室，具体负责全市利改税工作。

市属各企业主管局和各区、县也要相应建立利改税的专班,并要有一位负责同志直接抓利改税工作,以保证这一工作的顺利进行。

实行利改税以后,财政部门的企业财务管理工作和税收征管工作任务更加繁重。根据国务院规定,国营企业所得税的管理工作,由税务机关办理;国营企业的财务会计工作以及税后利润包括调节税等,由财政部门办理。因此,要进一步加强企业财务和税务工作,充实力量,培训干部。利改税6月1日起就要开始办理,时间很紧,各部门要采取短训班或以会代训等方式,对广大财税干部和企业财会人员进行培训,以适应工作的需要。

把权力与智力结合起来
努力实现决策的科学化*

（1983 年 5 月 26 日）

在党中央正确方针指引下，在各个领域的改革正在进一步展开的大好形势下，为了全面开创我市社会主义现代化建设的新局面，充分发挥武汉地区专家的作用，开发智力资源，加速我市经济、社会与科学技术的发展，经过酝酿筹备，市人民政府咨询委员会今天成立了。我代表市人民政府对参加咨询委员会工作的专家、教授表示热烈的欢迎，向到会的各位同志表示热烈的祝贺，向支持成立咨询委员会的各个单位表示诚挚的感谢！

党的十二大提出在本世纪末工农业总产值要翻两番，为了实现这个战略目标，还提出了必须在各个领域进行改革的任务。当前，我市的经济改革和其他方面的改革，在市委的领导下，正在有步骤地进行。城市不同于农村，工业、商业不同于农业。我们既要看到改革的重要性和紧迫性，又要看到城市中许多方面的改革比农村的改革复杂得多。这就要求我们从实际出发，把工作做得更扎实、更细致。武汉作为我国内地的中心城市，调整、改革和今后的发展任务都十分复杂、艰巨。武汉的科学技术力量比较雄厚，这是武汉的一大优势。在社会、经济发展和改革中，我们要充分发挥这一优势，为武汉的四化建设出谋献策，贡献力量。我们的工作，虽然头绪纷繁、问题很多，但总起来讲，搞

＊ 这是吴官正同志在武汉市人民政府咨询委员会成立大会上的讲话。

现代化建设必须依靠科学技术,必须使领导机关的决策科学化,而发挥智囊的作用,又是实现决策科学化的关键。因此,我们在一年以前就酝酿成立市的顾问委员会。后来,根据省国土经济研究会的要求,成立了城市经济研究会,并聘请了部分专家、学者担任顾问,开展了一些富有成效的研究工作,积累了经验。现在,在原来酝酿的基础上,在这次机构改革中,我们经过慎重研究,为扩大咨询领域,避免多头领导,决定将城市经济研究会合并,组成包括经济、社会、科学技术三位一体的市政府咨询委员会。

进行社会主义现代化建设,开创社会主义现代化建设的新局面,不仅要学习运用国内的先进经验,而且要吸收国外有益的经验。我们过去做得不够,知识面窄,视野不广,信息不灵,盲目性大。这几年做了一些工作,也还是刚刚开头。要不断地吸收国外经验,把人类过去和现在创造的一切成果,经过研究消化之后,变成自己的财富,这才是马克思主义的态度。吸收外国经验,要"以我为主",经过多年努力,逐步建立起具有中国特色的,适合我市经济、社会和科技发展的一套科学咨询体系,真正做到"以我为主、博采众长、融合提炼、自成一家"。这需要我们在实践中,不断总结经验,让我们大家共同努力吧!

武汉地区的工业具有相当的物质技术基础。经过建国三十多年来的努力,已基本建成一个以钢铁、机械、纺织为主,轻工、化工、电子、建材具有一定水平、门类较多的综合性工业基地。武汉作为我国重要的交通枢纽,水陆运输发达,素有"九省通衢"之称,这里商业繁荣,市场广阔,是我国内地的贸易中心。武汉地区科研机构比较集中,教育事业较为发达,人才济济,经过多年的努力,城市建设的布局已经展开,在为生产服务、为人民生活服务方面打下了较好的基础。但也应看到,武汉虽有上述优势,由于长期以来受"左"的思想影响和我们工作上的一些失误,加之现行经济管理体制等方面的问题,许多优势还没有得到充分发挥,我市工业生产技术和管理水平低,产品结构落后,经济效益差;郊县副食品生产发展不够快,自给水平比较低;城市建设和人民生活方面长期积累的"欠账"较多。近几年来虽有改善,但还需要继续解决,武汉作为中心城市的作用还未很好发挥,整个地区的科学技术和高等教育的力量还未组织起来。此外,武汉市原材料工业,特别是基本化学原料基础薄弱,有机合成材料很少,能源紧张,尤其是煤炭缺口大。这些问题的存在,不利于武汉的经济发展。成立市政府咨询委员会就是要在党和国家的路线、方针、政策的指导下,坚持理论与实际相结合和实事求是的原则,认真做好武汉市的经济改革与经济发展的调研、预测、论证、审议等工作,就全市经济、社会与科技的发展战略、中长期规划以及重大的建设方案、政策措施等,向市人民政府提出咨询意见,这既包括市人民政府委托研究的课题,也包括咨询委员会认为需要进行论证和提供决策意见的课题。近半年来,不少专家、学者、教授建议我们,既要依靠武汉地区的科技力量,又要争取外省、市的支援,尤其要积极争取中央有关单位的指导和帮助,这个建议很好。最近,我市已与清华大学签订了科学技术合作协议书,又分别聘请清华大学副校长滕藤同志,中国科学院安徽分院院长蔡承祖同志担任市咨询委员会的委员。我们在依靠武汉地区科技力量方面,过去已经做了不少工作,如市科委下属的科技服务公司与武汉地区大专院校和科研设计单位的科研部门对口,推广最新研究成果,开发新产品,推广新技术、新工艺,取得了很好的效果。生产单位与高等院校和科研部门多种形式的挂钩和协作,也取得了可喜的成效。当然,这些工作还做得不够,还比较分散,需要进一步提高。这次市政府成立咨询委员会,还打算成立市的技术经济协作办公室。我们相信,通过多层次的、多种形式咨询、服务、协作、联合,在"经济建设要依靠科学技术进步,科学技术工作要面向经济建设"的方针指引下,一定会把武汉地区的科学技术力量和全市的生产建设紧密结合起来,为武汉的四化建设创造出新的成绩,作出更多的贡献。

建议市人民政府咨询委员会从现在起着重研究一下武汉市的发展战略问题。这个问题很重要,发展战略问题搞清楚了,我们前进就有了方向。今年第四季度,在继续讨论发展战略的基础上,重点论证武汉市中长期发展规划,特别是技术改造规划问题。这是我们的初步设想,请各位专家研究讨论,提出意见。当然,经济的发展,无论在宏观或微观方面都应十分注意提高经济效益。微观经济是宏观经济的基础,必须十分注意抓紧。但作为市人民政府,在处理经济工作时,我认为,最要紧的是把注意力放在武汉市的全局上,首先要抓住影响全局的问题。如果丢掉了全局而忙于一些次要问题,那就会迷失方向,贻误时机,带来被动和损失。

现代科学技术对于经济、社会发展所起的作用,已经不限于具体技术成果在生产上的应用,而是从宏观上对国家经济政策、发展战略产生重要影响。例如,我市经济建设目标的确定、经济结构的改革、生产力合理配置、资源的合理利用、企业的技术改造、技术经济政策的制订等,都必须重视科学技术的因素,分析科学技术和经济发展趋势。为了使各位专家了解我市的经济状况,参与经济、社会发展的决策研究和规划的制定工作,市人民政府将根据工作需要,邀请咨询委员会的委员列席有关会议。为了使咨询工作顺利进行,提请咨询委员会研究的问题,经市人民政府审定后,应以书面形式提出,并提供必要的有关资料。咨询委员会根据决策目标议定意见时,要进行多方案的分析比较,选出最优方案。意见不统一时,应将各方案的争论焦点及其依据一并提出,以供决策时参考。咨询委员会提出的方案经市人民政府批准后,还要进行反馈,以便及时了解执行情况,总结经验,验证咨询工作成效,提高咨询工作质量。

把咨询与决策结合起来,把权力与智力结合起来,使决策科学化,是我们成立市人民政府咨询委员会的目标,是搞好我市各项工作的必要条件。

以改革为动力
开创科技工作新局面[*]

（1983 年 12 月）

一、通过机构改革,充实、加强科技领导力量

贯彻落实党的"振兴经济必须依靠科学技术进步,科学技术工作必须面向经济"的方针,实现两者的结合,关键是要有一大批实现这个方针的人才。在机构改革中,我们按照干部"四化"的要求,调整了各级领导班子,把一大批具有大专以上文化程度,懂管理、懂技术的优秀分子选拔到各级领导岗位,使科技领导力量得到了加强。市委书记中,既有懂经济管理的,也有懂科学技术的。市委第一书记十分重视科学技术,亲自抓科技工作,抓科技改革,抓地区性科技力量的联合,抓科技人员政策的落实。一些开发性的科研项目,都有市里领导分工负责。市政府六名正、副市长,有两名是工程师。市科委新领导班子的三名成员都是高中级科技人员。市政府其他委办的领导班子中,具有大专以上文化程度和技术职称的干部所占比重,比原来有较大幅度的增加。全市调整后的 67 个局级单位,提拔了 105 名具有大专以上文化程度和技术职称的干部担任局级领导,占提拔总数的 62.5%。由于改变了干部结构,充实了科技领导力量,加强了对科技工作的领导,科技工作有了新的变化,经济建设也出

＊　这是吴官正同志在全国科技工作会议上的交流材料。

现新的起色。市电子局的班子结构调整后,新班子针对产品滞销,结构单一的问题,组织科技人员参加制定电子工业发展规划,建立行业技术开发中心,开发新产品,促进了生产发展和经济效益的提高。到三季度末,定型投产的新产品有 24 个,创造的产值占总产值的 37.9%,创造的利润占利润总数的 49.3%。

为了使科委集中精力研究重大的科研项目和带战略性的研究课题,市委还调整科技管理部门,成立了技术进步领导小组,设立了技术经济协调办公室和生产技术局,加强对技术改造、技术引进、技术协调、技术推广的管理和指导。

二、积极采取措施,改变科学技术与
经济建设不相适应的状况

科学技术是生产力,只有与生产建设相结合,才能发挥经济效益,并为自身的发展创造条件。为了使科学技术与经济建设你依靠我,我面向你,水乳交融,通力合作,协调发展,我们积极采取措施,努力改变科学技术与经济建设不相适应的状况。

1. 制定规划,协调发展。今年以来,我们组织了一大批力量,深入进行调查研究,制定科学技术与经济、社会协调发展的中长期规划。经国家和省批准,已纳入"六五"后三年规划的项目有 100 多个,投资额相当于 1979 年至 1982 年的总和。在今年的科技发展计划中,我们从产品升级换代入手,以工艺为基础,节能为重点,围绕提高产品质量,发展品种进行技术改造,引进先进技术,安排了 113 个地方项目,资金达 8900 多万元。在实际工作中,强调科学技术与经济的结合。分管工业的市委书记,既抓经济工作,又抓科技工作。还请计委、经委的负责同志向科委介绍工业生产情况,让工业出题目,科委做文章,努力使科学技术面向生产,紧密结合,协调发展。

2. 抓住重点,组织科技攻关。在省科委的指导下,我们市科委握紧拳头,抓住发展新兴行业、优势产业、拳头产品、地方特产四个重点方面,组织科技攻关。今年安排了36个重点科技攻关项目,投资金额占总经费的63.8%。许多项目已取得明显效果。年产100吨的L—赖氨酸中试已提供部分产品,1000吨的基建项目,上级已经审批。在积极采用哈尔滨科技大学小试成果的基础上,混合氨基酸铜铬合物杀菌剂中试也取得成果,提供的批量产品在有关试验网试验应用。

由于突出重点,组织科技攻关,新开发的产品日益增多,产品质量不断提高。今年湖北有18项轻工科技成果获奖,其中我市占17项。全市荣获国家质量奖的产品有14个。新产品率达到9.4%,超过计划1.4%。优质品率达到11.4%,比去年同期上升2.2%。

与此同时,还抓了汉阳县科学技术综合试验。万亩杂交水稻高产示范,万亩小麦稳产高产协作攻关,5000亩棉花地膜覆盖,30000亩商品鱼基地的开发利用等,都有新的突破。

3. 制定鼓励技术进步的政策,增加科技经费。为了鼓励技术进步,今年以来,我们制发了扶植工业新产品开发、鼓励发展工业优质产品以及技术有偿转让等试行规定和办法,调动了科技部门和生产建设单位提高产品质量、转让科技成果的积极性。我们还制定了科技人员合理流动试行办法,对科技人员在市内定向流动、应聘兼职等都作了具体规定,促进了科技人才的合理使用和交流。

在财政困难的情况下,我们想方设法尽力提供科技经费。今年用于技术改造和科技攻关,推广新技术和开发新产品的投资,达4775万元,用于科研项目的经费717万元,科技贷款300万元,数目虽然不大,但比以往任何一年都多。我们打算随着财政状况的好转,使科技投资逐年有所增加。

三、走联合之路，充分发挥地区的科技优势

武汉地区有高等院校 26 所，自然科学研究机构 133 个，技术力量比较雄厚，是发展武汉经济建设的一大优势，但由于多头分散管理制体的束缚，过去没有形成一个有机整体。我们本着改革的精神，运用行政干预、互惠互利、自愿结合的办法，突破地区、部门的界限，与中央和省在汉的科研设计单位，开展了多层次、多渠道、多形式的合作，统筹、协调、联合各方面的科技力量，从而加快了武汉建设的步伐。

1. 成立市政府咨询委员会。如何提高领导的决策水平，集众家之长建设武汉，市政府咨询委员会的成立，使我们较好地解决了这个问题。今年 5 月份，市政府聘请武汉各界知名专家学者为咨询委员，组成了咨询委员会，这是一个智力和权力相结合，理论和实际相结合的智囊班子，它的主要任务是研究、论证我市的发展战略、中长期规划和重大建设项目的方案，为市政府领导提供咨询建议和决策依据。咨询委员会成立以来，开展了一系列咨询活动，如关于武汉经济社会发展战略的讨论，使我们对武汉的基本特点、战略地位和发展方向有了更明确的认识。许多同志反映，武汉地区有这么多的专家学者和领导同志，关心研究武汉的经济社会发展战略问题，这在武汉的历史上是没有的。对咨询委员们提出的关于要重视商业流通的作用、开发长江和发展武汉港口、注意开发"潜在智力"、改革蔬菜产销体制等咨询意见，我们都认真采纳，有的已经和正在组织实施。

2. 组织市、校科学技术协作。我市一些企业早在 60 年代就得到有关大专院校的支持，在解决生产关键问题上，取得了良好的经济效益。实践使我们认识到，走联合之路，开展市校之间的合作，共同搞好科学研究，组织科技攻关、技术咨询，是发挥地

区科技优势,打开技术进步工作新局面的有效途径。今年以来,我们组织人员先后到中国科学院武汉分院、武汉大学、华中工学院等高等院校以及中央和省在汉的一些科研设计单位求教,还邀请清华大学的领导和教授到汉商谈市校合作问题,并分别与清华大学、武汉大学、华中工学院等院校签订了科学技术合作协议。目前,市校合作问题,已经取得了良好的进展。"钛板及钛镀层彩色画"是清华大学借鉴国外经验在国内首次研究成功的新技术,武汉国画院接受"钛板画"新技术后,在短短三个月的时间里,就生产出了具有不同风格的钛板彩色画;武汉洗衣机厂提供管理咨询,改革经营管理方法,仅开展外协件投标一项,一年就节约成本费用20多万元;武汉柴油机厂、武汉照相机厂通过开展技术合作,提高了产品质量,打了一个翻身仗;武汉市仪表工业总公司注意微型电子计算机的应用,与清华大学签订了一批项目,这些项目实现以后,将为微型机在我市的广泛应用,迈出可喜的一步。

3. 组织武汉地区大厂的技术力量支援市属企业。派出技术支援队、开展技术咨询、组织联合攻关、借调技术人员、实行技术承包,这是武汉地区大厂帮助市属企业的几种形式。在省的支持下,我们先后组织了武汉重型机床厂、武汉锅炉厂和武昌造船厂等41个单位的500多名工程技术人员到武汉手表厂、武汉电扇厂等37个工厂,开展了技术支援活动,使受援单位的企业素质和经济效益有了明显提高。武汉锣厂从清朝时就生产铜响器,近百年来,因铸坯夹渣,废品率一直很高。在大厂支援队的帮助下,这个厂总结出了一套新的熔炼工艺,研制出一种新的制锣铜合金,使废品率大大降低,一年为国家增加财富127000元,不仅如此,这个厂生产的大抄锣今年还获国家银质奖。

4. 组织武汉地区国防科技工业企业及科研单位的科技成果向生产单位转移。今年,市里已决定安排实施85个军用转民用的科技项目,并确定精冲工艺技术和静电复印消耗材料为重点。最近,省、市科委、计委、经委和省国防科工办等七个单位,正在筹备"湖北省暨武汉市军用转民用科技交易会",将进一步开展"军转民"的工作。武汉打字机厂运用军工部门的技术优势,解决了生产、工艺、技术中的关键问题,仅一个月时间就扭亏为盈。

此外,市科学技术协会、市科学技术服务公司等群众性科学技术组织,还开展了各种学术交流,举办了一系列科技交易会,发展了一批"科研—生产联合体",发挥了协调地区科技力量的作用。

四、积极试点,推动科技工作改革

为了调动科研单位和科技人员的积极性,并为改革科技体制积累经验,今年以来,我们在科技工作的改革方面,进行了一些试点,取得了一些进展。

1. 在研究所试行科技经济责任制。从今年起,市自动化研究所实行研究任务承包,自愿组合,国家拨给的科学事业费只限于用作科技发展基金和购置仪器设备。人员工资、办公费、调研费均在项目经费中开支,并试行浮动工资,按计权人数确定科研工作量。试行这些办法后,增强了科研人员的责任感和事业心,加快了科研课题进度。预计全年完成的工作量超过定额 30%,比过去三年平均工作量高 90% 左右。

2. 抓好科研机构企业化试点。从事应用、开发研究的科研机构走上企业化,可以用智力开发智力,减轻国家负担,促进研究所更好地面向经济,为生产建设服务。在这方面,市冶金研究所已经积累了一些经验。他们利用研试手段承接部分生产任务,用小批量生产的盈利,负担全所人员的开支,补贴科研试制经费,发展科技研究工作。试点以来,先后完成科研课题 44 项,其中重大课题和获奖项目 17 项。完成新材料试制项目 490 多项,创造产值 4200 多万元,利润 800 多万元。

3. 成立技术开发中心。为了集中力量搞好各行业技术改造、技术进步的规划,搞新技术新产品的开发,市政府批准塑料公司成立塑料技术开发中心,组织塑料行业的科技人员交流技术情报,开展咨询服务,帮助企业解决技术难题。由武汉大学与武汉塑料五厂共同攻关的聚四氟乙烯大板粘接技术,已经获得成功。市化工研究所与武汉塑料一厂联合研究的聚氟脂人造革原液剖析与仿制,大部分项目已经完成。

4. 成立民办性质的应用研究所。为了广开科技研究渠道,我市成立了农业应用研究所,由分管经济工作的市委书记任顾问。参加研究所的科技人员多数是老同志,他们利用"余热发电",在业余时间开展技术咨询和科技成果的推广应用,与省内外的 43 个单位建立了联系,推荐技术资料,提供优良品种,对专业户免费进行咨询,对需要收费的项目,也只是收很少的费用作为活动经费,没有分给个人。他们为宜昌点军公社提供的 G—70 无支架番茄,亩产达到 10800 多斤。比当地品种增产 80%,产值提高了两倍,受到了农民的欢迎。

五、加强智力开发,抓好人才的培养教育

当今世界经济和科学技术发展的历史告诉我们,人才是创业之本。所谓竞争,实质上是人才的竞争。因此要舍得在智力投资上花本钱,下气力,要以对国家未来着想的战略眼光和高度责任感来抓好这件事。这既是当务之急,又是百年大计。为此,市委作出了《关于开创我市教育工作新局面的决定》,要求各级党委都要重视教育,各行各业都应支持教育,提出了我市各级各

类教育的规划,并决定增加智力投资,努力改善办学条件,立足于多形式、多渠道、多层次、多规格,多方面培养多种专业人才。

我市现有市属各类高等院校 15 所,共 60 多个专业,在校学生两万人,我们在财力十分有限的情况下,从实际出发,努力加速发展市属高等教育。划出 1 所财贸干校,三所中学,拨款 430 万元,开办了自费、走读、不包分配、择优推荐的江汉大学;办起了华中工学院汉口分院;还发展了广播电视大学、职工大学、函授大学和夜大学,集资兴办了以电视教学为主的武汉电视台。成立了高等教育自学考试委员会,鼓励在职干部和职工自学成才。

为了给广大科技人员知识更新创造条件,开办了科技干部进修学院。今年已办三期进修班,近 600 名工程师参加了学习。为提高领导干部的科技知识水平和现代化管理能力,还举办了全市局以上干部的工业管理讲座。为提高广大工人的技术素质,今年组织了有 1400 多家企业、125000 名职工参加的技术能手选拔赛,选出了一大批优秀技术能手,有力地推动了广大青年职工学技术、练技术的活动。

我们利用与日本大分市、西德杜伊斯堡市、美国匹兹堡市建立友好关系的条件,有计划地开展对外科技交流和考察活动,选派了一批优秀的科技人员出国留学、进修、研修、考察,从多方面提高科技人员的业务素质。同时,邀请国外学者、专家来我市讲学,开展科技交流活动。根据我市与杜伊斯堡市签订的技术协议,第一批西德退休专家已到武汉工厂企业和生产技术局担任咨询工作。

以上是我市贯彻落实党的科技方针,坚持改革,促进科学技术进步的基本情况。我们的工作,距离党的要求、形势发展的要求和各兄弟城市的先进水平还很远。今后,我们决心在中央和省的领导下,在国家科委的领导和支持下,抓紧时机,立足当前,坚持改革,努力把目前的各项工作做好,同时,注视世界经济、科技发展的新趋势,抓紧采用先进的科技成果,积极掌握技术信息,加强智力开发。我们坚信,武汉同各兄弟城市的经济建设和科学技术一定能在"世界新的工业革命"来临的时候,迎头赶上。

治理黄孝河 造福武汉人民 *

（1984 年 1 月 9 日）

　　武汉空军党委极为关心我市的排渍工程建设，在机场河工程尚未开始前，就主动请战，要求承担治河工程。去年 11 月 4 日，武司令员、康政委亲自下达了参加治河工程的命令。11 月 11 日，即破土动工，至今天为止，前后不到两个月的时间内，一鼓作气，提前完成了长 1080 米，上宽 55.5 米，底宽 20.5 米，深 5 米的主河道的开挖工程，共开挖土方 21 万立方米。这段渠道工程任务相当艰巨，地形地质条件十分复杂，有的要穿越鱼池藕塘，有的要穿越老河床，淤泥、胶泥混杂，连机械运行都十分困难，有的淤泥不得不用双手捧、脸盆传，真是泥一身、汗一身。进入冬季，施工部队指战员 2000 多人，搭了 270 多顶帐篷，冒寒风，顶雨雪，日以继夜，战斗在工地，吃住在工地。为了加快工程进度，部队又投入机械设备 90 多台，并派人到广州、湖南、河南等地采购机械设备的零配件和所需施工枕木。各级负责干部，从司令员、政委，到军、师、团级首长、休干所离休老干部以身作则，带头参加劳动。不少军师级干部同战士一起吃住、劳动在工地，还与附近农民共建文明村，做了大量的受人民群众拥护和欢迎的好事，群众说：当年红军老传统，南泥湾精神又回来了。武汉空军参加治河工程建设，是为武汉人民造福的具体体现。你们始终同武汉人民同呼吸、共命运，武汉人民永远不会忘记在防

---

　　* 这是吴官正同志在武汉空军治理黄孝河工程竣工报捷会议上的讲话。

汛最紧急的艰险关头，是空军的同志们挺身而出，投入抢险救灾。这次治理机场河，又是你们挑了重担，整个机场河工程51万立方米的土方，武空就拿下21万方，为整个工程出了大力。其速度之快，质量之好，为机场河全线作出了好榜样，凡是参观学习过的人们，无不受到深刻的教育，无不为之感动！真正体现了"人民军队爱人民，人民军队人民爱"的鱼水深情。

大力加强基础设施建设[*]

（1984 年 1 月 14 日）

（一）

社会主义城市是建设物质文明和精神文明的基地,在我国"四化"建设中,具有十分重要的地位。规划好、建设好、管理好一座城市,尤其是几百万人口的大城市,涉及政治、经济、社会等方面,是一项系统性、综合性很强,非常错综复杂的工作。我国城市建设的实践表明:在一个相当长的时期内,城市的诸种问题中,突出的是城市基础设施建设不能适应社会主义现代化发展的要求。

所谓基础设施,从城市管理和发展的全局来看,应该由为城市生产和居民生活服务的基础结构和服务结构两大部分组成。即包括道路交通、场站码头、供水排废、热力煤气、电力通讯、防洪排渍、住宅建筑、商业网点、文教体育、环境保护、园林绿化等。基础设施为城市的经济社会和人民生活提供有形的完整的工程系统。尽管其大部分并不直接参与社会物质产品的生产过程,但它却维系着整个城市的运转,是保持城市良好秩序的物质手段,也是社会环境和自然环境的平衡手段。城市基础设施所提供的服务能力必须满足正常活动的需要。这样,人民不但能够

---

* 这是吴官正同志就城市建设问题撰写的一篇文章。

从事积极有效的生产劳动,而且能够获得良好舒适的生活休息环境。反之,则必然出现一系列"城市病"。由于基础设施落后而对经济社会造成的影响在大城市中尤为明显,不仅给城市人民生活造成很大困难,并直接影响了生产工作效益,制约社会经济事业的发展。城市在一定程度上预示着代表着我国现代化的进程和水平,而基础设施作为城市现代化的基本条件,是城市现代化的主要内容和客观标志。因此城市基础设施的不断完善不仅是城市经济同步发展的要求,而且也是我国"四化"建设的一项重要任务。

(二)

党的十一届三中全会以来,贯彻调整方针,加强了城市建设,城市面貌有了比较大的改观,但城市基础设施欠账仍然较大,加之城市工业的发展很快,人口增加很多,要改变"骨头"和"肉"比例失调的状况,还需要作艰苦的努力。从目前的状况来看,大城市,特别是特大城市,一般都是住宅相当紧张、交通阻滞、通讯不畅、公共服务不足、绿化覆盖率低、环境污染相当严重。而每个城市又由于自身的自然地理条件和历史状况的不同,具有各自的个性问题。从武汉市来讲,防涝排渍就是城市基础设施中最薄弱的环节,现有的抽排水能力只是需要量的 1/4,一遇暴雨便渍水成灾,仅 1982 年和 1983 年两年的损失就近五亿元。再如上海的市内交通问题,据调查全市四万多辆货车每小时平均行车速度 1964 年是 30 公里左右,现在下降到 20 公里左右,每年由于车速下降带来的营运损失达四亿元之多。又如北京的电话普及率 1981 年仅为 5%(其他城市的市话水平更低),在世界各国首都中居倒数第二。

城市建设欠账有多方面的原因。我国是一个人口多、基础差、城市化水平很低的大国。发展工业,振兴经济,万端待举,需要大量的资金。城市既是生产物质财富的工商经济荟萃之地,当然也是征集税利积累建设资金的主要基地。我国之所以能在比较短的时间内打下工业化的基础,建成独立的比较完整的工业体系,是与城市在有限的空间内发挥聚集经济的效果,为经济建设提供大量的资金分不开的。问题是长期以来,我们在指导思想上重生产轻生活,把城市建设列为非生产部门,致使城市建设排不上队。据统计,1952 年至 1980 年的 28 年中,我国城市建设的总投资只占全国基建投资总额的 2.02%。建国以来,城市人口平均每年增长 6.31%,其中大城市为 3.92%,而城建投资比例基本上没有增长。北京市是特大城市中基础设施条件最好的,但 1949 年至 1980 年市政公用设施投资人均也只有 449元,平均每年每人也不过 10 多元。"骨头"和"肉"的比例严重失调状况,使生产与建设,生产与生活无法同步协调,城市经济不能有计划按比例发展。

现行的城市管理体制不利于加强城市建设。问题表现在两个方面。一方面,城市里的工业生产是以条条为主,而城市基础设施建设则是以块块为主。工业生产单纯只按生产发展的需要安排建设项目,常常不考虑或根本不可能考虑基础设施的建设。建设单位自承选厂定点、规划设计直至建成投产,城市只有配合的责任,没有干预的权力。所以说城市管理范围内的工业越多,给城建管理带来的问题和困难也就越多。另一方面,城市的建设管理处于割据状态。基建计划分散,资金多头。各单位都有自己的发展设想,职工住宅和生活服务设施都实行自建自管,部门所有,都力图把自己那一块地盘建设成为独立格局的"庄园"。单位办社会的结果,必然把本应是合理分工的城市有机整体弄得支离破碎,这是城市布局不合理的一个重要原因,也是基础设施薄弱的根源之一。在此状况下,城市政府缺乏权威,也没有精力和财力来进行统一的城市建设管理,规划往往成为空话,很难顺利实现。

(三)

结合翻两番的宏伟目标和经济体制改革的长远要求来看,加强城市的基础设施建设要认真做好几项工作。

首先,在指导思想上要打破传统观念的束缚,按照社会化大生产的要求来建设城市。从城市发展的战略上重视城市基础设施的重要地位。城市建设的平衡协调就是要以规划为依据,保证促进工业生产同生产性基础设施的同步发展;保证促进工业生产、人民生活同社会各项事业、服务性基础设施的同步发展。发挥总体效益,提高保证程度。总之,加强城市基础设施的研究和发展,是与国民经济持续增长的根本要求相一致的,具有现实的经济意义和长远的战略意义。

其次,为了使城市的建设与其在国民经济中的重要地位相适应,从根本上解决目前在城市建设中影响城市经济与社会发展的矛盾,就必须有一个经过批准具有法律性质的城市总体规划,必须有一部能够保证城市规划得以实施的城市建设管理法规,必须有高度集中的具有权威的统一领导,必须有一个作为实施城市规划根本保证的合理的城市建设体制。

为此,要建立由中央统一管理调节,既有利于加强国家集中计划,又有利于发挥地方积极性的、适应城市建设的财政金融体制。随着我国生产的发展和经济的不断增长,城市建设的投资也应有相应的增长,要有合理稳定的投资比例。一是要提高城建投资在固定资产总投资中的比重,逐步由目前的 2%~3% 上升到 4%~5%;二是要提高城市建设投资在城市固定资产投资中的比重,1982 年我国这一比重是 28.6%,70 年代苏联东欧等

国是 45％～50％,发达的资本主义国家是 60％～75％;三是要
合理安排生活配套设施与住宅建设投资的比例,服务性公共工
程的投资按规划配套通常要占住宅投资的一半左右。为了加快
城市建设的步伐,还必须保证城市的建设和维修有可靠稳定的
资金来源。一是财政资金要成为城建重大项目的主要保证。这
是指大的生产性基础设施项目,都应该列入国家基建计划,由财
政拨款投资。一般性的建设项目则采取城市统筹安排和国家补
助相结合的方法。城市从工商利润中提取的 5％,理应属财政
预算内的专项资金,不应再作城市自筹指标。在保证中央财政
收入不断增长的前提下,税制改革要有利于加强城市建设,合理
划分中央税和地方税,在城市开征建设税、房地产税和土地使用
税,作为基础设施建设的固定资金来源,同时应合理确定城市基
础设施收入的返还比例,合理调整营业价格,保证消耗与补偿的
基本统一。二是金融资金要充分发挥作用,贯彻国家的方针政
策,解决一些急需的或有偿还能力的地方城建项目。在具体做
法上可以采取发放中期贷款,发行城市建设债券、利用国际银行
贷款等方法,以弥补建设资金的不足。三是社会集资的作用不
可低估。根据"人民城市人民管"的精神,应广泛动员征集社会
资金,在具体做法上可就某一项工程向受益单位发行股票,建成
后按股份分享权益。全市性受益的大型工程,要发动群众兴办,
有钱的出钱,无钱的出力,部分工程还可分配任务,搞义务劳动。

　　要改革现行的城市建设管理体制,具体的实施可考虑分为
两步。第一步,加强中央的城市规划、建设、管理、开发机构的职
能,直接对城市工作进行计划监督协调指导。特别是大城市应
单列计划户头,将生产建设维修都纳入国民经济与社会发展计
划。根据发展趋势和需要,具体确定一系列城市建设的目标,切
实搞好综合平衡,使城市建设得到合理的计划安排。规划范围
内的土地要统一由城规部门管理,并对用地单位征收土地使用

费。工业建设项目的厂外工程和住宅建设计划下达给城市,由城市根据总体规划,具体核定基础设施的服务标准和服务能力,统一安排建设。城市规划作为国民经济计划的基础之一,两者的制订和修改要协调一致。初步解决条块分割,分散建设,计划与规模脱节的问题。第二步,随着经济管理体制改革的逐步深入,要实行政经分离、政企分离,扩大企业权限,扩大城市权限。特别是实行利改税的措施,使企业生产经营活动由其自身以及各类经济组织去进行具体管理,城市行政机关只负责必要的协调监督和行政指导,扭转城市行政机关的主要精力抓工业管企业的忙乱局面,真正把工作重点转到市政建设、工商税收和立法司法等方面来。在此基础上有计划有组织地实行文化和生活服务性设施的社会化,把城市的发展纳入统一规划,统一开发,统一建设的正常轨道。凡属城市基础设施的建设项目,不再按系统下达给各企事业单位自建,而由城市政府采取经营房地产的方法统一向社会提供。这样才能集中用地,集中改造,分片建设,打破一个单位一个院,时时处处搞基建,各搞各一套,利用率不高的状况,充分发挥城市的综合经济效益,为城市的建设开创出新的局面。

放开手脚　勇于改革[*]

（1984 年 4 月 24 日）

近几年来，全市经济工作面临的形势越来越严峻，工业企业随着客观条件的变化和市场的激烈竞争，受到了严重的冲击；商业（包括外贸）在国内外市场瞬息万变，城乡商品生产、交换迅速发展，尤其是农村经济发生巨大变化的形势下，也面临着新的挑战。现代科学技术又正以空前的规模和速度应用于经济、社会等各个领域，新的技术革命正在酝酿中。在这样的形势下，全市广大干部和职工虽然做了大量工作，取得了一定成绩，但是，被动落后的局面并没有根本扭转。产品品种发展慢、质量差、成本高、应变能力和竞争能力不强、经济效益低的矛盾越来越突出，与先进地区的差距越拉越大，有些行业和企业的处境十分困难。全面开创提高经济效益的新局面，确实到了刻不容缓的时候了。

我们能不能开创提高经济效益的新局面呢？回答是肯定的。我市全面开创提高经济效益新局面的有利条件，集中起来可以概括为三点：第一，"占天时"。我们处于举国上下万众一心建设"四化"宏伟大业的年代，党中央为我们制订了正确的路线、方针、政策，中央领导同志对湖北武汉的发展极为关怀，并将对武汉作出一系列的改革部署。黄省长在省六届人民代表大会第二次会议的报告中指出，武汉实行计划体制改革，是探索省会所在城市改革的路子。中央和省领导同志的关怀和支持，是我们

　＊　这是吴官正同志在武汉市经济工作会议上讲话的一部分。

工作取得胜利的根本保证。只要我们抓住有利时机,积极做好工作,就一定能够加速全市的经济发展。第二,"得地利"。全国的经济战略是:"东西结合、南北对流"。武汉正位于东西南北十字交叉点上,处在从重庆至上海长江这条"金色河道"的中段。经济学家主张,开发"金色河道",在长江两岸建成工业走廊,使沿岸地区先富起来。我市所处的地理位置,为发展经济,提高效益提供了极为有利的条件。第三,"有人和"。武汉人民有悠久的革命历史和光荣的革命传统,他们不畏强暴,举行过辛亥首义和"二七"大罢工,在"四人帮"横行时进行了坚决的斗争;他们不怕艰险,战胜了一次又一次的自然灾害。工交战线的广大干部和职工,也是一支团结战斗、能打硬仗的队伍。1983 年,我们在面临严重挑战的形势下,仍然取得了较好的成绩,就是很好的证明。我们相信,通过全面整党,全面整顿企业,广大职工的素质和积极性会进一步提高,开创全面提高经济效益新局面的任务,必定会在广大职工的努力下,得以胜利完成。

我们怎样开创全面提高经济效益的新局面呢? 回答是两个字:改革。农村形势的迅速发展,海盐衬衫总厂的由"死"变"活",重庆市综合经济效益的显著提高,以及武汉市江汉丝织厂、立新服装厂的扭亏增盈,市二轻系统经济效益的明显提高等大量事实证明,只要解放思想,勇于改革,就能开创提高经济效益的新局面。无论是农、工、商,还是科、教、文,凡是立志改革,行动迅速的,都有了新的发展。

改革怎么搞? 全国经济发展的布局,不走过去搞行政大区的老路,也不采取硬性协作区的办法,而要逐步形成以中心城市为依托的经济网络。改革的目的是为了提高经济效益,根据吕东同志在全国经济工作会议上所作报告的精神,我们的改革工作,要按以下三个层次逐步展开。

第一,在宏观决策上,我们要胸怀十二大提出的宏伟目标,总揽全局,打破条块分割、部门分割、行业分割和城乡分割的局面,充分发挥历史形成的经济中心的作用,逐步建立起以武汉为中心的经济网络。要抓紧时机,运用计划指导、行政干预、经济杠杆和经济法律等手段,逐步建立"四个中心",即:发挥武汉市"九省通衢"和港口城市的优势,建立工农业产品贸易中心,并积极"内联外引",逐步形成内外贸易中心;发挥武汉市交通发达,信息灵敏的优势,建立起经济技术信息中心;发挥武汉市商品交换迅速,货币流通周转较快的优势,建立起金融中心;发挥武汉市科技、教育的优势,建立起科技服务中心。在此基础上,进一步加强宏观决策,理顺经济关系,大力调整结构,积极向外扩大辐射,促进跨行业、跨地区的经济联合,逐步形成内部协调发展,省市内外密切横向联系的经济网络,发展壮大本市的经济实力,带动周围地区,形成开放式的经济枢纽,走出一条符合客观经济规律的社会主义经济发展的新路子。新闻媒体对武汉这个中心城市非常重视,将于今年六月初在汉召开"武汉战略发展讨论会",马洪、于光远、童大林、廖季立等同志将要亲自出席。这对我市宏观经济的决策和改革,必将起到积极的推动作用。

搞好宏观经济的改革,还必须大力发展城市的综合服务工作。服务工作做得越多越好,城市的经济中心作用也就越大。我们要打破地区、行业部门和所有制界限,组织好有利于企业发展,方便城市人民生活的各种服务工作,逐步解决企业办社会的问题,使企业集中力量搞好生产经营活动。社会服务是一个很大的产业,国外发展很快,已经形成了第三产业大军。武汉近年来虽有发展,但步子不快,服务面不广,必须闯开一条新路子。

第二,在宏观经济的行业管理上,要大胆探索改革的途径。目前行业管理不合理,行业内部、行业之间互不通气,使全市雄厚的工业基础和技术力量形不成拳头,严重束缚了生产力的发展,这是我市经济效益不高的一个重要原因。因此,必须大胆进行探索和改革。首先,要抓好以产品为"龙头"的专业化协作的调整改革工作,提高社会综合效益。全市已经出现了四种行之有效的形式:一是以产品为对象,不改变企业隶属关系,自愿组合、固定协作,搞松散联合。如在武汉大学的帮助下,洗衣机厂采取公开招标,择优、择廉组织产品零配件协作生产,与省内外二十几家工厂签订了经济合同,收到了很好的经济效果,受到国家体改委的充分肯定;二是组织以主体产品为"龙头"的情报信息、科研、设计、生产的经济联合体,如制冷空调联合体;三是组织以最终产品为"龙头"的一条龙生产协作,如以服装为"龙头"的设计、布料生产、印染、加工、销售一条龙;四是铸锻、热处理、电镀专业化协作中心。这些行之有效的办法,应该大力推广。同时,还要逐步组建以最终产品为主体的经济实体性企业公司,如纺织印染公司等,从经济体制和经济利益上,保证企业间的生产衔接、品种开发、技术改造等,促使综合经济效益的较大提高。

把部属、省属在汉企业、军工企业和地方企业组织起来,全面规划,统筹安排,是提高社会经济效益的一个重要途径。发挥部属、省属、军工在汉企业的技术、装备和管理优势,通过开展技术协作,共同开发产品,组织原料、产品配套生产,派出技术管理支援小分队,组织松散经济联合等形式,支持和带动地方企业的发展;地方企业积极为部属、省属、军工企业服务。大家互相配合,协同努力,为促进武汉地区经济发展做出贡献。同时,还要积极组织跨地区的经济联合,如武汉的改装汽车靠二汽,小汽车靠南京,等等。

第三,在微观经济上围绕提高企业素质,提高经济效益的目标,大胆改革,开拓前进。提高企业素质,首先要抓企业整顿,这是提高经济效益的基础工作。今年是企业整顿决定性的一年,整顿任务十分繁重,必须认真贯彻落实市企业整顿领导小组1984年企业整顿工作的安排。由于今年企业整顿量大面广,要十分强调依靠企业自我整顿。整顿工作要在"严"字上下功夫，坚持高标准，严要求，以严治厂，敢于动真碰硬，严格检查验收，确保整顿质量，绝对不能使企业整顿流于形式；要在"跨越"提高上做文章，大力推进技术现代化、管理现代化和人才现代化，使企业素质不断提高，向现代化管理要效益。

要在整顿上有所突破，确保整顿质量，必须以改革为动力，把整顿和改革密切结合起来。整顿和改革是互为依存，相辅相成的统一体。整顿中不敢大胆改革，这样的整顿只能是修修补补，企业的素质不能真正得到提高；改革不搞整顿，也失去了改革的基础，改革的成果难以巩固。这次会议上，企业的同志反映，现在企业压力大，婆婆多，责任大，权力小，使企业缺少动力和活力。这个问题提得好。要放开手脚，进行大胆改革，全市各级党政部门，都必须"简政放权"，真正扩大企业的自主权。当前，要抓好几个带突破性的改革：

首先，要改革人事管理制度。一个企业不下决心搞一批年富力强，有专业知识，有闯劲的同志当厂长和书记，企业的新局面很难打开。关于企业人事制度的改革，要按照市委经济工作部提出的办法抓紧试行。对长期不能扭亏的企业、能多做贡献而未多做贡献的企业，以及长期打不开局面的企业的领导班子，要限期在五月底前，实行以下三种办法，进行整顿和调整：一是委任制，由上级派出领导干部，或有计划地启用"第三梯队"的后备干部，到第一线去挑重担，受锻炼；二是选举制，有领导、有组织地发动群众，采用差额选举的办法，选举企业的厂长，并由厂长"组阁"，提出企业副职和中层行政领导名单，经党组织考核审定，厂长任命；三是招聘制，张榜招聘，广揽人才。对小企业的厂长和大中型企业的中层行政领导干部，实行本系统、本单位内部招聘。当选和被招聘的干部，享受同级干部的政治待遇，按同级干部进行管理并与企业经济效益挂钩，实行职务津贴。对有突出贡献的厂长,除享受职务津贴外,还可酌情晋升浮动工资。对不称职或有严重错误的厂长,应及时罢免或解聘,给企业造成严重损失的,还要给予必要的处分。与此同时,对领导班子基本符合"四化"要求,生产比较正常的其他企业,也要用改革的精神,搞好班子自身建设。这类企业可采取民主评议干部的办法。其他战线也要参照工交系统的做法,搞好本战线的干部制度改革工作。

第二,改革工资奖励制度。改革的一个核心问题,是要打破"大锅饭",不端"铁饭碗",充分调动企业和广大职工的积极性。现在试行的利改税和即将进行的全面利改税,是解决国家和企业的关系。在企业内部要进一步建立和健全责权利相结合,国家、企业、个人三者利益相统一的经济责任制,真正实行多劳多得,少劳少得,不劳不得的原则。国营大中型企业要学习首钢、石化的经验,进一步整顿完善经济责任制和专业经济责任制,把职工的利益与企业经营成果好坏挂起钩来,与职工个人落实责任制好坏挂起钩来。在奖金分配上,做到上不封顶,下不保底,超过奖金控制总额的,按最近国务院规定的政策,实行国家征税。内部工资奖励的分配上,也可实行各种形式的计件工资、计时工资、经济承包和浮动工资等。国营小型企业,试行"全民所有,承包经营,国家征税,自负盈亏"的办法,经营方式、工资分配等参照集体企业的办法由企业自定。集体企业,要按照集体企业的特点,采取多种形式的承包责任制,实行联产联利计酬、除本分成以及计件工资、全浮动或半浮动工资制等办法。

第三,改革经营管理办法。企业要根据"转轨"、"变型"、提高经济效益的需要,大胆改革内部机构设置,建立市场信息的预测研究、产品开发、产品经销等机构和体系。机构人员,本着有利生产,搞活经营,便于管理的原则确定,不强调上下对口。在组织配套协作关系时,本着经济合理、有利专业化协作的原则,推广"招标"保证国家财政收人逐年增加。绝不能把改革变成向国家伸手或挖国家一块的手段。

我们的改革怎样才能够取得较大的突破？

首先，各企业的领导同志要有三股劲：一是要有勇于创新、积极进取的闯劲；二是要有无私无畏、百折不挠的韧劲；三是要有严于治厂、动真碰硬的狠劲。改革是没有现成模式的，只有敢字当头，大胆探索，大胆创新，才能取得成功。改革是一场革命，必然触动一些部门和人员的既得利益，会遇到来自各方面的压力、阻力，改革者就要有无私无畏的凛然正气，勇于克服各种阻力，坚决把改革搞到底。

第二，改革必须上下左右同步进行。这次会议不少同志对进行改革的反映是"一喜一忧"。喜的是经济工作部和经委拿出了改革的方案，给企业"松绑放权"；忧的是怕一些综合部门把住大权不放，层层设卡，使改革的措施难以兑现。有的同志担心，怕下半年全面利改税后，一些改革的政策被一风吹掉。这些担心不是没有道理的。改革是全党的大事，不仅经委、经济工作部要改，全市所有的部门都要简政放权，支持企业改革。这里要特别指出的是财政、税务、劳资、银行以及物资、商业等部门，都要因势利导，立即行动，加强调查研究，解放思想，提出改革方案，采取改革措施，积极为企业创造改革的条件。

第三，全市党政部门的各级领导都要站在改革的前列，态度明朗积极，领导和支持企业进行改革。并要抽出力量，加强调查研究，抓好重点，及时了解新情况，解决新问题，总结新经验，搞好统筹、协调、服务、监督工作。对改革中表现突出，取得成效的各级干部要大力表彰、奖励，对有缺点和失误的改革者，也要热情帮助和支持。对于抵制、刁难、干扰企业改革的人，要进行严肃的批评教育和帮助。对于有关改革的来信来访也要明察是非，区别对待。坚持实事求是的原则，反映情况真实，符合上级精神的,要虚心接受,并向企业转达;反映情况不符合事实或不符合改革精神的,要坚决顶住,并做好说服教育工作,绝不能层层下转,干扰企业的改革。大家对武汉毛巾厂发生的对抗改革行凶杀人事件,反应十分强烈。对立志改革,不畏邪恶,坚持原则,大胆管理而光荣负伤的陈振邦同志,市委、市政府要在全市大力进行表彰。对于持刀杀人的凶手,政法部门要依法从严、从快作出判决。这一事件充分说明,改革是一场深刻的革命,必然遇到一些顽固势力的抵制和反抗。各级领导要热情支持敢于破旧创新的改革者,当他们受到非难时,要理直气壮地为他们讲话,当他们受到打击时,要站出来为他们撑腰。对那些阻挠、破坏改革的人,要坚决斗争、严肃处理。

重视研究经济工作中的几个关系 *

（1984 年 4 月 30 日）

一、宏观经济管理和微观经济管理的关系

两个学会从学科和工作的关系来说是很密切的，一个是属于宏观经济管理，一个是属于微观经济管理。如何搞好我市的经济建设，有的同志讲了三条：一靠政策，二靠科学技术，三靠管理。这是很对的。经济工作的方针、政策的贯彻执行，科学技术的运用和引入生产领域，都要靠管理。我们当前的管理水平低，这也说明各方面潜力很大，一旦管理工作改善，我们的经济发展就一定会出现一个新的面貌。

武汉是个大城市，在全省和全国的经济发展中都居重要地位，如何加强和改善宏观经济管理，发挥中心城市的作用，很值得研究。我市的工业交通、商业企业和农业生产单位，如何加强和改善微观经济管理也很值得研究。研究经济科学和管理科学，提高管理水平，这对于继续贯彻执行调整、改革、整顿、提高的方针，以提高经济效益为中心，加快改革的步伐，促进企业的调整和整顿，促进技术进步、全面完成和超额完成经济发展计划，具有十分重要的意义。现在，我们武汉市面临着一个经济发展战略从哪里开始的重大问题，希望到会的专家、教授在这方面展开讨论，为建设好武汉这个中心城市出谋献策。

　＊　这是吴官正同志在武汉市财政会计学会常务理事扩大会议上的讲话。

二、生财、聚财与用财的关系

我们的经济工作,已经走上稳步发展的健康轨道。但是,当前我们在经济建设中面临的一个严重问题,是财政困难、资金不足,财政上的潜在危险并未完全解除,实现财政状况的根本好转,还要作长期艰苦的努力。因此,大力组织财政收入,使财政收入的增长有一个较大的突破,这是我们的一项重大任务。

生财,聚财是为了用财,用财的结果,又带来生财,聚财。增加财政收入,主要靠发展生产,提高经济效益,为社会多创造物质财富。我们要对影响财源的主客观因素进行经常性的分析,采取切实措施尽可能把财源开发出来,因此,我们必须研究并且实行合理地分配和有效地使用我们有限的财力。对于企业如何挖掘潜力,努力生产、厉行节约、反对浪费,提高效益,也希望同志们多提出宝贵意见。

三、改革与整顿的关系

现在进行的机构改革,经济体制的改革和其他方面的改革,都是为了适应生产力发展的要求,又是一场革命。在这个变革过程中,必然会出现许多新的情况、新的问题、新的矛盾。如何进行改革,怎样解决改革中的新问题,很需要同志们从我国、我市的实际情况出发,理论联系实际,认真地研究,提出自己的见解和建议,为改革提供科学的理论依据。我们要根据中央确定的方针,勇于冲破长期以来"左"的思想束缚,冲破小生产方式的狭隘框框和那种条块分割、城乡分割、部门分割的老框框。同时要坚持一切经过试验的方针,以加快改革的步伐,防止过急过缓,忽左忽右的来回折腾。

在改革的同时,我们还要继续进行企业的全面整顿,它既包括五项整顿的内容,又包括"三项建设"(建立健全以党委书记为首的政治工作体系,建立健全以职代会为主的企业民主管理体系,建立健全由厂长全面负责的生产行政指挥体系)和"六好"的要求。整顿不等于改革,但是整顿工作中又包含着改革,不能因为等待整顿而放松改革,也不能因为整顿而放弃改革。

四、经济工作和政治工作的关系

列宁有句名言:"政治是经济的集中表现"。这说明政治与经济总是相互联系的,政治离不开经济,经济也离不开政治。经济是基础,政治是它的集中表现,反过来又为经济服务,政治的这种反作用,既是经济工作的指导作用和保证作用,又能为经济的发展起巨大的推动作用。

党的十二大,总结了社会主义革命和建设的历史经验,并依据我们当前的现实情况,高瞻远瞩,提出了在建设高度物质文明的同时,努力建设高度的社会主义精神文明的战略方针。在社会主义现代化建设的新时期,当前我们仍有不少企业经济效益不高,除了经济管理上的原因之外,也与不大重视政治思想工作有密切关系。如何根据党的方针,坚持两个文明建设一起抓,加强和改进干部和企业职工的政治思想工作,不断提高他们的社会主义觉悟和主人翁思想,把企业的优越性充分发挥出来,也希望大家在这方面出些主意。

五、当前工作与培养人才的关系

自从工作重点转到经济建设为中心的社会主义现代化建设上来以后,财政工作、会计工作的重要性,随着经济建设的每一步发展而日益显示出来。由于历史的原因,我们财会人员的队伍也日益感到还不能适应经济形势发展的需要。近几年来我们两个学会的同志,在加强培养和提高这个队伍方面做了许多工作。尽管如此,当前财会人员无论从数量或质量方面来看,都还很不够。现在,企业选拔总会计师、总经济师非常困难。因此,最广泛地动员社会力量,最大程度地发挥现有专业财会人员的积极性,通过多种渠道多种形式培训高、中级和初级财会人员,是我们财政部门(包括银行、税务部门)和各个企业的一项紧迫任务。这项工作不搞好,势必影响全面改革和全面整顿工作的开展。这方面的工作,我们两个学会虽然已经做了不少,但仍是大有可为的。希望到会的专家,教授和省社会科学联合会,省财政学会,省会计学会以及各大专院校继续大力支持我们,使我市两个学会在前进中发挥更大的作用。

做好下放企业的服务工作[*]

（1984 年 8 月 6 日）

当前，我国经济体制改革的战略重点已从农村转向城市。党中央、国务院和省决定，对武汉实行计划单列，赋予省级经济管理权限，进行综合改革试点，探索省会大城市经济体制改革的新路子。省委、省政府对武汉经济体制综合改革很重视，决定第一批将武钢等 41 个省属企业下放武汉市管理。这对于促进武汉市经济体制综合改革，增强我市经济实力，提高全市综合经济效益，将起到重要作用。

这次下放的 41 个企业中，不少是全省的骨干企业，有的企业如武钢在全国经济建设中处于举足轻重的地位。企业素质、设备状况、技术水平都是比较好的，固定资产原值比原有市属企业总和还要多得多。一些企业的经济效益、产品质量也是比较高的。这是武汉增强经济实力、发挥中心城市作用的希望所在。大家知道，前一段，我市敞开三镇大门，搞活流通，欢迎全国各地和海外客商来武汉经商办厂，做了一些工作。再加上打破部门、地区界限，跨省市、跨部门实行零部件招标，择优协作、配套，全国各地不少优质、名牌产品被吸引进来了，这是完全必要的。但是，更重要的是，我们要集中力量，创造条件，发挥优势，创出我市自己的第一流产品，特别是加

　＊　这是吴官正同志在欢迎湖北省属四十一个企业下放会议上讲话的一部分。

快发展拳头产品，更多地打出去，辐射到全省、华中地区以至全国去。这次下放的不少企业很有实力，特别是在冶金、机械行业中实力雄厚，在发展拳头产品中，可以充分发挥"龙头"、骨干企业的重要作用。

企业下放，是加快武汉市经济体制综合改革步伐的重要措施，不是简单的权益转移和行政隶属关系的转变。企业下放必须同管理体制的改革紧密结合起来，坚决走简政放权、政企分开的新路子。中央、省扩大了我市的经济管理权限，是为了增强武汉这个中心城市的辐射力、吸引力和综合服务能力，为全省、华中地区和全国的"四化"建设作出应有的贡献。搞活城市、增强实力的基础在搞活企业，要把企业自主经营应有的权力下放给企业，让企业享有实权，得到实惠，真正成为相对独立的商品生产者，放开手脚，独立自主地组织生产和经营。尤其像武钢这样的大型骨干企业，应当拥有更大的自主权。因此，我们要坚决贯彻落实国务院的十条规定，确实把权放到企业去。市政府各主管部门要主动上门，疏通关系，努力为企业服好务。企业下放后，要坚持产品方向基本不变，现有协作配套关系不变，企业的级别、工资类别、劳动福利标准不变，原材料、能源供应不中断。

市政府和各主管部门要搞好"统筹、协调、服务、监督"工作。在企业自愿和尊重企业自主经营的前提下，积极组织行业协会，加快推行行业管理。以提高经济效益为目标，围绕骨干企业、名牌产品和资源综合利用等重点课题，在经济合理，自愿互利和专业化大生产的原则下，从内在经济联系出发，根据各方的经济技术需要，引导、促进和推动企业形成先进、合理的协作关系，组织各种不同形式的联合体。

我们要加强城市综合服务的职能，切实做好下放企业的生产和流通、基建工程、供水供电、交通运输、生活物资供应以及科

43

技、文化、教育、卫生、治安、劳动就业等服务工作,积极帮助下放企业协调与地方各方面的关系,尽最大可能为下放企业的生产发展提供便利条件。

尊重价值规律　推进物价改革[*]

（1984 年 11 月 8 日）

一、充分认识物价改革的意义

改革价格体系是党的十二届三中全会决定的一个重要内容。《决定》精辟地分析了我国现行价格体系存在的问题，明确提出了价格体系的改革是整个经济体制改革成败的关键，指出合理的价格是保证国民经济活而不乱，保证城市体制改革顺利进行的重要条件。改革价格体系，关系国民经济的全局，意义十分重大。

社会主义商品经济必须自觉运用价值规律。过去，由于长期忽视价值规律的作用和其他历史原因，我国的价格体系相当紊乱，不少商品价格既不反映价值，也不反映供求关系。近几年来虽进行过一些调整，但还没有从根本上解决问题，主要表现在以下几个方面：

一是物价"一刀切"。同一类产品中的优质产品，一般产品，劣质产品，或者一个价，或者差价拉不开。二是物价"终身制"。一个产品从新生、旺盛到衰落，价格变化不大，或者是几年、十几年一贯制，价格固定不变。三是商品之间比价不合理。特别是某些矿产品和原材料价格偏低，不能正确地反映这些部门为社会创造的财富。同时，也掩盖了一些经营管理上存在的问题。

　＊　这是吴官正同志在武汉市物价改革工作会议上的讲话。

四是定价权过于集中,变价申报手续繁琐。五是农副产品购销价格倒挂。这些问题,违背了马克思主义政治经济学关于价格围绕价值上下波动的理论,使价格不能灵敏地反映社会供求关系变化,不能如实反映人们的劳动成果,阻碍生产力发展,阻碍技术进步,阻碍产品结构的调整,一句话,不改革价格体系及其管理体制,就不能正确评价企业的生产经营成果,不能保障城乡物资的顺畅交流,不能促进技术进步和生产结构、消费结构的合理化,也不可能完成以城市为重点的整个经济体制改革的任务。因此,《决定》指出价格体系的改革是整个经济体制改革成败的关键,这是完全正确的。

二、我市物价改革的基本情况

1982 年以来,尤其是经济体制综合改革试点以后,我们在地方管理权限以内,对价格体系及其管理体制作了若干改革。主要包括,改单一的计划价为"牌价、议价、自由价"并存;改集中统一管理为多层次管理,初步理顺了一部分商品的差价。从试行情况看,取得了搞活企业、促进生产、活跃市场、改善消费的初步效果。我们采取的具体做法是:

1. 对日用工业品实行浮动价格。在这方面,一是放开三类工业小商品价格。对 654 种三类工业小商品价格,把定价权交给企业。全市除红领巾、抄本和卫生纸以外,三类工业小商品已全部放开。这样做使适销产品大幅度增长,滞销产品打开了销路,亏损产品扭亏为盈,花色品种由 627 种增加到 1157 种,增长近 1 倍。过去断档的木锅盖等许多日用品,不少恢复了生产。总的价格水平是有升有降,稳中有降。据二轻系统调查,小商品价格放开后,总的水平 1982 年比上年下降 0.21%,1983 年又比上年下降 0.41%。二是对部分轻纺食品实行了浮动价格。去年5月以后,我市对143种轻纺产品实行"浮动价格",将规定幅度以内的定价权交给企业。这一改革促进了企业降低消耗,提高质量,生产市场适销商品。往年中秋节,市场豆沙月饼总是供不应求,今年根据原料价格调整的实际情况重新核定成本,一斤月饼只提高了两分钱,产量就猛增150%,增加了市场供应,方便了群众购买。三是调整了部分日用品的差价和比价。有的实行季节差价,有的实行质量差价,鼓励企业生产优质产品。规定获国优、部优、省优、市优的产品,实行上浮定价,使一些先进企业尝到了甜头。有的实行款式差价,促进了产品更新换代。有的是试行批量批价,搞活了流通渠道。今年在百货、鞋帽、文化用品和二轻一些行业,试行批量作价,商品进货的批量越大,获利越多,鼓励了批发和零售的经营积极性。如市鞋帽贸易中心今年8月中旬实行批量批价,销售额达到153万元,比上旬增加10倍。

2. 对某些紧俏的生产资料的价格,在国家允许的范围内,进行必要调整。针对我市材料紧缺,计划物资缺口大的实际情况,对冶金系统,规定允许自销的部分和超计划生产的部分,价格可上下浮动20%;对煤炭经营,制定了协作煤价,实行保本经营,提高了经营单位组织货源的积极性;对水泥价格作了适当调整,使难以为继的小水泥厂全部扭亏为盈,缓和了水泥供应的紧张状况。同时,还对一些紧缺的原辅材料,合理调整价格,促进了这些企业生产的发展。

3. 放开了鲜鱼、蔬菜价格,猪肉、豆制品价格在定额补贴的前提下放开。今年6月以来,我市先后放开了鲜鱼、蔬菜价格,对猪肉和豆制品,以1983年的计划供应基数补贴以后,实行敞开供应。根据价值规律要求,结合我市的具体情况,我们规定蔬菜放开经营后,国营收购站对18个骨干品种,挂二级牌价上下浮动50%成交;对其他34个花色品种,以及集贸市场的各类蔬菜,议购议销。规定零售菜场实行采购制,批零差价不得突破28％。要求菜农参照"五大播"指导性计划种植。全市蔬菜实行多渠道经营,产销直接见面。改革的结果,生产发展了,品种增多了,质量提高了。过去的秋淡,主要靠冬瓜、南瓜、竹叶菜等几个品种,今年却有15个左右花色品种,这项改革引起了各级领导的重视和支持。

总的来说,前一段我市物价改革,是在国家价格体系、计划体系、工资制度尚未进行基本改革的情况下进行的,因此只是初步的、变通性的改革。离中央要求的理顺物价体系差距很远。同时,在市场物价的管理和监督上,还没有做到经常化、制度化、法制化。有的部门和企业自行抬价,以劣充优、短秤少两、侵犯消费者利益,这是值得各级领导高度重视的。我们应当在坚持改革方向的同时,认真解决存在的问题。

三、关于当前物价问题的几点意见

前一段我市的价格改革,是在价格体系没有进行根本调整的前提下进行的,应当说只是小改小革。党的十二届三中全会指出,必须从现在起采取措施,逐步改革价格体系,解决不合理的比价问题。三中全会决定中,提出了改革的指导思想和方法步骤。指导思想是:"改革的进行,只应该促进而绝不能损害社会的安定、生产的发展、人民生活的改善和国家财力的增强"。改革的原则,一是按照等价交换的要求和供求关系的变化,调整不合理的比价,该降的降,该升的升;二是在提高部分矿产品的原材料价格的时候,加工企业必须加强全面经营管理,大力降低消耗,使增长的成本在企业内部抵消,企业通过努力确实难以解决的少部分,由国家减免税收来解决,避免因此提高工业消费品的销价;三是在解决农副产品购销价格倒挂和调整消费品价格的时候,必须采取切实措施,确保广大城乡居民的实际收入不因价格的调整而降低。

考虑到价格调整是一个复杂的问题,关系经济全局,涉及千家万户,中央决定用五年左右的时间,逐步改革价格体系。同时采取一系列的配套措施,保证改革的顺利实施。我们必须坚定不移地遵照党中央、国务院的统一部署,结合武汉实际,积极而慎重地进行物价改革,逐步缩小国家统一定价的范围,适当扩大有一定幅度的浮动价格和自由价格的范围。该升的升,该降的降,使价格比较灵敏地反映社会劳动生产率和市场供求关系的变化,比较好地符合经济发展的需要,使人民群众在改革中得到实惠。

应当指出的是,由于中央决定要改革价格体系,有少数同志担心改革会引起物价轮番上涨,降低生活水平,有的地区还出现群众集中争购某种日用消费品的情况,流传着某某商品已经涨价的说法。对于这些问题,各级领导既要按照中央的精神宣传解释,也要认真对待,切不可听之任之,熟视无睹。物价稳定不是十年一贯制的"物价冻结",而是一种动态的稳定,是没有剧烈动荡的、有起有落的稳定。这次价格体系改革,是在社会劳动生产率不断提高,人民生活需要的物资日益丰富的前提下进行的。价格的调整,有利于调动生产者的积极性,有助于缓和供求矛盾。再加上国家宏观上进行控制和调节,人民群众收入的普遍增加,人民的生活水平是不会降低的。因此,要向群众进行宣传,以安定人心。同时,也要研究和采取必要的措施,预防外地争购商品的现象波及到我市,要研究对策,把工作做在前头。考虑到价格关系到生产、分配、交换和消费,涉及群众的切身利益,当前工资与物价改革还没有配套进行,有关价格调整的问题要采取十分慎重的态度。这是保证经济体制改革顺利进行的需要,是认真贯彻中央决定精神的需要,是巩固发展大好形势的需

要。为切实做好价格调整工作,提出以下几点要求:

1. 各级领导要带领职工深入学习党的十二届三中全会的决定,全面领会文件精神。要深刻认识改革价格体系,运用价值规律,发展商品生产,对于搞活经济,提高效益,使人民得到实惠的重要意义;要深刻理解改革价格体系的指导思想、步骤方法、根本目的,以安定人心;要严格执行国务院关于物价问题的有关规定,保持市场稳定。

2. 物价问题是群众十分关心而又非常敏感的问题,我们相信各级宣传机构和报刊电台等宣传部门,一定会从经济改革的全局出发,采取十分审慎的态度,指导和宣传有关物价问题,把握好分寸,采取负责任的态度发布消息。

3. 各级领导要十分注意市场动态,掌握信息。各级商业部门要大力组织物资,确保市场供应,防止商品脱销;要坚决反对囤积商品,减少供应,人为地制造紧张空气的错误做法。对元旦、春节的物资,要提前准备,特别是肉、鱼、蛋、禽、蔬菜一定要库存充裕。为了平抑市场物价,该补贴的,经市政府批准,按计划由市财政拿钱实行倒挂补贴。

4. 各单位要自觉压缩集团购买方面的开支,严禁冲击市场,以免物资供应短缺,引起物价波动。

5. 要加强物价管理,严格物价检查,对那些任意涨价和变相涨价的单位和个人,必须严肃处理。对于严重违反物价政策,扰乱社会主义市场,坑害消费者利益的行为,要绳之以法纪,按照国家经济法规给予严厉制裁。

6. 各单位要严格财经纪律,坚决制止改革滥发奖金、实物的现象。前一段一些单位乱拉乱用资金,发给个人毛料工作服,这是一种脱离群众,搞花架子的行为,必须坚决制止,切实贯彻执行国务院《关于制止滥发服装的通知》,狠刹滥发之风。

7. 在经济体制改革中,当价格体系尚未进行改革以前,各级领导干部、共产党员要做遵纪守法的模范,要做遵守物价政策的带头人。对于那些盲目起哄,抢购物资,人为制造涨价风的机关干部,特别是共产党员,要根据党纪严肃处理。

实行政企分开　增强企业活力[*]

（1984 年 11 月 12 日）

今年，全市的改革势头很好，以"搞活企业、搞活流通"为重点的综合改革已在我市各条战线、各行各业蓬勃展开，正在由单项、局部改革进入综合配套的全面改革。从今年五月中央批准武汉市进行综合改革试点以来，仅五个月时间，企业活起来了，流通活起来了。在干部人事制度的改革、流通体制的改革、蔬菜产销体制的改革以及发挥经济杠杆作用、发展横向经济联系和分配制度改革等方面，取得了一些突破性的进展。改革解放了生产力，促进了全市经济效益提高，进一步发挥了中心城市的作用。实践证明，改革是振兴武汉的必由之路，中央关于改革的决定得人心、顺民意，是完全正确的。

前一段我市改革之所以进展比较顺当，最重要的是中央、省给我们创造了条件。另一方面，从市委到各级领导，对进行城市改革认识一致，决心很大；思想比较解放，敢于突破，敢于创新；依靠了全市广大干部、群众的力量，特别是十分注意尊重知识，重视人才，选拔了一大批勇于改革、德才兼备、年富力强的开拓型干部到各级领导岗位；每项重大改革决策都认真听取了专家、学者的意见。

但是，我们必须清醒地看到，我们的改革还只是刚刚起步，有些方面的改革还没有破题，有些改革的措施还不够落实，步伐

---

[*]　这是吴官正同志在武汉市委扩大会议上的讲话。

还不快，反映出我们的领导思想、领导水平与当前蓬勃展开的城市改革还不适应。

"青山遮不住，毕竟东流去"。我们必须进一步解放思想，搞活企业，放手引进、起用人才，加强领导，全面落实我市综合改革实施方案，努力开创全市现代化建设新局面。

一、统一思想认识

党的十二届三中全会通过的《中共中央关于经济体制改革的决定》，明确地规定了改革的方向、性质、任务和各项基本方针、政策，丰富了马克思主义的政治经济学和科学社会主义，是一部中国版的政治经济学，为我们设计了一幅具有中国特色的经济体制的基本蓝图，是指导我们经济体制改革的纲领性文件。

要把学习《决定》作为当前第一位的大事。通过学习，把思想统一到《决定》上来。重点是要抓好各级领导干部的学习。耀邦同志最近视察山东时指出："这次以城市为重点的整个经济体制改革会不会有新的阻力？如果有的话，很可能首先来自中央部门和省区、地市有关领导机关，特别是经济工作部门的一些同志。"搞好武汉改革，首先要看市级领导机关，特别是经济工作部门的领导干部是不是学好了《决定》，思想是不是真正放开了。最近，市委常委把学习《决定》作为整党学习的重要内容，正在分专题进行学习和讨论。

各级领导干部都要带头学习，要联系自己十一届三中全会以来的认识过程，认真领会十二届三中全会《决定》的精神，围绕"建设中国特色的社会主义"这个总的主题，弄清楚社会主义现阶段最根本的任务，就是发展社会生产力；弄清楚中国特色的社会主义，首先应该是企业有充分活力的社会主义；弄清楚为增强企业活力，必须进行计划体制、价格体系、国家机构管理经济的职能和劳动工资制度等方面的配套改革；弄清楚经济体制改革和国民经济的发展，迫切需要大胆起用和积极培养大批人才。要在一系列重大问题上进一步清除"左"的思想影响，破除各种不适应新形势的旧观念，端正业务指导思想。

各级党委要结合学习《决定》，认真回顾前一段改革情况，总结经验，制定措施，提高改革的自觉性，创造性地执行《决定》。

二、增强企业活力，搞好配套改革

增强企业的活力，特别是增强国营大中型企业的活力，是我市经济体制综合改革的中心环节。围绕这个中心环节，要解决好国家与企业、企业与职工这两方面的关系问题，进行政府管理经济职能、计划体制、价格体系、劳动工资制度等方面的一系列改革。也就是由前一段主要是"小配套"的改革，逐步走向"大配套"改革。

一是实行政企职责分开，简政放权。实行政企职责分开，才能确立国家与企业的正确关系。一方面切实做到简政放权，给企业以活力；另一方面可以使政府部门能够议大事，看全局，管宏观，加强政府机构管理经济的职能作用。

要进一步简政放权，不折不扣地落实国务院的"扩权十条"，特别是要落实《决定》中指出的企业在服从国家计划和管理的前提下所拥有的经营方式、产供销活动、自留资金、劳动人事、工资奖励等方面的自主权。企业是相对独立的经济实体，不是行政机构的附属物，不仅要自主经营、自负盈亏，还应具有自我改造、自我发展的能力。凡有碍于企业行使自主权的各项规定以及繁琐的审批手续，都要改变。权力下放后，各企业要学会掌握和大胆运用各方面的自主权，不断增强竞争能力。市各有关部门既要坚决放权、放实权，又要热情指导和帮助企业用好权，并加强宏观方面的指导和控制，使各个企业的经济活动符合国民经济发展的总体要求。

在继续抓好商业和城建系统政企职责分开的同时，当前市里着重抓好机械、交通两个行业的政企职责分开的工作。现有局属公司（总厂），要依据不同情况，分别采取分、合、转、撤等措施，逐步由行政性公司转为企业性的经济实体，成熟一个，解决一个。各城区、各郊县、各局都要按照政企职责分开的原则进行改革，今年内取得突破性进展。乡镇企业要真正办成民办的集体所有制企业，改变乡镇企业成为区、乡政府附属物的做法。

实行政企职责分开后，对市、区、县政府及各主管部门提出了更高的要求。前一段企业反映放权落实不够，就往往在于政未简。今后一定要把简政、放权结合进行，有的经济主管部门，要精简合并，经济综合部门要相应加强。各经济主管部门，要坚决转到抓统筹协调、宏观决策、为企业服务的轨道上来；各级政府要集中力量抓好城市规划、建设和管理，大力发展第三产业，搞好两个文明建设。在城市建设方面，近几年，市政府将重点抓好治黄工程、四干道、发展高层建筑、发展煤制气；同时抓紧长江二桥、武汉道路立交桥、污水处理厂、汉口港、阳逻港、国际机场、铁路外迁和长江武汉段河道整治等重点项目的筹备工作；因地制宜地建设具有民族风格和武汉特色的古建筑；抓紧环境的综合整治，搞好绿化、净化、美化。要大力发展以贸易、金融、科技服务、交通通讯、信息、旅游、咨询、人才培训、生活服务为重点的第三产业，提高武汉的综合服务能力，增强吸引力。要进一步敞开三镇，搞活流通；采取国家、集体、个人一起上的方针，加强生活服务设施的建设，恢复和发展各种传统服务项目，不断开拓各种新兴服务项目。要加快科技体制和教育体制改革步伐，鼓励科研单位、大专院校和科技人员承包工厂、开发产品、科技攻关，加速科技转化为直接生产力的进程；花大气力制定并监督执行各种地方性的经济法规,学会用法律手段管理经济和管理城市。

二是在企业内部建立多种形式的经济责任制,搞好分配制度改革。建立以承包为主的多种形式的经济责任制,实行责、权、利相结合,国家、集体、个人利益相统一,职工劳动所得同劳动成果相联系,这既是农村改革的基本经验,又是城市企业实行责任制的基本原则。各部门、各企业都要按这个原则精神,从本行业、本企业的实际出发,层层建立适合自己情况的责任制,形式可以多种多样,不搞"一刀切"。

凡"五项整顿"合格的企业和领导班子经过调整的企业,都要普遍实行厂长(经理)负责制。厂长(经理)要大胆行使统一指挥生产经营活动的职权。企业中的党组织,要按照《决定》的要求履行职责,保证改革的顺利进行。同时,健全职代会制度和各项民主管理制度,充分发挥工会组织和职工代表在审议企业重大决策、监督行政领导和维护职工合法权益等方面的权力和作用,保障劳动者的主人翁地位。武汉第二印染厂等单位在这方面摸索了初步经验,各企业要结合自身情况,运用他们的经验,使我市推行厂长(经理)负责制的工作,在近期内有一个大的突破。

建立责任制,要充分体现各尽所能、按劳分配的原则。要总结、推广武汉童车厂、武汉烟厂等单位的经验,扩大工资制度改革的试点。各企业在确定承包基数、工资系数,奖金水平、津贴数额等分配项目时,必须体现脑力劳动和体力劳动、复杂劳动和简单劳动、繁重劳动和非繁重劳动、熟练劳动和非熟练劳动之间的差别。那种把从事科技和经营管理等脑力劳动、复杂劳动的人员,作为二、三线人员对待的观念和分配政策,必须改变和纠正。要坚决改变有些单位脑力劳动报酬偏低的状况。要采取得力措施,扩大工资差距,拉开档次,使一部分劳动者由于劳绩多、贡献大而先富起来。

三是建立自觉运用价值规律的体制,把领导经济工作的重点放到运用经济杠杆上来。各项改革都牵涉到计划体制,我们必须根据《决定》中指出的四个基本点,进行计划体制的改革。对国家下达的工业产品的指令性计划,市如数下达,不层层加码;对国家各部门下达的指令性和指导性计划,以及省下达的指导性计划,原则上由各局归口管理。对农业生产实行指导性计划。对固定资产投资、物资分配、劳动工资、商业、外贸、文教卫生等方面的计划,要作适当改进。实行多种形式的计划承包责任制。对部分生产指令性计划产品的企业,试行产量和上调量递增包干的办法。

各级经济部门特别是综合经济部门,应该把工作重点放到学会掌握经济杠杆上来。物价、税务、银行、财政、劳动等部门,前段围绕搞活企业做了大量工作,下一步要加强系统研究,综合运用,充分发挥对生产、分配、交换、消费等各个再生产环节的调节作用。特别是要围绕搞好重点产品、重点企业,发展第三产业,加强横向经济联系,扶植乡镇企业等方面,运用好价格、税收、信贷等经济杠杆。

改革价格体系和价格管理体制,要有计划、有步骤地进行。这方面的每项改革,都要经过充分准备、精心研究、科学论证后再出台。各个企业都要下苦工夫改善自己的经营管理,面向市场找出路,竞争当中求发展,以质优价廉取胜。决不允许任何单位、任何人趁改革之机任意涨价,人为制造涨价风,扰乱社会主义市场,损害国家和消费者的利益。要积极组织好消费品的生产,克服惜售思想,努力满足市场需要。

四是放开手脚搞引进,加快技术改造步伐。我市工业上突出地存在着技术落后、设备老化的问题。引进、改造,加速技术进步,对于创一流产品,增强企业后劲,改变武汉面貌,是十分紧迫的大事。我们必须开创引进和改造的新局面。这项工作做不好，就是战略上的失误。

把引进和改造紧密结合起来，务必尽快取得突破性进展。三年内，全市利用外资、引进技术的项目，要争取达到 800 到 1000 个，技术改造和引进的规模，要争取完成 24 亿元。同时也要重视学习和引进国内各兄弟省市的先进技术。要通过引进、改造，使我市一大批老企业焕发青春，做到一部分企业的装备水平力争达到国际 80 年代初期的水平；一部分企业达到国际 70 年代末期的水平；一部分企业全部淘汰三四十年代的设备。

要按照武汉市战略发展的要求，以按行业改造老企业为重点，抓紧修订积极可行的利用外资和引进技术的"七五"发展规划、三年实施计划和 1985 年计划。要加强领导，建立引进、改造项目责任制。

要按照既调动各方面的积极性，又实行统一对外的原则，多形式、多渠道、多层次地开展利用外资、引进技术的工作。要充分利用中央和省赋予的外经贸权，扩大"三引进"规模，要下放引进、改造项目审批权限，简化手续。扩大企业在技术引进上的实权，加重企业在引进上的责任。要给予大型骨干企业在一定范围内直接进出口的外贸经营权，委托外贸企业代理出口的单位可以参加对外谈判，也可以自找客户，联合外贸公司对外成交。各区、县、局都可以利用各自的渠道，放手引进，扩大出口，积极创汇。总之，目前开始出现的大家动手、形式多样搞引进的好势头，要进一步发展。从 1985 年开始，国内改造项目总投资 500 万元以下、引进项目用汇 150 万美元以下的，均由各局（总公司）、大型企业与银行联合审批。

要放宽政策，促进利用外资、引进技术的工作。对重点产品、重点企业的引进、改造项目，要优先安排；企业生产出口产品，在材料、燃料、动力及资金上，要优先保证；对出口产品，有的在税收上可采取优惠政策。

要进出结合，以进促出。发挥武汉优势，大力发展劳务、技术出口和对外工程承包，鼓励企业到国外去办厂、开店、建立贸易公司，引进资金、技术和信息。在出口产品中，要尽快把武汉的机电产品打出去。

五是积极发展横向经济联系，扩大经济技术交流。对外要开放，对内也要互相开放。要打破封锁，用更大的气派和魄力组织更大范围的协作和联合，形成合理的经济网络。要以武钢、武锅、汽发等大型骨干企业为主体，把冶金、锅炉、长江水电设备等有关厂矿企业，组成各种经济联合体。以开发轻型汽车、制冷设备、印花布、食品等重点产品为"龙头"，分工协作，成龙配套，把科研、中试、配套、布点、生产、销售、服务的全过程，系统地组织起来。对点多面广、管理分散的行业，可建立行业协会，履行行业组织、管理和规划等职能。对产品、工艺相近的"大而全"、"小而全"的企业，要拆全改专，逐步形成铸造、锻造、热处理、模具、电镀中心等。要加强企业与科研部门、大专院校的协作。要充分发挥军工企业技术先进、设备精良、人才荟萃的优势和潜力，组织军民企业的联合，大力发展重点产品和开发新产品，有计划地把军工技术向民用部门转移。近两年来，我市已有30多个工业企业采用公开招标的办法，大大提高了经济效益，这是跨地区协作生产的一个突破。下一步，全市凡有条件的企业，包括区街工业、乡镇企业，都应普遍推行公开招标。既可以通过招标择优定点生产零配件，还要积极在技术改造项目、技术攻关项目、科研项目等方面，进行公开招标。企业有权与各方面发展横向经济联系，上级主管部门要积极支持并创造条件，不得随意干预。

要城乡一体，城乡通开，以城市的工业、科技、市场方面的优势带动郊县，大力促进乡镇企业大发展。最近，市里将召开发展乡镇企业"牵线搭桥"会，帮助乡镇企业与城市的企业、科研单位、大专院校、咨询服务组织挂钩，大力发展城乡经济技术协作，开拓原料渠道和销售市场。发展乡镇企业,既要充分利用本地资源,又要广开门路,让群众放开手脚去干。

三、尊重知识,尊重人才,大胆起用一代新人

邓小平同志指出:《决定》中的十条都很重要,但其中最重要的是第九条,就是"尊重知识,尊重人才",这是事情成败的关键。改革和"四化"建设迫切需要大批经营管理人才,而当前我们的经济管理干部队伍的状况,与这个要求还很不适应。各级都要把发现人才、选拔人才作为战略问题来抓,在全社会进一步营造尊重知识、尊重人才的良好风气。

武汉地区有 21 万科技人员(包括社会科学研究人员),有一批经营管理人才,我们要充分发挥这极其宝贵的人才资源作用。要认真检查知识分子政策落实情况,使现有的各种人才各得其所,有"用武之地"。凡中央和省、市委已经制定的有关规定,都必须抓紧落实。解决知识分子的生活待遇、工作条件、"入党难"等问题,关键在于领导是否重视,是否真正确立了"人才是'四化'之本"的思想。各战线、各部门要积极配合市委组织部,就落实知识分子政策进行全面检查,发现问题及时解决,以调动广大知识分子的积极性。要允许一部分科技人员"冒尖",对有重大发明创造和特殊贡献的科技人员,要晋升工资或给予重奖;对中小学教师要进一步采取措施,提高其生活待遇,每年可给 2‰的中小学教师以晋级奖励,同时要逐步改善教师的住宿条件。

各级领导要从党和国家的大局出发,解放思想,把举贤、用贤、育贤、让贤作为自己最光荣的职责和最大的贡献,为年轻人上台开路,为起用人才立功。要破除各种"左"的和陈旧的观念,树立新时期的用人之道,大胆起用开拓型的干部。考察和选用干部,要起用能人,而不可求全责备,搞烦琐哲学;要讲文凭,又

60

要讲水平；要重视发挥本单位人才的作用，而不可舍近求远。"十步之内，必有芳草"，要千方百计把有真知卓识的人才选拔出来，让他们在"四化"建设中施展才干。

要继续抓好干部人事制度改革，加快基层领导班子"四化"的步伐，特别要抓紧调整大中型骨干企业的领导班子。大中型企业领导班子要按高文化、低年龄和精干效能的要求，在明年上半年内调整完毕。县级企业领导班子的调整，在明年要完成70％，后年上半年要全部完成。

采取借用、兼职、招聘等多种形式，促进人才合理流动。要从大专院校、科研单位，请一批热心武汉改革和建设的学者、专家，到市里的单位任职或兼职。调整使用不当和用非所学的科技人员的工作。要广开门路，用智力开发智力，强化对现有干部的培训，加强科技人员的知识更新工作。

四、加强党的领导，保证改革健康发展

胡耀邦同志提出了明年中央主要抓好四件大事：进行以城市为重点的整个经济体制改革；制定"七五"计划纲要；继续搞好整党；进一步调整各级领导班子。要在中央的统一部署下，结合武汉的实际，精心指导，全面统筹安排，有条不紊地工作。

一是改革要与整党紧密结合起来。要坚持整党促进经济，经济检验整党的要求，把学习、贯彻《决定》作为整党的重要内容。整党不能走过场，而且要通过整党，切实加强党风、党纪建设，保证中央确定的改革方向和原则贯彻落实，促进武汉的改革。

二是一切从实际出发，创造性地贯彻执行《决定》。要坚持理论联系实际、实事求是的思想路线，把中央的《决定》与本地区、本部门、本单位的实际密切结合起来，既要勇于创新，又要有

实事求是的态度,在经济体制改革、发挥中心城市作用方面,走出武汉的路子来。

在推进改革的过程中,各级领导务必保持清醒的头脑,一定要在中央规定的总方向、基本原则指引下,有领导、有计划、有步骤地进行,做到同步配套,互相协调。既不能因改革中出现某些问题而动摇改革的决心,又要及时研究解决新情况、新问题,使改革健康顺利地发展。看准了的,条件成熟的要坚决改,看不准的则先进行试点,不搞一阵风、"一刀切"。因循守旧不行,盲目蛮干也不行。

报纸、广播、电视要积极宣传改革、指导改革,要加强改革典型的宣传,做到有说服力、有深度。对涉及一些重大问题的改革方针政策,如物价等的宣传报道,必须持慎重态度。

三是改进机关作风。各级领导机关要坚决改变让基层和企业围着自己转的局面,为发展生产服务,为基层和企业服务。要大兴调查研究之风,深入基层和企业,及时发现群众在改革中的新创造,总结新经验,解决新问题。要建立机关内部责任制,扫除人浮于事,互相扯皮,互相推诿的官僚主义积弊。有的机关干部下企业帮助工作,要企业派车接送、请吃请喝、向企业索要优惠产品,这种作风都属应当改造之列,必须纠正和抵制。

四是加强改革中的思想政治工作。在经济体制改革蓬勃展开的新形势下,我们必须坚定不移地贯彻"两个文明一起抓"的战略方针。要采取各种形式、方法和手段,加强思想政治工作,在全社会形成文明的、健康的、科学的生活方式,振奋起积极的、向上的、进取的革命精神,保证和推动经济体制改革和物质文明建设。思想工作本身也要改进。要学习和运用中央在指导农村改革中坚持的耐心教育的方针,随时掌握和研究改革中出现的思想问题,联系实际,有针对性地对广大党员和群众进行关于改革的理论和政策的生动教育。对改革中出现的各类思想问题,要积极引导,坚持采取疏导的方针,坚持正面教育为主。防止大轰大嗡、脱离实际、空洞说教和形式主义的做法,通过生气勃勃、卓有成效的思想政治工作,振奋起广大职工的革命精神,调动他们的积极性、智慧和创造力。工、农、青、妇、民兵、科协、文联、侨联、台联等群众组织,要继续坚持前一段的好做法,发扬成绩,结合自己的特点,围绕改革开展工作。

要支援郊县发展 *

（1984 年 11 月 13 日）

在财政上，市对郊县要放宽政策，政策里就有钱。市带县，要安排一点骨干企业到郊县去，不光是帮助郊县发展乡镇企业。城市工业企业向郊县扩散产品，不能把"包袱"扩散下去，尤其不能把污染大的产品扩散下去。要积极组织城市科技力量支援郊县农村。还要帮助郊县搞好城镇建设，包括要解决好蔡甸、纸坊以及黄陂、新洲县城的自来水问题。市里已决定，1985 年安排投资 1000 万元，修黄陂县的公路，从岱家山起，一直往前伸。今后搞建设，一定要城乡一起考虑。郊县要向内使劲，要选定几个工厂认真搞技术改造。新洲纺织厂，抓了技术改造，效益就上去了。区、县都要搞自己的出口产品，都要调整和开发农村产业结构，坚决实行政企职责分开。这些都不是权宜之计。全市各行各业都要积极支援郊县。城市支援农村，其实农村也支援了城市。比如 10 万农建大军进城，其中大约有 5 万人就是从郊县来的，这就是对城市的一个有力支援。

---

* 这是吴官正同志在武汉市委扩大会议期间参加农业组讨论时的讲话要点。

走好改革的"四步棋"*

（1984 年 11 月 22 日）

第一，重视知识，起用人才。这是武汉改革较有成效的关键。我们在改革的实践中体会到，不把人用好、用活，改革就不可能成功。对此历史可以借鉴。三国时期，刘备三顾茅庐，诸葛亮就是知识分子，年纪不大，当时在刘备的领导集团内部对此就有分歧，关羽、张飞有看法。刘备坚持尊重知识和人才的正确主张，为夺得三分天下奠定了基础。楚、汉相争时期刘邦之所以能够统一天下，主要是有张良、萧何、韩信这么一班知识分子，班子配得好，主意才有效。在改革过程中，我们市委常委一班人思想一致，特别是王群同志能带好头，大家都能注意选择和使用一些能够打开局面的干部，在改革中选贤任能。例如某建材厂，因选了一个好厂长，在两个月内使十年亏损的工厂扭亏为盈。武昌区一个油漆厂，使用了一个黄陂县的农民临时工当厂长，结果收到了极好的效果，迅速打开了销路，盈利水平比较高。总之，我国是个人才众多的国家，武汉同样人才辈出。例如，武汉汽车公司是一个拥有两万多人，30 多个工厂的单位，不团结，长期打派仗，我们在城市改革中采取了断然的公开招聘措施。结果，在该公司内部招聘了经理，并由经理提名组阁了 3 名副经理，新班子平均年龄不到 40 岁。曾经先后四次调班子都不能解决问题的单位，这次在改革中相信群众，取得了突破，取得了理想的成效。

---

* 这是吴官正同志接受《红旗》杂志记者采访时谈话的一部分。

武汉印染二厂,去年打架成风,管理混乱,经过调整班子,实行厂长负责制后,今年利润比去年增加两倍。不是没有人才,主要是官僚主义害人,埋没了人才。改革贵在用人,市委坚决抓住这个关键不放,坚决把人事制度改革搞好。市委、市政府全部搞任期制,包括我这个市长在内。我们用人打破了地区界限,宁夏的夏应琪提出了绝对成本控制法的理论,我们请来了;武汉柴油机厂我们请了一个西德退休的专家来当厂长。

第二,彻底开放,发展横向联合,提高社会经济效益。开放是中央提出的既定国策。对此各地的具体做法都不一样。有的怕因开放,把自己搞垮了。我想,开放慢了迟早必然倒台。而开放后可以打破城乡、部门、条块分割,使全社会形成经济的有机整体,为我们搞好经济工作创造了条件,提供了方便,只有开放才能统一。开放后,不积极努力缩短差距,倒台了活该,社会经济的发展是谁也不能阻挡的,保护落后是没有出路的,是一条通往灭亡的道路。

武汉从"两通"突破,不是没有斗争的。广东在武汉办一个轻工产品展销会,有人认为这是引狼入室。我们主要领导统一了认识,觉得只有通过开放才能使武汉早日争取主动,通过开放发现差距,缩短差距,奋发努力,就能变劣势为优势。今年内,特别是在改革过程中,我们用了相当一部分精力抓此工作。

商品生产有生产、交换、分配、消费四个环节。其中交换和分配是流通过程,是十分重要的中介环节,流通不"通开",生产是无法大力发展的。许多外国人到了武汉都说,武汉市场繁荣,商店多,商品多。改革之后,积极推进商业政企分开。我们还注意发展生产资料进入市场。生产资料不进入市场,商品经济是难于发展的。农民富了,要盖房;个体户富了要扩大再生产;流通活了,要汽车运输;煤、钢材、木材、水泥、机械、汽车等都应进入市场,为商品经济的大力发展提供方便。

我们办了长江木材贸易公司,这是中央和地方合办的计划外木材贸易单位,还办了五金贸易中心,煤炭市场价格放开,使羊肉、牛肉、葡萄干全部进入武汉市场。不"通开"市场,商品经济的发展没有希望。

流通通开了之后,交通一定要迅速跟上。物资、信息、人才的流动需要"血管",这个"血管"就是交通。城乡之间商品流通、客运流通、物资流通应该全部"通开",过去讲管理只讲上下隶属关系,研究谁管谁,这样不对。现在讲了经济管理,就是商品交换的基本原则,等价交换,要经济平等、互利、互惠,不仅省内、市内,而且要市外、省外,只有这样才能使相互关系融洽。即使在行政隶属关系上,经济上也应平等,不能无偿占有,那样不利于发挥积极性。搞活交通方面,目前有一定效果,刚刚被"通开",港口全部对外开放。我想改革到哪里,经济效益就会到哪里,这就是改革的真理。

武汉现有众多的信息、咨询、科技人才可以交流。有149家信息单位,456家咨询单位和组织。全市共七路咨询大军"通开"了信息。

按专业化分工协作。组织专业化协作,这是不花钱就能出产品、出效益的好事情。企业不能小而全,大而全,国家不能越穷越浪费。分工不细、专业化低、质量差,这些方面不"通开",经济的发展、生产的发展都不可能突破。只有加强横向联系,才能出效果,才能出经济效益。武汉洗衣机厂的招标就是很好的例子。武汉市的改革不仅要使武汉受益,而且要使湖北广大城市都受益,使中南地区的城乡都受益,只有这样,才能充分体现改革的实际意义和战略方向。在改革中我们帮助红安烟厂进行了改造,使地方收益增加150万元;我们还帮助省内一个化肥厂扭亏为盈。目前,武汉仅30多个企业公开招标就已与全国1000多个企业发生了横向的经济联系。

　　武汉蔬菜体制和全国一样，统得很死。种菜的农民、吃菜的居民、卖菜的单位都要求改革。特别是蔬菜，淡季难办。我们经过一个半月反复的调查研究，决心选择在淡季进行改革。价格是一个十分敏感的东西，改革不能怕风险。事实上，强调大城市蔬菜全部自给办不到，并且不科学，不能违背自然规律办事。武汉的蔬菜秋淡是由于炎热的夏天造成的，应该一方面种菜，一方面买菜，到外地组织蔬菜。适应种什么就种什么，种菜应因地制宜，蔬菜应全国统一按宏观经济效益考虑问题。内蒙、东北的土豆又大又好，武汉却种得又小又差，当然应以外购为主；而武汉的莲藕又有优势。黄州萝卜又大又好，何必非要在武汉种小萝卜呢？在改革中不能再重复过去那种瞎指挥的错误了。

　　武汉的鱼敞开后，供应量比计划供应时增加了40％。猪肉、鱼放开了，群众是比较满意的。鱼的敞开感谢万里副总理批评了我们，促了我们一下。学校特别是大专院校在鱼、肉、煤等方面的供应上，我们给予了特殊照顾，为他们安心学习创造了条件。

　　在对外开放方面，我们主要抓了引进改造项目，今年的改造资金是去年的三倍。

　　第三，请老"包"进城，实行承包责任制。实行经济责任制是搞活流通、搞活企业落到实处的一个重要环节。其中分配制度的改革，经济杠杆的使用，这两条是经济责任制落实的关键。但在实行承包责任制的过程中，不能一刀切，不能一个模式，不能违背政策，要注意和支持群众的首创精神。分配制度的改革、经济杠杆的使用、简政放权，都是落实执行承包责任制的三个基本条件。

　　国家经委调查287个企业，改造费用平均2万元，企业发展缓慢，这样就难以使工人的切身利益与企业挂起钩来。人的积极性是搞活企业的关键，是改革成功与否的关键。

第四,围绕搞活大企业,对计划价格、简政放权、机构、信贷、工资等方面实行配套改革。放权到企业,搞活大企业是我市继续努力突破的方向,改革的后劲是技术改造。五年内要认真抓改造,引进技术、引进人才、引进设备,其根本目的都在于改造,从根本上提高企业的素质、提高企业的生产能力。还要特别注意对引进的吸收与消化,不抓消化与吸收则失去了引进的意义。要建设四个现代化不能吃现成饭,光靠引进是不行的,当然现阶段的引进是必要的;要想到买设备是为了买技术,一个十亿人口的大国不能成为外国的倾销市场。引进绝不能买落后的技术、别人淘汰的技术。

改革流通体制
大力发展服务行业*

(1984 年 12 月 22 日)

前一段,我们在搞活流通方面做了不少工作,取得了一定的成绩,但还有些渠道没有打通,一些商业基础设施也不适应商品大发展的要求,商流、物流、信息流都不够畅通。武汉作为内陆的大城市和口岸城市,必须抓好这方面的改革,进一步搞好商品流通,发展与各个重点省、市的商品交流和城乡交换。

当前要重点抓好贸易中心的整顿工作,使其不断完善,并充分发挥其开放式、少环节的特点。要加快永宁巷贸易中心的建设,争取在最近开业,同时举办一次春季商品交易会,恢复有奖销售。在办好贸易中心的基础上,加速批发体制的改革,更好地促进生产的发展,把武汉的产品辐射出去。

坚持国营、集体、个人一起上,大力发展第三产业。第三产业,既包括商业、饮食、运输、邮电等传统的服务行业,也包括金融、信息、咨询、广告、旅游、技术服务等新兴的服务行业。发展第三产业,要充分认识第三产业在大城市中的地位和作用,从过去的"重生产、轻服务",把第三产业当作"慈善事业"、"福利事业"的传统观念中解脱出来。要制定切实可行的发展计划和规划。采取灵活措施,适当调整价格体系,提高留利水平,争取都能做到自负盈亏。要鼓励全社会都来办各种服务性事业,特别

---

* 这是吴官正同志在武汉市政府全会上讲话的一部分。

要利用工厂企业的现有社会服务事业的设施和人员,转向既为本单位服务,也为全社会服务。要下决心把在街面上用来作住房、仓库和办公大楼的门面调剂出来,以发展第三产业。要把更多的劳动力从第一产业和第二产业中腾出来,向第三产业转移。

武汉作为一个中心城市,要充分发挥贸易中心、金融中心、信息中心、科技文教中心等多功能的作用。因此,必须大力发展金融业、信息广告业、咨询服务业。最近,武汉成立了金融中心,这对于加快我市金融业的发展,增强我市的辐射能力和吸引能力将起重要作用。信息和咨询要向多功能、多层次发展,要紧密围绕经济建设的需要,逐步使领导决策程序制度化,咨询研究形式多样化,要加强信息产业的横向联系,创造条件建立全市信息中心,促进信息咨询网络化,为各级领导科学决策提供服务。

调整农业结构　搞活农村经济 *

（1985 年 2 月 4 日）

当前郊县形势越来越好,农村经济全面发展。1984 年,粮、棉、鱼、奶、禽、蛋、乡镇企业、人平收入等均创历史记录。市郊农村取得较好的成绩,主要是党中央的政策进一步激发了广大干部群众的改革创新精神。我市郊县农村经济的发展速度应当快一些,因为武汉市是综合经济体制改革的试点城市。我们必须加快发展速度,大力挖掘大企业潜力,大力发展乡镇企业和集体企业,促进轻纺工业发展。郊县经济工作的方针是:"发挥武汉优势,城乡一体发展,发展乡镇工业,加快致富翻番"。具体来说,要发展乡镇工业,主攻养殖业,搞活流通,加快集镇建设。按照为开放服务,为外贸服务,为旅游服务,为城市人民生活服务的原则,建立城郊型的综合经济结构。

一、调整农业结构,主攻畜牧、水产业

调整农村产业结构是当前农村改革的中心,也是 1985 年农村工作的重点。长期以来,由于"左"的影响,我们郊县的农业是单一结构。党的十一届三中全会以后,各地对农业内部结构逐步在进行调整,取得了一定效益。但我们的思想还不够解放,只是在种植业上作了一些小打小敲的调整,目前农业生产仍然不

　＊　这是吴官正同志在武汉市农村工作会议上的讲话。

能适应市场需要,生产布局和农业结构不合理。我们一定要迅速改变这种状况。

目前,随着粮食、棉花的相对富余,商品生产的大发展,消费结构的变化,为调整农业结构提供了物质基础和有利条件。我们要抓住这个大好时机,加快调整步伐,力争一二年内使郊县农业结构趋向合理,要求 1990 年畜牧、水产业产值达到占农业总产值的 50％以上。我们确定这个主攻目标,既可以改善城市副食品的供应状况,大量转化粮食,又可以使农民富得更快。

我们要用过去抓粮棉生产的劲头,来抓畜牧、水产业的发展。国营、集体、个体一起上,特别要大力扶持养殖专业户、专业村的发展。同时,要有计划地建立生猪、牛奶、禽蛋、渔业的生产基地,逐步形成养殖业的专业化、商品化、现代化和地方特产的优势。要建立和健全养殖业的良种繁育、饲料供应、疫病防治、产品加工、贮运销售等配套的服务体系。关键是要把饲料生产抓上去,饲料加工要市、县(区)、乡、村多层次发展,多形式经营,大力提倡户办、联办饲料加工厂。工商、税收、卫生、交通等部门,要为农民进城销售畜产品、水产品提供方便,给予支持。城市各个菜场可以让出一定位置,欢迎农民进店营业。为了扶持畜牧、水产业的发展,今年市委、市政府决定由粮食部门拿出 1 亿斤粮食,按原统购价销售,扶持郊县饲养专业户、养殖场、饲料加工厂和小五坊,还安排 2000 万元低息贷款,支持郊县发展畜牧、水产和林果业,利息由市、县(区)财政和借款户各负担 1/3。

为了逐步拉开城郊蔬菜生产布局,确保城市蔬菜供应,决定从新菜地开发费中划拨 1000 万元,支持部分靠城县区建设一批蔬菜基地。

对种植业的调整要放权于民,让农民按照市场需求和自然条件来安排。凡是不宜种植粮棉的耕地,要尽快地退耕还渔、还林、还牧、还特。粮棉生产要调面积,攻单产,上质量,促转型。

千方百计搞好粮食就地转化增值,通过大力发展饲料工业这个"中间体",努力把粮食变为副食品,把植物蛋白变为动物蛋白,提高粮食的综合经济效益。

二、发展乡镇企业

乡镇企业是农村经济的重要支柱,也是国民经济的重要组成部分。全市各级党委和政府,要把发展乡镇企业作为增强武汉经济实力的一项重要任务来抓,充分发挥城市工业、科技、市场及地理位置、交通运输等优势,城乡共同努力,千方百计发展乡镇企业。郊县各级领导必须在指导思想上来一个大转变,用主要精力抓乡镇企业。城市各工业局、总公司对乡镇企业要视同城区企业一样,按行业实行归口管理,在提供信息、决策咨询、技术攻关、代培人才、经营管理等方面加以切实指导和帮助。

发展乡镇企业要走北京洗衣机厂的"白兰道路",把城市一部分工业品的加工,按专业化协作和联合经营的形式,逐步由城市向乡村转移,走我们自己的"童车道路"、"荷花道路",使城市和乡村各自的优势都发挥出来,形成以城市为龙头的生产协作型产业,实现城乡一体,互相促进,协调发展。

市有关部门,要扩大牵线搭桥的成果,进一步制定好产品扩散方案,已经扩散的项目要尽快落实,要扩散适销对路和技术工艺比较先进的骨干产品,绝不能把自己的"包袱"甩给农民。今年全市各工业部门向郊县扩散的产值要达到二亿至三亿元。今后市区一般不得新建工厂企业,新建项目要向郊县伸展,郊县在征地、建设等方面给予优惠。

在坚持乡镇企业的生产和经营主要靠市场调节的前提下,对乡镇企业生产所需的部分统配物资,每年由市计委切出一块,给乡镇企业总公司提出分解意见,指标直接下达到各区县。今年安排煤炭 66000 吨,钢材 3000 吨,木材 3000 立方米。这些材料一定要专材专用,不要挪作他用。

郊县在发展乡镇企业上,要有开拓精神,既要争取各方面的支持,又要立足于自力更生,努力开发新产品和新产业。凡是社会需要的都可以搞,凡是有条件办的都应该去办,敢于发展城市没有的产品,敢于与大工业搞竞争,敢于引进项目。每个区、县能不能搞 10 至 20 个引进项目,争取今年内谈成 5 至 10 个。只要先进赚钱,能搞上去,引进项目,市里都会支持。还可以通过海外的同乡关系,要求他们为建设家乡献计献策,帮助家乡搞引进。郊县农村资金潜力很大,要鼓励和引导农民利用剩余资金来发展乡镇企业,可以办家庭工厂,可以合资经营,也可以入股分红。欢迎城市和外地到郊县农村投资,办厂开店,搞开发性经营。有条件的还可以吸收外资,发展出口商品生产。

敞开城门,鼓励郊县农民进入市区和县、乡、集镇兴办商业、饮食、服务、建筑、运输、旅游、文化等第三产业。欢迎郊县到市区盖贸易大楼,改造旧城区。有关部门对农民进城办第三产业,要在征地、建房设点、办证、营业、信息等方面,给予切实有力支持,不得层层阻难设卡。

在发展乡镇企业中,要注意同加强农村小集镇建设有机地结合起来。要创造条件鼓励和吸引农民到集镇落户,支持他们兴办各种企业和服务行业。按照国务院通知精神,对符合条件的,公安部门应准予落常住户口,发给《自理口粮户口簿》,粮食部门可发给《加价粮油供应证》,同时在建房、买房、租房等方面提供便利条件。城乡建设部门要加强对集镇建设的规划和指导。

三、开发智力资源

"无才不兴"。随着农村商品经济的发展,科学技术越来越显示出它的重要作用,广大农民迫切要求用科学技术来武装农业。我们要充分运用武汉大专院校、科研单位众多和人才云集的优越条件,推广洪山区大搞"两变三引"的经验,把郊县农村变成科研单位、大专院校的试验基地,把大专院校、科研单位的研究成果变成农村新的生产力,大量引进人才、引进技术、引进资金。在引进人才上要千方百计,广开渠道,重金聘请,待遇从优。各类科技人员可以停薪留职应聘到农村工作,可以利用业余时间为农村提供技术服务和技术咨询。总之,要加强城乡技术交流,切实解决好人才流动问题,鼓励人才下乡。市人事、科技干部部门要继续动员和组织各类科技人员到郊县农村去工作。对农村中自学成才的技术骨干,市科技干部部门和有关业务部门要帮助进行考核,符合条件的应授予相应的技术职称。

要继续鼓励郊县农业科技人员从事各业的技术承包,实行技术有偿服务和转让。通过他们的承包活动,在农村各个领域去传播科技信息,普及科技知识,应用科技成果,在加速农村经济发展的过程中起到积极的推动作用。

市教育部门要帮助郊县办好广播电视大学、农村函授教育、农业中专和农业职业中学,培养更多的农业科技人才。要求1990年以前,通过各种渠道,为郊县培养各类大专人才1200多人,各类中专毕业生3400多人。市属的各类中专和技工学校,要为郊县的干部、工人和农民开辟学路,采取专门开班或插班的方式,招收一定的名额。对定向培养,不包分配的,可适当降低录取分数线。加强农民技术教育,建立健全县(区)、乡、村农业教育网。在尽短的时间内使我们郊县农民在知识结构上有一个明显的变化。

四、树立城乡一体观念

实行市管县以后,我市经济结构和人口构成都发生了较大变化。郊县人口占全市总人口的一半以上,工农业总产值占全市国民收入的 20％。我们郊县的条件很好,潜力很大,发展前景广阔。农业上不去,将会拖工业的后腿。我们必须牢固树立以农业为基础的思想,不论从事农村工作或城市工作的同志,都要总揽城乡经济全局,努力消除城乡之间的各种壁垒,实现城乡经济建设的统一领导,统一规划,统一管理,全面布局城乡工业、交通、科技、流通、文化教育等等。在城乡经济发展上,由市计委牵头,会同市经委、农委、建委、商委、外经委、科委、交委和文化、教育、卫生等单位,尽快制订一个总体规划,并拿出近一两年的实施方案,以加快城乡经济发展速度。

县是城乡经济的结合部,是社会经济功能比较完善的基本单元。要给县更大的自主权,以增强县级政府管理和协调经济的能力。市委、市政府已经作出决定,从 1985 年起,对郊县实行财政包干。基本建设、对外贸易等方面也都要把更多的权力放给区、县。

随着城乡改革不断深入,商品生产日益发展,政府部门要把自己的工作重点转移到服务的轨道上来,由行政管理型变为服务型,要建立和健全各种服务体系,在各类产业中提供第一流的服务。我们各级干部都要为生产服务,为基层服务,认真做好各方面的服务工作。要把乡、村干部的经济利益与农村经济发展和农民收入挂起钩来,对有突出贡献的要实行重奖。要注意不搞形式主义,不搞花架子,不搞浮夸,坚持实事求是,脚踏实地进行工作。

帮助、扶持老苏区和贫困地区的农民脱贫是我们义不容辞的责任。前段,各个部门在这方面做了大量工作,取得了一定成效。原来计划三年改变这些地区的面貌,现在看来两年之内有可能实现。原市安排用新菜地开发费扶持贫困地区脱贫的贴息贷款 500 万元,现决定增加到 1000 万元,另外市财政还安排资金 200 万元用于扶贫。我们要进一步加强领导,做好工作,特别是有对口扶持任务的部门和单位,要采取切实有力措施,一直抓到这些地区脱贫致富。要积极鼓励青年干部到贫困地区去工作,对作出成绩的,要提拔重用。

注意用法律手段解决
经济体制改革中的问题*

（1985 年 3 月 13 日）

现在全国正在武汉召开城市经济体制改革试点工作座谈会。会上提出了很多经济体制方面的问题，需要用法律手段去解决。武汉是个试点城市，试点就要试在"点子"上。今天到会的各位都是法学、司法方面的专家，希望大家为武汉市在经济体制改革中，加强法制建设，用法律手段解决经济体制改革中出现的问题，多作研究，出好点子。这是第一。

第二，武汉市既然是试点城市，我们就一定要解放思想、大胆"试验"。当然，在试的过程中，不可避免地会出现这样或那样的问题，这就势必要加强宏观控制工作。过去，我们用行政手段管理经济，取得了一些经验，也有不少教训。用经济手段管理经济，这几年也有过一些探索。但是用法律手段管理经济，就显得很不够了。这也是在我们试点城市中需要去大胆"试"的问题。

第三，我们是试点城市，一方面，我们要大胆地去"试"，另一方面，又要考虑到全国一盘棋。因此在进行地方立法的时候，既要从武汉的实际情况出发，又要考虑到整个国家的利益。在全国经济体制改革过程中，出现了许多新的问题，需要从法律上加以研究。如有的工厂倒闭了，随之就出现了财产纠纷、债务纠纷和职工的安排等问题，这需不需要制定破产法？又如，国家正在

---

* 这是吴官正同志在武汉市法学会成立大会上的讲话。

研究"厂长法",厂长究竟代不代表国家？现在对这个问题的争论很多。厂长肯定是代表职工的,所以就给职工拼命地发"奖金",这样看来,他跟职工的利益似乎一致,但是,国家的利益也要保住,如交纳税收等。这样就出现了一些问题:即厂长在处理国家、集体、个人三者关系时,究竟有哪些权利、义务？不解决这个问题,就会影响企业的挖潜和改革。总之,在经济体制改革过程中,会出现很多新情况、新问题,需要我们去探索、去研究、去解决。因此,武汉市法学会在这个时候成立,其意义是很大的。

我希望学会在以后的活动中,为经济体制改革,搞活城市经济、搞活企业、加强宏观控制等方面,多做些法律方面的研究工作,我们十分盼望大家为武汉市的经济体制改革多做贡献。

城市经济体制改革
要说"北京话"*

(1985 年 3 月 31 日)

我们做地方工作的同志,搞城市经济体制改革要说"北京话",就是说既要从本地实际出发,又要从国家整体利益和全局利益出发,按照中央的方针、政策和部署搞改革。武汉是华中地区的中心,搞改革要有利于华中和全国,通过开放搞活经济,为华中和全国经济建设做贡献。要讲"北京话",不能只讲"武汉话"。

武汉去年开始进行经济体制改革的试点工作,从速度上讲,武汉工农业总产值去年比前年增长 12.8%,不算很高。但武汉去年从搞活流通入手,敞开武汉三镇大门,是一个突破。例如,武汉去年有 35 个企业,向全国两千多家工厂搞零部件生产招标,影响到武汉市内一些工厂的生存。但市委、市政府下决心:"垮就垮它几个工厂,不能为了地方利益保护落后。"面临激烈的竞争,武汉的工厂既有压力又有动力,结果真正挤垮的只是极个别的,绝大多数工厂在竞争中提高了应变能力。去年秋天武汉开交易会,全国各地来了 11000 多客人,一周中成交额达 28000 多万元,其中一半以上是武汉的产品。由此可见,从全局出发,可以带动局部。只从局部出发,可能影响全局。

再比如,敞开武汉三镇让农民进城卖农副产品,发展第三产

---

* 这是吴官正同志接受《人民日报》记者采访时的谈话。

业,城市人民可以吃到鲜肉、鲜菜,农民卖了农副产品又可买回工业品及部分生产资料,有力地促进了农村商品经济的发展。去年以来,武汉还向周围农村扩散工业品生产,产值达两亿元。

大城市不要什么都想做"老大"。在横向经济协作中,武汉在有些方面可以做"龙头";在有些方面也要甘当"龙尾"。无论"龙头"或"龙尾",都是为国家经济建设做贡献,这是一个大局问题。

大胆放开搞活
加快城市改革步伐 [*]

（1985 年 5 月）

去年 5 月，中央批准武汉实行计划单列，进行经济体制综合改革试点。一年来，改革已在全市各条战线、各行各业蓬勃展开，正在由单项、局部改革进入综合配套的全面改革。全市进行综合改革的时间虽然不长，但改革已显示出强大的威力，企业开始活起来了，市场初步繁荣了，经济效益明显提高了。城市的吸引力、辐射力和综合服务能力增强，以城市为依托的开放型的经济网络正在形成。1984 年全市工农业总产值完成 153.63 亿元，比上年增长 12.8%。其中工业总产值完成 142.39 亿元，比上年增长 11.7%；农业总产值完成 11.24 亿元，比上年增长 28.5%。同上年比，工业企业实现利润增长 13.4%；社会商品零售额增长 20.5%；财政收入增长 7.6%。

武汉的改革初见成效，首先是中央、省给我们创造了很好的条件；另一方面，我们充分利用这些条件，向内使劲，抓了起用人才、开放三镇和搞活企业三件事，从而初步打开了改革局面。

一、重视知识，放手起用人才

在改革中，各级领导对人才和知识的渴求愈来愈迫切。大

---

* 这是吴官正同志发表在《红旗》杂志 1985 年第 5 期上的一篇文章。

家越来越感到,"当今之急,在于人才",不起用一代精力充沛、知识充实、开拓精神旺盛的人才,旧模式、旧体制就破除不了,具有中国特色的社会主义经济体制就建立不起来。正如邓小平同志所说:"事情成败的关键就是能不能发现人才,能不能用人才。"基于这样的认识,我们在经济体制改革中紧紧抓住了发现人才、提拔人才这件带根本性的大事。

要让人才脱颖而出,首先要破除旧思想,树立新的用人观点。从武汉的实际出发,我们在起用人才的过程中,坚持破除各种旧观念,扫除思想阻力。破"论资排辈"的旧观念,敢于破格提拔一代新人;破所谓"经验不足"的旧观念,敢于起用有知识的中青年干部;破求全责备的旧观念,敢于起用有争议的具有开拓精神的干部;破"一刀切"的旧观念,敢于从实际出发选人用人,既讲文凭,又讲水平,不拘一格选拔人才。

在破除旧思想的同时,要破除不利于人才涌现和使用的旧的管理制度和管理办法。主要是"四改",即改过去单一委任制为选举、招聘、承包、委任等多种形式选拔人才;改集中管理为分级管理;改部门所有为人才合理流动;改终身制为任期制。这一系列改革由点到面,由基层到机关,在全市广泛展开。目前已对市直部、委、办、局的 1600 多名处级以上干部实行了任期制;有1700 多家企业进行了干部人事制度改革,其中选举、招聘的约占 80%,工交系统在一部分企业中还进行了"民主选举厂长、实行厂长负责制、民主评议干部"三连环的配套改革。这就使一批名不见经传的中青年干部以其出色的成就相继崛起。实践证明,我们不是没有人才,而是人才辈出,改革涌现出了人才,造就了人才;同时,人才又推进了改革。

放手起用人才,必须促进人才合理流动。过去干部人事制度的一个突出弊端,就是人才部门所有、单位所有,人才不能流动。技术、知识是没有地区、部门界限的。人才可以流动,不仅使全市的知识分子大为活跃,提高了积极性,而且促使人们对知识和人才的认识有了新的升华:农民寄希望于有知识的"财神爷";职工寄希望于能干的"当家人";领导寄希望于能驰骋的"千里马"。在起用人才的竞争中,各级领导和各部门增加了尊重知识、尊重人才的紧迫感和责任感,大胆选贤任能,广为招贤纳士,已逐渐成为具有时代特色的新风尚。

二、敞开三镇、彻底开放,发展横向经济联系

发展横向经济联系,发挥中心城市在社会生产和流通中的作用,是社会化大生产的客观需要,也是城市综合改革所要解决的问题。长期以来,在"左"的思想影响下,城市的手脚被"条块分割"的体制所束缚,使城市的作用局限在狭小的范围内。所以,改革首先要打破条块分割的格局,彻底开放,充分发挥中心城市的作用。

武汉的开放是从流通通开的。在社会化大生产条件下,再生产过程是生产过程和流通过程的统一。流通不仅是社会财富创造过程的不可缺少的环节,而且是社会财富增长的前提和枢纽。武汉历史上就是华中地区最大的商品集散中心,流通发达是武汉经济实力的一个重要方面。我们决定以"两通"(流通、交通)为突破口搞好武汉的综合改革,重点抓了搞好流通这件战略大事。

首先,从改革商业批发体制入手,突破了按行政区划设置的一、二、三级批发层次,先后建立起以专业贸易中心为主的各类贸易中心90多家,发展了各具特色的批发市场、贸易行栈和集贸市场,在闹市地段先后开辟了8条各具特色的商业一条街。我们提供24万平方米地皮,欢迎国内外客商在武汉设店经营。省内外已有392家企业来武汉开商店,现在武汉每天流动人口

已由过去的 10 万人增加到 30 万人。市场通开以后,促进了交通的发展。物资、信息、人员的流动需要"血管",这个血管就是交通。我们从挖掘潜力入手,进行了交通改革,先后成立了长江航运公司、大通民间航运公司、武汉民用航空公司,郊县农民也纷纷投资办交通,初步出现国家、集体、个人一起上,水运、陆运、空运一起上的活跃局面。

开放市场,必须打破科技成果和生产资料不能进入市场的老框框。从 1981 年以来,武汉先后举办了 15 次多学科综合性的和各种专业性的科技交易会,全国 1100 多个教学、科研、生产单位提供了 4300 多项成果,共签订合同 1300 多项,成交额 4000 万元,使一批具有国内外先进水平的科研成果迅速转移到生产单位。武汉地区大专院校、科研单位的科研成果利用率已由 10% 上升到 30% 以上。开放生产资料市场,也收到比较明显的效果。过去武汉的煤炭十分紧张,寅吃卯粮,不少企业停工待料。开放后,湖南、四川的煤都涌进武汉,煤炭紧张情况有所缓和。木材缺乏的问题,也随着市场的开放基本解决。

开放,就要允许竞争。通过竞争,优胜劣汰,社会经济才能得到发展。那种把竞争当作资本主义的特有现象,讳言竞争、不允许竞争的观点是站不住脚的。社会主义的竞争是为了打破"独家经营"、"独家垄断",促进企业的技术进步,更好地满足社会需要。在竞争中,大家都有"产品不好要倒牌、企业不活要垮台、干部不胜任要下台"的紧迫感,这是个大好事。武汉洗衣机厂过去受部门限制,配套件只能在局系统内定点供应,严重影响了产品质量和经济效益的提高。这个厂在 1983 年对外购件、协作件实行公开招标,取得了"吹糠见米"的效果,仅招标而降低成本所增利润就占年利润总额的 40%,而且也促进投标企业加强管理,提高了劳动生产率。现在,武汉已有二三十家企业实行公开招标,全市已有 1000 多个企业与国内 28 个省、市建立了各种形式的经济协作关系。

彻底开放,搞活流通,还需要不断改革计划、价格管理体制。20多年来,武汉的蔬菜供应一直实行统购包销,结果生产和经营越统越死,越"包"国家背的包袱越重。去年,我们经过反复的调查研究后认识到:蔬菜产销有其固有的特点,光靠行政手段和指令性计划是搞不好的。过去强调大城市蔬菜全部自给,实际办不到。武汉的蔬菜每年春、秋两个淡季是由于气候造成的,应该一方面因地制宜种菜,一方面发挥武汉交通方便的优势到外地买菜。那种对蔬菜种植计划、价格统得过死的体制和做法,既违背了自然规律,又违背了价值规律。去年7月,我们下决心改革,全面放开蔬菜市场。尽管一改革就处于秋淡时节,但却收到了"秋淡不淡"的好效果。改革后,上市蔬菜质量提高,花色品种增加,亏损浪费减少,价格虽有所上升,但基本稳定合理,消费者、生产者、经营者都比较满意。去年6月,我们对鱼也实行了放开经营,成交量一下增加40%以上,多年来在武汉市场难以买到的活蹦乱跳的鲜鱼能够买到了。与此同时,我们对猪肉、豆制品也放开经营,同样收到了好的效果。总之,由于放开了,武汉市场上出现了"放则活、活则多、多则廉"的令人鼓舞的好势头。

三、围绕搞活企业这个中心环节进行配套改革

企业是城市经济的细胞,是国家财政收入的活水源头。城市要搞活,首先要使企业具有生机勃勃的活力。围绕搞活企业,我们在改革中抓了如下几项工作:

第一,实行简政放权,政企职责分开。放权首先是要放心,思想要解放,不能"明放暗不放"、"放碗不放筷"。为了搞好简政,我们首先从财贸部门开始抓了政企职责分开工作。去年8

月,市里决定将财办、市一商、二商、粮食局撤销,建立了市商业管理委员会,作为市政府管理全市社会商业和市场的行政机构。原来的 36 个处、室减为 9 个,定编人员由 381 人减为 130 人。原来各局管理的人事、劳动、财务、物价、业务等方面的权限全部下放给企业,商委不再直接管企业,在财经上与企业割断联系。这样做,扩大了商业企业的管理权限,加强了市政府对商业政策、经营法规、信息交流等方面的工作。去年底,我们又在调查研究的基础上,决定对我市几十个二级公司进行改革。一方面要求公司逐步从行政性公司转为企业性公司,有的可以撤销、合并;另一方面则允许企业自由参加,自由退出,自愿联合,可以改"嫁",自找"婆婆"。这件工作正在进行,受到企业的普遍欢迎。

第二,请老"包"进城,改革企业的分配制度。社会主义的消费品分配原则是按劳分配。但长期以来没有执行好,多劳者、少劳者在一起吃"大锅饭"的现象十分严重。请老"包"进城、进厂,建立责、权、利相结合的责任制,就能使按劳分配原则得到更好的贯彻,真正解决一些人无偿占有另一些人劳动成果的问题,从而有效地调动了广大职工的积极性。我市在 1983 年试点的基础上,去年广泛推行各种承包责任制,据初步统计有 60 多种形式,既有产品设计、技术改造、质量、成本、销售、扭亏增盈等专项承包,也有全面的层层承包,还有集体企业承包国营企业,个人租赁集体企业的新形式。承包责任制首先在小型企业、困难企业中实行,现在已逐步扩展到工交、城建、财贸以至科技战线,工交系统有 60% 的企业推行承包责任制。从推行结果看,不论采取什么形式,一般都有"一包就灵"的效果。市二轻局实行扭亏增盈承包责任制后,已有一批长期亏损企业起死回生。市一轻局有 65 家企业针对产品积压问题,于去年 5 月实行销售承包制,承包后月均销售额比承包前增加 10% 以上,原来销路不好的手表、牙膏、香皂、味精也开始出现销大于产的好形势。老

"包"进城,不仅把一些小型企业、困难企业搞活了,而且对大中型企业、条件较好的企业无疑是一个挑战和冲击。现在不少大中型企业也开始跃跃欲试,有的大型企业经过一段时间试行,已经尝到甜头。大量事实说明,老"包"进城、进厂、进店是治懒、治穷、致富的灵丹妙药。

随着承包责任制的推行,相应改革了现行工资制度。去年,我们选择了少数企业试行了多种形式的工资制度改革,包括"利税总额与工资总额直接挂钩"、"成本控制法"、"累进计件工资"、"除本分成"等形式。据我市 44 个企业工资改革试点调查,实行工资制度改革后,全年实现利润比上年增长 26.2％,工资总额增长 13％,工资总额的增长幅度均低于实现利润的增长幅度,兼顾了国家、集体、个人三者利益。特别是通过改革,改变了那种把从事科技和经营管理等脑力劳动、复杂劳动的人员作为二、三线人员进行分配的旧观念,改变了有些单位脑力劳动报酬偏低的状况,企业重视知识、钻研技术的风气浓了,这就促进了企业素质的提高。

第三,发挥经济杠杆的调节作用,用经济的办法管理企业。单纯依赖行政手段管理,只能窒息企业的活力。运用经济杠杆的调节作用搞活企业,则是综合改革的重要内容。去年以来,我市税务、财政、劳动、工商、物价等部门在改革中,发挥了积极性、创造性,能变通的敢于变通,该松动的大胆松动,该控制的严格控制,需改革的勇于改革。几个月来,他们在扶持重点产品,搞好集体企业、乡镇企业,推动技术改造等方面采取了一系列"放水养鱼"的措施。按老框框估算,去年市财政将会少收几千万元,但实际数却比上年增收了一亿元。我们深深感到,经济综合部门学会了"欲取之,必先予之"的管理之道,这是经济管理工作指导思想上一个可喜的重大转变。"杀鸡取蛋,竭泽而渔"的蠢事于企业于国家都不利,"养鸡下蛋,放水养鱼",才能把企业搞活,收到财源茂盛之效。

第四,改革企业领导体制,推行厂长负责制。去年 4 月以来,我们结合干部人事制度改革,选择了 42 个企业进行了厂长负责制的试点,效果比较好。试点企业初步革除了党政不分、职责不清、多头领导、责权分离,管人的不管事、管事的不管人,决策者不负责、负责者不能决策等弊端,建立了统一的、强有力的、高效率的生产指挥和经营管理系统,大部分试点企业出现了"政令畅通、办事效率提高,党政分开、思想工作加强,厂长依靠职工、职工当家作主"的新气象。进入 1985 年,我们把改革企业领导体制,实行厂长(经理)负责制作为开创全市综合改革新局面的重要一环来抓,要求全市凡有条件的企业都要普遍推行。

坚定不移地把改革引向深入 *

（1985 年 5 月 17 日）

去年五月份以来，我们本着放开、搞活的要求，在敞开三镇，搞活"两通"，配套改革，搞活企业；尊重知识，起用人才等方面进行了一些有益的探索，初步收到一些效果。改革给企业带来了活力。去年，我市工业企业的优质品率是历史上最高的一年，企业经了竞争的风雨，见了市场的世面。去年工业生产综合经济效益指数在七个计划单列的城市中，增长幅度是第一位的；改革使市场繁荣了，商品多了。去年 6 月，我们放开了鲜鱼价格，7 月放开了蔬菜价格，8 月走小步放开了猪肉和豆制品价格。今年 4 月，又进一步放开了猪肉和鸡蛋的价格。放则活，活则多，多则价格趋向合理。

改革也给武汉周围的发展带来了好处。武汉作为一个大市场，作为湖北的武汉，华中地区的武汉，吸引力和辐射力增强，也促进了农村商品经济的发展。农民生产的农副产品进城，能卖上好价钱，也可以在城市把工业品买回去，包括部分生产资料，这就活跃了经济生活，促进了经济的发展。

改革给武汉的人民带来了实惠，去年在压缩了过去 5000 万元"包袱"的基础上，地方财政收入增长了 1 亿多元，真正做到了没有赤字，而且还略有节余。去年，人民群众的实际收入，扣除物价上涨的因素，增长了 11.2%，是近几年来增长最多的一年。

---

* 这是吴官正同志在武汉市委扩大会议上讲话的一部分。

91

今年一季度,职工的平均生活费收入增长 21.5%,物价指数增长 10.6%,这说明职工收入增长的幅度仍然大于物价指数增长的幅度。这几年职工的生活改善了,物价上升了一些,但群众手中的钱也确实多了一些。去年全市储蓄存款比上年增长 37.7%,今年元月至 4 月份又增长 1600 万元,说明群众确实得到了实惠。

总的说来,武汉的改革迈开了步子,发展比较健康,人们的认识也有不同程度的提高。我们过去习惯按统购包销制度办事,不按经济规律办事,受到了惩罚。十一届三中全会以来,特别是去年进行经济体制综合改革以来,实践使我们增强了搞好改革,包括搞好价格改革的信心。当然,我们的改革还存在很多问题,不能估计过高。现在群众要求改革,又害怕乱涨价。市委、市政府十分重视物价问题,对物价管理采取了一系列措施,但乱涨价的问题仍时有发生。比如前几天有的地方冰棒、汽水乱涨价,群众反映很大。对无证摊贩坚决取缔不够,影响了职工的积极性。改革中有很多思想工作要做,但我们抓得不够。有的干部、职工存在"一切向钱看"的倾向,有的同志对十二届三中全会的精神理解不够,既要求增加工资,又希望不涨物价,这是办不到的。问题是我们没有做好思想工作。还有一些部门的领导放任自流,带头搞不正之风。有的局机关去年一年人平发 800 多元的奖金,市委、市政府已作出决定,要坚决退。还有的企业发了 12 个半月的奖金,这些问题不纠正,就不能保证改革的顺利进行。我们的工作还不够扎实,对改革中出现的一些新情况、新问题研究不够,有些问题解决得还不及时。有的因为没经验,只能走一步,看一步,这都要求我们加强学习,加强调查,把改革搞得好一些。

今年改革的指导思想是:坚定不移,慎重初战,务求必胜。要充分运用各种有利因素,不失时机地把改革继续推向前进。

　　具体来说,主要抓好以下几个方面的工作:

　　今年的改革,重点是把企业搞活,特别是要增强大中型企业的活力。当前要强调向内使劲,挖掘潜力,不断开发新产品,切实提高质量,开足马力搞生产,提高经济效益。要用新的思想,开辟新的路子,把企业搞活。要靠改革调动群众的积极性。国家有政策,外地有经验,条件已经具备,关键是靠我们自己。现在有不少工厂成本是上升的,也有一些工厂成本下降了。在条件大体差不多的情况下,为什么有的成本上升,有的下降? 关键是向内使劲。当然也有一些其他的因素。武钢向内使劲,积极进取,大胆进行了一系列改革,对 57 个厂矿简政放权,大胆起用人才,发动群众提建议,实行分级核算,节约能源等措施,经济效益有了明显提高。一针织厂在困难的情况下,成本下降了7.2%,就是靠的改革。搞活大中型企业,还要积极发展多种经济形式和经营方式,实行一业为主,多种经营,增产节约,增产增收,把职工的劳动所得,同经济责任、企业的经济效益紧密地结合起来,做到效益不断提高,速度稳定增长,技术日益进步,职工生活相应改善。

　　要坚定不移地把物价、工资改革搞好。物价改革是经济体制改革成败的关键。最近几年,我们根据中央的部署,采取积极慎重的方针,调放结合,小步前进,逐步放开了一些商品的价格,同时,严格物价管理,使市场活起来了,商品质量提高了,群众购买方便了。价格政策总的讲是执行得好的,但乱涨价的情况也还存在。现在,我们要做工作,不应该涨的价格要坚决降下来。对在国家规定和允许的范围内的调价要做好工作,支持物价改革。这次武汉猪肉价格放开,是严格按中央文件精神办的,对居民补贴发放的金额,也是经省委、省政府批准的。过去,我们对每个居民是按每月两斤猪肉发放补贴的,每斤补两角钱。这次每人补贴 4 斤,每斤补贴 4 角。从实际情况看,集贸市场猪肉的价格是呈下降趋势。今天国营菜场的五花肉价格也在下降。我市目前的猪肉补贴是根据市场变化,按季发放、按季调整的。最近,国务院又给我们打招呼,再次强调各地情况不一样,调价的种类和幅度从各地实际出发,不要互相攀比。市委、市政府对人民群众的生活是关心的。物价稳定不等于物价冻结。过去粮食收购价提价,人们感到不好接受,但价格提了以后,粮食确实多了。现在,猪肉价格放开了,猪肉也会多起来,价格也会趋向合理。据有关部门统计,在去年调整的 5200 个工业产品品种中,下降的有 3489 种,下降 16.7%,上升的有 1711 个,上升幅度为 12.4%。总的是下降的,价格调低了 100 多万元。工资改革的工作也要认真抓好,按中央的部署,我们要搞好中小学教师、机关干部的工资调整。对企业职工的工资调整,经委与劳动部门要认真研究,要促使企业在提高经济效益的前提下,力争使工人的工资和奖金有较多的增加。

大力发展第三产业,调整城市产业结构。敞开三镇大门以后,全市每天的流动人口急剧增加,由去年四季度的 30 万人,增加到现在的 48 万人,火车、轮船、长途汽车在超负荷运转的情况下,旅客发送量平均每天仍然超过 9 万人,比春节客运高峰还多 2 万人,每天滞留市内的旅客仍有 3 万人。邮政信件发送量日均达 61 万件,比春节高峰多 50%。城市流动人口的急剧增加,给城市交通运输、住宿带来很大压力,但也是一件好事。如果他们每人每天花费 5 元钱,每天就是 240 万元,一年就是八、九亿元,这是一笔很可观的收入。这既有利于积累资金,调整城市的产业结构,又有利于充分发挥城市各种功能的作用。客观形势促使我们非大力发展第三产业不可。发展第三产业要坚持实行国家、集体、个人一起上,从衣食住行入手,重点发展交通运输、商业、饮食服务业、旅游业等行业,促进邮政、电信、金融、保险、广告等行业的迅速发展,积极开拓信息、咨询、技术服务等新型行业,切实加强基础设施建设。企业要将自己的后勤服务、教育和文化娱乐设施,如托儿所、幼儿园、俱乐部等向社会开放,为生产服务的机修、运输、安装、检测等单位也要向社会开放;目前商业闹市街面房子用于仓库、工厂、办公大楼的要调剂出来,用于发展商业、服务业、金融业;企业富余人员主要转向从事第三产业。要从资金、政策、法规、人才等方面采取相应措施,扶持和促进第三产业的发展,逐步做到物质生产和劳务生产比较协调,基础设施和生活服务比较配套,物质文明和精神文明相应发展,经济实力比较雄厚,内外交流比较活跃,人民生活比较方便。总之,要调整产业结构,大力发展第三产业,提高城市的综合服务能力。

农村改革,要坚持服务城市、富裕农村、活跃市场、方便群众的方向。在不放松粮食生产的基础上,搞好农村产业结构的调整。在提高经济效益的前提下,积极发展乡镇企业。搞好一种、二养、三加工,提高商品率。城市要采取各种措施,帮助农村培养人才;农村要采取优惠政策,吸引城市技术人员到农村施展才能。积极兴办第三产业,努力消除城乡之间的各种壁垒,使郊县的小城镇发展成不同类型的工商业中心,成为城乡经济网络的中间环节。

要切实加强宏观调控,保证改革的顺利进行。今年以来,中央在宏观调控方面采取了一系列措施,强调控制消费基金的不正常增长,严格控制固定资产投资规模,加强信贷管理,这是十分必要的,我们必须认真贯彻执行。这里需要指出,在加强宏观调控的同时,必须强调用改革的精神把微观搞活,不能一说调控就把各方面的经济关系搞死了。在当前资金比较紧张的情况下,特别要强调管好用活,讲求使用效益,把有限的资金用在刀刃上,取得更好的经济效益。

大力发展第三产业 *

（1985 年 6 月 25 日）

一、充分认识发展第三产业的重要性

一是进一步发展第一、第二产业的需要。要进一步发展第一、第二产业，把工农业生产搞上去，实现党的十二大提出的宏伟目标，必须大力发展第三产业。随着国民经济逐步转向商品化和社会化，第一、第二产业的发展将越来越依赖于第三产业能否提供及时的信息、更新的技术、优良的服务和适用的人才。我国传统农业要向现代化农业转变，必须要有知识、技术、信息以及各种产前产后的服务。在工业方面，要搞活企业特别是大中型企业，必须有灵敏的信息，及时了解市场需求，以生产适销对路产品；必须不断吸收新的技术，搞好技术改造，提高劳动生产率，等等。发展第三产业，还可以大量吸收第一、第二产业中富余的劳动力，并提供各种社会服务，促进全社会经济效益的提高。

二是进一步提高人民物质、文化生活水平的需要。第三产业发展如何，直接关系到人民群众物质、文化生活水平的提高。随着人民群众收入水平的提高，消费需求将从量的增加转向质的提高，从单一化转到多样化、个性化，从物质领域延伸到精神领域。大家都知道，人们的消费领域很广，不仅仅是衣、食、住、行，还有

＊ 这是吴官正同志在武汉市政府全会上的讲话。

医疗卫生、文化、娱乐。我们既要从解决人民群众就医、住宿、洗理、乘车等困难出发,大力发展为人民群众生活服务的商业、饮食业、房地产业、城市公用交通,又要努力发展旅游业、文化、卫生、体育事业等第三产业,以满足人民群众多层次的消费需要。

三是经济体制全面改革的需要。随着经济体制综合改革的深入发展,我们将从指令性的实物管理为主的产品经济模式,转向以指导性计划为主的商品经济模式。过去,企业之间的联系主要通过国家计划实现,在企业自主决定生产经营活动后,企业决策所需要的信息,实现再生产所需要的物资、资金、技术等要素,开展经营活动所需要的正常经济条件等,都需要第三产业中的咨询业、商业、广告业、金融业、保险业、租赁业、法律事务等来提供。没有第三产业的发展,经济生活就不能协调。从这个意义上说,经济体制改革进程,在一定程度上取决于第三产业的发展。

四是发挥城市多功能作用的重要保证。城市是商品经济发展的产物,它的功能是多方面的,不仅是工业生产的基地,而且应当是贸易中心、金融中心、交通枢纽、信息中心、文化教育中心、科学技术中心。城市的工作,城市的各项经济活动,都不应局限于为本城市服务,更重要的是应该为它所辐射的整个经济区服务。要把城市的多种功能发挥出来,推动社会主义的有计划的商品经济的发展,就需要在改造传统产业的同时,着重发展第三产业,在发展物质产品生产的同时,加快服务性产业的发展,使城市不仅能提供先进的产品,而且能提供经济发展所需要的知识、技术、信息、人才,不断增强中心城市的辐射力和吸引力,从而带动区域经济的发展。

二、发展第三产业的指导思想和重点

要大力发展第三产业,除了充分认识第三产业在国民经济中的地位和作用外,还必须进一步明确指导思想。我市发展第三产业的指导思想是什么呢?发展第三产业必须充分利用第一、第二产业的现有基础,立足于改革,坚持自力更生,眼睛向内,挖掘内部潜力;要广泛动员全社会的力量,多渠道集聚社会闲散资金,依靠大家的力量来办第三产业;通过发展第三产业,为第一、第二产业提高劳动生产率,提高社会综合效益,发挥城市多种功能创造条件;坚持为工农业生产服务,为人民生活服务,为繁荣市场服务,为区域经济服务;坚持因地制宜,统筹规划,突出重点,引发各业,多成分、多层次、多形式、高效益,稳步发展的方针。要适应城市经济体制改革和对外开放的需要,优先发展为生产建设和人民生活服务的行业,在发展传统服务行业的同时,积极扶持新兴服务行业的发展。

发展第三产业,必须从实际出发,明确发展的重点。当前我市发展第三产业,应着重抓好以下几个方面:

一是大力发展商业、饮食业、服务业,方便人民生活。要围绕人民群众生活上的困难问题,重点发展零售商业、饮食业、服务业,在进一步增加商业服务网点的同时,引进技术,兴建一些骨干项目,努力建设好十条商业街,增设一批农副产品和日用工业品市场,为方便人民群众生活服务。

二是扩大商品范围,开辟多种市场。这是城市从单纯性生产型向多功能转化的关键。城市与市场是不可分的,要逐步开辟多种市场。要在继续办好消费品市场的同时,开辟生产资料市场、金融市场、科技市场、劳务市场,促进工农业生产的发展。

三是以开发水运为中心,多渠道搞活交通。大家都很熟悉,武汉地理位置适中,交通较为通达。但目前,武汉地区港口管理上条块分割,铁路运输紧张,民航机场太小,设备落后,公路车辆不足,市内客运拥挤。为了迅速改变这种状况,要充分利用各种有利条件,发挥优势,以开发水运为主,带动公路、铁路、航空等相应发展,逐步建立水陆空发达的立体交通运输网络,以适应工农业生产发展和人民生活水平提高的需要。

四是发展电讯网络,改善通讯条件。目前,我市邮政周转分发量大,市内服务网点少;电话装机困难,打不通,听不清。为了尽快改变这种状况,必须有计划地增设邮电支局;积极引进技术,实现长途电话自动拨号,提高市话普及率和灵敏度。

五是发展信息、咨询业,适应商品经济发展的需要。武汉作为中心城市,具有丰富的信息资源和较强的咨询力量。近两年来,信息、咨询产业发展较快,但尚处于初级阶段,要大力发展信息产业,建立纵横交错的信息网络,以保证信息源,加速信息流;要由低到高、由粗到细、由内向外发展,作好筛选研究,不断提高信息质量。要积极发展不同层次、多种形式的咨询机构,坚持决策与咨询、理论与实践、宏观与微观相结合的原则,围绕不同层次的决策需要,广泛开展多种形式的咨询活动。

六是发展文化、体育、卫生、园林等事业,以满足人民文化生活的需要。建国 36 年来,特别是十一届三中全会以来,我市文化、体育、卫生等事业虽然有了一定发展,但与国民经济发展的要求相比还有一定差距。从现在起,我们要加快文化、体育、旅游、卫生设施的建设,积极开发旅游资源,进一步搞好城市园林绿化,以满足人民文化生活的需要,促进精神文明建设。

七是大力发展教育事业,适应第三产业发展的需要。我市教育事业虽然有了较大的发展,但远远不能适应社会经济发展和科学技术进步对人才的需求,特别是第三产业中的某些行业,所需人才更是缺乏。因此,一定要积极推进教育的社会化,依托武汉地区的教育优势,广开学路,大力发展地方高等教育、职业技术教育、普通教育、中等专业教育和成人教育,努力培养和输送各种专业人才和劳动后备军,还要提高在职干部、工人和农民的文化技术素质,适应第三产业发展的需要。

三、进一步采取措施,加快第三产业的发展

一是坚持国营、集体、个体一起上的方针,充分调动各方面的积极性。要大力发展多种成分、多种形式的第三产业,尤其要注意兴办集体和个体所有制的商业、饮食业、服务业。企业可以实行一业为主,多种经营,利用富余的劳力和闲置的设备、厂房以及生产技术兴办第三产业。

国营工业企业应利用富余人员,积极兴办独立核算、自主经营、自负盈亏的第三产业。机关团体严格按照中央"关于严禁党政机关和党政干部经商、办企业的决定"精神,坚持"政企职责分开,官商分离"的原则,可以兴办第三产业。应允许集体企业经营邮电、小金融、小保险、旅游、咨询、信息等产业;公园、风景区、游乐场所的商业服务网点,应打破独家经营,允许其他商业企业进驻经营。对以劳务为主,又为当前迫切需要的知识密集型行业,如诊所、律师和会计事务所等,经审查合格,应允许个人开业,其雇工超过国家规定者,可征收雇工税。对参加咨询服务活动的科技人员,经有关部门审定,可以从服务收益中提取一定的工资奖金,不论是国营、集体,还是个体兴办的第三产业,都应本着谁办谁管的原则,各主管部门不得上收和强制合并。

二是运用经济杠杆,扶持第三产业的发展。财政、银行、税务、物价、工商等部门都要积极采取措施,大力扶持第三产业的发展。企事业单位和农、林、牧、水利等部门兴办第三产业,资金有困难的,财政部门要协同有关部门制定具体办法,积极给予支持,税收政策上,对第三产业中开办难度大,盈利水平较低,而社会又急需的行业,可以给予一定时间的免税、减税,以便吸引投资,调动各方面兴办第三产业的积极性,使企业能够较多地积累资金,扩大服务;银行部门要在开户、结算上提供方便,在贷款上

适当给予照顾,特别是对重点发展的第三产业,要分别不同情况从贷款上给予支持;物价方面,对在国民经济中占有重要地位的邮电、航空、金融、保险等行业,原则上应执行国家统一制定的收费标准,对以劳务为主,适宜分散经营的行业,应积极创造条件,尽快放开,首先要把赔钱的、微利的劳务性行业价格放开;特殊需要的服务项目,价格也应放开;文化娱乐、生活服务等行业,在保证不超过绝大多数人消费承受能力的情况下,可以实行等级价格、按质论价或一定幅度的浮动价格,以满足不同层次的消费需求。工商部门要简政放权,简化手续,尽快审批立户、开业手续,以促进第三产业的发展。

三是加快旧城改造,促进第三产业的发展。为了适应第三产业的发展,我市急需恢复和改造中心商业区,各种类型的商业街、文化街和集贸市场。根据这个要求,我们制定了近期旧城改造规划,正在综合开发八个新区,成片改造九个旧区,改建十条各具特色的商业街。各有关部门和城区要按照"统一规划,因地制宜,远近结合,完备功能,分期实施"的原则,科学合理地搞好旧城改建规划方案,抓紧工作,加快工程进度。在今年计划施工的五个小区内,要按照规划要求提供商业网点和托幼、小学、中学教育设施,以及派出所、卫生所等用房,以利于第三产业的发展;凡小区内的人防工程,一定要采取平战结合的办法,用于发展第三产业。

城建部门要进一步采取措施,促进第三产业的发展。如沿干道的永久性房屋,现底层为住宅的,可以打开门面,作为第三产业的营业用房。沿干道围墙,凡不占道路的,允许打开。建设商业、服务业设施,成片改造的城区,除按规定配套建设商业、服务业网点外,还必须建设其他公共设施,以利于第三产业的发展。

四是积极鼓励农民进城镇,兴办第三产业。随着农村商品经济的发展,郊县一些农村有了富余的劳力,一些农民手上的钱也多了,有的农民已经开始把资金、劳力转向城郊集镇,兴办第三产业。各有关部门要积极为农民创造条件,提供方便,帮助他们解决兴办第三产业所需的场地、住宿等问题,鼓励农民向第三产业投资。城镇有关部门要在税收、信贷、银行开户、物资供应等方面,给予适当优惠。要继续发展和办好城乡农贸市场,改善服务设施,吸引农副产品进城。在市郊修建屠宰场,让农民卖猪、买猪、杀猪,产、供、销直接见面,减少中间环节。对农民合法的长途贩运要给予支持和保护。

五是破除旧的观念,切实加强对发展第三产业的领导。不能把发展生产与发展消费满足人民生活需要对立起来,把服务行业视为非生产性的劳动,把第三产业看作是慈善事业、福利事业。一定要重视服务性劳动,改变重工业、轻服务,重生产、轻流通等倾向,给第三产业以新的、科学的解释。市、区、县政府,各部门,对发展第三产业要有领导分管,有专人分工负责。各级领导和工作人员,要深入基层,搞好调查研究,了解新情况,解决新问题,总结新经验,满腔热情地支持第三产业的发展。各区、县、局和各业务主管部门对兴办第三产业,要按照各自的职责范围,简化审批手续,凡符合条件的,工商、银行、税务、劳动等部门都要尽快办好立户、开业等手续。要在城市总体规划的指导下,按照地区特点和行业配套原则,以及园林绿化、市容卫生、环境保护、交通、治安等各方面的要求,制定第三产业的发展规划,以促进第三产业的发展。

加强信访工作
保证改革的顺利进行[*]

（1985 年 8 月 3 日）

一、当前信访工作形势

　　从总的形势来看，武汉市同全国、全省一样，政治、经济形势都很好，改革取得了初步成效。信访工作形势也是比较好的。今年以来，各级各部门认真贯彻市信访工作会议精神，接待和处理了大量群众来信来访，在加强信访信息，努力为经济建设和改革开放服务，完成上级交办信访事项，继续解决"老大难"和历史遗留问题等方面都做了大量工作，取得了明显成绩。最近，各单位根据省委指示和市委部署，通过认真贯彻落实耀邦同志讲话，信访工作又有了新的进展。据 37 个区、县、局和大单位的初步统计分析，共清理"老大难"案件 814 起，截至 7 月 22 日止，已经解决 549 起，占 67％；列出本地区、本系统存在的不安定因素和潜在的问题 110 起，已解决 74 起，占 67％。同时，许多单位根据市委的要求，强化信息系统和指挥系统，初步形成了信访信息网络，使信访工作能更加有效地为党的中心工作服务。由于各级各部门做了大量工作，解决了一批问题，目前来信来访的数量有所下降。市信访办公室今年上半年受理来信来访 17461件、次，比去年同期 21977 件、次，减少了 4516 件、次，下降了

　　＊　这是吴官正同志在武汉市信访工作会议上的讲话。

20％。其中,6月份比5月份下降了17％;7月份又比6月份下降了7.7％。

这段工作能取得一定成绩,是大家共同努力的结果。基本经验有四条:

一是党委、政府重视,领导动手,深入调查,解决问题。在市委传达了耀邦等领导同志的讲话和下发文件后,各单位认真进行了传达贯彻,分析了形势,对存在和潜伏的不安定因素,列出单子,分工负责,限期解决。主要领导重视群众来信来访,对重要信件亲自阅批,经常接待群众来访,帮助群众排忧解难。通过处理群众来信来访,不仅密切了干群关系,而且有力地推动了信访工作的开展。这一段各单位能较快地、集中地解决一批久拖未决的问题,是与各级领导亲自动手分不开的。实践证明,信访中的"老大难"案件也好,存在不安定因素也好,只要领导重视,亲自动手,下真功夫抓,问题并不难解决。

二是充分发挥了各级信访部门的参谋、助手作用。这次贯彻耀邦等领导同志讲话和市委通知,各级信访部门担负了调查摸底,排列单子,提供案情和处理意见,以及大量的组织、协调工作,为党委、政府和领导同志及时掌握情况,正确决策起了积极作用。江岸区、江汉区、汉阳区、青山区、黄陂县、汉阳县、市法院、机械局等单位信访部门的工作都做得比较好,取得了一定成绩。如江汉区信访办公室积极主动清理出了58起重点信访案件,对这些案件采取领导办案、归口办理和信访部门督办"三结合"的办法,按照轻重缓急,已妥善处理29起。青山信访办公室经过调查摸底,清理出35起"老大难"问题,目前已妥善解决24起。

广大信访干部在工作量大、任务重的情况下,扎扎实实做了不少工作,很多同志埋头苦干,勤勤恳恳,不计名利,为群众排忧解难,做了不少好事。可以说是一支忠于职守、秉公办事、全心全意为人民服务的信访干部队伍,起到了各级党委和政府的参谋助手作用。市委和市人民政府希望广大信访干部要继续发扬好思想、好作风,忠于党的信访事业,努力埋头苦干,甘当无名英雄,为人民多做贡献。

三是坚持实事求是,扎扎实实地解决问题。这一段各单位经过调查和清理出来的问题之中,有的属于执行现行政策中的问题,有的是历史遗留问题,还有不少信访中的"老大难"案件。有些问题长期未得到解决,主要原因是情况不明,决心不大,或缺乏明确的政策规定,或有关部门互相推诿、顶拖不办。这次由于各级领导的重视,坚持实事求是,深入调查研究,掌握了第一手材料,因而才能成批地解决问题。汉阳县 157 户精简职工的救济问题,洪山区 150 户清退查抄财物遗留问题,都得到较好的解决。武昌县正在抓紧解决落实私房政策的产权问题。这样,既避免了群众集体上访,又消除了不安定因素,有利于促进安定团结,发展大好形势。

四是把解决实际问题同做好思想政治工作结合起来。许多单位在这次处理信访问题中,注意既解决来访群众的实际问题,又注意做好细致的思想政治工作,达到了既解决问题,又宣传党的方针政策,教育群众的日的。例如,江岸区后湖冶炼厂某农工为生活补贴费给市长写信,扬言问题不解决,要上街撒传单。区委接到市信访办公室的电话后,认为这是一个应引起注意的苗头,他们一方面派人做思想工作,教育其顾全大局,体谅国家困难,珍惜大好形势,另一方面又派人到后湖、谌家矶两乡调查,发现了乡办企业中 80％的农工生活补贴没有解决。区委针对这一情况,因地制宜,量力而行,从企业福利基金中挤出一部分钱,用于两乡农工的生活补贴,从而解决了 2000 多名农工的生活补贴问题,消除了潜在的不安定因素。

从总的情况看,这一段各单位贯彻耀邦同志讲话和市委《通知》精神,加强信访工作,取得了很大成绩。但是也要看到,仍然存在薄弱环节,工作进展不平衡。初步调查,各区、县、局和大单位,认真进行了传达贯彻,列出了单子,措施得力,行动快,初见成效的占50%;作了传达贯彻,列出了单子,问题尚在调查处理的占20%;没有认真进行传达贯彻和研究采取措施的占30%。市委、市人民政府要求,凡是没有进行传达贯彻的,要认真补课,对存在的不安定因素,要作出分析,尽快处理,善始善终地把这项工作抓紧抓好。

二、下步信访工作任务

第一,提高认识,加强领导。做好信访工作,关键是要解决好各级领导的认识问题。情况在不断变化,思想认识要不断更新。当前,主要问题是对信访工作在新的历史时期的地位和作用认识不够。比如,有的同志把群众的来信来访看成是额外负担。这种认识是错误的。信访工作是党和政府联系群众、汲取群众智慧的一条重要渠道,是发扬社会主义民主,让人民群众参与管理、监督国家机关和工作人员的一种重要形式。通过这条渠道,可以检验我们对党的路线、方针、政策的贯彻执行情况,了解社会动态,知道群众在想什么,对什么有意见,这是送上门来的群众工作,是更广阔范围的调查研究。群众来信来访也是我们执行党的方针政策信息反馈的一个重要途径,是送上门的社会信息。所以,各级党政机关要高度重视和充分运用这一渠道,加强这方面的工作。还有的同志认为,现在落实政策差不多了,没有什么问题了。这一段的信访工作实践证明,落实政策不是差不多了,而是还不彻底,还存在不少历史遗留问题,需要进一步调查研究,实事求是地加以解决。同时,当前我们正在进行经济体制综合改革试点,在改革、搞活、开放的过程中,许多新情况、新事物、新问题将从信访渠道反映出来。了解这些情况,对于我们及时发现问题,改进工作,保证改革的顺利进行,有很重要的作用。总之,我们要以总揽全局的观点和新的眼光来看待信访工作。通过做信访工作,联系群众,了解下情,一方面把中央的路线、方针和政策吃透,一方面把基层的情况吃透,创造性地贯彻执行党的方针、政策,从而调动千百万群众为实现党的总目标、总任务而奋斗。

市委、市人民政府要求各级党委和政府要进一步加强领导,把信访工作列入重要议事日程,把它当作一项促进改革和安定团结的大事来抓。各级党政主要领导同志对信访工作要经常过问,定期听取信访工作的汇报,研究部署任务。分管信访工作的领导同志要多抓,抓紧、抓实,及时研究解决信访工作中的重大问题,把信访工作不断推向前进。要支持信访部门的工作,创造必要的条件,包括授予一定的职权,以充分发挥信访部门的职能作用,使他们进一步当好党委和政府的耳目、参谋和助手。

第二,全心全意为人民服务,当好人民公仆。邓小平同志指出:"领导就是服务。"广大人民群众是主人。领导的责任就是为人民服好务,当好人民的公仆。为人民服务是我们党的根本宗旨。上访群众中,除个别无理纠缠取闹的"上访油子"外,绝大多数群众提出的问题是正常的。他们在现实生活中遇到自身无力解决的困难和问题,通过写信、上访,向各级党政机关及领导人反映,这是他们对党和政府的信赖,也为各级领导干部提供了直接联系群众,倾听群众呼声,具体为人民服务的机会和条件。在当前党风还不够端正的情况下,有的人有门路,许多不合理的事情也解决了,而部分群众中合乎政策、合理的事情却得不到解决,他们只好上访,找党和政府帮助解决。在这种情况下,对群众提出的合理要求,麻木不仁,漠不关心,置之不理,谈得上为人民服务吗?这是共产党人应有的思想品质和作风吗?我们说,大多数同志对这个问题的认识和态度是好的。但是,有少数单位和领导同志对待人民群众的来信来访,采取官僚主义不负责任的态度,"推、拖、顶、了",该解决的问题不解决,把矛盾上交,使上访人员到处奔波,这种状况必须坚决加以纠正。清朝著名书画家、诗人郑板桥,在山东潍县任县令时,勤政爱民,关心群众疾苦。他写过一首诗:"衙斋卧听萧萧竹,疑是民间疾苦声。些小吾曹州县吏,一枝一叶总关情。"连封建时代的一些开明官吏尚能关心百姓疾苦,难道我们社会主义国家、我们党的干部能不关心群众吗? 还不如一个封建官吏吗? 中国共产党是全国各族人民利益的代表,我们党的干部,应该同人民群众时刻保持血肉的联系,十分关心人民群众的疾苦,这是我们党的本质所决定的。我们党的许多领袖都非常重视人民群众的来信来访。耀邦同志经常过问信访工作,对信访工作作了许多批示。他每天要亲自阅批一、两封重要的人民来信,难道我们的工作比耀邦同志还要忙吗? 群众来信来访反映的大大小小问题,都是人民群众的心声。我们一定要设身处地为群众着想,与群众同心声,共安危,把接待群众的来信来访,作为联系群众、全心全意为人民服务的一项重要工作来做。全市区、县、局和大单位以上的领导干部有 1100 人,我建议:每个同志每月至少亲自处理两起重要信访问题,这样,一个月就可以处理 2000 多起。如果都按这样办了,将会产生多么好的社会效果啊! 我还建议各级领导同志要经常到理发、煤建、殡葬和环卫工人中走访,与他们谈谈心,关心和了解他们的疾苦,帮助解决一些实际困难。同时,对"万元户"要走访了解,正确总结他们致富的经验,也要到生活贫困地区和有特殊困难的群众中去访问,这样,可以从群众中汲取政治营养,密切我们同群众的感情,对改造我们的思想,加强同群众的联系很有好处。

第三,切实改进领导作风,不断研究新情况、解决新问题。

这一段经过各级党委、政府的共同努力,解决了一批久拖未决的问题。但是,当前存在的问题还不少,任务仍很繁重。遗留问题还没有处理完,新的问题又不断产生。这些问题,大多数是前进中的问题,经过努力是不难解决的。正如耀邦同志最近指出的,现在危险最大的还是不深入基层,不深入到群众里面去发现问题,解决问题。胡耀邦同志的这一告诫切中时弊,我们应从中受到启迪。

市委、市人民政府要求各级领导同志要进一步转变作风,提倡少说空话,多干实事,不搞"花架子",不做表面文章,坚持社会主义的物质文明建设和精神文明建设一起抓,不断研究新情况,解决新问题。特别是对当前价格改革、工资改革和社会治安综合治理、市容环境卫生方面出现的问题,由于这些问题涉及广大群众的切身利益,要特别引起高度重视,密切注视这些方面的动向,发现苗头性、倾向性问题,及时调查研究,搞清情况,慎重作出处理。而且每处理一个问题,都应当把自己摆进去,检查一下领导本身有什么责任,工作中有哪些失误,执行政策上是否有偏差,通过及时总结经验教训,不断增长才干,提高工作效率和领导水平。

对于反映出来的各种问题,要坚持按地区、按部门,分级负责的原则处理,属于哪一级、哪一部门负责解决的问题,就由哪一级、哪一部门负责研究解决。不要上推下卸、互相推诿。上下之间,部门之间,要互相支持,互相配合,反对"踢皮球"。如果确属本身解决不了,需要请示上级的,应采取积极的态度,一面按组织程序请示报告,一面主动做好工作,不把矛盾上交。

这一段各级各部门清理出来一批涉及需要市里研究解决的问题,市里已经或正在作专题研究。例如:关于解决落实"文革"私房政策中腾退挤占户住房的问题。由于目前财政困难,完全由国家包下来是不可能的。因此,解决挤占户腾退住房要采取两条腿走路的办法,由挤占户所在单位解决一部分,国家统建解决一部分。市人民政府决定今年投资 500 万元,计划建房 2 万平方米,市城市综合开发总公司已在武昌东亭路等地开始施工。明年打算再投资 500 万元,力争早日解决这一问题。对于各部门反映少数企业单位发放离休、退休人员生活补贴费有困难的问题,市人民政府也作了专门研究,发了文件,提出了解决的办法,各单位可按照文件规定执行。属于各级各部门解决的问题,要加快步伐,尽快作出妥善处理。对于一些历史遗留问题包括精简退职老职工生活困难补助问题,"文革"期间查抄财物清退遗留问题,落实"文革"私房政策遗留问题等,都要按照有关政策规定抓紧落实。对于一些地方性问题,应从实际出发,积极主动,因地制宜,量力而行,区别不同情况,研究解决。

第四,认真贯彻省委、省政府通知精神,抓紧处理好上访老户问题。几年来,各单位对处理上访老户问题做了大量的工作,取得了一定成绩。但是,上访老户仍然是当前信访工作中一个比较突出的问题。现在全市经常到中央、省、市上访的老户有 32 起。这些上访老户中,有些问题有一定的道理,由于存在着官僚主义,或者上下之间认识不一致,使他们的问题长期得不到解决和落实。其中也有少数上访人员长期无理纠缠,有的经常跑到北京滞留、到省市纠缠,有的还经常找到省、市委领导同志家里无理取闹,影响领导集中精力抓大事,影响工作秩序和社会秩序。对上访老户要进行清理,逐个研究,做好工作,逐一查处落实,并在 9 月底以前写出结案报告。对要求合理或部分合理的,要按政策予以解决;对目前尚无明确政策规定的,应采用变通办法适当解决。有的上访老户确有实际困难的,有关单位应拿点钱、拿点房出来,帮助解决他们的实际困难。对上访老户中坚持过高要求的,要耐心做好疏导和思想工作,该批评教育的,要进行批评教育,决不能含含糊糊。对个别确属无理取闹,寻衅闹事,屡教不改者,应按照有关规定进行处理。对上访老户中的精神病患者,应由卫生、公安、民政部门分别给予治疗、收管、收养,不要让他们流浪社会,影响社会治安。

加快农业发展*

(1985 年 9 月 17 日)

一、解决认识问题

　　城市要支持农村,工业要支援农业。这过去也提过,我看现在也是正确的。为什么要这样呢? 我们国家有八亿农民,三中全会以后,形势为什么这样好? 是中央决定首先在农村进行改革,解放了生产力,使农业得到了休养生息。假如我们农村还是处于贫困状态,有很多人都吃不饱,会是个很大的问题。所以,我们做城市工作的同志,要把支援农村,支援农业,提到战略地位上来认识。当然,农村也应该是服务城市,富裕农村。城市支援了农村,农村要为城市发展提供原材料,首先提供副食品,在这个过程中,使农村发展得更快,富裕得更快一些。我们现在对农业的认识远远不够,我们的措施还不够得力。今年有点旱情,还算比较好,去年风调雨顺,明年怎么样? 后年又怎么样? 现在农业靠天吃饭的问题并没有完全解决。我们农业产业结构的调整,也还不是令人满意的。这些问题的解决都需要我们做城市工作的同志给予支援。在这个问题上,我们的认识不够高,首先是我的认识不够高。我们武汉这么大的城市,在我们边远山区还有百分之几的老百姓不能解决温饱问题,我觉得这是个很大的问题,必须在两年内解决。所以,我们提的指标是,第一,工农

　　─────────

　　＊ 这是吴官正同志在武汉市农村工作座谈会上的讲话。

业和第三产业总收入的增长速度要走在全省的前列;第二,财政收入的增长幅度走在全省前列;第三,农村人平收入增长的数额走在全省的前列。再是苏区脱贫的速度必须加快,走在全省前列。明、后两年一定要解决温饱问题,我看这一点要作为指令性计划,由各个区县具体落实到户,落实到户就好办了。比如有一家死了父亲,留下两个小孩,一个妈妈,这一家怎么脱贫? 有一家三个傻瓜,而且父母都有病,这个家又怎么脱贫? 从县政府、乡政府到村里,一定要一户一户地落实。扶贫的问题,脱贫的问题应该作为一个指令性计划。现在武汉搞改革,如果再过两年这些人的温饱问题还不能解决,这既是对我们的讽刺,也是一个耻辱。各个县、区的同志要好好斟酌一下。

二、实事求是,从实际出发,调整产业结构

我们为什么讲实事求是,从实际出发呢? 各个县区、各个乡、各个村的情况都不一样,不要搞"一刀切"的改革,要从实际情况出发。如武昌县就有武昌县的特点,新洲县有新洲县的特点,在一个县里每个村庄也不一样,自然条件也不一样,土地也不一样,人口也不一样,智力水平也不一样,我看一定要从实际出发,实事求是。一定要在宏观计划的指导下搞改革,这是非常必要的。今年的西瓜种植是冒险的,如果再种多了就不行了。要对农民加强指导,不要认为放开了就不管了。对粮、棉、油经济作物都要有个宏观的指导,不要胸中无数。打个比方,大家看到今年种西瓜发了财,明年都种,那又怎么办? 西瓜不好贮藏,又不好运,好就好在武汉市有几百万人口能吃得下去。今年大约有三亿斤,吃了三亿斤西瓜够多的了。因此,一定要加强计划指导,这个问题非常重要。如粮食,在调整产业结构中不要再调减了。市郊农村如果粮食不充足,我们的副食品不好发展;粮食

不充足,我们的畜牧业也不好发展;粮食不充足,我们很多问题就谈不上解决。我们在调整产业结构中,粮食一般不要调减,粮食不能下降了。棉花面积适当减少一点,但是棉花质量要提高。山区还要发展畜牧业和种养加。无农不稳,无工不富。看来无工不富说法不一定全面,不一定非有工就富,其实,今年洪北垸人均收入快到两千元,它那里有什么工业呢? 美国有的农场一样很富,它也不搞工业,主要搞农业。日本的小农业同我们的专业户差不多,也不搞工业。笼统地讲无工不富不一定正确,不能这么讲。这么一讲,有些人本来对农业种植是有专长的,搞种养加可以,而他把农业丢弃了搞工业,搞工业又与大工业争原材料,结果工业又搞不上去。搞工业也是有风险的呀! 这个问题希望大家在讨论时,要从实际出发,实事求是,在宏观计划指导下,要精打细算,进一步调整农村产业结构。产业结构调整得怎么样呢? 首先要理顺经济关系,使农村富裕起来,使农民丰衣足食。

三、要强调社会主义的生产目的

社会主义的生产目的是什么呢? 就是满足人民不断增长的物质文化生活的需要。这个问题讲得少了,我们要坚持四项基本原则,坚持搞四个现代化。必须坚持社会主义生产目的,就是不断满足人民物质文化生活的需要,而不能什么都向钱看。商品部门的同志来了,你们的目的应该是繁荣市场,稳定物价,讲究综合经济效益。如果不考虑社会主义生产目的,大家都去卖彩色电视机,卖一台赚好几十块钱;那些小商品,卖一大堆赚几块钱,他的积极性是提不高的。工业部门也有这个问题。如果我们搞生产,只追求利润,大利大搞,小利小搞,无利不干,我看是不行的。人民物质文化需要的产品必须要搞。工业上要用经济杠杆的办法。比如谈原材料涨价,如果它的产品也跟着涨价,这样物价就控制不住。农业上同样应注意这个问题。第一是粮食,第二是蔬菜。有了粮食,有了蔬菜,我们就睡得着觉。如果把这两个丢了,单纯抓钱去,搞第三产业,那恐怕不行,所以,我觉得生产目的要明确。科委也有这个问题,科委既要尊重科学规律,也要尊重经济规律,科委要考虑怎么样为生产服务,帮助别人赚钱,而你自己不能以赚钱为目的。最近中央讲了,我们要使一部分人先富起来,但不是搞两极分化,我们要消灭贫困,要消灭落后。这是小平同志几次讲话的精神。所以,我们要明确指导思想,并把这些指示贯彻到工作当中去。

四、切实减轻农民的负担

现在,农民的负担不轻。不要看到农民富得快了一点,就这个刮一点,那个刮一点。说实在话,你讲富得快,究竟有几个万元户呢?万元户没有多少嘛!农民的那几个钱,也是三中全会以来调动他们的积极性,起早摸黑,面朝黄土背朝天,辛辛苦苦赚来的。就讲菜农吧,人家晚上种菜,一大早就起来卖菜,那几个钱也是不容易搞的。所以农民的负担必须减轻,农民的负担如果不相应地减轻,种田得不到实惠,他是不会干的。农民是最实惠的经济学家,他是最会算账的。我们各行各业,各个部门不要在农民身上打主意。当然,有些是政策上定的,该收的还是收。为了减轻农民的负担,要让县财政宽裕一点。农业用钱不算多,没有农村的富裕,我们都坐不住了。一定要减轻农民负担,让县里财力富一点,可以干些事。

五、要注意的几个问题

一是要节约土地,要爱惜土地。武汉市的面积是 8216 平方公里,我们这个面积是不大的。现在征用土地比较多,我市土地开发费不能免交。如菜地现在征用得比较多,乱占乱搭乱盖的现象比较严重。加上农村集镇发展比较快,也征用了一批好田好地。再加上农民盖房子。像这样占用土地是不行的,希望各县政府对土地的管理要加强。如果好地搞光了,我们今后吃什么啊?"民以食为天",没有吃的就不好办。吃的东西是土地里面长出来的,不管是土地多的地方,或是少的地方,土地是最宝贵的财富。对农民征地必须加强管理,这个问题丝毫不能含糊。特别是农村干部不要在这方面搞不正之风。

二是帮助困难户。希望大家把困难户列个名单,每个县,每个乡都要列个名单,每户每年收入多少,应制定细致的措施,怎样使困难户在两年内摆脱贫困,帮助他们解决温饱问题。不然,那是一句空话。我们既要报喜,又要报忧。山区搞了几十年,还没有解决温饱问题,这怎么行!我们各级财政和各个部门,团结起来,今年冬天为贫困地区再做点事,无论如何要落实到人头。今年的救济款,也要落实到人头。对口扶贫扶苏的单位要落实到人头。希望县,特别是乡,对贫困的村庄,贫困的原因,哪一家扶持了多少钱,要有个名单。如果说一家人平收入两三百元,我要打开米缸看有多少米,家里还有没有腌菜,这个东西具体得很,我谈到就做得出来。

三是注意归还贷款的问题。现在有的万元户,个体户有了钱就先做房子,不还贷款,先搞家庭的现代化。这恐怕不行。再者是农村的干部借乡镇企业的款子,拿着乡镇企业的钱,说是买原材料,其实买了儿子结婚的东西;有的拿着乡镇企业的钢材盖自己的房子;有的挪用乡镇企业的钱两三千元,使乡镇企业发展困难,没有资金。今后农业贷款由农行负责,这样经济上才能良性循环。不要发贷款由各县里发,而还贷款是农行的事,那样农行就没有办法了。

再一个问题是工业还要继续扩散产品。扩散产品一定要把赚钱的扩散到郊县去，而不要把污染的扩散到郊县去。扩散产品包括大悟、红安、麻城几个兄弟县。特别是有的名牌产品，要有计划地进行扩散，使我们几个郊县工业发展更快一点。请计委同志们考虑，今后的骨干项目，原则上不再摆在市里面了，就放在郊县。大的项目，一定要放在集镇上，不要东放一个，西放一个。希望计委、建委很好地布置一下。对贫困地区修路交委要支持，凡是落后的地方都是交通不通。木兰山的路，要认真考虑，现在到木兰山的人很多，有一段路不太好。市带县，一定要给县里一点好处，我们县里的同志也要考虑市里的实际情况。

城市改革是一项巨大的
社会系统工程[*]

（1985 年 10 月）

以城市为重点的整个经济体制改革，是一项十分艰巨复杂的社会系统工程，其内部各方面、各环节互相依存，互相制约，处于不可分割的联系之中。这就要求运用系统论的观点，搞好全面配套改革。从横向联系来说，经济体制内部各方面的改革措施需要统筹考虑，协调配套，与经济体制直接相关的非经济因素，如行政管理体制、干部制度、科技体制等等，也要搞好必要的同步改革，还要把改革同城市的经济发展战略结合起来。从纵向联系来说，第一步、第二步甚至第三步改革也要统筹考虑，根据城市经济各个环节的内在联系和主客观条件的成熟程度，分轻重缓急，有先有后，循序渐进，逐步深入，每一步改革都要为下一步改革创造条件。建立新型的社会主义经济体制，主要是抓好互相联系的三个方面：一是进一步增强大中型企业的活力，使企业真正成为相对独立的，自主经营、自负盈亏的社会主义商品生产者和经营者。二是进一步发展社会主义有计划的商品市场，完善市场体系。三是逐步减少国家对企业的直接控制，建立健全间接控制体系。企业活力的增强，商品市场体系的形成，间接控制手段的完善，三者必须互相配套。

---

* 这是吴官正同志 1985 年 10 月在中央党校市长研究班讲课稿的一部分，后发表在《学习与实践》杂志 1985 年第 11、12 期。

近几年的改革实践证明,城市改革要取得重大进展,有赖于全局性的综合、配套改革。单项推进在某些时候、某些领域是必要的、有效的。但从全面改革的角度看,单项改革也存在着一定的局限性。因此,从1981年起,经国务院和各省、自治区批准,先后在全国58个城市进行了经济体制综合改革的试点。所谓综合改革,就是探索横向、纵向的配套改革。特别是党的十二届三中全会关于经济体制改革的决定,描绘了体制改革的宏伟蓝图,使城市改革进入了一个由点到面、全面展开的新时期。

城市改革的目标模式,也是一个多层次的系统工程。十二届三中全会和这次党的全国代表会议都提出,整个经济体制改革,其核心就是要建立充满生机和活力的社会主义经济体制。我国的社会主义经济是以公有制为基础的有计划的商品经济。这是整个经济体制改革的目标模式,也是城市改革的目标模式。《决定》又指出:"要充分发挥城市的中心作用,逐步形成以城市特别是大、中城市为依托的,不同规模的,开放式、网络型的经济区。"《中共中央关于制定国民经济和社会发展第七个五年计划的建议》也提出:"应当以大城市为中心和交通要道为依托,形成规模不等、分布合理、各有特色的城市网络。"这是从经济区域范围,指明城市改革的目标。如果从城市本身看,改革的目标,就是把我们的城市,首先是大城市,改变成为开放型、多功能的、社会化的、现代化的经济活动中心。这几个层次内部又有各部分、各方面改革的具体目标。比如总目标模式中就包含所有制结构、经济决策结构、经济调节体系、经济利益体系、经济组织结构这几个基本方面。

上面所说的,是城市综合改革的几个层次的共同目标。但是由于地理的、经济的、政治的、历史的差异,各城市具有不同的特点。这就提出一个必须结合自己的特点,创造性地去实现共同目标的问题。这是城市改革中,需要注意的共性与个性关系的问题。实际上,许多城市注意发挥自己的优势,各扬其长,突出特点,已经各有特色地迈出了改革的步伐。如广州市发挥其华南贸易中心、侨乡、沿海港城的优势,充分运用中央赋予的"特殊政策,灵活措施",以开放促改革,在敞开城门,搞活流通,发展第三产业等方面改革的步子迈得较大。石家庄市以搞活企业为中心,进行"撞击反射式"综合改革,即用搞活企业中提出的各种改革要求,"撞击"那些不适应生产力发展的现行管理体制,促使有关部门简政放权,经过三个回合的工作,把城市改革一步步引向深入。沈阳市围绕振兴工业基地,搞活企业,加速改造,实行开放,努力建设以大连为前沿、辽宁中部城市群体为腹地的辽东半岛经济区,在综合改革中走出了新的路子。还有重庆率先建立贸易中心,加强军民结合,狠抓企业"小配套"改革。常州以名优新产品为中心,以骨干企业为依托,组建、发展企业群体。南京市大力发展大企业和地方企业的经济联合,地方"搭台",大企业"唱戏"等等,这些城市走过的路子都是比较成功的。武汉市地处华中,历史上就是内地商品流通中心和通商口岸,素有"九省通衢"之称,具有"得中独厚"、"得水独厚"的优势,因此,武汉市的综合改革确定以搞活"两通"为突破口,现在看来,这个认识和做法,比较符合中央的指示精神,也比较符合武汉的实际。

经济体制内部各方面处于普遍联系之中,但是各方面,各部分在其中的地位和作用却不尽相同。全面改革,应当首先抓住最基本的经济关系,逐步展开,引向深入。下面我想联系实际,着重谈一下改革中的几个问题。

一、简政放权,搞活企业

企业是城市经济的细胞,是工业生产、建设、商品流通和财政收入的主要承担者,是社会生产力发展和经济技术进步的主导力量,在国民经济中处于举足轻重的地位。这次党的全国代表会议通过的《建议》再次强调,搞活企业是以城市为重点的整个经济体制改革的中心环节,也是我们今后经济发展的希望所在。

搞活企业特别是大中型企业,就是要使它们的生产经营活动尽快走上有计划的商品经济的轨道,具有自我改造和自我发展的能力,做到效益不断提高,速度稳定增长,技术日益进步,职工生活也相应改善,实现良性循环。概括起来讲就是《建议》指出的,使它们真正成为相对独立的,自主经营、自负盈亏的社会主义商品生产者和经营者。

近几年的改革,使小企业、集体企业、乡镇企业开始活起来了,大中型企业也比过去活了些。但总的来看,情况还是参差不齐。据国家经委分析,大中型企业中,搞得比较活,开始进入良性循环的,即领导班子有开拓经营思想、有拳头产品、注意技术进步、经营比较灵活、职工积极性调动起来了、经济效益连年大幅度提高的,仅占15%;正处在变化之中,成效还不明显的,占65%;基本没有活起来,处境比较困难的,占20%。可见,大多数大中型企业还没有真正活起来。造成以上差别的原因,既有企业内部的,也有企业外部的,但主要是企业内部的,问题是机制呆板、管理落后、效益低下、浪费严重,如果加以解决,潜力很大。

搞活企业,必须坚持改革,既从外部为企业发展创造条件,更要促进企业从内部下工夫。从一些城市实践情况看,在企业内部,要抓好以下相关的几个环节:

1. 按照有计划的商品经济的要求,树立新的经营观念。思想观念的转变是经济改革的先导。当前,在我国经济体制从旧的模式向新的模式转变过程中,破除长期形成的某些不适应新形势的观念,进一步肃清"左"的思想影响,对于搞活企业具有决定性的意义。一批大中型企业之所以搞得比较活,正是由于他们在发展有计划的商品经济的新形势下,及时地转变了经营观念。一是从与"市"隔绝的状态中解放出来,树立与"市"交融的市场观念,主动、及时地按市场要求组织生产、流通。二是从生产、建设不计成本的盲目状态中解放出来,树立严格的投入产出观念,力争以最少的投入获得最多的产出。三是从依靠自有资金组织生产经营的落后方式中解放出来,树立借贷经营的金融观念,善于使用金融资金。四是从保护落后、良莠并存的"和平"经营观念中解放出来,建立优胜劣汰的竞争观念,依靠适销对路、物美价廉的产品和优质服务在竞争中求生存,争发展。五是从重物不重才的旧观念中解放出来,树立智力开发的观念,善于育才、选才、用才、爱才。此外,还有一些与此有关的观念,如信息观念、时机观念、法律观念等等,也在树立之中。总之,由于按照商品经济的特点和要求组织经济活动,使一批大中型企业焕发出蓬勃生机。这些企业虽然与其他企业一样,受到了能源、原材料涨价的冲击,但他们通过转变经营思想,挖掘内部潜力,消化了这些不利因素,在激烈的市场竞争中成为优胜的强者。如沈阳东北制药总厂 1979 年到 1984 年五年间累计产品降价4000 多万元,加上能源、原材料价格上涨因素,共影响企业利润近 5000 万元。在这种情况下,企业及时转变经营思想,加强经济核算,改善经营管理,狠抓产品质量和更新换代,先后创省以上优质产品 16 项,其中金银牌五项。同时,实行开放式经营,开拓国内国际市场,使产品辐射到全国 24 个省市及世界 45 个国家和地区,消化了产品降价、燃料和原材料涨价的影响,去年企业利润不仅没有降低,而且比上年又有增长。武钢今年元月至6 月,由于煤价和短途运价提高等因素,增加成本 4800 万元,他们树立投入产出观念,推行降低消耗的承包责任制,大搞技术革新,不仅在内部消化了涨价因素,而且使可比产品成本较去年同期降低 5.4％,上半年实现利税六亿元,上缴利税 40600 万元,分别比去年同期增长 42.2％和 33.8％,流动资金周转天数加快 23.6 天。目前,我国工业总成本中,能源、原材料的消耗占 80％ 左右。物质消耗高既是企业的致命弱点,也是今后发展的巨大潜力所在。如果我们能树立严格的投入产出观念,采取责任制等有力措施,使物质消耗逐步降低,活劳动消耗比例逐步提高,我们企业的素质就会有很大的提高。这一降一升,就可以大大提高企业和社会的经济效益。

2. 坚持改革企业人事制度,把德才兼备、年富力强的人才选拔到领导岗位上来。这是搞活企业的关键。各个城市根据企业的不同情况和具体条件,采取考察任命、民主选举、自荐推荐、招聘任聘等多种形式,选拔人才,引进人才,委以重任,使企业发生可喜的变化。首钢实现的利润,从 1979 年到 1984 年连续六年平均每年递增 20％,关键就是起用一代新人。六年中,这个公司选拔厂处级干部 253 人,占现有厂处级干部总数的 59％。

3. 实行各种目标责任制,明确规定厂长、经理等经营者的责任、权力和奖惩,充分发挥经营者的积极性和开拓创新精神。一些城市如沈阳、石家庄在这方面进行了有益的探索,积累了经验。沈阳市在试行厂长负责制中,在 50％的试点企业先后建立了厂长任期目标制,即厂长对上级主管部门直接签订任期目标责任状,对下面全体职工公布任期目标,实行上下制约。厂长任期目标的主要内容,包括产值、产量、质量和利润增长目标;人才开发和智力开发目标;改善集体福利待遇,提高职工生活水平目标等,用任期目标激励厂长大胆改革,开拓前进,效果显著。石家庄市以搞活企业为中心的"撞击反射式"综合改革,一个重要内容就是实行目标利润承包经济责任制和税利奖金率,调动了企业经营者和职工的积极性,搞活了企业。如石家庄造纸厂过去三年没有向国家交利润。去年 4 月份,该厂销售科长马胜利自荐当厂长,组成承包组,提出保证实现目标利润70万元,力争100万元。承包后,他们运用企业自主权,大胆改革,搞活经营,到去年底,该厂的产量、质量、消耗、利润等主要经济技术指标均创历史最好水平,实现利润140万元,比承包指标翻了一番。

4. 切实加强民主管理,充分发挥广大职工的主人翁精神和聪明才智。十二届三中全会《决定》指出:"企业活力的源泉,在于脑力劳动者和体力劳动者的积极性、智慧和创造力。"因此,在推行厂长负责制的过程中,必须健全职工代表大会制度和各项民主管理制度,充分发挥工会组织和职工代表在审议企业重大决策,监督行政领导和维护职工合法权益等方面的作用,体现工人阶级主人翁的地位,这是社会主义企业的性质所决定的。解决好这方面的问题,既是企业党组织的重要职责,也是改进企业思想政治工作的一项重要内容。目前,不少城市在一些试点企业进行了这方面的探索。各试点企业普遍建立了厂、车间职工代表大会制度和民主管理制度,使企业形成了以职代会为主的多层次的民主管理保证监督体系,并定期评议干部,把全厂干部置于广大职工监督之下。一些企业还积极探索了新的民主管理形式,如民主咨询会、民主接待日、最佳改革方案答辩活动等多种形式,较好地发挥了广大职工的聪明才智。

增强大中型企业活力,除了从企业内部下工夫外,还要从外部采取相应措施,为企业提供一个良好的生产经营环境。按照《建议》精神,这方面的主要措施:一是进一步简政放权,把国家规定下放给企业的权力全部下放给企业。二是对大中型企业要逐步地适当减免调节税,并坚决减轻它们的各种不合理负担,包括制止向它们乱摊派、乱集资,以增强它们的自我发展能力。同时,逐步完善对集体企业和个体企业的政策管理、税收制度,为各类企业创造比较平等的竞争环境。实践证明,采取这样的措施有利于增强大中型企业的活力。如北京市机械工业总公司所属 11 户国营大企业,今年以来调节税率平均由原来的 23% 调减到 8.5%,头 8 个月向国家上交税利不但没有减少,反而比去年同期增长 33.8%。还要逐步减少指令性计划任务,给企业在产供销、人财物等方面以更大的自主权。控制社会总需求,努力做到供求平衡,建立、健全企业破产法规和保险制度,给企业以市场竞争的压力,给部分大型企业直接对外经营权,等等,从外部给企业注入活力。

增强大中型企业活力,还要充分发挥城市组织经济的作用。这就要求城市减少对企业的直接控制,逐步建立、健全间接控制体系,主要运用经济手段和法律手段,并采取必要的行政手段,来控制和调节城市经济的运行。这方面,石家庄、重庆、无锡、南京等市开始摸索出一些经验,比如,他们把计划、财政、物资、物价、银行等综合部门组织起来,统筹协调、指导经济工作,取得了比较明显的效果。总之,城市政府要面向企业,变管理为服务,为企业这个"主攻手"当好"二传手"。

二、敞开城门,开放市场

要增强企业的活力,城市之间以及城乡之间都要互相开放,进一步发展计划指导下的商品市场。只有在国家政策和计划指导下,建立起开放型的社会主义统一市场,才能发挥竞争机制的优胜劣汰作用和各种经济杠杆的调节作用,从根本上提高企业和全社会的经济效益。

城市是商品经济发展的产物,也是发展社会主义商品经济的重要基地。不同类型、各具特色的经济区,是以城市为中心形成和展开的。社会主义城市的地位和职能,决定了它本身应该是开放型的,而不应该是分割和封闭的。

在城市以至国家是开放还是封闭的问题上,我们是有深刻的历史教训的。大家知道,我国封建制取代奴隶制,比世界上绝大多数国家都要早,素有文明古国之称,但后来却落伍了,生产力发展缓慢。重要原因之一,就是由于长久地习惯于小农自然经济,闭关自守,门户禁锢。同样,西方发达的资本主义国家之所以能在近代一百多年里,"比过去一切古代创造的全部生产力还要多,还要大",一个重要原因,也在于它较早地摆脱了小农自然经济,先后实行开放,使商品经济得到比较充分的发展。在东方,明治维新前夕的日本,也是首先经过"开国"与"锁国"的激烈争论,发展商品经济,并大力"求知于世界",使日本在比较短的时间内,实现了经济振兴,成为经济发达的国家。小平同志最近说"中国几千年,近代史 200 多年,从鸦片战争起,实行'闭关自守'政策,结果搞得'民穷财困'。因此,开放政策是发展社会生产力的不可缺少的补充。"可见,一个国家,一个民族,开放则兴,封闭则衰。我们联系当前城市改革实际,学习《决定》,认为开放是充分发挥城市的中心作用,发展社会主义商品经济最重要的前提条件。这也是城市经济体制改革中需要紧紧抓住的关键环节。

党的十一届三中全会以来,我国把对外开放作为长期的基本国策,在实践中已经取得显著成绩。这方面的情况为大家所熟知,《决定》指出,对外要开放,国内各地区之间更要互相开放。我理解,按照《决定》精神,开放是全方位的。经济发达地区要开放,不发达地区也要开放,沿海要开放,内地和边疆也要开放,城市要开放,农村也要开放。各行业、各企业之间都要开放。目前,城市内部和外部涉及的各种经济关系纷繁复杂,开放的内容较多,概括起来,主要有两条,一是打破分割,二是打破封闭。

打破分割,主要是促使城市内部各部门、各行业、各企业之间,打破封锁,打开门户。大家知道,城市原有经济体制是按条条、块块的行政系统管理经济的体制,经济活动被局限在部门和地区范围内,形成条块分割,城市经济被各种封闭式的行政系统限制,难以发展横向经济联系。为了改变这种状况,曾反复试行过以部门为主的管理体制和以地区为主的管理体制,条块之间的矛盾,一直没有得到解决。就拿武汉市来讲,共有机械工业企业 1300 多个,纵向分属于中央、省、市、区(县)、街道(乡镇)五级行政领导,横向分别隶属于 40 多个系统,企业之间的横向联系被分割了,城市的综合生产能力不能发挥。比如这些企业通用性的工艺如铸造、锻造、热处理、电镀等设有 1000 多个车间,设备利用率很低,全市有 200 多家铸造厂,而生产任务只占生产能力的 1/3。因此,一些城市在综合改革中,首先就紧紧抓住打破分割做文章,发挥中心城市统一组织社会各种经济活动的作用,进一步解放城市的生产力,自主地发展横向经济联系。实践证明,只有打开门户,以城市为中心组织各种经济活动,才能解决好条块分割问题,促进生产要素的最佳组合和配置,逐步形成合理的生产布局和经济网络。

打破封闭,要求城市打开城门,对外市、外地、外省以至外国实行开放,使城市成为一个开放型的经济中心。过去我们把城市的经济活动局限在一个狭小的块块里,这就不可避免地使城市为保护自己的经济利益而闭门自守,货难以畅其流,财难以尽其用,竞争与联合难以开展,城市经济自然也就缺乏活力。

怎样才能打破封闭,敞开城门呢? 根据一些城市的实践情况来看,大致有这么几条:

第一,敞开城门,必须自觉地借助外力,也就是商品经济的威力,对内部保守的、落后的、依赖的思想和僵化的经济体制,给以有力的冲击。对商品经济的威力,马克思、恩格斯早在《共产党宣言》中有过十分精彩的论述。他们说,资产阶级开拓的便利交通和种类繁多的、廉价的商品,是摧毁一切古老万里长城和闭关仇外心理的"重炮";这门"重炮"不仅使一切不甘灭亡的民族必须尽快采用以商品经济为基础的生产方式,而且"使农村从属于城市","使未开化和半开化的国家从属于文明的国家,使农民的民族从属于资产阶级的民族,使东方从属于西方。"商品经济过去对一个国家、民族是"重炮",现在对一个城市、企业,同样也有很大的威力。我国不少城市,尤其是沿海开放城市,近几年来经济活跃,发展迅速,就是有力的例证。武汉市对比一些兄弟城市,生产技术水平和管理水平较差,更需要开放。去年六月,我们经过反复讨论,下决心敞开三镇大门,接受商品这门重炮的轰击,让企业见市场的世面,经竞争的风雨,使企业在开放和竞争中求生存、求发展,采取了一系列开放措施,如放手在全国范围实行零部件招标,在 2000 多个企业中,大范围地选举、聘任企业领导人,等等。总之,借助外部的先进力量,冲击自己,引火烧身,给全市企业树立"对立面",造成一个强大的外在压力,从而在内部激发起奋发图强的力量,促进企业加强技术改造和改善经营管理,同时也赋予企业以应有的自主权,使企业可以在市场竞争的大舞台上施展自己的才干。事实证明,采取这样的措施,引起的反作用力所带来的精神力量和经济上的积极效果是很大的。有些企业几乎是被置于"死地"而后生;有些企业走出困境,奋发图强,"柳暗花明又一村";一大批企业在竞争中走上了专业化协作的联合之路,城市经济也初步焕发了活力。去年工业生产和财政收入不仅没有掉下来,而且比预计的要好。当然,我们面临的挑战并没有过去,在开放中求生存、求发展,对武汉来说,还是一个严峻的考验。

第二,敞开城门,必须对外地物美价廉的商品和先进技术采取有吸引力的政策,欢迎"打进来",对本市的企业向外扩展,采取鼓励的政策,支持"打出去",保护合法竞争,在大进大出中提高企业的竞争能力和适应能力。在近年来的改革中,许多城市都公开宣布了开放政策,欢迎国内国外、各行各业进城办厂设店。敞开城门后,市场比较活跃了,大批适销对路的工业品、农副产品开始大进大出,生产资料特别是生活资料供应比过去丰富,有的商品开始形成买方市场。这样,利用价值规律,开展竞争,就能改善企业的经营管理。这是什么原因呢? 马克思的劳动价值论告诉我们,商品的价值是凝结在商品中的一般的、无差别的人类劳动。通俗地说,哪个企业的个别劳动低于社会必要劳动,个别价值低于社会价值,它就会占领市场,获得更多的盈利。反之,盈利就比较少甚至亏本。那么,怎样才能做到降低个别价值呢? 这就需要充分发挥劳动者的积极性,努力改进技术设备,提高劳动技术水平和生产管理水平。总之,要千方百计地提高劳动生产率,降低成本。这样一来,商品生产者之间的竞争,就同历史进步协调一致,这也是商品生产关系具有强大生命力的根本原因。从实践看,坚持开放,展开竞争,大有好处。比如近年来在服装行业激烈竞争中,上海衬衫厂以较少的外汇更新设备,提高劳动生产率,产品不仅成为国内名牌,而且在服装出口不景气的情况下,远销联邦德国、日本、美国等50多个国家和地区。

第三,敞开城门,必须开辟多种市场,逐步形成和完善市场体系。城市和市场不可分,中心城市本身就是市场,而且是具有一定辐射能力、多功能的开放型市场。开放型市场是生产、分配、交换、消费的活动中心,是供给和需求的汇合点,也是企业竞争的角逐场,经济效益的检验场。搞活企业,首先要求具备开放的市场。如果生产不面向市场,物资不进入市场,投资不依靠市场,企业以至城市肯定活不起来。因此,城市开放的关键是开辟多种市场,不仅要继续扩大消费品市场,还要扩大生产资料市场;不仅要开辟商品市场,还要适应商品市场发展的要求,逐步开辟和发展资金市场,同时,促进劳动力的合理流动,建立信息中心。各种市场配起套来,才能真正实现各种生产要素的合理流动。沟通城乡之间和企业之间的各种横向联系,使各种经济杠杆的作用充分显示出来,把城市多功能的作用落到实处。

在扩大消费品市场方面,去年一个突出的特点,就是贸易中心从传统的调拨分配式的流通体制中脱颖而出,以其开放式、多渠道、少环节、网络型的特征,实行自由购销,顺应了商品经济的发展。随着全国各地贸易中心如雨后春笋般发展起来,贸易中心成了批发体制改革的关键。从前一段的实践看,我们认为,办得较好的贸易中心,一般具有以下几个特征:一是有一定规模的营业场地;二是在购销对象、经营范围、经营方式、作价办法等方面实行开放式经营;三是具有大购大销、深购远销的吸引力和辐射力;四是具有适应批发交易的多功能服务的设施和条件。贸易中心成了中心城市商品集散功能的实现场所,既是本地产品的橱窗,又是外地产品的百花园,市场行情、商品信息、供求趋势等经济现象在贸易中心汇集,因此,贸易中心的兴起,对发挥城市流通功能起了重要作用。从武汉发展消费品市场情况看,去年以来,抓了批发网络的改革和建设,已经初步形成了以贸易中心和国营批发为第一层次,以批发市场(如汉正街小商品市场)为第二层次,以各种行栈、货栈为第三层次,以工业部门批发销售为第四层次的批发网络结构。目前,全市经过整顿的各类贸易中心有50家,各具特色的贸易行栈193家,农副产品批发市场17个,工业小商品市场10个。武汉市商品流通中心的功能主要是通过这种多层次的批发网络来实现的。当然,贸易中心的发展正如一切新生事物一样,也有需要研究的问题、需要完善的地方。

在开辟生产资料市场方面,过去,由于实行集中的计划管理体制,生产资料一直是采取计划分配(统配或部管)的形式,企业完全依赖主管部门分配这个问题不解决,企业很难活起来。我们说,既然社会主义经济是有计划的商品经济,生产资料就应按商品经济的规律进行交换和流通。为此需要逐步减少国家分配调拨生产资料的种类和数量,扩大生产资料市场。当前关键的问题是价格要有计划地放开,同时要加强管理。现在采取的生产资料价格计划内小调、计划外放开的办法,使价格总水平徐徐上升、价格逐渐接近价值并反映供求关系,这既考虑到社会的承受能力,又有利于推动企业进行技术改造,降低物质消耗,改善经营管理,堵塞靠廉价原材料混日子的漏洞。这种计划内、外价格并存的双重价格体制,是从旧模式向新模式过渡的一个特点,虽然有人会利用价差从事投机倒把活动,但是总的来说利大于弊,能够促进生产,搞活物资流通,缓和当前物资供应紧张的状况,提高生产资料使用的效果。按照《建议》要求,对主要生产资料,要逐步减少国家统一定价部分的比重,扩大市场调节的比重,同时有计划分步骤地调整计划价格,使计划与市场两种价格的差距逐渐缩小。

当然,形成生产资料市场要有个逐步前进的过程,不能急于求成。从没有市场到一定范围的市场,再由几个城市之间的市场,最后形成全国性的市场。理顺价格与形成生产资料市场,是辩证的发展过程。价格合理了,就为形成和发展市场创造了条件,有了市场,就可以进一步促进价格体系的合理化。

在开拓技术市场方面,近几年来,通过从认识到实践,再从实践到认识,我们进一步提高了技术成果商品化的认识。现代科学技术作为人类智力劳动的产物,包含着智力劳动所创造的价值,作为提高劳动生产率的最重要源泉和发展生产力最活跃的因素,又具有巨大的使用价值。在商品经济的条件下,技术成果已经成为一种商品,只有通过商品交换的渠道,才能有效地转化为现实的生产力,因此,大力开拓技术市场,加速技术成果商品化,是科技体制改革的突破口。实际上,1981年,有的城市首次举办科技成果交易会,是我国兴办技术市场的开端。几年来,随着形势的发展,技术市场的组织形式,开始由技术交易会和技术集市等时间、场所不固定的经营方式,向有固定场所和人员的技术商店、常设展览厅过渡,标志着我国技术市场有了进一步的发展。我们要发挥城市大专院校、科研单位集中,人才荟萃的优势,进一步办好技术市场,为市内外服务。

目前,资金市场也开始提到议事日程上来。资金市场是社会主义市场的重要组成部分,没有相应的资金市场,社会主义统一市场就很难发展起来。现在,商品生产的横向联系在逐步加强,而金融则是纵向联系,纵向发展,银行之间资金不能融通。开辟资金市场,就是要解决横向融通问题。这是搞活企业的需要,是进行宏观控制、运用经济手段调节资金供求的需要。通过资金市场筹集资金,就可以打破条块分割,提高资金使用的经济效益。要鼓励跨地区、跨部门、跨行业互相投资,有的可以分产品(包括补偿贸易),有的可以分红利。当然,社会主义资金市场与资本主义金融市场是有本质区别的。比如:供需双方主要是公有制企业的代表,市场的主体是国家、银行;社会资金供求总量受计划约束,一部分资金的运用由国家计划直接分配,进入市场的资金,在计划指导下受市场机制调节;资金市场的活动受到国家经济手段、行政手段和法律手段的管理,限制市场的盲目性和投机性。总之,这个问题要在中国人民银行的指导和管理下,分步骤地谨慎地操作,要通过资金融通,把资金引导到社会需要和宏观效益比较好的方面来。

第四,敞开城门,逐步形成和完善市场体系,关键是改革价格体系和价格管理制度。价格是价值的货币形态,是价值规律借以发挥调节作用基本的、主要的形式。与其他经济杠杆相比,价格具有多方面的功能。它既能传递信息,又能调节生产和消费,还能调节收入。而且价格又同经济效益有着密切的联系。价格严重背离价值,势必影响对投入价值和产出价值的准确评价。因此,搞好价格体系改革的意义,我们一定要有足够的认识。开放也好,搞活也好,理顺经济关系也好,发挥城市功能也好,都离不开价格的改革,离不开发挥价值规律的作用。十二届三中全会《决定》指出,价格体系的改革是整个经济体制改革成败的关键,当然也是城市改革成败的关键。在城市改革和经济工作中,要抓好价格体系的改革。通过改革,逐步形成少数商品和劳务实行计划价格,多数实行浮动价格和自由价格的统一性与灵活性相结合的价格体系,更好地发挥价格这个最重要、最有效的经济杠杆对生产、流通和消费的调节作用。

当前改革价格体系,是在物资比较丰富的基础上进行的,是一种结构性的价格调整,就是物价有升有降,使各种商品的比价趋于合理。在价格调整和放开以后,在一段时间,物价的总水平也会上涨一些,但由于生产发展,工资提高,加上国家对某些生活必需品实行必要的补贴,因此,对广大消费者来说,在经济上能得到实惠。许多城市的经验都证明了这一点。去年以来,各兄弟城市对蔬菜、肉、鱼等副食品价格放开以后,总的情况是好的。初步形成了两种市场(国营市场和农贸市场),两种价格(牌价和议价)并存、竞争的局面,促进了商品经济的发展。在竞争中,国营企业加强经营管理,参与市场调节,发挥主渠道作用。比如今年1月至5月,国营蔬菜部门的经营量与上市量相比,成都占33%,重庆占35%,武汉、杭州均占40%以上,这对稳定市场,平抑物价,大有好处。

现在城市人民的生活水平还不高,根本原因是生产不发达,价格不合理,既不反映价值,又不反映供求关系,势必影响生产的发展。随着价格体系的合理化,带来的必然是社会生产的发展。农产品价格的改革已给我们启示。长期以来粮、棉价格过低,生产者缺乏积极性,调价以后,情况比预料的要好,棉花自给有余并能出口,粮食从6000亿斤很快上升到8000亿斤。可见,改革物价体系,是进一步发展生产、改善人民生活的迫切需要,是符合国家和人民的根本利益的。

城市的物价改革,这几年先后提高了农副产品收购价格,降低了部分工业消费品价格,放开了小商品价格,实行国家定价、企业定价和自由定价三种作价办法和浮动价格等灵活的价格形式,恢复了质量差价、地区差价、季节差价和批零差价。今年又放开了农副产品和鲜活产品的价格,步子迈得不小,总的情况是比较好的。当然,物价始终是一个动态性的问题,随着生产和市场的运动而不断变化,这一点我们不能掉以轻心。

价格问题是和市场紧密联系在一起的。市场问题不是一个孤立的现象,它是受生产和消费、市内和市外各种错综复杂的经济活动的制约和影响的。比如工资改革后,消费基金会增加;秋收以后,农民增加了收入,购买力也会相应增加。因此,必须及早做好秋后市场的准备工作。否则,市场供应会出现缺口,物价不可能稳住,工资改革的实惠得不到保证,群众就会有意见。这既是重大的经济问题,也是一个政治问题。只要我们步子走稳一些,工作做细一些,价格改革就一定能达到预期的效果。

三、城乡通开,协调发展

我国经济体制改革首先从农村开始,并取得了巨大的成就。在这个基础上,党的十二届三中全会作出了经济体制改革的决定,把城市改革推向了一个新的阶段。现在农村改革和城市改革已经汇合成一股巨大的洪流。在新形势下,领导城市工作,必须打破两个传统观念,即既要打破就城市谈城市的传统观念,又要打破就农村谈农村的传统观念。要统筹城乡全局,把城市经济和农村经济有机地融合为协调发展的一体化经济。因此,城乡通开,互为依托,相互渗透,共同繁荣,大力发展有计划的商品经济,是城市经济体制改革的一个基本指导思想。

为什么要把城乡通开,作为城市改革的一个基本指导思想呢?

第一,城乡通开,是发展有计划的商品经济的客观要求。当前,农村第二步改革的深入发展迫切要求城乡通开。城市改革,发挥城市的多功能作用,也迫切要求城乡通开。从农村方面来说,农村商品经济的发展,要求城市疏通流通渠道,为农村提供的商品开拓广阔的市场,农村产业结构的调整,特别是农村工业的发展,要求城市扩散产品、技术,提供信息和发展各种形式的经济协作;农村劳动力结构的调整,要求城市提供一部分劳务市场,农村生产的发展和农民生活水平的提高,要求城市提供更多更好的生产资料和日用消费品。从城市方面讲,要发挥多功能的作用,要向广大农村进行辐射和吸引,城市经济的发展和城市人民生活水平的提高,要求农村提供更多更好的工业原材料和主副食品,城镇的建设,部分地靠农村的财力、物力和人力,等等。这两方面的要求表明,城乡经济是互为依托,相互作用,相互服务的。因此,城乡通开,是有计划的商品经济发展的客观要求。

第二,城乡通开,是把城市经济的主导作用和农村经济的基础作用有机地结合起来的要求。《决定》指出,"城市是我国经济、政治、科学技术、文化教育的中心,是现代工业和工人阶级集中的地方,在社会主义现代化建设中起着主导作用。"但是,城市要发挥主导作用,又离不开农村这个基础。我国人口的80%集中在农村,把农村富余劳动力转移到新的生产领域,有利于促进整个国民经济的发展。农村改革,通过家庭联产承包责任制,使农业生产迅速发展,取得了基本解决温饱问题的巨大成就,进而改革农村产业结构,充分表明了农村经济的基础作用。所以,以城市为重点的全面改革,必须解决城乡通开的问题,真正做到城乡经济互为依托,协调发展。

第三,城乡通开,是建立社会主义的新型城乡关系的要求。城市经济通过改革,走出一条城乡通开,互为依托,协调发展,融为一体的新路子,建立起城乡经济共同繁荣的新型城乡关系,正是我们社会主义经济体制模式的一个重要特色。要充分认识城乡通开的巨大现实意义和深远意义,自觉地用以指导我们的城乡改革。

城乡通开,包含着丰富的内容。从各城市改革的实践看,以下几个方面的做法是有效的。

一是城乡都要敞开大门,开放市场。从武汉市情况看,敞开三镇大门后,周围地县农民纷纷瞄准武汉市场,调整农村产业结构,生产城市需要的产品。据测算,去年进入武汉的贸易粮约13亿斤左右,油脂6000万斤,肉类15000万斤,蛋品4000万斤,蔬菜也有上亿斤,这些农副产品绝大部分来自江汉平原。周围城乡到武汉务工经商的流动人口也不断增加。汉川县到武汉务工经商的有15000多人,年收入达1570多万元。有计划地让农民进城务工经商,兴办第三产业,既富裕了农村,又服务了城市,促进了城乡交流和城乡经济的繁荣。

二是城乡经济要统筹规划,协调衔接,合理分工,发挥各自的优势。经济发展计划要衔接,产业结构和产品结构调整也要协调衔接。例如在工业结构上,一般要注意把初加工的、劳动密集型的、原材料量大难以运输的产品,放在农村。城市,特别是大中城市,要注意发展技术密集型的、高精尖的产品和开发新技术、新产业。

三是大力发展城乡经济技术协作。城市企业要积极向乡镇企业扩散产品,转让技术,提供信息,组织生产协作,开辟原料基地,帮助乡镇企业从事农副产品深度加工,促进城乡繁荣。万里同志指出:"城市工业要有组织、有步骤地向乡村扩散,与乡镇企业结合,以大支小,以小补大,发挥各自的优势,互相促进,共同富裕,逐步形成城乡之间有分工的、多层次的产业结构,就是建设具有中国特色的社会主义新型的城乡关系,缩小三大差别的战略"。北京洗衣机厂在没有扩建新厂房,投资、设备增加很少的情况下,由于把生产"白兰牌"洗衣机的98％的零部件扩散到农村去生产,在五年的时间里,产量增加了 30 倍,利润增加了 50 倍。实践证明,城乡协作,互相促进,对城市工业和乡镇工业的发展都是有利的,是发展我国城乡工业的一条必由之路。

四是加速交通改革和建设。城乡通开,开放市场,交通运输首先要"通"。如果说商品是"血液",那么交通运输就是"血管"了。血管不畅通,血液循环就不正常。就拿武汉来说,在搞活流通的同时,从挖掘潜力入手,进行了交通改革。比如,武汉港面向社会开放,变成了长江上的"骡马大店"。沿江十三省市参加的长江联营联运总公司,开始组成水陆空联运网。外地交通部门、个体运输户来汉经营的汽车客运,已有上百条线路、300 多个班次。加强交通建设,近期内要重点改善和发展公路运输。这对城乡经济交流最现实、最迫切、最有效。还要改革运输体制,搞好各种联运,提高运输效率。

城乡通开,要根据经济实力和经济发展的客观要求依次展开。比如重庆发展城乡经济联系,正在向全方位多层次发展。第一个层次,是市内城乡之间、部门之间、企业之间的通开;第二个层次,是对省内各地、市、县的通开;第三个层次,是建立川、滇、黔、桂四省区五方经济协调联合体;第四个层次,是对沿海和国内其他地区的通开;第五个层次,是对国外的开放。近几年来,重庆市已同全国 28 个省、市、自治区建立了比较广泛的经济技术协作关系。到今年 6 月底为止,重庆市已同各省、市、区签订经济合作协议 1593 项。目前,重庆还同 70 多个国家和地区建立起经济贸易关系,并积极派遣职工出国,开展国际性劳务、技术承包,上半年已承包 2300 多万元的工程,全市的外贸出口额比去年同期增长了 60%。今年 8 月,长江沿线的几个大城市召开开发长江流域经济座谈会,就当前扩大流通、搞活金融、开发旅游业以及加强工业协作、信息交流等,达成了初步协议。

城乡通开,好处很多。一是可以使农副产品在农村就地加工增值,减少流通环节,减少交通运输压力,从而增强农村商品生产的持久性。二是可以繁荣城乡市场,较快地增加农民的收入,扩大商品购买力,使城市对农村的辐射力进一步加强,形成城乡交流的良性循环。三是城市将一些工业项目扩散到农村,一方面可以利用农村的资金、劳力、设备扩大生产能力,投资少,见效快;另一方面,可以加快自身技术改造速度,集中力量开发新技术,发展生产。四是可以充分利用农村丰富的自然资源,加快能源、原料的开发速度,为城市工业发展创造有利条件。五是可以抑制大城市的膨胀,减少城市经济压力和人口压力,节约使用城市土地及其他资源。

四、改造开发,调整结构

敞开城门、城乡通开之后,区域性分工在城市第三产业发展中的作用日益加强,城市第三产业在国民经济中所占的比重不断提高,并逐步面向整个区域、面向全国,以至面向世界。因此,衡量一个城市的经济实力,不能仅仅看它的第一、第二产业,还要看它的第三产业,要把衡量城市经济发展的尺度,放在三大产业合理构成的总体上。从指标上讲,就是要看它的国民生产总值。

调整城市产业结构,建立一种既符合城市各自的特点,又有助于发挥优势,有较高投入产出率的合理的城市产业结构,是人民消费水平提高和消费结构变化的要求,是形成城市新的经济发展格局的一项战略措施,是促进区域经济及整个国民经济发展的前提条件。城市要确定自己的产业结构,对本城市的特点有一个正确的认识。武汉是华中地区和长江中游的主要经济中心,历史上就已形成为交通枢纽、商业中心、金融中心。经过建国30多年的建设,又成为综合性工业基地、科技教育中心。从现有的基础看,工业基地、科技教育中心的功能还没有充分发挥,金融中心、对外贸易中心的功能则相对萎缩了。在调整产业结构中,要恢复和强化这些功能。为此,我们打算围绕三个战略转变,进行产业结构的调整:

一是大力发展为生产和生活服务的第三产业,提高第三产业在整个国民经济中的比重,实现由第三产业发展相对落后,向一、二、三产业协调发展转变。一个城市的经济效益和效率如何,与第三产业的发展程度有极大的关系。第三产业搞好了,为生产服务、为生活服务的行业搞好了,在现有的条件下,经济效益就会有很大的提高,人们的生活质量也会有很大的提高。敞开城门之后,我们比较注意发展第三产业。目前,第一、二产业与第三产业之比约为7∶3,全市从事第三产业的人员达97万多人,占社会劳动者总数的28.9%;第三产业的产值占国民生产总值的29.6%。商业、饮食业、服务业网点已发展到58000多个,比1979年增加近8倍。每天清早全市有4000多口锅散布在三镇的街头巷尾,有200多个早点品种任凭选购,人们可以买到合口的风味小吃。为了促进社会经济的协调发展,适应进一步对内对外开放的需要,还必须不断开拓新的服务领域,发展新兴行业,动员各方面的力量,加快第三产业的发展。

二是调整和优化第二产业,重点是改造现有企业,并有选择地开发新兴产业和知识技术密集型产业,实现由传统产业向新兴产业,由粗放型向集约型的转变。这是由新的技术革命引起的产业结构演变的总趋势。武汉现有的产业结构基本上属于传统型和粗放型,从工业总产值的产业构成划分看,传统型产业占96%,新兴产业仅占4%。因此,一方面要加速科研成果由实验室向工厂的转移,发展知识技术密集型产业,另一方面,要使第二产业结构优化,扩散劳动密集型行业,加快用新技术改造传统产业的步伐,用新技术为传统产业注入新的生机,逐步提高新型产业和知识技术密集型产业在整个城市产业结构中的比重。

三是积极稳妥地调整郊县产业结构,实现郊县产业结构由封闭向开放,由自给自足向社会化、专业化转变。这是加速农村经济向专业化、商品化、现代化发展的关键。郊县产业结构是依托于城市而建立的开放式综合型结构,它一方面要充分发挥郊县的自然及经济优势,使生态和经济都呈良性循环,另一方面又要有效地满足城市人民的生活需要,促进工业建设乃至整个国民经济的发展。

农业的发展,仍然是我国整个国民经济发展的重要基础。我们要根据农林牧副渔全面发展、农工商运综合经营的原则,调整郊县产业结构。郊县产业结构可以概括为:一是粮食、经济作物等种植业,特别是粮食,一定要抓紧,"无粮则乱";二是大农业,即农林牧副渔业;三是包括农村工、商、运、建、服务等产业。合理的郊县产业结构,应该是充分发挥各自的优势,各种经济要素和资源得到充分利用,同步协调地发展产业的横向联系,产品的生产、加工、销售一条龙,能够取得较好经济效益的产品结构。

调整郊县产业结构要统筹兼顾,全面安排,循序渐进,逐步实施。要订出规划,有计划地进行。第一步主要是使由种植业为主的结构向初级程度的综合经济发展,第二步由初级程度的综合经济结构向较高程度的综合经济发展。从一些城市的情况看,调整郊县产业结构的措施,大体可概括为以下几点:积极搞好劳动力的转移和劳动结构的调整,努力创造条件,让这些富余劳力从土地上转移出来,有计划地鼓励技术向农村转移,人才向农村流动,资金向农村投放,加速乡镇企业的发展和小集镇的建设,支援农村发展文化教育事业,帮助农村培养各种专业人才。

五、宏观控制,微观搞活

在当前城市改革中,人们普遍关心的一个问题是,在加强宏观控制的情况下,微观能不能进一步搞活?从实践来看,在宏观控制下,企业不仅能进一步搞活,而且能够活而不乱,活有成效。因此,我们要由过去注意抓微观搞活,转变到宏观控制和微观搞活有机结合的轨道上来,做到加强宏观控制坚定不移,搞活企业坚定不移。

微观搞活,就是要让企业享有应得的自主权,把生产、经营搞活,在市场竞争中不断提高经济效益,增强企业自我改造、自我发展的能力。宏观控制,是从客观上对各项经济活动进行间接的控制,使整个国民经济的发展更加健康、合理,保证微观搞活能顺利进行。微观搞活是改革,宏观控制也是改革,二者是相辅相成的。宏观控制搞好了,可以为微观搞活创造良好的环境和条件,宏观控制是为了全局利益、长远利益,为了更好地让微观搞活。微观搞活了,整个国民经济运转才能协调。

中央提出加强宏观控制后,武汉市同兄弟城市一样,从全局利益出发,从调查研究入手,提出了一些以间接控制为主的办法:①加强经济立法,制定了一批经济法规。比如,在国务院经济法规研究中心等部门的帮助指导下,我们制定了《武汉市个体工商业管理暂行规定》、《武汉市技术市场管理暂行规定》、《武汉市关于厂长职责的暂行规定》等经济法规。②协调配套地运用经济杠杆,发挥财政政策和货币政策的作用,这是实行宏观控制的重要一环。在这方面,一是加强信贷资金的控制和管理,有些方面"切一刀",保证上级下达的各项控制指标不突破,到 8 月底,全市存贷比有所增加,贷款下降,借差减少 65000 多万元,整个信贷规模控制在上级下达的指标内。二是采取切块下达,专户管理,灵活调剂的办法,控制消费基金的增长,使全市消费基金从 5 月份以来,一直控制在 3 月份的基数内,货币回笼 47000 万元,比去年同期增加 94％。三是本着量力而行的原则,认真清理基建项目,采取保一批、缓一批、压一批的方法,压缩基建规模,腾出资金,确保了重点工程的竣工投产。四是控制技术改造投资规模,今年全市技术改造、技术引进计划项目 456 个,投资计划 69600 万元,预计可以不突破国家下达的技术改造投资规模。五是控制外汇使用,今年先后两次对外汇使用情况进行了审查清理,对扩权外汇部分也进行了压缩。六是组织市直综合经济部门和杠杆调节机构,定期分析经济形势,解决经济活动中的矛盾,调节各方经济利益,加强宏观控制,促进微观搞活,保证改革的顺利进行。

为了有效地实现宏观控制,要适当缩小指令性计划,相应扩大指导性计划的范围,努力使计划工作的重点由年度计划为主转到中长期计划为主,由计划内为主转到全社会的综合平衡,由实物指标管理为主,转到价值管理为主,由行政办法为主,转到运用政策、经济手段进行间接的、更全面的宏观控制的轨道上来。在坚持宏观控制的同时,我们注意搞活微观。一方面控制投资规模,一方面努力搞活技术改造,择优安排那些投入少、产出多、经济效益好和国家贴息的重点项目,该保的坚决保,集中财力、物力,扶持重点项目早投产、早受益。抓紧到期、逾期贷款的回收工作。加强技术改造工作的管理,不断提高投资的经济效益,在控制外汇使用的情况下,努力扩大外贸出口,力争多创汇。同时挖掘资金潜力,促进企业向内使劲,大力组织存款,实现信贷平衡。

今年我们还用了很大精力控制市场物价,并采取了一些措施,适当减缓工业生产的增长速度,效果也比较好。

总的来说,由于比较注意处理宏观控制与微观搞活的关系,有一个比较稳定的经济环境,武汉的改革没有出现大的波动,进展比较顺利。

六、尊重知识,起用人才

改革是为了发展社会生产力,建立充满生机和活力的经济管理体制。生产力的重要因素是人,人才是最活跃、最现实的生产力。一个国家、一个地区能否振兴,能否富强,关键在于发现人才,起用人才。党的十二届三中全会《决定》指出:"当前的迫切任务是,大胆起用和积极培养成千上万中青年经济管理干部。"我们建设现代化的、高度文明、高度民主的社会主义国家,需要造就千百万个德才兼备,精于事业,勤于学习,善于决策,勇于创新,善于用人,工作讲实效,办事讲贡献的经济活动组织者,并相应建立起一整套育才、选才、用才和严格的考核制度,使大批人才能够充分发挥作用,这是城市改革的头等大事。

尊重知识,起用人才,必须重视智力开发。《建议》指出:"经济建设、社会发展和科技进步,都有赖于中华民族的智力开发和人才培养,有赖于教育事业在经济发展的基础上有一个更大的发展。"发展科学技术、教育和各项文化事业,从根本上说,都是利用和开发人的智力。我们必须充分认识科学技术现代化在"四化"建设中的决定性作用,进一步贯彻经济建设必须依靠科技进步,科技工作必须面向经济建设的方针,大力开发和普遍推广效果好、见效快的科技成果,集中力量组织攻关,积极开拓新技术领域,把国内研究与引进先进技术结合起来,加快对引进技术的消化、吸收和创新。教育要坚持面向现代化、面向世界、面向未来的方针,大力普及基础教育,积极发展职业技术教育,充分挖掘潜力,加强高等院校同生产科研和社会其他方面的联系,提高它们主动适应经济、科技和社会发展需要的积极性和能力,努力开创教育工作的新局面。

建设现代化的社会主义强国,需要有资金和物质资料。但是,仅仅具备这些条件还是不够的。人的智力和知识是世界上取之不尽、用之不竭的资源,是生产物质财富和精神财富无穷无尽的生产力。如果人类没有发明创造,社会就不会发展。而没有知识的积累,发明创造也是不可能的。只有重视知识,尊重知识,充分调动知识分子的积极性,才能使我们站在科学的高峰,才能发展社会生产力,才能建设"四化",振兴中华。要造成一种尊重知识,尊重人才,重视教育的社会风气,那些默默无闻,勤勤恳恳、兢兢业业在自己岗位上取得优异成绩的实干家,凡是具有一技之长,并且自觉对社会尽职尽责,为人民服务,在"四化"建设的岗位上作出贡献的,都是人才。当然,人才也是相对的,一个人有其所长,就是人才,舍长就短,就可能成为庸才。

科学地使用人才,要树立正确的用人观。用才首先要识才、尊才。刘备能够鼎足三分据巴蜀,很重要的一条就是尊贤重才。"三顾茅庐"的故事几乎妇孺皆知,说的就是刘备求贤若渴,亲自登门,把诸葛亮给请出来了。后来有一位诗人写了一首诗称赞说:"豫州军败信途穷,徐庶推能荐卧龙。不是卑词三访谒,谁令玄德主巴邛?"人才是在实践中成长的,只有大胆起用,让他们到适合的岗位上锻炼,才能迅速成才。人才的成长,需要帮助,需要扶持,需要培养,需要保护,不疑三惑四,不究其小过,不强其所不能,才能使其尽心尽力,才能使其发挥应有的作用。

起用人才,要坚持新的标准、新的特征、新的观念、新的方法,把一代新人大胆地选拔出来,委以重任。新的标准,就是按照干部"四化"要求和德才兼备的原则,选拔人才;新的特征,就是选拔干部要德才兼备,年富力强,能适应"四化"建设和改革的需要;新的观念,就是要重实绩,对干部进行全面、正确的评价;新的方法,就是要充分走群众路线,真心实意地依靠群众选贤任能,让他们充分发挥自己的聪明才智。企业也好,机关也好,既要强调个人的素质,也要注意整个领导班子的群体素质,合理地配备各种类型的人才,形成比较合理的群体结构,才能提高整体效能,有利于推动改革,开创社会主义现代化建设的新局面。

改革要研究各种经济变化的相互关系,选择好改革方案,避免盲目性。要达到这个目的,单靠领导者个人的智慧和经验是不够的,需要依靠专家、智囊团的作用,重视知识,重视科学决策。我们按照权力与智力、决策与咨询、当前与长远、理论与实际相结合的原则,聘请各方面的专家、学者,成立了咨询委员会。全市的经济发展战略和重要的改革方案,都请专家学者咨询论证,然后再进行决策。决策经过咨询论证,有可能做到科学化。与此同时,我们在企业中大面积推行人事制度改革,起用一大批政治素质好、懂科学、善经营、会管理、锐意改革,富有进取精神的人才,并且引进国外一些人才,促进了人才的流动。

改革带来了人才观的转变。重庆市提出起用一代新人必须树立新的用人观念。新的人才需要有时代的特点,对人才不求全,要用其所长,而避其所短,补其所短。北京市一轻系统从单纯由领导选人转到发动群众推荐人才的轨道上来,从表层选人转到深度选人的轨道上来,注重选拔开拓型、经营型的干部。一些城市改革干部人事制度,还采取"自荐、推荐、任聘、承包"等办法,选准人才,把人事制度改革逐步引向深入。

实践证明,人才问题是经济发展的关键问题。广州白云山制药厂原来是个只有几名工人、靠两口大锅熬制药片的小厂,现在已发展到 2000 多人,生产 100 多种药品,行销 30 多个国家和地区。这个厂之所以变化大,最主要的一条就是靠人才。他们有一位有胆有识、爱才如命的领导者。沈阳电缆厂起用 30 名有开拓精神的干部,去年全厂利税突破亿元大关。这些生动的事实说明,我们建设现代化的、高度文明、高度民主的社会主义国家,必须选拔千百万各方面的人才。正如小平同志所说的:事情成败的关键就是能不能发现人才,能不能起用人才。

七、加快基础设施建设,增强 城市综合服务功能

城市历来就是先进生产力集聚的地方,是创造社会财富最多的地方,在我国是建设社会主义物质文明和精神文明的重要阵地,目前我国已有 321 个城市。1984 年,据对 295 个城市的统计,工业职工达到 4337 万人,占全国工业职工的 82%,工业总产值达到 6078 亿元,占全国工业总产值的 87%,实现利税 1193 亿元,占全国工业利税的 86%。

城市建设的好坏,城市管理的好坏,对国计民生的影响是很大的。城市建设是经济建设的重要组成部分。城市建设直接影响着经济建设。过去,由于我们搞的是产品经济,城市商品生产和商品交换的一些功能削弱了,基础设施又不配套。现在要发展商品经济,城市的功能、市场的机制就突出了。加快城市基础设施建设已成为商品经济发展的迫切需要。商品经济的发展,对城市综合服务功能提出了新的要求,城市建设应该适应这个新形势。城市一些公用设施,有为人民生活服务的一面,也有为生产服务的一面。城市自来水的 70%,煤气的 50%,都用于生产,城市道路上的机动车辆有 70% 是运输生产物资的。有人说,城市的收入主要在企业,这话不错。但是城市基础服务设施建设搞不好,企业什么都得自己去办,不办问题不好解决,办了又不能充分发挥作用,浪费人力、物力、财力,经济效益也会降低。就是新建一个项目,也必须做好"七通一平",水、电、路等基

础设施跟不上,项目就无法开工,开了工也可能是"胡子工程"。城市基础设施搞好了,企业就能集中精力搞生产经营,加强管理,推动技术进步,经济效益就会大大提高。实行对内对外开放,需要有方便的生活环境和经营环境。比如进行商品交换就要有一个活动场所,没有场所,人家就不会来。对外开放必须有一个好的投资环境,否则就没有吸引力。首先要交通方便,交通跟不上是不行的。在商品经济中,人们比较讲究时间效用,不是有人说时间就是金钱吗,进出的交通不方便,人家也不会来。其次是看信息灵不灵。市场行情变化是很快的,做买卖必须要有灵敏的信息,信息是否灵敏,取决于传递信息的手段。搞一项交易,电话打了半天还打不通,就会影响交易的进行。目前我们不少城市电话的接通率不太高,往市外和国外打就更困难。再就是食宿和娱乐设施也应配套。高、中、低档的饭店应各占一定的比例,以满足各种不同的需要。好一点的一般是外国人住的多,北京供外国人使用的饭店床位有 13000 张,杭州也有 10000 张,容量比较大,接待外宾比较方便。玩的形式也很多,不一定都去俱乐部,好的风景名胜能够吸引许多人。武汉重建的黄鹤楼每天游人有一万多。

在城市建设和管理中,要树立大生产、大经济的思想。城市是一个经济、社会、科学、文化综合的有机体,是一个规模庞大、因素众多、关系复杂、多目标、多层次、多功能的大系统。随着经济的迅速发展,城市的运动也在加快。为了解决城市纷繁复杂的问题,实现城市动态平衡,使局部的、个别的、具体的问题的解决,符合城市总体的战略目标,就必须用大系统、大生产、大经济的观念,制定决策,制定城市总体规划,作为城市建设的蓝图,并实行统一的、严格的、科学的管理,达到综合开发、协调发展的目的。我们要掌握城市发展规律,把城市的经济计划、社会发展计划和城市规划紧密结合起来,作到同步编制、同步审定、同步实施,把城市规划好、建设好、管理好。

搞好城市建设,要把资金的路子放开搞活。加快城市基础设施建设,必须解决资金的来源问题。加快城市建设需要大量的资金,建设资金仅靠单一渠道解决是难以奏效的。合肥市采取工业建设靠贷款,房屋建设靠吸引社会资金,城市财力主要用于基础设施建设的办法,探索出一条路子。城市基础设施建设的资金来源,可以通开的渠道比较多。如通过税收建立稳定的、正常的城市建设资金渠道;大型市政公用设施建设项目列入国家计划,由中央和地方财政解决;还有成片改造、综合开发、社会集资、人民城市人民建等。总之,城市建设资金来源要多样化,调动各方面的积极性,多渠道解决。当然,城市建设要办的事很多,要量力而行,根据需要和可能,按规划逐步实施。要把有限的资金用在基础设施和发展第三产业上,用在智力投资上,改善城市的投资环境,增强城市为本经济区服务的功能。

住宅商品化是一项重大改革。住宅建设是城市建设的重要组成部分,对"四化"建设和人民群众安居乐业,关系极大。按现行政策,由国家把职工住宅包下来,实行单一公有制和单纯作为福利设施来对待的办法,已经不能适应形势发展的需要,进展也比较慢。必须进行积极的、稳妥的改革。

要建设和管理好城市,必须坚持以法治城。城市建设管理要立法,并做到有法必依,违法必究,以保持城市规划建设和管理的权威性和严肃性。

八、坚持社会主义方向,搞好两个文明建设

城市不仅是物质文明建设的基地,而且是精神文明建设的窗口,在城市这个大系统中,物质文明和精神文明建设一定要同步进行,互相促进。

　　小平同志在最近召开的党的代表会议上强调指出："不加强精神文明的建设，物质文明的建设也要受破坏、走弯路，光靠物质条件，我们的革命和建设都不可能胜利。"我们要建设现代化的、高度文明、高度民主的社会主义城市。我们为之奋斗，是因为社会主义能够比资本主义更快地发展生产力，并且能够消除资本主义国家的城市所产生的各种腐败和病态的社会现象。因此，进行物质文明建设，必须大力加强社会主义精神文明建设。

　　城市改革和开放，开创了城市经济持续稳定发展的新局面。但是，我们必须清醒地看到，在开放搞活的过程中，腐朽没落的资本主义、封建主义的思想影响依然存在，商品交换的原则可能侵入政治生活领域，我们必须引起高度重视，如果任其泛滥，就会危害我们的事业。因此，越是开放搞活，越要大力抓好精神文明建设，越要重视理论学习，越要加强思想政治工作，越要发挥党组织的战斗堡垒作用。教育一定要联系实际。对部分干部和群众中的思想问题，要经过调查研究，周密细致地进行有说服力的教育，切忌片面和武断。群众关心的实际问题，要据实进行解释，对不合理的要求及时进行纠正。

　　加强精神文明建设，必须坚持四项基本原则。我们在社会主义制度下实现四个现代化，理所当然地要坚持社会主义道路，要用马列主义、毛泽东思想作指导。如果不坚持四项基本原则，就会偏离社会主义的方向。

　　加强精神文明建设，要着眼于党风和社会风气的根本好转。进一步搞好整党，加强党的建设，是端正党风的关键。通过对党的思想、组织和作风的切实整顿，增强共产党员特别是党员领导干部的党性，加强党的纪律，健全党的组织生活，克服官僚主义，坚决纠正不正之风，争取实现党风的根本好转。

　　搞好精神文明建设，要做好新时期的思想政治工作。改革的时代，是党的思想政治工作大有作为的时代，改革中有大量的思想政治工作要做,有众多的思想认识问题等待我们去解决。在改革的新形势下,不但要加强党的思想政治工作,而且要改进党的思想政治工作,包括指导思想、工作内容、工作方法以及政工人员素质等,都要适应改革的需要,使思想政治工作结合改革进行,围绕经济建设这个中心,提高广大群众的思想政治觉悟,为"四化"建设服务。

伟大的理想是推动改革顺利进行的精神动力。建设具有中国特色的社会主义,要坚持做到有理想、有道德、有文化、有纪律。为理想而奋斗,要落实到本单位、本部门和个人为实现"四化"建功立业上来,通过改革,促进理想的实现。

加强精神文明建设,还必须实行综合治理。对严重犯罪活动的防范和打击,必须继续加强,对一些严重危害社会风气的腐败现象,要坚决制止和取缔。在继续从严打击刑事犯罪活动的同时,全面加强综合治理的各项措施。打击是必要的,但只打不防不行。只打击不教育也不行,要以预防犯罪为主,加强综合治理工作,达到减少犯罪的目的。在一切经济活动中,大力提倡良好的职业道德,树立企业信誉,实行文明经商,文明办厂,为人民服务,遵纪守法,勤劳致富,抵制各种不正之风,纠正"一切向钱看"的思想倾向,讲究社会效益。

提高服务质量,改善服务态度,也是精神文明建设的一项重要内容。解决服务质量和服务态度的问题关键在于教育。干部带头,各级领导带头搞好服务工作,群众就会跟着做。服务态度不够好,是多年形成的,不是一朝一夕就能奏效的,但是必须坚持不懈地抓下去。

在改革中需要进一步
研究和探索的问题 *

（1985 年 11 月 10 日）

我市进行经济体制综合改革试点，已经一年半了。去年，从"两通"突破，放开搞活，改革的声势比较大，取得了明显的成效。改革开放以后，需要逐步深入。对已经进行的改革，需要进行总结，兴利除弊，补充、完善改革的措施，初步理顺各方面的关系，使改革的步子迈得稳一些。同时，在巩固已有成果的基础上，要逐步扩大，不断把改革推向前进。基于这种思想，今年的改革，主要是发展有计划的商品经济，以发挥城市多功能作用为主题，在继续搞好"两通"的基础上，搞活大中型企业和发展第三产业。坚持宏观控制与微观搞活相结合，进行工资和物价改革，组织城乡通开、城城通开，巩固和扩大了去年改革的成果。明年的改革如何搞？这是个需要认真研究的课题。武汉是综合改革试点城市，按照中央关于改革的有关精神，应该先行一步。

一、宏观控制与微观搞活的结合问题。在经济体制从旧模式向新模式的转变中，两种体制的宏观控制功能开始是并存的。随着改革的深入，新模式的宏观控制功能按照新的机制进行运转。在两种功能转换的过程中，原有的制度破除了，新的制度建立后往往不一定都完善，有时会出现脱节的现象，使经济生活不那么协调。如何使这种不协调的现象减少到最低程度，是需要

---

* 这是吴官正同志在武汉市委扩大会议上讲话的一部分。

认真研究的。原有的经济体制进行宏观控制,是以生产为起点(即社会需要服从生产),主要靠指令性计划和行政手段进行调节;而新体制进行宏观控制则以满足人民物质文化生活需要为起点,发挥消费对生产的推动作用,主要靠经济手段进行调节,宏观控制的起点和主要手段发生了变化。因此,有些企业和企业主管部门、经济杠杆部门反映出"三个不适应",即在减少了指令性计划和行政手段调节的情况下,有的企业不大适应市场竞争,往往处于被动的境地;有的企业主管部门不大适应间接控制,感到没有权,说话不灵,总想把下放给企业的权收回一点,掌握在自己手上;有的经济杠杆部门不大适应协调、配套,综合发挥杠杆作用,横向联系不够,没有形成一个有机的控制体系。宏观控制功能的转变,要求企业、企业主管部门和经济杠杆部门都要研究如何适应这种变化,逐步完善宏观控制体系。

明年的宏观控制,主要是控制好基建规模、信贷资金和消费基金的增长。基建规模控制的重点是预算外投资,这个关一定要把住。信贷规模控制的重点,是经济效益不好的企业的流动资金贷款。要研究适当的政策,调动企业利用自有资金进行技术改造和发展生产的积极性。消费资金控制的重点对象是企业,内容是要严格控制政策和管理无法控制的渠道大量渗漏工资性支出,对未列入控制范围的也要管好。特别是在年底,要注意控制工资性支出的不合理增长,设法引导工资性现金支出更多地转为储蓄,扩大劳务消费领域,减少对商品市场的压力。计划、财政、银行、审计等部门,都要认真研究这些问题。没有宏观上的必要控制和由此创造的稳定局面,微观经济的活力就缺乏大前提,"活"是不能持久的。微观搞"活"要以不影响宏观控制为界限,宏观控制要以不影响微观搞活为边际。只管不"活",或者只"活"不管,都不符合有计划的商品经济发展的要求。改革试点,就是要寻求宏观控制和微观搞活的最佳结合点。

在逐步完善间接控制体系的过程中,政府管理经济的职能范围和管理方式也发生了变化。要根据这种变化,对政府经济管理部门的组织机构进行相应的调整和改革,要研究制定切实可行的方案,逐步付诸实施。同时加强监督性管理部门,建立和健全经济监察机构,加强经济立法和经济司法。

要在搞活企业上下功夫,企业真正活起来,我们才有希望,这是改革的出发点和落脚点。科技、教育和农村的改革,还要加快步伐。

二、改革企业分配制度。搞活企业的重要措施之一,是要搞活企业工资分配办法。目前,在一些实行工资总额与上交利税挂钩的试点企业的实践中看出,这个办法也有些弊病。第二步利改税设计的税种,有相当一部分与企业经济效益的好坏、劳动量的多少没有内在的必然联系。在价格体系没有完全理顺的情况下,行业间的利润率差别很大。实行工资总额与上交税利挂钩的办法,可能产生行业之间工资水平的不合理差别。企业工资改革,有人主张采取工资总额与税后销售净产值挂钩;也有人主张工资增长与企业的纳税能力挂钩(这是匈牙利的办法),究竟采取什么办法好,请姜兆基同志牵头,经委、财政、税务、劳动等部门的同志来研究这个问题,结合武汉的实际情况,搞个比较合理的办法。今后增加企业职工工资,主要是靠降低物化劳动消耗,这可能是一条新路子。武汉市预算内国营工业企业的总成本,1月至9月为38.9亿元,如果按物耗占75%计算,降低1%,3890万元的效益就出来了,既不需要增加投资搞基建,又不需要增加人扩大劳动规模,还有钱增加工资,一举数得。无论是加强企业管理,还是搞技术改造,都要围绕提高质量、降低物化劳动消耗做文章,要坚持这个方向。总的讲,要认真研究企业的工资改革,摸索一条切合实际的、比较合理的路子,拉开企业内部分配的差距,行业之间的收入差距不宜拉得过大。

三、逐步形成和完善市场体系问题。形成和完善市场体系，有三点必须把握住。第一，要根据市场需求变化趋势调整产品结构，使企业能够适应市场的变化，有大量适销的产品进入市场。这样不仅可以缩短产品变成商品的过程，减少仓租利息，而且可以使市场活跃，商品丰富多彩。消费者能够买到自己所需要的东西，整个市场就平稳。元旦春节期间，工厂要多生产适销对路的产品投放市场，商业部门要大量组织货源（包括采取召开各种展销会的形式），满足人们的消费需求。第二，要发挥国营商业的主渠道作用。市场放开后，投机经营者也会乘虚而入，从中牟利，甚至可能出现中间经营环节利润膨胀的情况，相应造成物价上涨。在这种情况下，既要加强管理，又要发挥国营商业的主渠道作用，参与市场调节，吞吐调剂，平抑物价。要防止国营商业企业撤销网点，改营他业。已经转向的，要立即恢复过来。必须明确，社会主义经济是公有制基础上的有计划的商品经济，社会主义市场是国家计划指导下的市场，国家对市场要进行调节。国营商业作为人民利益的代表，要按照宏观平衡的要求，积极参与市场调节。要掌握货源，适时灵活投放。蔬菜市场放开后，国营菜场的销售量一般占 40%～50%，只要国营菜场有菜卖，集贸市场的菜价就涨不起来。对国营、集体、个体经营，要在税收、价格、工商管理政策等方面一视同仁，使他们处在大体差不多的起跑线上展开竞争。第三，搞好物价改革。逐步形成和完善市场体系的关键，是改革价格体系和价格管理制度。市场上的商品无一不与价格有关，搞好价格改革至关重要。明年的物价总水平要保持基本稳定。对工业生产资料双重价格的矛盾要进行研究，并积极探索解决这个矛盾的途径。同时对计划价格、浮动价格、自由价格对市场的作用，三种价格之间的影响也要研究，不断积累经验。物价和工商行政管理部门，要加强物价管理，严格物价纪律，所有商品都应该明码实价，一货一价，以便于群众监督。

四、加强对个体户的管理。在社会主义制度下,个体经济是和公有制相联系的,不同于资本主义私有制下的个体经济。它对于发展生产、方便人民生活、扩大劳动就业具有不可替代的作用,是社会主义经济必要的、有益的补充。这些作用我们在实践中已看到了。但是,当前对个体户的管理、引导还不够,偷税漏税,短秤掺假、抬级抬价等现象都存在,因此群众有意见,这是可以理解的。如何加强对个体户的管理,引导其沿着正确的轨道健康地发展,是我们应该做好的一篇文章。我想至少要研究这么几个问题:第一,对个体经济的发展如何做到有计划、有步骤地进行,与人民生活需要,与城市设施建设,与国民经济的发展相适应。这一条搞好了,就能够使个体经济的分布按照人民群众的需要而趋于合理。不至于出现拥挤在某一地段,影响市容、交通的现象。第二,要建立账目,通过掌握数据进行管理。现在个体户中不按实际营业额纳税,凭个人报,纳"良心"税,税务人员又不好检查,报多少收多少,偷税漏税的多。当然,建账工作难度大,一些个体户不愿建账。正因为如此,所以非下决心搞起来不可。第三,经济杠杆部门要调节经济的发展。要区别不同行业、不同的收入水平确定税率,需要发展的行业税率可适当低一些,需要限制的行业税率可适当高一些,从政策上鼓励个体劳动者劳动致富。价格上也应该这样。究竟如何搞,杠杆部门可以研究。第四,加强对个体经济的综合管理。对个体经济的管理,应以工商部门为主,税务等有关部门参加。仅仅依靠某一个部门管,效果不可能好。对个体经济要进行综合管理,工商、税务、公安、市容、环卫等部门,都应该从全局出发,互相配合,共同管好。第五,加强管理队伍的建设。目前管理队伍力量不足,有的一人管几百户,情况摸不清楚,要适当充实人员,合理划分管理的人数。同时要提高管理人员的政治素质和业务素质,使他们胜任本职工作。

五、思想政治工作问题。经济体制的全面改革，给经济生活、社会生活以及人们的思想方式、工作方式带来了一系列变化，出现了许多新情况、新问题，需要我们去宣传教育群众。加强社会主义精神文明建设，加强思想政治工作，是各级党组织的突出任务。我们搞行政工作的同志，当主任的、局长的、区长的、县长的、厂长的，都要做思想政治工作。首先，行政干部、业务干部自己要学习马克思主义理论，了解情况，解决思想问题。不要以为思想政治工作只是党委书记的事，搞行政、业务工作的同志，也要把做思想政治工作当作自己的一项任务。第二，做政府工作、行政工作的同志，要关心、支持党委的工作、纪委的工作、工会的工作，形成尊重政工干部、尊重政治工作的风气，切实维护党的思想政治工作部门的权威。武汉的改革之所以有成绩，是与这方面的工作分不开的。第三，今年年底以前，行政干部要抽出一定时间，去和工人群众对话，直接地、理直气壮地做好群众的思想政治工作。

推进社会治安综合治理*

（1985 年 12 月 26 日）

加强思想政治工作，深化理想、纪律、法制教育

加强思想政治工作，深化理想、纪律、法制教育，这是从根本上加强综合治理工作。首先要在近期抓好形势、政策教育和普及法律常识教育。从市委、市政府领导到各级领导干部，都要深入工厂、农村、学校、医院、商店等基层单位，同群众直接见面，紧密联系实际，宣讲大好形势和党的现行政策，就群众关心的问题，据实讲解，并逐步把直接同群众见面形成制度。要围绕市委的中心工作，紧密结合改革，有计划、有步骤地对全市干部、群众进行党风党纪教育、法制宣传教育和职业道德教育，组织干部、党员和职工群众，学习马克思主义理论，提高思想政治觉悟，引导干部、群众正确认识人生的意义，以及个人和社会、权利和义务、革新和传统、理想和现实等一系列相互关系，自觉坚持四项基本原则，致力于振兴中华和现代化建设事业。

普及法律常识教育要从现在起抓紧进行，做到理论联系实际，学法、守法、执法和护法。现在同志们说文盲多，恐怕法盲更多。有些人犯了法，不知道是怎么回事，不知道应该受到法律的

---

* 这是吴官正同志在武汉市社会治安综合治理经验交流会议上的讲话。

处罚。我们普及法律常识教育，就是要提高全民的遵纪守法观念。首先是我们领导干部、共产党员，要带头学法、懂法，"在宪法和法律的范围内活动"，学会运用法律手段管理经济工作和本职工作。这个问题是很重要的，我觉得共产党员过组织生活，有时也应当有针对性地学学法律、法令，上上法律常识课。普及法律常识的另一个重点是青少年，特别是学生。武汉市的大中学生有 120 万，小学生更多。要从小学低年级起，就对学生进行法制观念的启蒙教育，小学高年级和中学、大学都要开设不同层次的法制教育课，并把法制教育与理想前途教育、道德品质教育结合起来，逐步做到制度化、经常化，使青少年明确遵守什么、提倡什么、反对什么、禁止什么，把他们培养成有理想、有道德、有文化、有纪律的一代新人。特别应该强调的是，各级党组织要认真做好对有轻微违法犯罪行为的青少年的帮教工作，逐一建立、健全帮教组织，制定帮教计划，落实帮教措施，搞好家庭、学校、单位、社会几个方面的衔接配合。帮教对象所在单位，每个月都要对帮教工作进行一次考核、评比，并作为思想政治工作的一项制度。对无业的帮教对象和"两劳"放回人员，要通过多种渠道，帮助他们解决就业和生活出路问题，让他们通过劳动来生活，鼓励他们弃旧图新。对在劳教期间悔改表现好的，建议劳教部门提前解除劳教，以体现党的从宽政策。通过上述工作从根本上减少犯罪，从根本上加强综合治理工作。

落实群防群治措施

在综合治理工作中，必须坚持实行专门机关与群众路线相结合的方针。我们讲的专门机关，就是政法公安机关，他们在严厉打击严重刑事犯罪分子方面，在发挥政法机关职能方面，作用是不可低估的。根据中央和省、市委部署，春节前要打第二战役第五仗,明年还要研究部署第三战役。我们一定要发挥专门机关的职能作用,严厉打击严重刑事犯罪分子和严重经济犯罪分子,特别是对那些杀人、抢劫、强奸、流氓、爆炸等严重危害公共安全、人身安全和社会秩序的犯罪活动和重大盗窃、诈骗活动,要及时准确、从重从快地打击。鉴于当前赌博严重危害社会治安,最近市委、市政府专门发了文件,市人大讨论作了决定,要从现在起到春节前后,集中开展查禁赌博活动。各部门、各单位要结合实际情况认真组织落实,并大张旗鼓地向广大干部、群众进行宣传教育,务必刹住这股歪风。尔后还要注意抓巩固。以往的实践证明,搞综合治理光靠专门机关是难以奏效的,还必须依靠各方面的力量,特别是发动依靠人民群众,落实群防、群治的各项措施,打好总体战。宣传部门要围绕争取党风、社会风气和社会治安根本好转这个目标,对群众进行有成效的宣传。各级工、农、青、妇组织,要动员全市职工、农民以及妇女、青少年和民兵,在综合治理工作中作出贡献。各级文化部门,也要重视综合治理工作,要加强对文化市场的管理,要创造更多、更好的精神产品,丰富群众的文化生活。各级教育部门,要做好学生的思想教育工作。对"双差生",家长要配合学校动员他们回校学习,不要歧视他们。老师要像医生对待病人那样,像家长对待自己的小孩那样,加强对他们的思想教育。要减轻学生负担,让他们多参加有益的社会活动。各个部门都要关心下一代的健康成长。至于群防、群治,一年来,各区、县已经总结出了很好的经验,比如在城乡实行的治安承包责任制,实践证明,它是经济体制改革的必然产物,是动员和组织广大群众参加群防、群治的好形式,一定要在现有基础上,在全市范围内普遍推行。所有机关、学校和企业单位,都要密切结合生产、工作、科研和教学,建立、健全严格的治安安全管理责任制,要求层层确定安全主管负责人和安全直接责任人。要充分发挥工纠队、治安联防队、民调组织的作用,发挥群防、群治的威力。还要发挥左邻右舍的团结互助作用。哪家发生矛盾,左邻右舍的老太太们主动上门规劝,邻里之间要讲宽厚,不要什么事情都争输赢。现在有的吵架动不动就行凶,杀人、伤害的案件不断发生。宿舍楼房一个单元住十几户,你能不能十几户搞个组织!大家团结友爱,争做"五好"。如果哪一家闹矛盾,大家都出来调解,不要坐等哪个调解组织来调解。等调解组织知道信息后,可能你这里已经打起来了或者打过了。

要把综合治理工作落实到基层

基层是综合治理的第一道防线,基层工作抓好了,综合治理就落实了,社会治安的根本好转就实现了。所以,我们要把立足点放在基层,把综合治理工作落实到每一个机关、学校、厂矿、企业、街道和乡村。我们各个方面要关心一下政法部门,也要关心一下保卫部门,这些部门的同志是无名英雄。工厂、企业保卫部门的工作搞得也很好,他们很会做工作,但企业评比表彰往往没有他们的名次。所以要关心他们,这是基层建设很重要的一个方面。

开展建设文明单位、共建、共治活动,是基层基础工作的一项重要任务,也是把综合治理落实到基层的有效措施。我们的居委会、治保会、村委会、调解委员会等基层组织,要发动群众,通过制定、实施居民公约、乡规民约和开展"五好"门栋、"五好"家庭等活动,在全市每个角落都形成一个争文明、创"五好"的良好社会风气。今天县里的同志都来了,请你们引起注意,当前农村的赌风不小,宗族房头情绪也在抬头,这个村姓吴,那个村姓张,有时为点小事打起来。农村治安很重要,它和城市治安互相影响,密切相关。现在市内抓的违法犯罪分子有相当一部分是农村来的人,请县里的同志下大功夫,进一步抓好农村治安。还应该强调的是,各级领导要切实转变作风,深入基层,服务基层,调查研究,及时了解新情况,解决新问题,帮助基层解决实际问题,并把一、两个基层单位作为工作联系点,进一步总结经验,推动全市社会治安综合治理工作的深入开展,努力实现我市党风、社会风气和社会治安的根本好转。

加快老苏区建设 *

（1985 年 12 月 27 日）

一、对口扶持。怎样把城市优势和老苏区优势结合起来？对口扶持是一条成功的经验，可以说它是包干责任制在城乡结合上的运用和发展。其作用和意义，将随着城乡同步改革的深入发展充分地显示出来。它好就好在使扶苏工作制度化、经常化，把城市和农村紧紧联系在一起，把城乡之间的人、财、物有机地结合在一起，使城乡关系进入了一个新的发展阶段。大量的事实表明，通过对口扶持，扶持单位把建设老苏区当作了义不容辞的责任，把被扶持的单位当作了本部门、本单位的一个组成部分。被扶持的单位在获得援助后，艰苦奋斗，向内使劲，谁也不愿落后。同时，由于扶者、被扶者单位众多，互通信息，互有比较，因而扶苏工作出现了你追我赶的竞赛局面。市物资局、市蔬菜办对口扶持黄陂县塔尔区柿子乡，他们以改变该乡面貌，帮助其脱贫致富为己任，做到了"三专"、"三定"，即有专管领导，有专门班子，有专门制度；定期了解情况，定期召开会议，定期研究工作，使扶苏工作做得有声有色，促进了柿子乡的经济发展。该乡水、电、路和文、教、卫基础性建设以及产业结构调整，在短短的一年时间内，发生了很大变化。今年该乡人均收入超过了 300元，比去年增加近百元。这充分说明，对口扶持是行之有效的好办法。应坚持下去，推广开来。

　＊ 这是吴官正同志在武汉市扶苏工作会议上讲话的一部分。

二、综合服务。使老苏区脱贫致富是一项系统工程,而这一工作又是在发展商品经济的历史条件下进行的,综合服务就显得特别重要。今年,我市在采取对口扶持的同时,又规定了市属各综合部门对所有老苏区乡进行综合服务,帮助老苏区解决人财物、产供销、水电路、文教卫等方面的困难,促进老苏区物质文明和精神文明建设的协调发展。今年,通过综合服务,加上对口扶持,除了精神文明建设取得了很大成绩外,物质文明建设也取得很大成绩。据不完全统计,22个老苏区乡,1985年兴办二、三产业企业2600多个,扩建企业600多个,扶持林、牧、渔业专业户6000多户。此外,还修了简易公路250多公里,建桥30座,修建水利设施80多处,架设高压电线100多公里,打井423口,建敬老院23个。这一切,为老苏区经济的发展带来了生机,增添了活力,综合服务的效果是好的。其原因就在于把城市和老苏区各种积极因素结合在一起,起到了扬长避短、趋利避害的作用。这一条经验,在今后的工作中,要充分运用,使之发挥更大的威力。

三、扶本扶志。老苏区群众缺衣少食,帮助他们解决眼前的困苦是十分必要的,今冬明春仍要把这个问题解决好。但老苏区人民根本的长远的利益,则是在争取外援的同时,依靠自身的力量,增强"造血"功能,形成新的强大的生产力。今年部分村、组人均收入超过400元,一个很重要的原因就是扶持单位把重点放在扶本扶志这个关键上。"本"是什么?一是水、电、路。群众讲水是命,电是力,路是财,这是有道理的。二是自然资源的合理开发和利用,把潜在的自然优势变为经济优势。三是文、教、卫。高度的物质文明要求有与之相适应的精神文明。文化、教育、卫生落后的现状不改变,经济发展的速度也不会很快,扶起来了也不一定能巩固下去。如果扶了本,增强了老苏区自己的实力,今后不扶,其经济也会迅速发展。什么是志?一是老苏区的干部和群众坚信自己有改造好山河、建设好家园的雄心壮志。二是他们坚信自己能学会务工经商的本领,搞好"两个转化"。今年,不少单位在扶苏工作中始终把扶本扶志放在首位,因而成绩突出。新洲县旧街乡大理石贮量不少,但长期难以开发,加上其他各业也不兴旺,去年人均收入百元左右。今年,武汉钢铁公司在全面扶持的同时,重点帮助该乡开发大理石矿。由于设备比较先进,当年就初步受益,人均收入增加80多元,明年增长的幅度可能会更大。黄陂县有关部门、市有色金属公司和原市冶金公司,扶助黄陂县石门镇开发山水资源,加速了乡镇企业的发展,农民的收入有较大增加,个别村人均收入超过800元。

改革迈出勇敢的一步 *

（1986 年 3 月 10 日）

我市去年的改革，贯彻对内搞活经济，对外实行开放的方针，以建立充满生机与活力的社会主义经济体制，大力发展有计划的商品经济，充分发挥城市多功能作用为主题，进一步敞开三镇，请客进城，并主动出城，广泛发展横向经济联系。组织两个通开（城乡通开、城城通开），发展两域（江汉平原区域、长江流域）经济；在"两通"突破的同时，搞活企业，促进生产的发展，增强经济实力；在搞活商品市场的基础上，大力发展第三产业，增强城市吸引力、辐射力和综合服务能力；在综合运用经济杠杆，注重微观搞活的同时，改善宏观控制；注意改革的连续性，把握改革的整体性，使改革综合配套，向前推进，发展比较健康，效果比预料的好。

大力发展横向联系，促进商品经济的发展。开展横向联合是发挥城市功能的重要方面，是商品经济发展的客观要求。根据我市经济、社会发展战略和在全国所处的地位，确定了围绕城乡结合，服务全省，沟通华中，面向国内外，开展横向联合协作的"五个层次"的构想，企业及其主管部门纷纷走出厂门、城门，按照生产经营的需要，广泛开展横向经济联合；与兄弟城市一起成立了江汉平原经济技术协调会；发展同长江沿岸城市的联合；到青海、四川等省考察并商谈了协作和对口支援项目。一年来，工

＊ 这是吴官正同志所作武汉市政府工作报告的一部分。

业企业组织起来的联合体和协作网达 648 个,参加的企业有 2000 多个。市冶金系统的企业成建制地与武钢合并,发挥大企业资金、技术优势,带动地方冶金工业发展,起了积极作用。我市与全国各地签订协作项目 1900 多项,引进资金 16700 多万元,引进各种人才 2600 多人,聘请了一批国外的退休专家来汉工作。目前这种引进工作已由西德扩大到日本、美国、加拿大、英国。随着横向联系的发展,流通渠道进一步扩大。整顿和完善商品批发体系,搞活消费品市场,初步形成城乡结合的批发网络。逐步开辟生产资料市场,在开办金属材料、化工、机电、建材 4 个贸易中心和煤炭货栈的基础上,又开办了木材、汽车等 6 个生产资料市场,物资流通网络初步形成。继续扩展和完善技术市场,先后建立了 4 个综合和专业的技术交易市场;各郊县也都建立了技术商品经营机构,技术交易不断扩大。同时,积极开辟劳务市场,劳务招标、承包和各种有偿服务迅速发展。外地农建队有 12 万人在汉承包基本建设和维修任务,我市建筑和设计队伍也出城到 10 省 52 县、市和 4 个经济特区服务。努力开辟资金市场,试行企业内部和社会集资,促进了经济和社会发展。

狠抓搞活企业特别是大中型企业这个中心环节,大力发展第三产业,增强城市经济实力。在开放、竞争的新形势下,我市企业坚持眼睛向内,改善企业经营管理,推广全面质量管理、价值工程和目标成本等现代化管理方法,积极消化原材料涨价因素,降低消耗,提高质量,进行内部配套改革,调动了广大职工的积极性,一批企业增强了竞争能力,经济效益显著提高。钢板、螺杆制冷机等拳头产品和家用电器、塑料等优势行业已初步形成。产品辐射力增强,商品覆盖面扩大。企业进一步扩大了自主权,加快了技术改造步伐。不少企业引进国内外先进技术和设备,研制和开发新产品,生产能力明显提高。全市涌现一批改革势头好,活力比较强的企业。如大型企业武钢,运用国家赋予企业的自主权,抓紧企业内部的整顿和改革,大胆起用人才,积极消化引进技术,集中力量进行技术改造和设备能力配套,企业面貌发生了深刻变化。钢铁年产量创"双四百万吨"水平,钢材成材率在全国处于领先地位,14项产品获部优质奖,跨入了全国冶金系统的先进行列。

在搞活企业的同时,大力发展第三产业。商业、饮食、服务业等传统行业的服务范围扩大,服务内容增加,开拓了新的服务领域。信息、咨询等新兴服务行业正在兴起。农村第三产业发展迅速,为农民开辟了新的致富门路。交通体制改革有所突破,交通管理委员会实行委员制,对全行业进行管理;大力发展联营联运;组织港口和铁路专用线向社会开放;调整运输结构,组织铁路公路分流;提倡多层次、多形式、多渠道发展交通运输,促进了交通运输事业的发展。商业、交通和服务行业的税收达到30600万元,比上年增长1.62倍。

价格改革和工资改革迈出了重要的一步。遵照中央部署,在价格改革中坚持"放调结合,小步前进"的方针,走一步,看一步。在1984年放开鱼价、蔬菜价之后,1985年又放开了猪肉购销价,调整了农村粮食购销价格、蛋品和部分产品价格,提高了铁路短途运输价格。在物价改革中,考虑到市财政的负担能力、企业的消化能力和群众的承受能力,注意控制价格总水平。坚持既放又管,放管结合,切实加强管理和指导,全市物价指数控制在中央和省规定幅度以内。对关系国计民生,群众生活必需的粮、油、煤等和市场上紧俏商品,执行国家统一价格。对涉及面广、比较敏感、容易引起市场波动的重要商品和非商品收费,调整价格时谨慎从事。对价格上升幅度较大的品种实行限价出售,或高进平出,倒挂补贴。价格已经放开的商品,供求平衡的实行市场调节,供大于求的自行定价,供不应求的实行指导性参考价。建立了专业与义务相结合的物价管理队伍,颁布了加强市场物价管理的暂行规定,经常进行物价检查。同时注意发挥国营商业的主渠道作用,坚持"一物放开,多物准备",掌握货源,吞吐调剂,平抑物价。价格调整促进了商品生产的发展。在生产发展的基础上,人民收入随之增加。城市居民家庭人平收入的增长幅度超过了物价上涨幅度。1985年城市居民家庭人平月生活费收入达60元5角3分,比上年增长20.6%,扣除物价上涨因素,增长8.6%。对收入较低的居民家庭和社会供养人员增加了困难补助和救济经费,调整了保健食品标准,使这一部分人的生活费有所增长。从全市看,物价改革的进展是顺利的,情况是正常的,取得的效果是明显的,价格体系正在朝着逐步理顺的方向前进。在改革物价的同时,进行了工资改革。从去年下半年起,国家机关和事业单位开始实行新的工资制度,劳酬脱节、职级不符的状况将逐步得到改善。企业工资制度改革试点工作也正在进行。

加强间接控制,促进宏观管理与微观搞活相结合。去年,我们对经济工作的管理,通过运用经济手段、法律手段,并采取必要的行政手段,调节经济运行,在改善宏观控制方面作了积极努力。建立了综合运用经济杠杆的协调机制,每月召开一次经济活动分析会,对全市的宏观控制和微观搞活问题进行综合分析,寻找共同的着力点,发挥经济杠杆的调节作用,使全市经济活动既不超出宏观控制的范围,又能在立足现有条件的基础上进一步搞活。在控制固定资产投资规模方面,实行首长负责制,停批新项目,采取投资包干等措施,腾出资金确保重点工程建设。在信贷方面,严格按照指令性指标,调整贷款结构,组织银行同业拆借,提高了信贷资金的使用效益,基本达到了管住、管好的要求。在外汇使用方面,严格审批用汇指标,取消了一批不具备条件、超过外汇承受能力的项目,缓解了外汇紧张状况。在消费基金方面,实行总额控制,建立专户,切块下达,灵活调剂,区别对待,不搞"一刀切",并加强审计监督,将消费基金的增长控制在合理的幅度内。在财政税收方面,对创利高,留利少的大中型企业减征调节税,提高固定资产折旧率,为企业搞活创造外部条件。对生产次劣产品的企业,则限制电力、燃料、材料的供应,或令其停产整顿,促进了产品结构的调整。颁发了46件经济法规和规章,对改善宏观管理起到了较好作用。在逐步建立间接控制体系的同时,试行政企职责分开,转变政府管理经济的职能。市商委建立后,减少了管理层次,割断了与企业的直接经济联系,加强了对全市社会商业和市场的管理。市机械工业管理局由管企业转向管行业,由主管转向统管,由管微观转向管宏观,取得初步成效。市一轻局率先改革局属行政公司,减少管理层次,增强了企业的活力。

进一步调整农村产业结构,促进农村商品生产发展。我市郊县按照"服务城市,富裕农村,活跃市场,方便群众"的方针,从实际出发,坚持一种、二养、三加工,有计划地退田还湖、退耕还林,在粮食、棉花种植面积有所减少的情况下,林果、渔业等多种经营面积有较大幅度增长,养殖业、畜牧业大有发展,农业内部重大比例关系趋向协调。第二、三产业进展较大,开始形成农林牧副渔全面发展、农工商运建综合经营的新格局。

科技、教育体制改革有了新的进展。重点改革科技拨款制度,实行有偿使用,开拓技术市场,实行科研与生产联合,强化了企业的技术吸收和开发能力。改革专业技术干部管理制度,建立城区科技发展基金及相应的管理程序。在教育体制改革方面,建立了新的教育领导管理体制,调动了各方面办学的积极性;进一步调整了中等教育结构,职业技术教育发展迅速,地方高等教育和成人教育改革取得了成效。

城区改革步伐加快。随着经济体制改革的深入发展,下放了财权,建立了区一级财政体制。扩大了区对零售商业的管理和增辟网点的权限,下放了部分城市建设管理权,初步建立了市区两级负责制。进一步调动了城区政府建设城市、管理城市的积极性,促进了精神文明建设和区、街经济的发展。

要做好职工的思想政治工作[*]

（1986 年 4 月 6 日）

一、要讲清楚这几年职工收入，确有大的增长。国家为改善群众生活已尽了最大的努力。而企业对国家、个人对企业的贡献，是否与生活的增长同步呢？现在的问题是，政策允许发的钱，企业发不出来，原因就在你贡献少了。我们的政治思想工作，要理直气壮地向群众讲清楚，要强调艰苦奋斗。

二、要讲清楚职工当家作主，发挥主人翁的作用，还是要搞"两参一改三结合"。我们的分配原则是各尽所能，按劳分配，可是有些职工有雇佣观念，按酬付劳。我们还是要各尽所能，按劳取酬。

三、要讲清楚产品质量是企业的生命线。质量问题关系到企业的发展。有的企业不就是因产品质量不合格，倒了牌子吗？如果质量上不去，不要说企业不能发展，就是职工的奖金都发不出来。

四、要讲清楚搞活企业必须向内使劲，不能认为只有国家让利让税才能搞活企业，这是不现实的。企业不但要自负其"盈"，也要自负其"亏"。亏了，干部职工要承担经济损失；效益好，干部职工工资、奖金就高。今后吃"太平饭"不行了。

五、要讲清楚在改革中必须加强思想政治工作。要坚持改革，把改革放在首位。并不是每项改革措施都能给每个社会成员带来"立竿见影"的好处，有时还需我们作出牺牲。个人利益必须服从国家利益，眼前利益必须服从长远利益。

※ 这是吴官正同志在武汉市区县局负责干部会议上讲话的一部分。

要提高人民群众的素质[*]

（1986 年 7 月 26 日）

　　社会治安综合治理是一项教育人、挽救人、改造人的社会系统工程。要把全市的社会治安、社会风气搞好，核心问题是提高人民群众的素质。目前存在的一些问题，反映出人们的素质不太高。我们市的服务态度不太好，恐怕在全国有点"名气"。有些人骂人的"水平"是很高的。有次我看见两个老太婆吵架，互骂了十几分钟，没有一句重复的话。大家对清洁卫生都不满意，又不把自己管住。现在市面上西瓜很多，有的人吃了西瓜，瓜皮乱扔，有的打在过路行人身上，有关部门也不及时清理。还有的把蛋糕从车上往地下丢，也没有人管。武汉有些人爱赌狠，火气特别大，动不动就打架，打起来看的人多，管的人少。加上现在流动人口比过去大大增加，这些人也有个素质问题。要达到综合治理的工作目标，教育是关键，核心问题是提高人们的素质。

第一是加强教育

　　就教育内容而言，第一层次是理想教育。中央提出"四有"教育，首先是理想教育，要大力抓，宣传、教育、工、青、妇等各个部门都要抓。没有理想，就没有精神支柱。我有一次在国外，人

---

　　* 这是吴官正同志在武汉市社会治安综合治理委员会全体委员会议上的讲话。

家问：你们不信毛泽东思想，不信马克思主义，也不信宗教，那么大的国家怎么管好？我说：我们怎么什么都不信呢？我们仍然坚信马列主义，坚信毛泽东思想。我们是社会主义国家，不提倡信教，我们坚信马克思主义，要坚持四项基本原则，要有理想，有道德，有文化，有纪律。我们这么大的国家，这么大的城市，如果没有这个精神支柱，是什么事也搞不好的。第二个层次是道德教育。当前特别要强调职业道德教育，各行各业，各个部门都要改进服务态度，提高服务质量。有的商业部门，顾客去买东西，看了不要就不高兴，甚至还把人家骂一顿。有位人大代表到某百货商店买蚊帐，发现有点毛病，要求换一床，营业员不换，他就退了。过几天他再去买，营业员认出他了，说："不卖给你，上次你买了又退，我记得。"学校里也有个别老师不那么讲道德，有个小孩，学习成绩不大好，班主任对他不断施加压力。人家愿意学好，成绩也有进步，还是不原谅，结果这小孩受不了，拿刀子把自己刺了几刀。我们有的工厂、企业也是这样，有的领导只讲钱，不对自己的职工进行职业道德教育，那是搞不好的。第三层次是法制教育。现在很多人不懂法，包括有些政府工作人员，还是"以言代法"，"以权代法"。有个市场管理人员要罚一个卖猪肉的人的款，那个卖肉的拿刀冲出来说："你罚我的款，我马上放你的血。"这件事反映到公安局，有的干警讲，这个事我不能管，他还没有放你的血呀，只是威胁嘛。这里面也有个法制观念问题。因此，要提高干部和群众的政治素质、道德水平，增强法制观念，关键是要搞好教育。

第二是改进管理

我们现在是管理不严，要求不高，工作不实。我们定的制度的确不少，问题是管理不严，说得多，做得少。有的人喜欢护短，

173

喜欢说情,管理就自然严格不起来。有的人喜欢搞一阵风,做表面文章,开展一项活动,就贴个大标语,过后又忘得一干二净。还有个怪事,有些人提别人的意见嘴巴特别长,找自己的毛病就没有劲,这也是管理上的通病。有些问题,这个部门推给那个部门,那个部门推给这个部门,互相踢皮球,谁也不负责,这种情况多的是。有句老话叫"各人自扫门前雪,休管他人瓦上霜"。现在有些人自己门前的雪不扫,却要指责别人的瓦上霜。如果都推卸自己的责任,专找别人的毛病,那就没有希望了。

综合治理是全党全社会的事,如果不从教育入手,不加强管理,我看是搞不好的。各行各业要各负其责,该你管的你首先管好,同时要支持协助其他部门的工作。我们武汉市穿国家发的各种工作制服的人不少,可不能"铁路警察各管一段",要互相支持,主动配合。工商部门管理市场不能光收钱,同时要管清洁卫生,也要管法制教育。交通民警除了指挥交通外,如果发现垃圾车上的垃圾满街飞,也应该管。公共汽车上有人骂人,大家都来说句话:"同志,不要骂人!"他就骂不起来了。我们打击刑事犯罪以来,抓的人不少,但是抓了一批又冒出来一批。各部门都要考虑一下这个问题,教育部门更应该认真考虑。老师要起表率作用,教育问题、管理问题,对教育部门来讲实在太重要了,应该从幼儿园抓起。提高人的素质不从教育方面加强不行,违法犯罪青少年中不少是逃学的学生。学生逃学,老师就去找家长,家长也很苦恼,可怜天下父母心,大多数父母见自己的小孩不学好,心里都着急。政法机关不但要依法处理人,还要教育人。有的小孩十几岁,参加违法犯罪团伙,但依法不能判刑,以基层为单位把他们集中起来,进行法制教育,帮助他们认识错误,家长也拥护,这是一件大好事。不得不抓的人要抓,但抓人只是一手,更重要的一手是教育和管理,就是全面推进综合治理。

第三是加强领导

各级领导同志,要像抓经济工作那样抓好党风,抓好精神文明建设,抓好社会治安综合治理。当领导的既要考虑经济效益,还要考虑社会效益。如果光考虑钱,那就把思想搞偏了,领导干部要以身作则,不要搞歪门邪道,要把自己应该管的事管好,管不好的要追究责任。综合治理要跟领导责任制挂上钩。比如一个学校、一个单位,发案那么多,犯罪率那么高,那里的领导就应该作检查。如果武汉市综合治理没有搞好,关键问题就在我们市政府的领导。各部门的问题,责任在各部门的领导。各级领导要以身作则,领导不管好自己,就无法去管别人。我们会开得不少,建议今后尽量少开,开了会,大家要认认真真查一下自己存在的问题,看看教育抓得怎样,管理抓得怎样,自己的责任感怎样。只有从自己做起,从自己单位做起,事情才能做好。武钢、石化为什么比较好,就因为他们抓得比较严,凡事要求比较严。教育抓得紧的单位,工作就比较好。大家要重视思想政治工作,包括行政干部要注意抓思想政治工作。党委要抓,搞业务的同志也要抓,要给予必要的支持。希望报纸和广电部门注意发现、推广精神文明建设和综合治理的好典型,广泛树立正气,鼓舞信心。同时抓到坏的典型,也要有一定声势,使人们吸取教训。

勇于探索　推进改革[*]

（1986 年 8 月 7 日）

　　全面改革是实现社会主义现代化的必由之路。武汉是经济体制综合改革的试点城市,我们的改革不但不能停顿,而且要勇于探索,大胆创新。要在总结经验,认真做好"巩固、消化、补充、改善"工作的基础上,把改革从经济领域扩展到政治领域,使经济体制改革和政治体制改革紧密结合起来,并不断引向深入。今年以来,我市紧紧围绕搞活企业这个中心,在金融、价格、流通、交通、科技、教育、分配制度、企业管理体制等方面又进行了程度不同的改革,使经济、社会生活发生了新的变化。当前,要深入贯彻落实三十条,在进一步搞好金融、流通、生产资料、科技、教育等项改革,完善农村生产责任制的同时,着重搞好企业的内部配套改革、劳动制度的改革和政治体制的改革,迈出新的步伐。

　　一、进一步抓好企业内部配套改革。搞活企业是改革的中心环节。搞好企业内部配套改革,关键是在搞活上下功夫。今年以来,我们又制定了一些搞活企业的政策、措施,特别是最近颁布了三十条,发挥了很大作用。但是,从会议讨论的情况看,要真正搞好企业的内部配套改革,还需要做大量工作。

　　当前,搞好企业内部配套改革,应当把主要精力放在创造性地贯彻三十条上,放在向内使劲,挖掘潜力上。市里已经给了不

　　＊　这是吴官正同志在武汉市区县局领导干部会议上讲话的一部分。

少政策,开了不少口子,这是完全必要的。但不能把眼睛盯在让税、让利、开口子上,如果那样做,既不现实,也不利于企业提高素质,参与市场竞争。抓紧企业内部配套改革,是企业上水平、增效益的根本途径。

搞好企业内部配套改革,要以抓"两制"即推行经济责任制和厂长负责制为重点。前一段,企业在实行各种形式的经济责任制方面做了一些工作,但是还很不完善,不少单位流于形式,并没有真正打破大锅饭,真正做到奖勤罚懒。企业要从实际出发,探索各种经济承包办法,要把奖金与浮动工资、固定工资捆起来用,严格考核,拉开差距。除落实完善销售承包以外,还应大力推行质量承包、供应承包、技术改造承包、新产品设计承包以及扭亏增盈承包等等。企业的科室、干部也要建立严格的岗位责任制。

要进一步改革企业领导体制。全市国营企业年内都要普遍实行厂长负责制。只要把厂长选好了,就可以实行。已经实行了厂长负责制的企业,要逐步推行厂长任期目标责任制,使厂长既考虑当前利益,也注意增添后劲。

抓"两制"必须有管理机构改革和人事制度改革相配套。当前,企业内部"一线空、二线肿"的状况相当严重。企业要根据生产经营需要,合理设置机构,精简不必要的非生产人员,充实第一线,干部要能上能下,真正废除职务终身制。市委、市政府确定推行格里希治厂方案的四家企业,步子应迈大一点。企业经营方式改革也是一项重要内容。大企业根据需要,可以划小核算单位,实行分级分权经营。国营小型企业,要普遍推行租赁经营。市里的会已经开了,文件也发了,要认真抓落实。目前,在全市 172 户国营小型工业企业中,实行租赁经营的只有 6 户,占3.4%,必须加快步伐,坚定不移地把这项工作推开。思想工作要做细,账要算清,承包人要选准。"濒临破产,限期整顿"试点

177

也要扩大,摸索经验,为今后实施《企业破产法》做好准备。

各级主管部门要一个个地检查企业内部改革措施的落实情况,及时总结经验,研究问题,不断把改革引向深入。

二、慎重稳妥地实施劳动制度改革。国务院关于劳动制度改革的"四项规定"已经颁布,将从 10 月 1 日起开始实行。这是建国以来劳动制度的重大改革,是搞活企业的重要配套措施,是完全符合广大职工群众长远利益的。由于这项改革直接涉及全市所有企业和职工的切身利益,政策性强,敏感度高,因此,一定要充分准备,把工作做细致,做周全,确保"四个规定"的顺利实施。

一是做好宣传教育和培训骨干的工作。"四项规定"的出台,对人们的传统观念冲击很大,必然引起各种思想反应。各级党委要按照中央的宣传提纲,首先抓好党政干部的培训,武装好骨干。要广泛宣传劳动制度改革的目的、意义,使之家喻户晓,人人皆知。要针对"铁饭碗才是社会主义优越性"、"辞退待业是资本主义的一套"、"固定工保险、合同工无保障"等错误观念,做有说服力的宣传解释工作,使广大职工统一思想,转好弯子。八九两个月要搞好宣传教育,为出台扫清思想障碍。宣传要有连续性和持久性,根据不断反映出的思想认识问题,坚持不懈地做工作,哪里有问题就宣传到哪里,把思想政治工作贯穿到改革的全过程。

二是制定好切实可行的实施方案和细则。市劳动局根据国务院文件精神,已初步拟定了我市落实"四个规定"的实施细则,要尽快研究定下来。各区、县也要组织人员,调查研究,摸清情况,为正式实行做好准备。公安、法院、民政、银行、财政、工商等部门都要制定相应的实施办法。各经济主管部门、综合部门、群众团体组织,都要各司其职,切实履行自己的职责、权力。对于推诿、扯皮、不负责任、影响改革实施的,要追究部门领导人的责任。

三是严肃纪律,严格执行规定。对于"四个规定"及市里的实施细则,各部门、各企业要坚定不移地执行,不能有半点含糊。如辞退工人,一定要有留用观察期;统筹保险基金、退休基金一定要按市政府规定的比例上交;要严格清理和控制计划外用工,为劳动制度改革创造条件。要弘扬法制,严明党纪、政纪,严肃处理各种违法乱纪、破坏社会秩序的行为,保证改革顺利进行。

四是加强组织领导。各级党委、政府和各个部门,各个企业要切实加强领导,周密组织部署,实行行政首长负责制和分级管理。哪一级出了问题,就找哪一级行政领导。劳动部门要全力以赴,抓好具体实施工作。

三、积极探索政治体制改革。政治体制改革是全面改革的一项重要内容。小平同志最近指出:"今后五年内,中国要完成的城市经济体制改革,实际上是全面的体制改革,其中包括某些政治体制改革。"我们在改革经济体制的同时,也要在政治体制改革方面积极探索,大胆开拓,为建立高度民主、法制完备、富有效率的政治体制作出努力,为经济体制改革创造必要的条件。

政治体制改革是上层建筑领域的一场革命,复杂而艰巨。从思想观念到理论探讨,从制定措施到思想政治工作保证,都有大量工作要做。必须坚持积极稳妥的方针,主意拿准了再动手,看准一点改一点。当前要认真学习小平同志《党和国家领导制度的改革》重要文章,这是政治体制改革的纲领性文件,还要学习胡耀邦、邓小平等中央领导同志近来的一系列指示,加强调查研究,抓紧理论探讨,认清政治体制改革的性质、目的、内容,做好充分准备。

市委常委在研究当前政治体制改革时,提出了五个层次改革的意见,要采取积极慎重的态度,成熟一项改一项,抓好贯彻落实。一是市级领导机关要精简上层、充实基层、减少副职、转变职能。打算八月份,市直机关要继续动员机关干部包括部委领导干部、处级干部到企业、到基层去工作。二是机械工业管理局转变职能,实行全行业管理。把部分企业党的关系转到各区委的问题,要进一步酝酿,继续研究论证。三是在汉阳区进行综合改革试点,应抓紧制定方案,关键是明确城区政府职能。四是继续推进和完善二级行政性公司改革,尽快研究制定把公司现在担负的行政管理、社会管理职能向政府部门转移的办法。五是改革企业领导体制,结合贯彻即将颁发的三个条例,搞好党政分工,推行厂长负责制。这五个层次都要围绕搞活企业这个中心环节进行。

搞好政治体制改革,既要转变传统的观念,也需要广大干部和群众的支持。经济工作部成立以来,做了大量的工作,市委和工交战线的同志们是充分肯定的。市委决定撤销经济工作部以后,从部领导到全体干部都积极支持,投身改革,顾全大局,服从组织分配,愉快地奔赴新的工作岗位,这种精神状态是值得称道的。

进行政治体制改革,要强调统一步调,遵守纪律,切实按市委的统一部署进行。特别是机构改革十分复杂,市委将组织力量,认真调查研究,充分论证,制定出总体方案。对于这方面的改革,必须坚决反对自由主义,防止以讹传讹。有的同志说,"清谈误国、闲谈误事、乱谈生事",这是有道理的。各局党委和行政部门要按原来分工,坚守岗位,各司其责,做好局机关和所属企业的思想工作,搞好生产和各项工作。不要为不负责任的议论所干扰,也不能采取消极地"等着改"、放松自己工作的态度。

下　篇
城市改革与系统工程

概　　述

　　科学技术的发展,使许多认识社会、改造社会的科学方法相继出现,成为人们认识千差万别的客观事物的工具。一般系统论、信息论、控制论等系统方法就是新的科学方法谱系中的成员。

　　系统是世界存在的一种普遍形式。从人的思维到整个社会,从无机界到有机界,我们都可见到系统现象。系统不仅是物质存在的形式,而且也是人类社会存在的形式。一般系统论的主要目的是试图确立适用于系统的一般原则,运用整体性、等级层次级、目的性等概念,找出适用于所研究系统或子系统的模式、原则和规律。系统的本质是整体与部分的统一。部分只有在整体中才体现它的意义,离开了整体,部分就失去了整体中的部分的意义。同样地,整体也不能脱离部分而存在。系统论作为一种方法,是以对系统的基本认识为依据,用以指导人们研究和处理科学技术问题及社会问题的一种科学方法。系统方法把研究对象如实地当作一个整体来对待,并且着重研究该系统的整体功能,从物质、能量、信息等方面认识和控制系统,使系统达到人们预先确定的最佳状态。系统方法把综合作为出发点和归宿,把分析与综合贯穿于过程的始终。它通过摆明问题、目标选择、系统综合、系统分析、系统选择,为确定目标提供可靠的依据。运用系统方法解决问题,要先从整体出发,进行综合比较,形成可行的系统方案,然后再系统分析系统中各要素之间的相互关系,建立模型,进行系统选择,重新综合成整体。

系统方法为科学研究和城市改革整体化提供了新的思路，它克服了把研究对象仅仅分割成各个部分来处理的传统研究方法的制约，它从整体出发，研究其组成、结构体系及其相互关系，并从整体与部分的联系中，揭示整个系统运行的特点与规律。系统方法在确定目标和拟定规划方案中可以发挥重要作用。这个作用主要是通过系统分析来体现的。系统分析是以系统的整体性为对象，把事物当作一个整体来对待，这样可以避免片面性和局限性，实现整体的优化，达到预期的目的。

世界上的任何事物都不是孤立存在的，总是处在一定的环境中，总要与周围环境发生相互作用，产生信息。信息和信息过程存在于一切种类和一切形态的物质运动之中。信息论是研究信息传递、信息处理和信息量的计算的一门学科。信息论的主要任务是研究存在于通讯和控制系统中的信息传递的共同规律，以及如何提高信息传输系统的有效性和可靠性。信息论方法的主要功能，在于通过运用信息的概念分析处理问题，这样做，可以撇开研究对象的物质和能量的具体形态，把系统的运动过程抽象为一个信息变换过程，从系统对信息的接收和转换过程来研究系统的特性，并通过揭示其信息特性来把握它的本质和规律。由于信息可以被传输、储存，所以信息不仅能够表明事物现时的存在，而且可以表明事物过去的存在，还可以通过对过去的信息、现时的信息的分析研究，预测事物未来的发展趋势。正因为如此，人们把信息方法用于反映机器、生物有机体和社会同系统的物质运动形态之间的信息联系；用于揭示事物的规律性，对于难以理解的现象作出科学的说明，并且把它作为最优解决系统的规则、管理、控制等问题的有效工具。

控制论是把本来属于动物的目的性行为赋予机器，将动物和机器的可以控制、调节的某些机制加以同构类比，抓住其共同的特征,从理论的高度加以综合,形成具有普遍意义的一门新学科。控制论的任务,是用同构类比的方法寻找不同系统通讯和控制所共有的特征,揭示机器、生命机体和人类社会这些性质极不相同的系统所共有的一般规律,从而为人们提出假说、建立理论提供客观依据,帮助人们应用控制论的原理解决实际问题,最终达到对不同系统的过程实现控制的目的。控制论方法包括功能模拟方法、黑箱方法、反馈控制方法等,而反馈控制是控制论方法的核心,它可以通过一次又一次的选择,把某种有限的控制能力累积起来,扩大系统的自调能力,起到对外界干扰的影响加以修正的作用。因此,其用途极为广泛。

一般系统论、信息论、控制论是紧密联系在一起的,它们都是当代系统科学的重要内容。人类是生活在系统之中的,既要靠各种自然系统和社会系统维持生存,又要不断形成各种新的系统,适应人类发展的需要。无论是维持人类生存的系统,还是创造人类发展需要的新系统,都离不开信息。信息是系统实现平衡、稳定和发展变化的重要依据。系统具有某些不确定性。由于条件不同,系统必然以多种不同的方式存在,处于不同的状态之中。系统往往受内部和外部各种因素的影响,不能稳定地保持或达到所需要的状态。要使系统稳定地保持和达到所需要的某种状态,必须要对系统进行控制,以克服出现的不确定性。可见,控制论方法又是实现系统平衡、稳定的重要手段。而控制又需要信息反馈。反馈就是一个系统或一个过程输出端的信息,一部分反送回输入端,将已施行作用的效果作为决定修改下一步控制作用的依据。没有信息反馈,控制是盲目的。系统论、信息论、控制论等系统方法紧密联系、相互依存,构成了认识事物、研究事物、改造客观世界的新的科学方法。

随着新技术革命的兴起,交叉学科、边缘学科、横断学科、综合学科的不断涌现,自然科学与社会科学的界限变得越来越模糊,科学的发展出现了渗透、融合的趋势。这是因为,科学本身就是一个内在的统一体。自然科学和社会科学的相互渗透、融合,是科学发展的内在要求和重要途径。物质世界本来是一个统一的整体,社会实践中又出现了许多新的复杂的综合性的问题和现象,解决这些问题,认识和解释这些现象,单个的学科是难以胜任的,需要综合运用自然科学和社会科学的知识和方法,使人们更为准确地认识和把握复杂的社会现象,采取正确的方法解决问题。

把系统方法、信息论、控制论的原理运用于城市改革的尝试,是顺应科学方法应该运用于社会实践,与社会实践相结合的趋势的,是科学发展和改革实践的需要。城市改革是一个巨大的社会系统工程,是一个整体。在这个巨大的社会系统工程中,包含着许许多多的子系统、微型系统。城市改革这个大系统,主要由经济管理系统和政治系统所组成。城市改革的进程如何,是由经济管理体制改革和政治体制改革所决定的。改革城市经济管理体制,发展到一定的程度,必然要求政治体制作相应的改革。政治体制不相应地改革,经济管理体制改革就难以深入下去。在城市经济管理体制这个系统中,又有城市国民经济计划系统、财政系统、金融系统、物价系统、流通系统、工业管理系统、交通管理系统、农业管理系统等许多系统。这些系统运行如何,直接影响着城市经济管理体制这个系统的运行。城市改革,涉及许许多多的子系统和微型系统。如物价改革,涉及许多领域和方面,引起社会各个方面、各个阶层的关注。稍有不慎,就会使人们承受不了,产生摇晃,以致影响改革的进程。在城市改革的过程中,各个系统、子系统、微型系统之间会发生作用,随机性会增加,不确定的程度会增大。如何在动态变化的过程中,实现城市改革这个巨大社会系统工程的动态平衡、整体优化、达到预期的目标? 系统论提供了方法和技术手段。它可以使我们从系统的角度研究、考虑、设计、实施城市改革方案,并通过改革过程中的信息反馈,排除各种干扰因素,按照系统这个整体目标的需要,控制和纠正各个系统的运行偏差,实现动态平衡,达到改革的目的。

系统工程的基本观点和基本方法

一、系统工程的基本观点

以系统的视野来看，系统无处不存在。系统由不同元素组成。系统中的元素可相互作用，也可与环境相互作用，并且有等级层次性。分析这些相互作用和恰当地划分层次，是系统工程的主要任务。

（一）基本观点

系统是互相作用的诸要素的复合体。系统论既反映了整体与部分、整体与层次、整体与结构、整体与环境的辩证关系，同时也反映了客观事物的整体性。

譬如人体，有消化系统、循环系统、神经系统，每一个系统上都有一个比它更大的系统，跟它并列的还有其他若干系统，没有一个系统是能够独立存在的。再如城市的交通整治，也是一项系统工程。它不仅是汽车的管理，还涉及非机动车辆、行人、道路、摊点设置等方面的管理。因此，只有树立整体观，通过综合治理，才能达到整治交通的目的。

城市也是个有机的整体。如果说城市是个大系统的话，那么这个大系统分别由三大要素所组成，即经济建设、城市建设、市政管理。而这每个要素又自成系统，分别由子系统（即要素）所组成。各系统内部和相互之间，存在着极为复杂的联系，任何一个要素的变化，都会影响其他要素，甚至会波及整个系统。如经济的繁荣会加快城市建设的发展,而科学的市政管理又会促进经济建设的繁荣。三者相互依赖、相互制约、相互作用,揭示着城市这个大系统的特征和运动规律,决定着整个城市的变化发展。这种互为因果的无端结构,充分体现了城市的整体性。

运用整体观点,正确地处理好整体与局部的关系,就能取得较好的效果。例如,苏联曾有一架米格-25型飞机逃到日本,经过检查后,发现飞机上有些零部件,从单个来看并不是最先进的,相反却比美国落后得多,但米格-25型的整体性能,它的爬高能力和飞行速度却是当时世界第一流水平的。这是由于制造时考虑的主要是整机的性能达到最佳,而不是着眼于某一部件是否最佳。尽管个别部件不是最好,却可以达到整体最佳的组合效应。

所谓系统观点,就是从整体观点出发,着重从整体与部分之间,整体与外部环境的相互联系、相互作用、相互制约的关系中,综合而又精确地考察对象,以达到最佳处理问题的观点。《中共中央关于经济体制改革的决定》指出:"我们改革经济体制,是在坚持社会主义制度的前提下,改革生产关系和上层建筑中不适应生产力发展的一系列相互联系的环节和方面。"当前,我们所进行的经济体制改革、机构改革以及科学、文化、教育、人事体制等方面的改革,都是根据改革的整体原则进行的。按系统工程的整体观点,我们不仅要搞好单项改革,同时,也要搞好诸方面的配套改革,以保证综合经济体制改革取得成功。

(二)优化观点

任何系统的展开,都有其复杂的共性。与此同时,人们也在追求系统的优化。从系统工程的观点看,"优化"具有两重意义:广义地讲,优化是使一个决定或设计的系统尽可能地有效、完善并得以发挥其功能所作出的努力和过程。狭义地讲,优化是一种特殊的方法、技术与过程,将其用于方案选择,决定一种特殊解答以得出一组判断的标准。科学技术的发展要求人们对客观对象不仅能作出定性的解释,而且要作出定量的控制。正是因为系统工程对象的复杂性,所以有关判断标准的数量与选取就是一个复杂的问题。

一个次级系统对其目标进行优化,或将一个总体系统根据目标的一部分进行优化,叫做局部优化。但并不是这种局部优化,就能造成系统的总体优化的,因此,技术参数和目标选择是能否实现总体优化的关键。

系统目标的优化是系统工程的基本要求。系统是由多要素组成的复合体,受到内外部各种条件的影响和约束,涉及面广,结构复杂,因此,实现优化的前提是要树立系统的整体观点。要考虑到系统的整体与局部的关系,局部服从整体,从而实现总体的优化。

《中共中央关于经济体制改革的决定》已经明确规定了经济体制改革的方向、任务、目标。我们在制定具体改革方案时,必须在服从基本政策的前提下,通过系统地思考、精确地计算、严密地论证,找出各项具体目标,只有这样,才能达到改革整个系统功能的优化,以实现发展社会生产力的最终目标。

武汉市的经济体制综合改革实施方案的优化,是希望通过"两通突破,放开搞活"来实现。武汉地处华中,得水得中,有综合生产的能力和教育、科技的优势。武汉市首先抓了商业流通体制的改革,制定了流通体制改革的目标:敞开三镇大门,彻底开放市场,大力发展横向经济联系,内外结合,把流通搞活,企业搞活,振兴武汉商业,逐步把武汉市建设成为服务全省、沟通华中、面向全国的重要流通中心。与此同时,武汉市抓了交通体制的改革,制定了交通体制改革的目标:对全市交通运输和邮电实行统一规划、建设和管理,充分发挥水上、公路、航空、铁路等各种运输方式的独特优势,开展联运、联营,提高运输经济效益,建立以水运为主体的综合运输网,充分发挥武汉交通枢纽的作用,做到人便其行,货畅其流,为四化建设服务,为方便人民生活服务。这两个目标的实施和实现,为工业企业在开放中见世面,在竞争中经风雨创造了条件,也为武汉市改革总体方案的实施和实现,创造了良好的条件和环境,优化了"把武汉建成工业、流通、交通、科技、金融、文教、信息等具有多种功能的中心城市,增强它在经济上的辐射力、吸引力和综合服务能力,逐步形成以武汉为中心的开放型的经济区和经济网络"的大目标。

二、系统工程的基本方法

系统工程是组织管理各类系统的规划、研究、设计、制造、试验和使用的具有普遍意义的科学方法。就系统工程的方法而言,它也是不拘一格、在不断发展的。从系统工程的工作过程来看,大体可分为这么七个阶段:规划、拟订方案、系统研究、生产、安装、运行、更新。

(一)系统方法的功能

1. 帮助人们从整体上研究客观事物,处理问题。

系统方法不要求人们硬性把有机的整体分解成许多细小部分,然后再机械地相加,它是用整体观点来分析、考察整体与局部的相互关系,从中探求系统的特征和运动规律,指导问题的处理。实践证明,只要按事物的整体性原则办事,就能取得较好的效果,反之就要遭到挫折、失败。例如,农业是个有机的整体,它是由农、林、牧、副、渔等要素组成的。而农业又是自然界生态系统的一个子系统,处于整体、要素与环境的辩证统一之中,它的发展要受到整体生态系统的制约,只有在保证整体最佳的前提下协调内部与系统外部的关系,农业才能得到稳定的发展。倘若只考虑局部的合理性,而不顾及整体性能,其结果,必然导致整体、要素、环境三者之间的比例失调,使整个系统遭到破坏。比如,南方有的地方搞围湖造田,致使水域面积大幅度减少,使渔业、副业减产。这不仅破坏了农业内部的平衡,而且破坏了水系、气象、生态平衡,反过来又严重影响了农业生产的发展。与此相反,北方有个地方,以往只抓粮食,产量并不高。后来,他们调整了产业结构,建立了一个农、林、牧全面发展的生态平衡的优化结构,这样,不仅每年粮食增产,而且保持了农田营养物质的良性循环。

2. 系统方法是管理、科研科学化、现代化的重要武器。

现代科学技术和社会生产力发展的特点决定,人们所面临的往往是多因素的、动态的、复杂的大系统,如何定量地、最佳地解决这类问题,是不断提高现代化管理水平迫切需要解决的问题。那种只能把多因素、动态、复杂系统问题,简化为单因素、静态的问题来处理,与现实产生了很大的差距。由于几乎每个事物都是多因素的动态复杂系统,这就要求人们不仅要如实地把事物视为有机整体,而且还要求用最新的科学方法去模拟系统的运动,从中找出其规律性,而系统方法,无疑是解决这个问题的重要武器。

系统方法可以把整个国民经济当作一个多因素的、动态的、复杂的大系统,系统的输入与输出之间,系统的所有组成部分中的参数和变量与系统的功能之间的关系,都反映了系统的相互作用和相互联系的程度。例如,能源、原材料、资金、运输、劳动力等,它们之间在产品的生产和分配上都存在着极其复杂的经济联系和技术联系。它们的发展对国民经济这个大系统有着重大的影响,它们之间存在着一定的数量、比例关系,其中任何一个部门的变化都会影响整个大系统。怎样协调各方面的关系,作出比较切合实际的计划呢？运用系统方法，通过"投入—产出"的模型来安排整个国民经济计划，把能源、原材料、资金、运输、劳动力按数量、比例组织起来，进行生产活动，这样，就能以最经济的投入，得出理想的产出。用"投入—产出"模型的系统方法，来指导整个国民经济计划的综合平衡，能收到明显的效益。

3. 系统方法是处理问题最佳的行之有效的办法。

系统方法可以根据需要与可能为系统定量确定出最佳目标，并运用最新技术手段和处理方法，把整个系统逐步分成不同等级和层次结构，在动态中协调整体和部分的关系，使部分的功能和目标服从系统的总体的最佳目标。例如，匈牙利的基本建设体制，就突出地体现了系统方法的这个优点。它把局部与整体相结合。第一，在投资决策方面，把投资的总规模以及方向与结构牢牢控制在国家手里，同时扩大企业的投资决策权，发挥市场机制对具体工程项目、企业决策的调节作用。第二，在组织施工方面，重点项目由国家集中实施，中小工程项目由企业自行实施，从施工准备、设计工作、选择施工组织到物资供应，都由企业决定，国家不干预。第三，在管理方法上，重点工程项目由国家直接通过国民经济计划加以规定，并主要用行政办法（预算拨款、审批项目、指定设计、施工组织、强制性供贷等等）作保证。对大多数工程项目国家用经济方法加以引导，不侵犯企业的自主权，不束缚企业的手脚。这种体制既可保证宏观经济的平衡，又可发挥微观经济的积极性，也就是说，取得整体与局部的最佳结合。

4. 系统方法使科学化决策成为可能。

不论是战争，还是建设、管理，都需要决策。能否做到科学决策，已成为检查领导指挥、管理水平的重要标志。以往的决策，都是依靠人们的经验知识。随着现代科学技术的高速发展，社会活动变得日益复杂化，多因素、快变化，是现代化社会一大特点。决策的正确与否，往往涉及的不仅是一个局部（要素），而且是一个整体（系统）。而运用系统方法，能把决策的经验变得系统化、理论化、科学化。例如，第二次世界大战期间，美国援助英国的船只，50％被德国击沉在大西洋里。为了保证这条航线，把损失减少到最低限度，盟军运用系统方法摸索到德国潜艇出没的规律，设计了一种最有利的护航方案，把美国到英国的海路分成三段，靠近美国的三分之一，由美国舰队护航，中间的三分之一，由专门的舰队护航，靠英国的三分之一，再由英国舰队护航，这样既节省护航队伍，又最安全。盟军根据系统方法提供的数据、方案决策，减少了很大的损失。

5. 系统方法能加快社会主义现代化的进程。

系统方法作为一种科学管理方法，已在我国得到广泛的运用，它能帮助我们少走弯路，加快经济建设的速度。周恩来生前就非常关心系统工程学的研究和运用。1961年，他提出建立国民经济建设总体设计部的设想，建议在整个国民经济建设中全面推广运用系统工程方法，运用这种方法，把原有国民经济改造成为一个新的高效能的经济系统。我们在各个工作领域里，积极推广运用系统工程方法，势必将大大加快我国社会主义现代化的进程。

（二）系统方法的原则

1. 以整体为目标。例如，一个企业群体，各企业在制定发展规划、安排生产时，不仅要以企业为目标，还要以整个群体为目标，而群体要以行业发展为目标，行业又必须以整个国民经济为整体。这就是以整体为目标。根据这种整体观点来制定规划，能使国民经济这个大系统围绕着整体目标的实现而进入良性循环。

2. 以问题为重点。例如,武汉制冷设备工业企业群体,在联合制造冷冻机的系统工程里,在质优、畅销、资金、原材料等条件具备的情况下,它的重点问题是上产品的批量。群体围绕着如何上产品批量,扩大销售覆盖面,增强竞争能力来制定计划、组织生产。当然,企业的战略目标是有时间概念的,在一个时间内批量问题解决了,在另一个时间里,产品的质量、品种、成本等等,又会成为重点问题。

3. 以数据为依据,作定量分析。例如,第二次世界大战期间,美国当时造一条船得四五个月,一个船坞一年不过造三条船。为了增加船只生产,科学家进行了计算,作了定量分析,提出如将全国的八十几个船坞扩大三倍,增加到一二百个,就可提高产量三倍,但用生产线的办法造船,把零部件分成七个类型,在生产线上生产,然后在船厂焊接拼装,只需 10 天就可以下水一条船,大大缩短了生产周期,增加了船只的生产。由此可见,准确的数据,科学的定量分析,可以达到最优化的目标。

4. 以价值判断为证明。系统工程研究的对象,不像其他自然科学那样排除价值判断,而必须要以价值来判断证明。企业是讲究经济效益的,但不仅要考虑企业自身的效益,更重要的是要考虑社会效益。如沈阳水泵厂搞节能水泵要赔钱,但大庆油田用这个水泵,一年节约很多电费,可以取得很大的社会效益。这种价值判断,是以近期与长远相结合,以局部与整体相结合的。

(三)建模方法

1. 模型的概念。模型是描述现实世界的一个抽象,因为它所描述的是现实世界,因此,它必须反映实际,但是由于它具有抽象的特征,所以,它又高于实际,从而有助于解决这个被抽象的实际问题,有助于指导解决一些有这类共性的实际问题。模型是一种过程或行为的定量或定性代表,它能显示对所考虑目标具有决定性意义的后果。

2. 模型的分类。

①比例模型。它是通过某种度量上的转换来描绘在一定时间阶段内的静态与动态的特性。这些模型的特点是把一个非常复杂的系统,缩小到在实验室内可以控制的条件下进行。这种缩小比例的等结构模型的优点是可以观察到它总体的物理性能,并能得出科学的数据。例如,按比例缩小的地形与水流,可用来预测潮汐与暴风雨对海港海岸的影响;按比例缩小的飞机模型,在风筒里试验,可以预测空气功力的性能。

②模拟模型。这是按照一定规则,把一组性能转换为另一组性能,它们可以用来描绘系统过程的静态与动态的特性。例如,产品的工艺流程图、建筑工程的平面图、某单位的布置示意图等。

③符号模型。这是用字母、数字和其他符号来体现变量以及它们之间的关系。应该说这是最抽象的模型。如概率模型、逻辑图等。

3. 建模的原则。首先,是建立简化了的定性的整体系统模型,表示系统不同的主要成分及主要阶段。在这个阶段,必须对系统构成作出不同的方案。然后,再把总系统分为次级系统,次级系统还可以进一步作分解。对模型的要求,是根据系统工程对客观事物认识的发展而定的。构模时应注意下面几点:

①精确度。模型既要把本质的性质和关系反映进去,去掉非本质的东西,同时,又不影响其反映现实的本质的真实程度。因为模型的精确度不仅与被研究的对象有关,而且与它所处的时间、状态和条件密切关联。所以,对同一对象,在不同情况下可以提出不同的精确度的要求。例如,商业流通的改革,改革伊始,针对过去城市封闭的状况,设计的模式是多层次、全方位、多

渠道的开放，城区内拆墙开店，广开门路，以促进商业流通的蓬勃发展。但随着开放和商业的发展，要求得到城市商业发展的最佳规模、合理布局，就只有通过对流动人口、社会购买力、市场需求作出定量分析，用科学的数据来解决这些问题。

②简化。"简化"不是简单化，而是要追求问题的合理简化。并不是任何问题都必须用复杂的模型来解决的，有时一个简化的模型就能帮助某些实际问题得到满意的解决。

③标准化。在模拟实际对象时，如果已经有些标准的模型可以借鉴，不妨先试用一下，尽量往标准形式靠拢。例如，企业的内部改革，如果试点企业已经取得了成功的经验，走出了一条新路子，那么，同类企业就可以参照试行。

由于模型的抽象性，因而它又有其广泛的适用性。但是，现实情况本身往往是千变万化的，所以，对现有的模型不能完全照搬，而经常要作些适当的修改，或者去创造新的模型。

城市是一个大系统

城市,是社会经济发展的产物,是人类文明的结晶。它是由政治、军事、经济、科学文化、人口和地理环境等多种要素构成的社会综合体。应当承认,给城市下定义是十分困难的,国内外关于城市的定义不下几十种,众说纷纭,莫衷一是。但是,对于城市是一个以人为主体,以空间和环境利用为特点,以聚集经济效益为目的的集约人口、集约经济、集约科学文化的空间地域系统这种表述方式,大多数都没有疑义。这就告诉我们,城市是一个动态、复杂的大系统,它具有动态、关联、整体的特征。特别是在现代条件下,由于科学技术的飞速发展,使得城市生活许多方面发生了前所未有的重大变化。无论是城市功能和活动的质与量,城市内部各方面的联系,还是城市与外部环境之间的关联程度,都大大超过了以往任何时代。对这种动态的、复杂的现象,如果还是用静态的、分割的传统方法进行研究,显然是不够用了。下面,我们运用前面介绍过的系统论的观点,联系城市的起源、发展和特点,对城市这个大系统进行初步的分析。

一、城市是商品经济发展的产物

城市是一个历史范畴。它是经济、社会发展到一定阶段的必然产物。"城市",就是指用墙垣围起来进行交易的一定区域。"城",在古代指在一定地域上为了防卫而围起来的墙垣,"市",则指进行商品交易的场所。城市产生之初,人们按照习惯规定的时间集中到一定地点,互相交换自己的产品,逐渐地就在一定空间内,常住人口,共同生活,共同进行生产和各种社会活动,这样就形成了城市。可以说,城市归根结蒂是社会生产力发展的结果,是商品生产发展的产物。

(一)城市产生的决定性因素是社会分工、是商品生产

人类社会原来是没有城市的。在原始社会早期的漫长年代里,人类没有自己固定的居住地。大约在新石器时代,由于农业和畜牧业的分离,产生人类第一次社会大分工,并开始有了剩余产品的交换,有了最初的氏族部落的固定的居住点,但这还不是城市。后来随着生产的发展,出现了手工业与农业分离的第二次社会大分工,产生了商品生产,有了商品交换的一定场所,从而商业发展起来,社会上出现了商人阶层,这些可以不依赖于广阔地理空间为生存条件的工商业者,为了生产和交换的便利,便在一个有限的空间内聚集并定居下来,结成一个社区。由于当时部落之间战争的原因,这种聚居区不断修筑城池进行保护,于是,出现了人类社会最早的城市。显然,在城市的形成过程中,商品交换具有先导作用。如果没有古代生产力的提高,没有社会分工,没有简单商品经济的发展,也就没有城市。

马克思恩格斯在论述人类社会最初的城市起源时说过:"某一民族内部的分工,首先引起工商业劳动和农业劳动的分离,从而也引起城乡的分离和城乡利益的对立。"社会分工是商品生产和商品交换的基础,是社会生产力发展的重要表现。社会分工的发展引起商品生产和商品交换的发展,引起城乡分离和城市的产生。换言之,社会生产力的发展引起城乡分离和城市的产生。可见,马克思和恩格斯并没有把城市产生的决定性因素归之于私有制,而是归之于分工,归之于商品生产,归之于社会生产力。马克思还说过:"一切发达的、以商品交换为媒介的分工

的基础,都是城乡的分离。可以说,社会的全部经济史,都概括为这种对立的运动。"这就是说,离开了社会分工这个基础,离开了商品经济的发展,城市是不可能产生的。

世界上最早的城市究竟产生于何时? 一般认为,城市作为一个客观实体的存在,在世界上已有 5000 年的历史了。有人认为最早的城市诞生在土耳其的阿那托利高原上。在我国,早在 4000 多年前的第一个奴隶制国家夏朝,就出现了城市。(近几年在河南二里头发掘的城墙,证明夏代文化的存在)据《史记·夏本纪》记载,大禹的父亲——鲧,第一个建造了城市,这就是所谓的"夏鲧做城"。那时,正值中国社会由原始共产主义社会向奴隶社会过渡时期,由于公有制的破坏,私有制逐渐形成,氏族公社开始了向奴隶社会的转变。这说明,城市的产生、发展是与私有制的产生、发展相伴而行的。私有制只在人类社会发展的一定阶段和城市有联系,两者并无因果联系。因私有制是生产工具和分工发展在生产资料所有制关系上引起的变化;城市产生则是社会分工发展引起的生产力的空间组织上的变化。城市一般是起源于商品交换、集市贸易的聚集地。这是因为商品的产生早于奴隶社会,在原始社会晚期就已有了商品交换,但初期的交换仍然是公共财产,以后才逐步成为氏族首领的私人财产,氏族内部的各个成员也把自己的产品拿去交换,于是出现了集市贸易,而集市贸易的经常化,便是远古商业性城市的兴起了。这种情况在欧洲是比较多的。在中国也不乏其例。中国古代经典《易经》中说:"日中为市,致天下之民,聚天下之货,交易而退,各得其所。"《国语》中说:"争利者于市。"《史记》的颜师古"注"也说:"古未有市,若朝聚井汲,便将货物于井边货卖,曰:市井。"这都是说,商业性的集市贸易,可以导致城市的兴起。"市"就是商品经济发展的产物。由于城市的产生与私有制的产生相伴而行,因此,有的为了防御和保护的需要,在这种商品交换的集聚之地,修起了"城郭沟池"。显然,这样的"市"是设在城内的。也有的"市"是设在城外的。如果我们把单纯具有军事价值的"城堡"排除在城市概念之外的话,那么,可以说,"市"是先于"城"的。从我国奴隶社会和封建社会城市的产生中也可以很明显地看出:凡是生产力比较发达的地区,城市就比较集中,商业越是繁荣,城市就越多,规模就越大。例如,齐国的都城临淄,在齐宣王时已发展成有 7 万户、10 万人口的大城市,是当时齐国鱼盐等物产和文彩布帛的生产和贩运中心。据现代人在临淄原址挖掘考证,临淄古城总面积达 60 平方公里,并发现大量冶铁、炼铜、铸钱和骨器作坊的遗址。像临淄这样的大城市,在古代欧洲是找不出来的。即使像古希腊的雅典和古代罗马,虽然也是人口繁多的大城市,但较之我国临淄、咸阳、洛阳等古城的规模,则要逊色得多。

回顾中国古代城市的兴起与发展,无非是想说明,城市的产生是社会分工、是商品经济发展的必然结果这条客观规律。对此,我们可以从以下三方面来进行探讨和认识。

1. 中国古代社会是一个以小农经济为基础的社会。《诗经》中的好多诗句,就表明小农经济早在那时就已经萌芽。小农经济是无法完全维持自给自足的,不但盐、铁之类的物资要由市场供给,就是劳动者多余的产品和手工业品也要拿到市场上去交换,这就必然成为城市兴起和发展的推动力。

2. 中国的土地买卖行为早在"井田制"变为私田制的时候就已经开始,这也成为中国城市发展的推动力。由于土地很早就可以自由买卖,中国的货币出现较早,商品交换也就得以较早地发展起来。由于商人可以和贵族一样去购买土地,这就必然刺激商业的繁荣。商业的繁荣,必然推动城市的发展。从时间上看,欧洲的土地买卖行为基本上是资本主义因素发展以后的事,比中国要晚得多。

3. 中国古代城市的手工业是城市经济的主要组成部分,除一部分是由统治者直接经营的官营手工业外，大部分是私营手工业。此外，商业也是古代城市经济的主要组成部分。因此，中国古代城市，不仅是手工业者、商人的集中区，而且是皇室、贵族和高利贷人聚集的地方。由于后者惊人的奢侈生活，必然刺激奢侈品生产和贸易的扩大。这样，使得城市迅速发展，规模不断扩大。如近几年来，在河南安阳等古城出土的文物考证中，发现许多并非中原地区的物产。如绿松石，原产于西北；海贝、海蚌，原产于东南，都是从远方交换或贡献来的。西汉桓宽《盐铁论·本议》中曾记载："管子云：国有沃野之饶而民不足于食者，器械不备也。有山海之货而民不足于财者，商工不备也。陇蜀之丹漆旄羽，荆扬之皮革骨象，江南之楠梓竹箭，燕齐之鱼盐旃裘，兖豫之漆丝……待商而通，待工而成。"像这样的全国商品、货物大集散，必然从经济上促进古代城市的发展。

综上所述，最初的城市，是从社会的一般商品的交换活动集中地形成的。在这里，聚集着的主要是商贾、手工业者和随之而来的居民。社会的各种商品交换活动主要集中在这里进行。马克思指出："城市工业本身一旦和农业分离，它的产品会从一开始就是商品，因而它的产品的出售就需要有商业作为中介，这是理所当然的。因此，商业依赖于城市的发展，而城市的发展也要以商业为条件，这是不言而喻的。"可见，城市的产生和发展，是社会分工作用的结果，是商品经济发展的结果。

（二）城市是商品生产和商品交换集中的地方

马克思和恩格斯指出："城市本身表明了人口、生产工具、资本、享乐和需求的集中"。城市的这种集中归结起来即是商品生产和商品交换的集中。这种集中是分工协作的需要，是商品生产和商品交换发展的条件。而且这种集中往往是从具有相对优越和便利的交通条件的地方开始的。我们可以明显看出，历史上的城市(包括集镇)的兴起,有相当一部分是在水陆交通中心或河川渡口,或有着丰富的自然资源等"地利"。在人类社会还没有铁路、公路和航空以前,主要的交通是靠水路和驿道,而水路较之驿道更便利。所以,目前世界上的城市,包括我国的大中城市,大都分布在沿海沿江一带,大都是周围地区的交通枢纽。

城市的这种便利的交通条件,这种地利,使城市经济集中具有了客观必然性。恩格斯曾指出:"城市愈大,搬到里面来就愈有利,因为这里有铁路,有运河,有公路;可以挑选的熟练工人愈来愈多;由于建筑业中和机器制造业中的竞争,在这种一切都方便的地方开办新的企业,比起不仅建筑材料和机器要预先从其他地方运来、而且建筑工人和工厂工人也要预先从其他地方运来的比较遥远的地方,花费比较少的钱就行了;这里有顾客云集的市场和交易所,这里跟原料市场和成品销售市场有直接的联系。这就决定了大工厂城市惊人迅速地成长。"资本主义生产发展的历史也表明:近代工业总是从交通和贸易发达的城市发展起来的。恩格斯说过:"向城市集中是资本主义生产的基本条件。"这样,城市由过去的商业和物资集散地而迅速地发展为各种工业生产最集中的地方。由于商品生产和商品交换都离不开货币,工业生产和商品交换的集中,也必然使银行、保险、信托等企业集中起来。由于工业的发展离不开科学技术,因而在工商业集中的地方,科学技术、文化教育也发达起来。同时,交通、通讯、信息以及各种服务行业也都相应地发展起来。这一切,又都引起了人口的集中。如果说农村是一个广袤的面,那么城市则是这个面上高质量的点。人们集中在这个点里进行各种经济活动,使得城市具有巨大的吸引力,吸引着人口、财富的集中和聚集。城市的这种集中性,正好为社会各部门相互之间的经济和社会联系与相互依存,提供了极其便利的条件,使城市经济成为一种以工商业为主体的密集型经济,能够造成空间和时间的节约，获得比农村大得多的经济效益，多得多的财富积累。城市作为商品生产和商品交换的集中点，作为社会经济活动的集中点，必然会带动其周围所联系的城镇及乡村经济的发展，这样便自然地具有了经济中心的地位和作用。

几千年来，国内外多数城市都是这样形成和发展起来的。例如，武汉也是这样形成和发展起来的。早在距今3500年以前的商代，位于府河北岸的盘龙城，就形成为长江流域内颇具规模的一座古城。从现有考古发掘资料看，盘龙城为大型宫殿遗址，城外居民密集，盘龙城北一带山岗密布着手工作坊，是汉江下游当时的手工业中心。从大型贵族墓葬中出土的器物来看，有来自西北的绿松石；来自矿山的制铜原料、来自深山的璞玉。这些来自外地的器物，这些本地的专业作坊以及密集人口所需的日常用品，说明在盘龙城这个水陆交通便利的地方，最迟在3500多年前就集中了商品生产和商品交换活动。由于武汉有水乡泽国的优越地理条件，加上古代以航船为主要交通工具，促使商业发展很快，因此，城市也不断发展。距今2700年以前，武汉就成为楚国兴起的军事和经济中心，水上运输可通达当时楚国所属的湘、鄂、赣地带，并在长江、汉水汇合处逐步形成货物集散地。《左传》分析当时楚国强盛的原因，其中有一条是"商、农、工、贾，不败其业"。商，指的行商，贾，指的坐商，商贾所从事的活动都是贸易。由于有交通便利等优越条件，武汉地区的商品生产和商品交换，几千年来经久不衰。唐宋时代，商业更繁盛，庐舍密集，船户集。《旧唐书·代宗本纪》记载，仅一次江中大火，就"焚船三千只，焚居人庐舍二千家"。李白诗句中，也对武汉有"万舸此中来，连帆过扬州"的描述；陆游《入蜀记》也记载了经过武汉时亲见的繁华情景："贾船客舫，不可胜计，衔尾不绝者数里，自京口（今镇江）以西皆不及。"范成大《吴船录》也有同样描述："南市在城外，沿江数万家，廛其盛，列肆如栉，酒垆楼栏尤壮丽，外

204

郡未见其比。盖川、广、荆、襄、淮、浙贸迁之会,货物之至者无不售,且不问多少一日可尽,其盛如此。"明初,汉口已成为商贾云集的"楚中第一繁盛处"。农业、手工业,特别是造船、冶铁、烧瓷三业有了很大发展,这些都促进了商业和城市经济的繁荣。明末清初,汉口又成为全国四大名镇之一,接着又有"九省通衢"之称,成为全国内地最大的农副土特产品的集散地,出现了"十里帆樯依市立,万家灯火彻夜明"的繁华景象。19世纪中叶,武汉近代工业逐步兴起,汉冶萍公司是当时全国最大的工业企业。新中国建立以来,经过30多年的重点建设,武汉已初步成为我国内地最大的商业中心和交通枢纽,成为我国重要的教育、科研基地和综合性工业基地。

因此,可以说,武汉的形成和发展,武汉之所以成为商品生产和商品交换集中的地方,在很大程度上是由于江汉之汇,交通便利,水乡泽国,物产丰富等优越的交通、地理条件。交通便利带来商业繁荣,商业的繁荣又成为促使武汉兴起的动力。

当然,城市的形成和发展,除了上述原因之外,也有的是由于防御和保护的需要,从军事要塞或政治中心逐步形成起来的。但是,城市概念不是政治范畴,而是属于社会经济范畴,它的发展毕竟要有客观社会经济条件,要靠社会生产力的发展,要靠商品经济的发展。

(三)城市是社会经济活动的纽带

城市这个历史范畴,它是随着社会分工和商品经济的发展而发展的。在一些经济发达,社会生产力水平较高的国家或地区,逐步形成了一些地区性的、全国性的工商业城市,这些规模不同、经济联系区域范围不同的大、中、小城市,像网络的网结一样,把全国经济联系起来,把国内市场和国际市场联系起来,发挥着经济中心的作用,在经济上领导和带动周围地区经济的发展。

我们知道,最初意义上的城市,首先是个市场,是个贸易中心。马克思的"商业依赖于城市的发展,而城市的发展也要以商业为条件"这个论断,不仅对我们一般地认识城市与商品经济的密切关系有指导作用,而且对我们深刻地认识中心城市与商品经济的密切关系也有指导作用。人类进入资本主义社会以后,由于商品经济的迅速发展,城市也得到充分发展。在国内市场的形成和国际市场不断扩大的过程中,在资本主义竞争条件下,不仅逐步形成了新兴的中心城市,而且改造了封建社会遗留下来的旧城市,使之成为国内和国际的重要商业中心。因为在商品经济条件下,任何一个地区、任何一个城市,都不可能生产出自身所需要的一切,而是在以自己生产的产品满足其他地区、其他城市及其广大消费者的消费需要的同时,又依靠其他地区、其他城市及其商品生产者的生产来满足自身的消费需要。这就决定了一部分城市不仅要组织自身内部的商品交换,而且还要担负以城市为中心的整个经济区域的商品交换和对其他经济区域之间的横向经济联系。这就在客观上要求有一个能够迅速地组织商品流转的中心城市,这个中心城市一般要有便利商品交换的条件,能够不断地扩大流通量,能够促进经济区和自身的经济发展。当然,这个中心城市仅有贸易是不够的,还必须建有强大的产业中心。贸易中心与产业中心是互为条件的。马克思指出:"不是商业使工业发生革命,而是工业不断使商业发生革命。商业的统治权现在也是和大工业的各种条件的或大或小的优势结合在一起的。"正是大工业"建立了现代化大工业城市(它们像闪电般迅速地成长起来)来代替从前自然成长起来的城市。凡是它所渗入的地方,它就破坏了手工业和工业的一切旧阶段。它使商业城市最终战胜了乡村。"

中心城市形成后,由于它聚集着众多的生产部门、企业和产品,对国内国际市场有着很大的依存性,它要通过各种商业渠道,极为广泛的国际国内市场联系,以购进设备、原料,销售商品。同时,对交通运输业也提出了更高的要求,促使一些沿海沿江沿河的、交通方便、腹地辽阔的城市发展得更快。例如,广州,因其地处南海,利兼水陆,通商条件十分优越,成为华南地区的中心城市。武汉,因江河之汇,"九省通衢",交通条件十分便利,成为华中地区的中心城市。相反,历史上的扬州,曾是华东地区的经济中心城市,但由于黄河改道,运河淤塞等原因,使它逐渐失去了便利商品交换的条件,其地位则被后来兴起的上海所取代。另外,包头虽有钢铁等工业生产,但因缺乏组织商品流通的条件而不能成为一个中心城市。

可见,没有便利的交通条件,没有繁荣的商业,没有国内国际市场的扩大,就谈不上中心城市的形成和发展。有了这些条件,就能使中心城市冲破地域限制,建立与全国经济活动的内在联系,就能建立完整的工业体系并与一切工业部门紧密地联系起来,就能在整个社会经济中发挥中心作用,调节全国经济生活。

综上所述,随着社会生产力的发展,随着社会分工和商品经济的发展,城市也由小到大,由少到多,由简单形态到极其复杂形态发展。从城市形成和发展的过程来看,一般可以说它是在一定空间内组织生产力,实现社会分工及其相互联系,推动社会生产力向前发展的空间存在(组织)形式。如古代城市产生之初,手工业是以市场交换为目的的商品生产,商人则是专门从事商品买卖的。这样,手工业生产和商业的发展有必要也有可能在空间上集中,这种空间上的集中,就是最初的城市。古代的城市是简单商品经济发展的产物,现代城市是发达商品经济的产物。现代城市,究其本质,又可以说它是经济实体、社会实体、科学文化实体、自然实体的有机统一。因此,对于这样一个复杂的大系统,我们应该运用系统论的方法,从整体、战略、全面的角度来加以认识和研究。

二、城市是一个开放的大系统

在长期的商品生产和商品交换的发展过程中,城市与其周围城市,与广大农村,与国际市场形成了广泛的密切的经济联系。由此看来,城市作为一个社会经济有机体,一方面,它是一个具有自身规定性的独立的社会经济体系,具有相对的独立性;另一方面,它又是整个国民经济和区域经济的一个组成部分,具有对外依存性或联系性。城市的这两重性,是相互联系、相互制约、相互促进的辩证统一关系。而其中对外联系性,则是城市最基本的方面。因为城市是商品交换的地方,是作为人类社会经济活动集中点产生的。它是在与其他地区和部门相互联系和交往中形成和发展的,它与周围世界的相互联系,成为它自身存在的基本条件和形式。如果没有人们之间的相互交往,没有社会分工和商品交换,也就不会有社会经济活动的空间聚集,那么,也就不可能有城市产生。可见,城市必然地是一个有吞吐能力的系统。

(一)城市,尤其是现代城市是与其周围地区和城市不断进行交往的开放性耗散结构系统

所谓开放,就是系统不断与外界进行物质、能量与信息的交换。目前,在城市系统的研究中,有学者采用了非平衡系统理论,主要是耗散结构理论和协同学,也可以叫做开放系统理论。耗散结构理论认为,一个远离平衡态的开放系统,在外界条件变化达到某一特定阀值时,量变可能引起质变,系统通过不断地与外界交换能量与物质,就可能从原来的无序状态转变为一种结构与功能都稳定、有序的状态。这种在非平衡状态下新的稳定

有序结构就称为耗散结构。协同学与耗散结构理论一样,也是研究远离平衡态的开放系统。协同学认为,在保证交流的条件下,各子系统间产生协同,就会促使整个系统自发地产生一定的有序结构或功能行为。

由此可知,不仅是平衡态可以形成稳定态,如在封闭和孤立的系统中,结晶体的结构内部,在低温条件下,分子呈有序的排列,保持着稳定的结构,只要温度不超过某一临界值,系统内部的热运动也只能使分子在平衡位置附近振动,而不会破坏整个系统的有序状态。而且,非平衡态也可以形成稳定有序态,这种有序是一种动态有序。比如,一个健康人的生命现象,就是典型的非平衡态的稳定态。人体通过呼吸系统、消化系统、内分泌系统等,所输入的和输出的量,是经常处于非平衡状态的。但是,只要人体与外界不断交换物质与能量,维持着人体所必需的新陈代谢作用,人就能具有旺盛的生命力。相反,如果把人体封闭起来,不与外界交换物质与能量,那么,人体就会出现热平衡,这就意味着生命的结束。同理,城市经济系统也是一种非平衡态的稳定态。城市,从外流的情况看,要不断地与外界交换能量、物质与信息;从空间角度看,城市经济系统内部的各部门、各企业之间的发展是不平衡的;从时间序列看,经济发展存在着有规律的波动和无规则的随机扰动,是经常处于非平衡状态的。但是,只要城市与外界不断地交换能量、物质与信息,不断地输入食品、燃料、日用品,同时输出产品和废料,就能产生城市系统的良性循环,保障稳定的有序状态。

如何使城市系统在非平衡状态下由混乱无序的状态,变为稳定有序的结构,从而做到协调的发展呢?耗散结构理论与协同学为我们提供了一条好思路。因为把耗散结构理论与协同学引入城市系统,可以考察城市系统如何在外界条件影响下,在内部子系统间的协同作用下,对外进行开放,对内进行灵活应变、产生良性循环，从而建立稳定有序的结构。根据非平衡系统论原理，一个系统，要在非平衡状态下形成稳定有序的结构，十分重要的条件就是系统必须是开放的。开放系统之所以能够在非平衡状态下形成稳定有序的结构，是因为系统在不断地与外界进行交流中，可产生一种负熵流，从而产生一种协同力，促使系统由混乱无序变为稳定有序。熵是热力学的概念，它表示热量可以转变为功的程度。熵值是与系统的有序程度成反比的：熵值越小，也即负熵流越大，热量转变为功的程度就越高，这就意味着系统的非平衡程度高，有序程度也越大。反之，系统的有序程度就越小。由于熵的增减是关系到系统有序无序的关键，而负熵流又只能从系统不断地与外界进行交流中得来，因此，开放是系统形成稳定有序结构的重要因素。当然，这个稳定有序的结构是更高层次上产生的新的结构，其内部会有更多的变化，包含更大的变异，并且会要求更多的能量和质量来维持其存在和发展。

这种理论表明，要使复杂系统向着更高级的有序结构方向发展，这个复杂系统必须是开放的，要有外界积极的负熵流而不是消极的正熵流的输入。从城市这个复杂系统来看，把自己封闭起来是不会有发展的。在现代社会经济的发展中，城市的作用主要体现在一个城市与其他城市和地区的联系上。因此，现代城市绝不是一个封闭或孤立的系统，而必然是一个开放的系统。开放是所有城市都必然具有的、维持城市这个有机体蓬勃生命力所必需的新陈代谢功能。如果中断或破坏了这个新陈代谢功能，城市就会发生停滞、混乱，甚至灭亡。

前面已经谈到，现代城市作为开放系统，其直接的含义是：城市必须经常地与外界大量地进行物资、商品、人口、能量、信息的交流，同时，不断地向外排放废渣、废气、废水。除此之外，现代城市作为开放系统，还有这样两层含义：

其一,城市与城市的交往中,形成了具有固定联系的以中心城市为轴心的城市群或城镇体系。这个城市群或城镇体系,成为带动一个地区社会、经济、文化发展的骨干和网络。在国外,这种情况在日本比较典型,如以大阪市为中心,以神户市和京都市为两翼,连结86座城市组成的京、阪、神城市网,其经济活动大大超过了行政地域,经济联系遍及整个西日本和全国,以至全世界。在我国,这种情况沪宁地区、辽沈地区、京津唐地区也比较突出。这就是说,城市在其发展过程中,一方面表现本身规模的扩大,经济力量的增强;另一方面,它不断地与外界交往,带动了周围地区的经济发展,产生了许多新的城市,并且,这些在一定范围内的大中小城市在经济上结合起来,组成各有分工、互相联系的城市群体。可以说,没有城市的开放,就没有城市群体的出现。

其二,城市与包括城市郊区在内的广大农村腹地,互相依存,互相促进,不可分割。城市是相对于乡村而存在,中心是相对于区域而存在的。城市的中心地位和主导作用,也都是相对于乡村和区域来说的。城市经济的发展离不开农村,必须向农村进行辐射和吸引。而农村经济的发展也离不开城市,离不开城市交通枢纽、贸易中心的作用;离不开城市的产品、技术扩散;离不开与城市的各种经济技术协作。因此,城市开放,必须解决城乡通开的问题,建立起城乡经济共同繁荣的新型城乡关系,真正做到城乡相互协作,相互服务,互为依托,协调发展。

以上两层含义归结到一点,就是说,城市是中心,其周围不同层次的经济、文化、科技综合发展的区域要以城市为依托。区域是城市的基础,城市是区域的核心。一个城市具有什么样的职能,发展速度多快,不仅取决于城市本身,而且取决于城市周围区域。从宏观来看,城市与其周围的区域、与全国,是点和面的关系,是互相依存,互相促进的关系。因此,我们不能就城市论城市,孤立地看待城市,而必须从思想观念上解决城乡通开的问题,统筹城市和农村全局,促进城乡一体化经济的发展。

根据城市开放这一特征,六届全国人大第一次会议的《政府工作报告》指出:"要更好地发挥中心城市组织生产和流通的作用","以城市为中心,根据经济发展的内在联系组织各种经济活动","逐步形成跨行业、跨地区的经济区和经济网络"。城市和经济区是结伴而生、互相依存的。城市,特别是中心城市是作为一个地区的经济中心或经济区的中心而存在的。没有经济区及其发展,也就没有中心城市的存在和发展。因此,从城市开放这一特征看,我们必须把城市和经济区的发展密切结合起来,这既是经济发展的规律,也是发挥城市中心作用的需要。

(二)充分发挥城市开放系统的功能

城市不同于封闭型的城堡,它是商品交换的地方,这个功能决定它不能封闭,只能开放;决定它必然是一个有吞吐能力的系统。开放是发展社会主义商品经济的内在要求,是发挥城市功能的前提条件,是突破条块分割,建立充满生机和活力的社会主义经济体制的必要步骤。

1. 发展商品经济,城市必须开放。社会主义经济是有计划的商品经济。发展社会主义商品经济,首先要突破计划经济同商品经济对立起来的传统观念,同时要采取有效的政策措施,解决发展社会主义商品经济的途径。而城市实行开放政策,让商品经济按照客观规律去发展,正是发展商品经济的正确途径。

在商品经济条件下,社会分工越细,就越需要通过交换来维持和发展生产。劳动产品为交换而生产,各生产单位只有通过交换的联系,才能使生产过程进行下去。社会分工的发展,商品生产和商品交换必然地会冲破城市行政区划的束缚,必然地是在全社会范围内按商品经济自身的规律发展。因此,只有敞开城门,开放市场,客观地尊重和积极地运用商品经济的价值规律、供求规律以及竞争规律,才能真正地发展商品经济。

2. 城市经济是开放式经济,应该突破分割、封锁。城市是一个巨大的商品市场,是商品的集散中心。不仅生活资料与生产资料成为商品在这个市场上交换,就是资金、技术、信息、劳务都成为商品在这个市场上交换。商品源于商业、手工业经济活动,商品的交换、集散带来了城市的兴起。可以说,城市是商品经济发展的产物,城市经济从来就是商品经济,城市经济本质上就是开放式经济。只有开放,才能搞活城市经济,才能发展城市经济。过去用僵化模式管理经济,忽视了商品经济发展的内在联系,造成条块分割,城乡分割,人为地割裂了城城之间、城乡之间的横向经济联系。这是与发展城市经济相矛盾的,它只会禁锢与窒息城市经济的发展。因此,可以说,城市实行开放政策,是还原城市经济的本来面目,是恢复与发展城市功能所客观需要的政策措施。发展城市经济,必须打破分割封锁。

3. 改革旧的管理体制,发挥城市开放系统的功能。过去长时期内,我们违反了发展商品经济的内在要求,强调按行政系统来管理城市经济,结果造成了"条条"(部门管理)和"块块"(地区管理)的分割、"点"(城市)和"面"(经济区域)的分割、"内"(国内市场)和"外"(国外市场)的分割。这种封闭与僵化的模式弊端很多,它将企业的经济活动限制在规定的行政区划与部门行业范围之内,吃"大锅饭",不能相互发展横向经济联系,排斥市场机制,限制商品生产与商品交换,使企业没有活力,使城市政府对城市经济进行城堡式的管理,使城市的作用限制在狭小的范围内,由一个应该是开放的大系统变成了相对封闭、自我循环的小系统,严重束缚了商品经济的发展。

要充分发挥城市这个开放的大系统的功能,就要改革旧的管理体制,实现"三个结合"。

一是正确履行城市管理经济的职能,实行条块结合。商品经济发展的历史告诉我们,部门管理和地区管理都是需要的。简单地否定部门管理或地区管理,企图用一方去代替另一方,都是不科学的。正确的做法只能是两者的结合。而城市正是这两者的结合点。实行条块结合,就要由城市来组织所在区域的社会再生产活动,包括生产、流通、分配、消费各个环节;就要统筹安排城市各部门的经济活动,包括工业、农业、商业和其他各行各业。当然,这并不是要城市政府机构又去直接干预与指挥企业的生产经营活动,而是要充分发挥城市的功能作用。因为城市是各种经济活动的中心,是城乡经济网络的枢纽,城市的功能是多方面的。而城市的功能与城市政府的职能又是不能混为一谈的。城市功能在于发挥城市作为经济中心的经济机制,通过各种经济组织,按照商品经济的规律,去发展经济的横向联系,特别是发挥市场机制的作用,去发展商品生产与商品交换。城市政府的职能在于更好地为发挥城市功能创造条件,协调各种经济组织之间的各种经济关系,调节各种经济活动进行良性循环与运动,使之朝着确定的目标前进。因此,正确履行城市政府管理经济的职能,实行条块结合,就是为了充分发挥城市的多功能作用,扩大其经济的辐射面和吸引力。

二是城乡通开,实行点面结合。从国民经济全局看,各经济区域是构成全部国土的若干个"面",城市则是散布于各个面上的"点"。点是面的核心,面是点的基础。点与面是互相依存,互相促进的,点与面之间存在着千丝万缕的联系,如果这种联系被割断,城市就变成了若干孤立的点,周围经济区域也会成为松散的面。我们讲发挥中心城市的作用,主要还是指城市要为提高所在区域的经济、政治、文化水平服务。按照城市科学观点,城市为区域服务是第一位的,自我服务是第二位的。城市自我服务最终还是为了更好地为区域服务。在古代社会,城市的中心作用主要是商业中心的作用，它是一定区域的商品交换枢纽。随着城市的不断发展，城市除了其商业中心作用不断扩大外，其工业中心的作用也日益突出，城市工业生产对农业生产的发展起了很大的推动作用。恩格斯说："城市的繁荣也把农业从中世纪的简陋状态中解脱出来了。"就是说由于城市工业的发展，给农村落后的生产技术和工艺，落后的经营管理方式，提供了进行改造的榜样和物质条件。没有城市工业的发展和进步，农村的生产进步是不可能的。城市支配农村并带领农村前进的规律在社会主义社会仍然存在。并且，随着城市工商业的发展，城乡生产的商品率不断提高，商品流通辐射的范围越来越广，货币流通和资金周转也不断加快，因而，城市作为区域的交换中心、运输中心、金融中心、信息中心来调节生产和生活的作用越来越强。因此，我们不能人为地割断城市与区域的密切联系，要做到城乡通开，发展城市与周围地区的广泛的横向联系，这是城市改革的重要任务之一。目前，不少地区实行市管县，这也是从体制上促使城乡进一步通开，促使城市更好地为区域服务。

三是坚持对外开放，实行内外结合。从总的方面说，就是要充分利用国内和国外的两种资源，开拓国内和国外两个市场，学会组织国内建设和发展对外经济关系两套本领。

对外开放，是我国的一项长期基本国策。所谓对外开放，就是在独立自主，自力更生，平等互利，互守信用的基础上，积极发展对外经济合作和技术交流。发展商品经济，发展横向联系，是没有界限的，既要打破部门、地区的界限，也要打破国的界限。当今世界，一切国家的生产与消费都已成为世界性的了，闭关自守是不可能实现四个现代化的，因为整个世界是个统一市场。比如，美国制造波音 747 飞机，上百万个零件，按照美国的技术水平不是做不出来，可是美国并不是采取封闭的办法，完全由本国包下来，而是对外开放，哪个地区、哪个国家制造零部件合格，就找哪个国家、哪个地区协作。因此,这种飞机有 6 个国家、1500 家大公司和 1.5 万家小型企业来协作配套,最后总装成飞机。这种飞机在国际市场上同样有竞争力。这就是商品经济发展的结果。由此可知,对内开放是发展本国范围内的商品交换,对外开放是发展国际范围内的商品交换,都是商品经济的扩大与发展。

对外开放的内容与范围不断扩大,就日益显示出对内开放的重要性与紧迫性,对外开放必须以对内的开放与搞活为基础。《中共中央关于经济体制改革的决定》明确指出,对外开放,国内各地区之间更要互相开放。经济比较发达地区和比较不发达地区,沿海、内地和边疆,城市和农村,以及各行业、各企业之间,都要打破封锁,开放经营,按照扬长避短,互利互惠,共同发展的原则,大力促进横向经济联系,促进资金、设备、技术、人才的合理交流,促进生产要素的优化组合,促进经济结构和地区布局的合理化,以此加速我国现代化建设的进程。

三、城市是一个复杂的大系统

随着城市的日益现代化,城市这个大系统日益成为一个多维、多变量、多层次、多因素的错综复杂的大系统,这个复杂的大系统是一个有机的整体。这是现代城市的基本特征之一。这个大系统的复杂性,我们可以从三个方面来理解。

(一)城市系统的复杂层级

现代城市是由不同性质,不同层次的子系统所组成的复杂的层级。把组成这个大系统的众多的子系统进行分类概括,可以分为好几个层次。从第一层次来看,有经济管理系统、社会管理系统、市政管理系统等三大子系统。

从第二层次来看,三个子系统又都由许许多多的分子系统构成。如经济管理子系统又分为工业、商业、财政、金融、农业、外贸、交通运输等分子系统。社会管理系统又分为教育、科技、体育、文化、卫生、公安、司法、劳动、民政、人防、城防等分子系统。市政管理系统又分为规划、建筑、房屋、土地、供水、供电、供热、煤气、邮电、公用、市政、环保、园林等分子系统。

从第三层次来看,分子系统下面分的系统就更多了。比如在工业这个系统内部按其部门的专业分工,又可分为冶金、机械、轻纺、化工、电子、食品等等众多的小系统。在教育这个系统内部,从学前教育的幼儿园、托儿所,到小学、中学、大学,都各成系统;培养师资的可自成系统;培养音乐、美术、戏剧等各种专门人才的,培养成人的,都可成为独立的系统。同样,在市政管理系统内的分子系统中,按照其管理对象的功能分工的不同,还可以分为许许多多的小系统和更小的系统,这里就不再赘述了。

由此可知,现代城市这个大系统是由相当多的要素构成的,城市系统就是一个由处在相互关系中的诸多要素组合成的复杂的有机体。在这个大系统中,聚集着的不是几千而是数十万、甚至数百万人,它几乎每日每时都在进行着经济的、政治的、义化的各种活动。因此,这些诸多的要素在系统内进行着复杂的运动,形态各异,瞬息万变,其性质是那样的不确定,弄不好随时都会破坏整个系统的平衡。这种由众多的要素和不同层次的子系统组成的现代城市系统,远比其他系统的内容要广泛、复杂。美国有的科学家对事物的复杂程度曾作过一种比较,认为喷气发动机涉及的因子数为 10 的 5 次方,火箭为 10 的 6 次方,而城市的因子多到 10 的 8 次方。这种说法虽不很确切,但足以说明城市这个大系统是何等的复杂。

```
                        城市系统
                          │
        党 ── 领导 ── 政府              军队
              │
    ┌─────────┼─────────────┐
   经济         社会          市政
```

工农商财金外交　　教科文体卫公司劳民人城　　规建房土供供供煤邮公市环园
业业业政融贸通　　育技化育生安法动政防防　　划筑屋地水电热气电用政保林

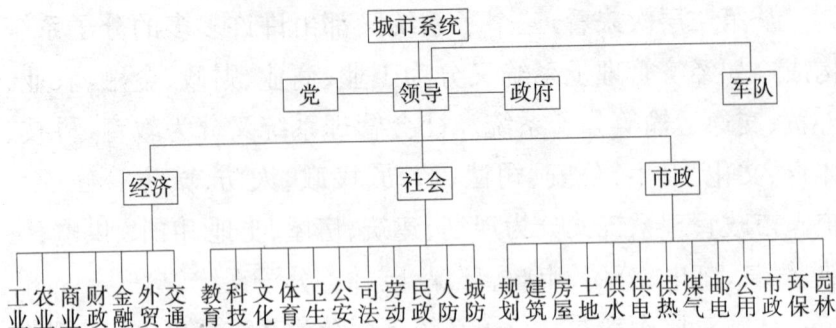

（二）城市系统的复杂结构

由于现代城市规模巨大,要素极多,这样,要素的结构就表现出一种复杂的网络状。各系统的要素之间又互相联系,互相依存,互相制约,纵横交错地交织在一起,因而系统内部、系统之间出现了十分复杂的关系。比如,我们在城市地区进行工业生产或农业生产,无疑都想获得最好的经济效益。但由于城市经济包含的内容极为广泛,制约城市经济效益的因素很多、很复杂,并且,城市经济效益又分为部门经济效益、环境效益和社会效益几部分,因此城市经济效益的制约因素实际可分为两个层次。第一层次是分别制约部门经济效益、环境效益和社会效益的直接因素。如制约工业部门经济效益的直接因素就有燃料、原材料消耗,机器磨损,职工工资,产品的质量、数量和销售情况,等等;制约环境效益的直接因素就有工业"三废"、噪音和居民的生活排废污染及其治理情况等等;制约作为社会部门之一的教育事业的效益的直接因素,就有学生的质量和数量,教师的质量和数量以及毕业生的分配使用等等。第二层次的制约因素就是存在于各经济部门、环境和社会之中的各种经济要素之间的相互关系和联系。关于这方面的制约因素也是很多的。从城市经济结构来看,有产业结构的因素,产业结构的有机组成部分有工业、农业、建筑业、运输业、商业五个物质生产部门。在工业中还有产品结构和技术结构问题；还有城市公共消费结构的因素、城市基础设施结构的因素、城市劳动力结构的因素、城市人口结构的因素等等。此外，还有生产关系结构因素，如所有制结构，分配结构等。这些制约城市经济效益的经济结构又不是一成不变的，而是一种动态结构，并且，城乡之间、城城之间这些外部经济结构也制约着城市经济效益。仅仅城市结构制约城市经济效益的因素就有这么复杂。再从城市空间结构来看，有城市经济实体的密度和城市空间布局的因素，这是制约城市经济效益的宏观因素。此外，还有个城市最佳规模的因素。从制约城市经济效益的这众多的因素中，我们可以清楚地看到城市这个大系统内在结构方面的复杂性。

又比如，现代城市是人口高度集中的地区，是不同职业、不同性别、不同年龄、不同性格、不同爱好的人们进行各种社会活动的场所。这里不仅有社会环境，而且有自然环境，其中相互制约、相互干扰的因素越来越多，内部矛盾越来越深化，有很多因素、很多矛盾是互相交织、互相扭结、互相粘连的，整个城市系统的结构呈一种复杂的网络状。从城市经济结构和城市基础设施结构来看，我们过去强调重视生产，发展工业，意图是好的，但忽视了同时也应抓好基础设施的建设；忽视了生产和生活、生产资料生产与消费资料生产以及生态方面的平衡；忽视了积累与消费、长远利益与眼前利益，国家、集体、个人三者利益的平衡，也忽视了城市合理布局以及生产发展与科学、文化、教育等事业的相应发展，因而造成城市问题成堆的局面，在一定程度上也影响了整个城市建设的进程。因为城市各个系统的运转是互相依赖不可分割的。整个城市的各项活动，要建立在基础设施结构这一基础之上，没有基础设施，城市的经济活动、文化活动，居住生活，便一刻也不能维持，越是现代化城市，这种依赖性越大。事实上，经济结构除了与基础设施结构相连外，还与城市系统内的其他多种结构纵横交错地交织在一起,因此,城市这个大系统结构十分复杂,往往牵一发而动全身,我们不能不深刻地认识这种复杂性。

(三)城市系统的复杂环境

如果把城市这个大系统放在周围大的区域或放在全国的更大系统之中,那它又是一个子系统或要素了。每当城市以子系统或要素出现在更大的系统之中时,它就必然地要与其他的要素或子系统发生关系。这里,其他的要素或子系统相对于城市这个子系统来说,就是环境。

如前所述,城市是一个开放系统,它必须不断从外界输入,并不断向外界输出,与邻近的区域(乡村和别的城市)保持密切联系,这样就构成了区域性的大系统或全国性的大系统了。这里的区域,也即乡村和别的城市就是城市这个系统的环境。环境对城市的影响是多方面的。城市的产生,城市的位置,城市的发展要受环境的影响,城市的职能、性质与规模,也受环境的制约。环境对城市的影响和制约因素主要是自然资源、经济技术资源、人口资源和社会历史背景四部分。自然资源包括能源、金属资源、非金属资源、森林资源、气候资源、水资源、土地资源、风景资源等。经济技术资源包括工农业和交通运输业的发展水平,电网、电信发展水平等。人口资源包括劳动力的数量,文化技术素质,劳动力的补给量,人口的年龄构成、性别构成、民族构成,人口流动等。随着城市日益现代化,随着整个社会经济的发展,环境对城市这个系统的影响、作用越来越大,方式也越来越多,内容也越来越复杂。

1. 环境对城市位置、城市发展的影响。城市不可能孤立地存在,它总是以与周围环境的经济联系作为自己存在的前提,城市的位置,总是以其周围的自然地理和经济地理位置为选择的重要因素;城市的发展,也总是以自身的生产发展和与周围环境经济联系的发展为必要条件。

城市位置是城市外在的客观存在事物的空间关系总和,它有两个组成部分。一是城址的自然地理位置,如足够的平地,充裕的水源,有无洪水威胁等等。二是城址的经济地理位置,如中心位置、门户位置、交通枢纽位置等。城市的自然位置为城市的发展提供了可能性,城市的经济地理位置使这种可能性转变为现实。从历史上看,我国大部分城镇都是沿江沿海发展起来的。因这里一般都是处在交通枢纽、河川渡口或物产丰富的地方。比如,天津之所以能够从历史上一个小小的聚落点,逐步发展为全国的特大工商业城市、华北的经济中心,最重要的是由于天津有优越的自然地理和经济地理条件。天津市历史上就是南北漕运的中心,水路、陆路交通枢纽,是物资集散的必经之地。

一般说来,经济发展水平越高的地区,城市发展就越快,大城市和特大城市的分布就越密集。反之,经济发展水平越低的地区,城市发展就越慢,大城市和特大城市的分布就越稀疏。从我国东部沿海地区和西部内陆地区的对比中,可以看出区域经济发展水平与城市发展水平的密切关系。东部沿海地区由于经济发达,城市和人口也比较集中。据统计,到1984年年底,全国共有设区城市300座,其中东部沿海地区就有130座。全国19个非农业人口100万人以上的特大城市,分布在东部沿海的就有13个。全国3座非农业人口在500万人以上的直辖特大城市,均分布在东部沿海地区。而国土辽阔的西部9个省、自治区,城市数只占全国的五分之一,100万人口以上的特大城市只有5个,而且还都靠近中部地区。50万—100万人口的大城市分布在西部地区的只有3个。而且,在东部地区,由于城市密集,不少地区还形成了由不同等级、不同类型和不同特点的多个城市组成的城市群。如长江三角洲城市群、京津唐城市群、辽宁中部城市群、珠江三角洲城市群等。在这些城市群体内,由于城市相互毗连,距离很近,因此,企业之间的生产协作十分密切,可以形成共同的生产基础结构。并能在城市群体内实行合理的劳动地域分工,形成统一的地域生产体系,每个城市都有自己突出的生产部门和辅助部门,各个城市之间进行分工协作,彼此供应原材料和燃料、进行技术交流、生产配套等协作。这样,每个城市的经济都有相对独立性,各个城市之间又有很大的依存性,整个城市群体构成一个对外开放的经济系统,城市与城市之间彼此互相协作,互相依存,互相促进,共同发展。可见,城市的发展水平与区域经济条件,也即与城市周围的环境有着内在联系,环境对城市的发展有着不可忽视的作用。

2. 环境对城市性质、职能和规模的影响。众所周知,城市职能是指一个城市在国家或地区的政治、经济和文化生活中所担负的任务和作用。城市职能是客观的。一个城市确定什么样的职能,不是由人们的主观随意性确定的,而是根据它自身的以及周围地区(即环境)的客观条件决定的。同样道理,城市的性质和规模也主要取决于环境的客观条件。我们认为,城市的性质指的是城市的主要职能。现代城市一般都表现为多种职能,城市的主要职能能对城市的发展起决定性影响,能体现城市的基本特征。它一般是由对城市以外地区产生较大影响和发挥重要作用的部门和由在该城市发展中起支配作用的部门所构成。因为城市作为经济、政治和文化的中心,其主要职能是要组织整个社会经济活动、通过建立合理的经济网络把周围地区的社会经济活动有机地组织起来,从而实现最佳的社会经济效益。显然,城市的性质、职能,除了受城市自身的条件和特点的影响外,在很大程度上还受整个区域自然的地理和历史的状况(即环境状况)的影响。因为对每个城市来说,它必须与周围的资源和市场发生密切的联系,在这种联系当中,各个城市形成合理的分工协作关系,每个城市选择最有利的方向发展自己的长处,承担地区或国家的任务,以取得最佳的社会经济效益。有丰富矿产资源的地区能出现矿山城市。有一定人口规模和经济水平的地区能形成一定级别的综合性城市。风景优美的区域能形成旅游城市,等等。城市的主要职能和城市的性质都是讲的为区域服务,都是反映城市在区域中的功能。可见,环境对城市的性质、主要职能有着很大的决定作用。

同样,城市的规模也受环境的制约和影响。一般说来,一个社会经济综合水平高的区域,会有一个较大的城市发挥着中心城市作用。这个区域的社会经济综合水平越高,这个发挥中心城市作用的城市的规模就越大。恩格斯研究 19 世纪英国伦敦的发展状况后指出:"这种大规模的集中,250 万人这样聚集在一个地方,使这 250 万人的力量增加了 100 倍。""城市愈大,搬到里面来就愈有利,因为这里有铁路,有运河,有公路;可以挑选的熟练工人愈来愈多;由于建筑业中和机器制造业中的竞争,在这种一切都方便的地方开办新的企业,比起不仅建筑材料和机器要预先从其他地方运来、而且建筑工人和工厂工人也要预先从其他地方运来的比较遥远的地方,花费比较少的钱就行了;这里有顾客云集的市场和交易所,这里跟原料市场和成品销售市场有直接的联系。这就决定了大工厂城市惊人迅速地成长。"这里,恩格斯讲了区域的社会经济状况对城市的规模、对城市的发展的影响。

随着国民经济和技术的发展,城市及周围的环境在不断地发生着变化。如区域的自然条件、自然资源和社会资源在变化,区域的经济结构在调整,区域内的城乡人口数量在增减,区域内的交通运输网在不断地调整与改善,等等。随着环境越来越复杂,环境对城市这个大系统的影响也越来越明显。许多城市由于河道的改变,由于铁路的兴建,对外交通口岸发生了变化,这样又带动了城市布局的转移和调整,甚至引起城市的衰落或兴盛。不少地区由于自然资源的发现,使得新兴的城市迅速发展。如四川省渡口市,过去周围是个地方荒凉,人烟稀少的偏僻山区,由于周围地区发现有蕴藏十分丰富的矿藏资源、水力资源和森林资源,1965年,为开发这里的钒钛等矿产资源,开始大规模建设,由于受区域的资源、地形、用地等条件的制约,城市呈带状组团式布置发展,经过20多年的建设,现在渡口市已成为一个拥有80多万人口、初具规模的新兴的钢铁工业城市。这里,环境的因素,对渡口市的兴起、对渡口市的职能和性质起着决定性的影响。还有不少地区本来有着良好的港湾泊船条件,由于缺乏腹地,长期发展不起来,但一旦修建了通向内地的铁路、公路以后,很快就出现新兴的城市。总之,区域经济的发展变化,经济地理位置的改变,必然要引起城市的兴衰,这类例子不胜枚举。

目前,我们考核一座城市,应该从城市在区域中的地位入手,考核它对整个地区的政治、经济、文化等方面的全面贡献。这样才能综合评价一座城市的贡献。因此,我们应加强对城市这个大系统的环境的研究,进行城市腹地范围的研究,进行城市所在区域的对比研究,进行与友邻城市的关系研究,了解复杂、变化的环境对城市的影响与作用,只有弄清了这些具有战略性的问题,才能使我们对城市的发展方向和发展规模作出正确的决策。

四、城市是一个社会化的大系统

现代城市,除了是个复杂的、开放的大系统之外,它还是个社会化的大系统。

如前所述,现代城市这个复杂的大系统,是一个开放的大系统,它除了通过城市的社会再生产活动,使其客观存在的多种功能转换为现实的生产力,促进城市自身的发展外,还要通过城市对所辐射的整个经济区的扩散和吸引,为区域经济服务,推动区域经济发展。这样,就必然要加强城市内企业与企业、城市与城市、城市与乡村之间的联合协作,实现由封闭向开放,由自给自足、"小而全"、"大而全"向社会化方向转变。

(一)城市社会化的过程,就是从小生产形态的城市转变到社会化大生产城市的过程

城市社会化程度的高低,一般以城市社会化大生产程度的高低来衡量。生产社会化是指由分散的小规模的个体生产到集中的大规模的社会生产的转变和过渡。因此,城市社会化,从本质上讲,也就是从小生产形态的城市转变到社会化大生产城市的过程。

社会化大生产,是以高度的分工和高度精密的协作而获得高效益为特征的生产形态。城市这个生产力集中的地方,也是促进生产分工协作得以发展的摇篮。虽说社会化大生产是人类生产长期发展的结果,但真正说来,社会化大生产是从资本主义登上历史舞台开始的。

资本主义生产方式使原来分散的小规模的个体生产转变为由分工和协作联系起来的机器大工业,实现了生产的社会化,极大地提高了生产的技术水平和劳动生产率,使"资产阶级在它的不到一百年的阶级统治中所创造的生产力,比过去一切世代创造的全部生产力还要多,还要大。"这个生产社会化的过程,主要表现有三:一是生产资料的社会化。从手工工场向机器大工业的过渡,标志着生产技术上的根本变革,终于把只供单个人使用、分散的生产资料,变为社会化的、只能由大批人共同使用的生产资料。生产资料的社会化,意味着生产力的极大提高。二是生产过程的社会化,即生产活动从一系列的个人行动变成了一系列的社会行动,往往一个产品需要许多工厂共同协作生产。

这样,新的生产部门不断出现,各企业、各部门间的依赖关系不断加强,过去分散的小生产过程变成彼此不可分割的统一的社会生产过程。三是产品的社会化。工厂生产出来的商品,是为了满足全社会的需要。随着生产规模的扩大和社会分工的发展,市场的范围越来越大,生产社会化已从一国的范围扩大到世界的范围。这样,生产、流通、分配和消费在更大范围内连结起来,使整个社会的经济活动联结成一个整体。

而这种社会化的大生产又集中表现在城市,城市已成为一种既高度分工又密切协作的经济体系。由于城市是一个以聚集经济效益为目的的集约人口、集约经济、集约科学文化的空间地域系统,因而城市的密集经济具有便于生产协作和专业分工的极大优越性。凭借城市的经济聚合力,可以将各种生产要素聚集和集中起来,将城市周围的其他城市及乡村等经济实体聚合起来。恩格斯指出:"工业把劳动集中到工厂和城市里"。马克思和恩格斯还指出过:"资产阶级一天天地消灭生产资料、财产和人口等的分散状态。它使人口密集起来,使生产资料集中起来,使财产聚集在少数人的手里。"这里,靠的就是城市的经济聚合力,才使众多的生产要素得以聚集起来。

城市由于有着经济聚合力,因此它能对专业化协作进行组织协调。首先,它能在一定范围内规定社会分工。因"分工的基本前提同扩大资本的基本前提一样,是协作,是工人在同一地方的密集,而这种密集一般来说只有在人口密度达到一定程度的地方才有可能。"这里所说的"在同一地方的密集",指的就是城市的聚集。生产的社会化发展,当然首先是由技术进步、劳动生产力提高决定的,但在一定生产力水平上,在一定的具体场合,作为专业化协作基础的社会分工,则是由城市对大量生产要素的聚集造成的。其次,它能组织、发展专业化的协作体系。城市经济实体组织结构的重新组合过程,也就是新的专业部门、企业不断分离出来,并将同类生产集中起来,进行专业化生产的过程。至于生产协作和经济联合,则是城市组织的经常性的经济活动,它反映了在分工协作基础上生产集中化、社会化的趋势。城市能够根据不同行业的不同生产过程,采取多种专业化协作形式,使专业协作由简单到复杂,由低级到高级,不断发展。再次,它能够提供流通保障。专业化协作能否巩固、发展,关键在于流通。城市能够提供良好的市场交通条件、合理的协作方式,花费最少的时间和最小的费用,完成商品从生产领域到消费领域的转移。从而能够使得专业化协作在原有分工协作的基础上,由点到面,由近及远,由国内到国外,逐步扩散。

可见,城市既需要组织专业化协作,又有条件组织专业化协作。专业化协作是生产社会化的表现,是社会化大生产的一种先进组织形式。生产社会化是现代化大生产发展的必然趋势。随着社会生产力的迅速发展,社会分工愈来愈细,协作范围愈来愈广,生产社会化的程度会愈来愈高,那么,城市社会化的水平也愈来愈高。

社会化大生产形态的城市,其主要标志是高度社会化的分工与协作。而高度社会化的分工与协作,不光反映在生产、流通方面,而且反映在生活及各项服务方面。生产社会化和城市服务社会化都是城市社会化的组成部分。城市服务是社会生产的一个重要组成部分。两者又互相依存,互相促进。生产社会化是城市服务社会化赖以形成和发展的强大动力,而城市服务社会化又反过来给生产社会化以巨大的推动。

按照马克思的论述,城市服务包含着广泛的内容,诸如商业、物资供应;金融、租赁业;信息、咨询业;运输、邮电业;公共交通、供水、排水等公用事业;科学、教育、文化、艺术和卫生事业;旅游、社会福利和个人生活服务事业,等等。城市服务是城市经济的重要组成部分,随着生产社会化程度的提高,城市以及城市以外地区对城市服务的需求越来越多,越来越广,一些全新的服务部门产生了,一些服务从原来依附的其他部门中独立出来了。于是一些同类服务集中起来,并采取多种专业化协作形式,使城市服务越来越具有社会性。显而易见,城市服务的社会化是生产和人口的集中、生产的专业化和社会化带来的。马克思恩格斯在《德意志意识形态》中写道:"城市本身表明了人口、生产工具、资本、享乐和需求的集中"。人口的集中,生产的集中,必然带来消费的集中,必然产生大量的服务需求。

由于消费的内容既有物质产品的消费,又有精神产品的消费,这样,城市服务有一部分是满足人们一般生存需要的服务;有一部分是满足人们发展和享乐需要的服务。物质产品的消费,如满足人们吃、穿、住、用、行的需要,一般要借助于前一类的服务才能实现;而精神产品的消费,如人们对科学、教育、文化、艺术、保健、旅游以及信息等发展和享乐的需求,很大部分是对后一类服务的直接消费。随着生产力和科学技术的发展,随着生产社会化程度的提高,人们的消费水平也在显著提高。于是,人们必然要尽量减少自我服务的劳动时间消耗,对家务劳动社会化的需求大大增加。由此而带来对劳动保险社会化、信息社会化、交通运输社会化的需求。

综上所述,城市进入资本主义社会以后,由于商业和工场手工业有了大的发展,使社会分工也很快发展起来,产生了许多新的部门、新的行业。这些部门、行业之间按照经济活动的内在联系,不受行政区划的限制,合理地进行分工协作,统一组织生产和流通,推动了大工业的迅速发展。大工业反过来又影响商业,促使商品生产和商品交换大大发展起来。它排斥了分散的、小规模的旧式手工劳动,并设立了金融业、交通运输业、服务业、科技情报业,以及政府管理等一切适合于大工业发展和商品经济发展的机构,逐步实现了由小生产形态的城市向社会化大生产形态城市的过渡。这时的城市系统,形成了巨大的城市系统,使城市系统进入了较高级阶段,逐步成为社会化的大系统。因此,城市社会化的过程,就是由小生产形态的城市向社会化大生产形态城市转变的过程。

随着生产力和现代科学技术的发展,商品经济在进一步发展,这种社会化的进程在加快,使城市越来越成为一种既高度分工,又密切协作的经济体系。特别是商业与金融业、交通运输业、信息业的发展,使得社会化的领域不断扩展,分工协作的深度和广度不断扩大,不仅产生了城市与城市之间的分工协作,而且出现了国家与国家之间的分工协作。这一切,使得城市社会化程度不断提高,信息社会化、劳动保险社会化、旅游资源开发社会化、交通运输社会化以及生活服务社会化等不断发展。

(二)按照社会化大生产的要求组织生产和流通,加速城市社会化的进程

如上所述,社会化大生产是在工业发展具有一定的集中水平和生产专业化的条件下产生的,社会生产的专业化协作,既是现代工业发展的趋势,也是社会生产力水平的反映。列宁指出:"技术进步表现在劳动社会化上面,而这种社会化必然要求生产过程中的各种职能的专业化,要求把分散的、孤立的、在从事这一生产的每个作坊中各自重复着的职能,变为社会化的、集中在一个新作坊的、以满足整个社会需要为目的的职能。"社会生产力水平越高,社会分工就越细,专业化水平也就越高。

由于我国目前还处在社会主义初级阶段,受到生产力水平的限制,加上我们管理水平比较低,我国城市社会化大生产的水平还不高。城市自给自足的小生产方式影响还很深,条块分割、城乡分割、内外分割的格局没有完全打破,影响按经济活动的内在联系,在不同的范围内合理进行分工协作。其表现是多方面的,如产品低水平的重复生产,工厂低水平的重复建设,满足现状,不思进取;企业、部门、城市搞"小而全"、"大而全",自成体系,"万事不求人",使得零部件和工艺不能合理协作,建设上不能统一规划,生活服务上出现了工厂和学校都"办社会"的落后现象。而且,城市与城市之间,城市与乡村之间,互相分割,各自为政,使得企业、城市不能按照社会化大生产的专业化协作原则和价值规律的要求来组织生产和流通,严重影响了社会经济效益的提高。多年的实践证明:条块分割、城乡分割、搞"小而全"、"大而全"、以及按部门、按行政区划组织专业化协作,是不适应专业化协作生产发展规律的,是不利于经济效益的提高和社会生产力的发展的。

因此,要使城市这个大系统真正成为社会化的大系统,就要改变旧的生产组织形式,打破地区、部门界限,在全社会范围内,按照商品经济活动的内在联系,合理地组织企业间、城市间、城乡间的专业化分工与协作,以获得最大的社会经济效益。

1. 要打破地域、行业界限,以名优产品或以有发展前途的产品为中心,以骨干企业为依托组织专业化协作。要发挥城市生产集中,分工发达,行业众多,技术先进,协作面广等优势。考虑到信息传递和运输的合理半径等因素,企业的协作与联合一般适宜于集中在城市及其周围地区,这样能够以城市为中心,围绕骨干企业、名牌产品、新技术开发、资源综合利用和社会服务等,组织多种形式的协作联合,以改变过去那种同一个城市重复建设许多同类型的企业、而这些企业又多是消耗高、效益低的"全能企业"的局面;这样可以摆脱部门束缚,打破地域、行业界限,按照专业化协作和合理的商品流向,不仅把城市内的各种企业,而且把分布在城市间、城乡间经济上有密切联系的企业组织起来,逐步按照大工业的生产方式装备起来,在原有分工协作的基础上,进一步搞好生产过程的社会结合，并有效地利用生产资料，节约社会劳动，提高社会经济效益，创造新的生产力。

2. 逐步形成以中心城市为依托的经济网络和经济区。随着社会生产力的发展，生产社会化程度的提高，社会经济活动越来越复杂。不仅生产分工细、部门多，而且部门相互联系、相互依存，过去分散的生产过程变成彼此不可分割的统一的社会生产过程。同时，分工与协作的深度与广度也在不断扩大，分工协作的范围远远超出了城市，社会再生产的运行越来越要求在较大的区域、在全国范围内，形成以中心城市为依托的合理的经济网络，以便把社会经济活动有机地联系起来。只有合理的经济网络，才能把国民经济各部门、社会生产各环节之间错综复杂的比例关系，在时间上前后衔接、在空间上互相协调起来，才能把社会经济活动中的点与面、集中与分散、生产过程与流通过程统一起来，以有利于统一组织社会化大生产。由于地区间的经济联系大大加强，许多大中城市与其周围地域形成了比较稳定的经济联系，在客观上就形成了作为地域经济体系的经济区。在经济区内，通过合理的经济网络来将社会经济活动有机地联系起来。如通过生产分工协作网，建立城乡一体、条块结合的工业体系；通过商品流通网，沟通城乡交换，发挥城市商品集散地的作用；通过技术开发网，来进行技术开发、技术推广和技术培训工作，等等。总之，建立以中心城市为依托的经济网络和经济区，才能在更大的范围内发展专业化协作、发展城乡商品生产和交换；才能合理地组织生产力，合理使用人力、物力、财力和自然资源，提高生产效率；才能合理地组织好社会主义商品流通，使商品能以最短的线路、最少的环节、最省的费用，完成由生产领域到消费领域的转移。

3. 发挥城市商品流通中心的作用，加速商品的流转速度，从外部给专业化协作以巨大的推动。社会化大生产是以城市之间千万个企业细致严密的社会分工为基础的。而这千万个企业间错综复杂的经济关系，都是通过商品流通来实现的。流通是社会再生产中与社会分工和专业化协作紧密联系着的客观经济过程。商品经济越发展，生产越是社会化，商品的流通作用越重要。在商品生产的条件下，任何一个城市、任何一个部门、任何一个企业都不可能生产自身所需要的一切，而是在以自己生产的产品满足其他城市、其他部门、其他企业、其他消费者的消费需要的同时，又依靠其他城市、其他部门、其他企业、其他商品生产者的生产来满足自身的消费需要。这就要求每个城市不仅要组织城市内部的商品交换，而且还要组织城市自身以外的商品交换，特别是要办好以本城市生产的专业产品为特色的各类贸易中心，完善贸易设施，提供良好服务，以有利于产销直接见面，协调供求，按需生产，有利于国内统一市场的形成和国际市场的扩展，有利于推动城市与城市之间、城市与乡村之间，甚至与其他国家城市之间的专业化协作的发展。

总之，要按照社会化大生产的要求组织生产和组织流通，要以城市为依托，按专业化协作的原则，进行企业改组联合。每一个城市、每一个以城市为中心的经济区，都应逐步形成各有特色的优势产业和拳头产品，这样才能促进城市内企业与企业、城市与城市、城市与乡村之间的联合协作；这样才能使每个城市、每个以城市为中心的经济区成为全国"一盘棋"上各具特色的"棋子"，而不是追求"小而全"、"大而全"的小生产形态的自给自足的城市或区域。否则，没有不同的特色，各城市、各经济区之间就没有发生商品交换的必要。城市之间要各具特色，相互补充，每个城市、每个经济区都要研究自己发展的方向和重点。这样，才能"按照社会化大生产的要求组织生产和流通，发展统一的社会主义市场"，才能加速城市社会化的进程。

五、城市是一个多功能的大系统

一切系统都有功能,没有功能的系统是不存在的。所谓系统的功能,指的是把系统放在一定的环境中考察,它在其中为达到一定目的所具备的能力。根据系统论的观点,系统的功能主要取决于系统的结构。任何一个系统都是由相互联系、相互作用的子系统所构成,而子系统又由许许多多的子子系统所构成。系统的这些层次,各有自身的独特结构,各有其相互联系的渠道和方式,因此,使得系统有着各种不同的功能。但整个系统的功能,并不是各个子系统功能的简单相加,而是各个子系统在合理的系统结构中发挥作用所产生的一种综合效能。这种综合效能是整体大于部分之和的最佳的总体效应。也就是说,系统的整体功能大于各层次功能机械相加之和,具有组成它的各个子系统所没有的新的功能。

如前所述,城市是一个巨大的系统,是一个层次和要素复杂、结构和环境复杂的大系统。因此,城市的功能,指的是构成城市这个大系统的许多子系统、组成子系统的更多的子子系统本身所具有的效用和作用,以及由这多种效用和作用的发挥所产生的一种综合效能。它是城市系统作为整体所表现出来的整体突现。城市功能随着商品经济的发展,逐步由单功能向多功能转变。过去,我们对城市功能的认识比较片面,在城市经济体制改革中,我们应对城市功能重新认识,以充分发挥城市多功能作用,推动社会主义商品经济的发展。

(一)系统的结构决定系统的功能

系统是结构与功能的统一体。系统的功能虽然与其自身的组成要素和外部环境有关,但主要的还是取决于系统的结构。

结构是系统内各要素之间的组织形式和结合方式。系统并不是一些组成要素的简单堆积,仅仅表明系统中有哪些组成要素,还不足以确定一个系统,要使系统本身明确起来,还应表明这些组成要素之间有着怎样的联系。因为在一定的环境下,相同的组成要素由于组织形式和结合方式不同,也即结构不同,而表现出来的功能是不同的。因此,谈系统的功能离不开系统的结构。如前所述,城市作为一个复杂的、开放的大系统,其组成要素成千上万,其结构肯定呈现出极其复杂的网络状况。

一般说来,城市的内部结构,包括经济结构、政治结构、文化结构,以及人口结构、生态环境结构等。就经济结构来说,它又包括所有制结构、生产结构、流通结构、分配结构和消费结构五个方面。从经济结构内部的生产结构来看,它又分为产业结构(仅指工农业生产的各个行业)、产品结构、技术结构、固定资产投资结构和生产组织结构五个方面。而且,这些结构又都不是孤立存在的,它们要与系统内其他的结构互相联系、互相作用、互相牵制。例如,流通结构,它要与城市的生产结构、消费结构、所有制结构、分配结构、人口结构等等结构纵横交错地交织在一起。

城市系统的结构,除城市内部结构外,还包括城市外部结构。这种外部结构主要是指该城市与其他城市及乡村之间的错综复杂的经济、政治、文化联系及其他社会联系。

城市结构合理,就有利于城市功能的正常发挥;不合理的城市结构,是城市功能不能正常发挥的主要原因。在现实生活中,有些规模较小、但结构合理的城市,往往在全国或地区的城市体系中能够发挥出比它规模大、但结构不合理的城市更显著的主导作用。因此,要想使城市功能达到最优,就要实现城市结构合理化。城市经济体制改革,在某种意义上说,就是调整我国各类城市系统的内部结构和外部结构,使之达到合理化,使之既能突出并充分发挥城市的主要功能,又能使城市的多种功能得到协调发挥,简言之,城市改革就是改善城市结构以优化城市功能。

(二)多功能是现代城市的一个显著特征

过去,由于受传统观念的束缚,我们对城市功能的认识比较片面、肤浅。一提到城市,往往只想到它是个工业基地;或者把城乡割裂开来,就城市论城市;或者把城市当"城堡",局限于"自我服务"。所以,对城市的功能,城市经济体制改革的重要性,我们需要再认识、重新认识。

前面我们已经谈到,城市是社会分工和商品经济发展的产物。随着商品经济的发展,城市的工业、商业、交通运输、金融、科技、文化、服务行业也逐渐发展起来。我们对城市功能作历史、现实的考察,就可发现:城市系统的功能随着商品经济的发展逐步由少功能向多功能转变,逐步变得复杂起来。在第二次社会大分工即手工业与农业分离的基础上出现的城市,它起初是商品交换的场所,城市的功能主要是商业中心。比如,古代名城巴比伦,是世界上最早形成的城市之一。古代的巴比伦城,城墙长达 13 公里,人口不下 10 万,各国商人云集于此,商业异常繁荣。直到封建社会,城市的主要功能仍是贸易中心,虽然当时手工业有了很大发展,但它基本上是依附于商业的。随着近代产业革命和现代工业的兴起,城市又成为社会化大生产集中的所在地,它一般又有着交通、地理优势,于是,城市的功能多以工业生产为主,反过来又与商业结合,出现了许多大的工商业城市,逐渐使城市成为一定地域范围的交通枢纽,成为更加广泛地进行商品交换和物资集散的中心。进入当代社会以后,由于信息已成为促进社会再生产的顺利进行、提高城市经济、区域经济及整个国民经济运行效率的重要条件,使得城市又具有区域信息中心的功能。此外,还有些城市具有作为区域乃至全国政治中心、文化娱乐中心的功能。总之,由于商品经济的发展和生产力水平的提高,社会劳动分工越来越细,城市社会生活的内容越来越复杂,也就是说,构成现代城市这一系统的要素越来越多,由这些要素的结合方式表现出来的城市结构也越来越复杂,这就使得城市的功能逐渐由简单趋向复杂,由少功能转向多功能。

城市的功能,有些是所有城市都具有的,有些则不然,它因不同类型、不同规模的城市而有所不同。一般说来,城市作为人类社会活动的基地和作为一定地区社会发展的中心,这是所有城市都具有的共同功能。根据雅典宣言规定,这共同功能主要是居住、工作、游憩、交通四个方面。而不同类型的城市,其主要功能则各不相同。城市类型,一般是根据城市的性质来划分的。城市性质,主要是指一个城市在全国或某一地区的主要功能和作用。城市性质的确定,一般又要考虑国家的总体规划和区域规划,以城市自身的条件为基础,即要根据自己的具体市情来确定城市的性质。城市自身的条件包括自然条件、社会条件、历史条件。自然条件包括地理位置、自然资源、自然环境、人力资源等内容;社会条件包括经济状况、政治状况、文化状况、民族构成和历史传统等内容;历史条件是指自然条件和社会条件在一定历史阶段的演变,发展情况。例如,北京市的性质,定为我们伟大社会主义祖国的首都,是全国的政治中心和文化中心;上海性质定为我国的经济、科技、文化中心之一,重要的国际港口城市;天津性质定为我国沿海重要的工商业城市,华北的经济中心。

由于城市的性质多种多样,因此,根据城市性质来划分的城市类型也是多种多样的。目前大致分为:经济中心城市,政治中心城市,文化中心城市,历史名城,风景旅游城市,港口城市,交通枢纽城市,等等。经济中心城市,又分为工业中心、商业中心、金融中心城市,等等。工业中心城市,还可以细分为纺织中心城市、汽车城、石油城、煤城,等等。上面举例所说的北京、上海、天津等特大城市,往往是兼有几种性质的综合性城市。显然,这些综合性的大城市,其主要功能同样也是兼有几种。一般说来,只要城市结构合理,那么,城市的规模愈大,它的功能也愈大。

综上所述,现代的城市,无论其规模大小,其功能无一不是多方面的。尽管各个城市由于赖以产生和发展的自然、社会、历史条件不同,其主要功能有所区别,但这种区别只是城市多种功能中主要和次要的区别。

前面已经谈到,城市的内部结构基本可分为经济结构、政治结构和文化结构。根据系统结构决定系统功能的原理,我们可将城市的多种功能归结为经济功能、政治功能和文化功能三种。一般来说,经济功能是大多数城市功能的核心部分。特别是规模较大的城市,由于它生产集中、技术先进、金融发达、交通便利、信息灵通、交易方便、人才济济,使得它除了具备工业基地这一重要功能之外,同时还具备贸易中心、交通枢纽、金融中心、信息中心的功能,这些都属于经济功能的范畴。当然,也有些城市还具有科技中心和教育中心的功能。

显然,多种功能已成为现代城市的一个显著特征。它不仅是工业生产的基地,而且应当是贸易中心、金融中心、交通枢纽、信息中心,有些城市还是科学、教育中心。事实上,现今世界上的城市,没有一个是单功能的城市,城市功能由单功能向多功能发展已成普遍趋势。比如香港,三四十年代还是较单一的转口港,自60年代起,由于工业的崛起,它已变成为重要的国际贸易中心、金融中心、航空中心、旅游中心等具有多种功能的城市。又如武汉,建国以来,在历史上已形成的交通枢纽功能、贸易中心功能的基础上,又形成了工业生产中心、科技、教育中心等功能。即使是像桂林这样的旅游城、鞍山这样的钢铁城、大庆这样的石油城、十堰这样的汽车城、景德镇这样的瓷器城,在其发挥各自特色的专业功能的同时,也都相应发展了其他工业、文化教育、交通运输等多种、综合功能。所以,现代城市是多功能的城市。换言之,城市是个多功能的大系统。

(三)发挥城市多功能作用是改革的一个重要任务

正确地认识城市的功能,就是要把城市的多种功能发挥出来,从而推动社会主义商品经济的发展,这是城市改革的一个重要课题,也是城市改革的一个主要任务。

前面谈到,不同城市具有各自不同的性质、规模。城市的类型也是多样的,城市的功能不是单一的。可是,长期以来,我们对城市的功能作了片面、单一的理解。认为所谓中心城市就是经济中心城市,就是生产基地。这样,不仅城市已经具有的多种功能未能得到充分的发挥,而且有些已经形成的城市功能也开始萎缩。这具体表现在城市工业生产建设孤军深入,商业、交通运输业、科学教育事业、城市基础设施等相对落后。任何城市都是一个相对完整的社会肌体,它们都应有一定的经济功能,这是对的,但并不是每个城市都应以经济功能为其主要功能。比如,桂林、北戴河,是全国著名的旅游中心,不必向经济中心方向发展。把所有的城市都搞成清一色,不顾市情,不顾城市性质,片面强调发展工业、尤其是重工业,是失策的。这样做的结果,只能是使城市结构畸形,使城市某些功能萎缩。

同时,每个城市在确定自身的功能和发挥城市功能作用时,应把这个城市放在城市群体中来考虑,要在全国和一定区域中来确立自身的位置,在它所辐射的整个经济区中发挥具有自身特色的多种功能。城市的本质是开放而不是封闭。过去,城市囿于行政区划的限制,在拼命建设全面的生产基地的过程中,谋求门类齐全,自成体系,搞封锁分割,作茧自缚,这样,限制和削弱了城市自身的多功能作用。很明显,城市是社会化大生产分工协作的产物,发挥城市功能,不能只考虑城市本身的范围;城市的经济工作,不能只局限于为本城市服务。而应从整个社会经济文化发展的内在联系和客观要求出发,打开门户,实行开放,增强辐射力,为它所辐射的整个经济区服务。由于城市的性质、规模不同,它所辐射的经济区也不同。上海是全国的上海,应该为全国服务;武汉地处华中,首先是为华中经济区服务,进而影响到西南、西北。只有在开放的条件下,由城市功能作用的发挥所形成的城市经济辐射线,才能伸向该城市所辐射的整个经济区。

当然,前面已经说过,城市多种功能能否得到充分发挥,主要取决于城市结构是否合理。城市结构中主要的是经济结构、政治结构和文化结构。目前所说的城市结构不合理,主要是指广义上的产业结构不合理,即经济结构中生产、流通、分配、消费环节的各个行业和文化结构中文化、教育、科研等精神生产行业之间比例失调。

作为中心城市,以及它所辐射的经济区内的众多的中小城市,其产业结构的调整都要因地制宜,扬长避短,各具特点,相互补充,以形成不同类型的经济网络。要克服“城市就是工业生产基地”的旧观念的影响,扭转城市第三产业和基础设施落后的状况。另外,城市多功能作用的发挥,要依靠并通过各种市场的活动才有可能。因此,城市应逐步开辟多种市场,建立和完善市场体系,以利于城市的多功能作用得到充分的发挥。

当然,城市内部结构的其他方面,以及城市外部结构,也存在一个调整问题。

总之,城市多功能的发挥有赖于城市内部结构和外部联系的合理调整,而这些调整又必须服从于城市多功能的发挥。

城市大系统的发展方向

城市系统不仅是一个开放、复杂的大系统,而且是一个动态的大系统。城市系统在不断地发展变化。因此,弄清城市系统的动态性及其发展趋势,对于制定城市体制改革的目标模式以及城市的长远发展规划不无好处。

一、城市是一个动态的大系统

世间一切事物都是运动的,城市也是如此,它每时每刻都处于动态的发展过程之中。城市是一个动态的大系统。

(一)城市系统动态的概念

我们知道,任何物质的运动都离不开时间和空间。同样,城市的动态发展过程,也是空间存在形式和时间存在形式的统一。城市从无到有,从小到大,从简单到复杂,从单一功能到多种功能,从原始到现代化,这既是空间的位移,也是时间上的推进。

城市系统不仅在空间坐标中有结构,而且在时间坐标中也有结构。城市的时间结构就是城市的发展史。

从时间结构来看,系统是有层次的。作为城市系统,其发展可分为奴隶社会城市、封建社会城市和产业革命后的近现代城市三个层次。历史是有层次的,但也是连续的。系统的发展是由量变到质变,其连续性基于量变;其层次的产生则由于质变。系统的层次态,由低级向高级、由简单向复杂地发展。低级层次是高级层次的基础,高级层次既保留低级层次的某些属性,又产生了低级层次所不具有的特性。

系统的状态由量变到质变,由稳定到不稳定是一个缓慢的过程。系统的层次发展,也可表现为系统发展的阶段性。当系统发展到一定程度时,由于系统内部、外部各种因素的影响,系统的联系会受到限制,处于不稳定状态,严重阻碍系统的发展。只有当系统积聚了足够的能量后,才能得到进一步的发展。比如,城市产生以后,即成了常住人口和各种活动比较集中的地方,具有了一定的空间聚集性、经济性和社会性。但是在资本主义产业革命以前的很长历史时期中,城市的发展是极其缓慢的,一直处于量变过程之中。产业革命使城市系统积聚了足够的能量,冲破了自给自足的自然经济的桎梏,促进了社会生产力的高速发展,使城市的性质和地位发生了变化,使城市的数量迅猛增加,规模不断扩大,使城市系统发展到高一级层次。

而且,系统的变化、发展不是随意的,它是受系统内部、外部各种因素的影响、限制,依据一定的规律变化发展的。这是系统发展的有序性。在前面一章城市系统的开放性中,我们曾谈及城市是一个开放性的耗散结构系统。按照耗散结构理论,城市这个开放性的、非平衡的自组织系统内部,永远会由于构成元素的不断变化而发生涨落的振动。这时,若从外界输入正熵流,就只会增加系统的紊乱无序状态,使系统的变化保持旧的平衡;若从外界输入负熵流,就有可能使系统内部的变化急剧扩大,出现巨大的涨落,从而破坏旧的平衡,甚至使旧结构完全被摧毁。其结果,并非产生更大的混乱和破坏,而是会使系统在一个更高的层次上产生新的结构,向更复杂的有序性发展。

再从空间结构来看,它是由联系而形成的。而系统结构中的联系又是靠运动实现的。联系和运动互为因果。联系的本质从运动中发现,运动的本质需从联系中探求。在城市系统中,由人、财、物、能量、信息的流通,产生联系,没有这些流通,就会中断城市系统的联系。由于城市系统具有经济集中的特点,它是商品生产和商品交换集中的地方,随着社会分工的扩大,生产社会化程度的提高和商品经济的发展,各种功能不同、规模不一的城市,其联系的区域范围会不断扩大,并且城市与城市,城市与乡村集镇联系成为一个城市体系,从而把全国经济联系起来,把国内市场和世界市场联系起来。马克思和恩格斯曾根据当时英法等国的状况指出过:"城市彼此发生了联系,新的劳动工具从一个城市运往另一个城市,生产和商业间的分工随即引起了各城市间在生产上的新的分工,在每一个城市中都有自己的特殊的工业部门占着优势。最初的地域局限性开始逐渐消失。"在古代的奴隶社会、封建社会中,城市系统之所以发展缓慢,是由于城市的联系还不密切,联系的范围也不广大。这主要又是由于社会生产力发展水平较低,商品生产不发达,广大农村的自然经济、半自然经济在整个国民经济中占着优势,城市的经济技术力量较小,交通、通信手段落后,因此,城市与城市之间,城市与乡村之间的经济、政治、文化联系不够密切。经过近代、现代社会经济文化的发展,城市聚积了越来越大的生产力,城乡经济比重颠倒过来,城市大机器工业兴起,社会化大生产迅速发展,科学技术飞速进步。这些,极大地推动了城市以加速度向前发展。城市的数量急剧增多,许多城市的规模急剧扩大,大量人口迅速向各类城市集中,城市的结构、功能越来越复杂,城市与城市、城市与一定范围的乡村以至与世界其他地方的社会联系越来越广泛。城市内部和外部的各种联系错综复杂。由于联系和运动在系统的范畴中是统一的,所以,城市系统是在联系中运动,在运动中发展着联系。

此外,城市的功能的发挥也是与城市系统的动态过程联系在一起的。离开了城市系统各要素之间及其与外部环境之间的物质、能量和信息的相互作用、相互交流过程,城市系统的功能是无从表现和考察的。比如城市的流通中心的功能,它是通过城市内部及城市与外部的人流、物流、资金流、信息流等多种要素的"吞吐"、"集散"运动,来表现城市流通功能的。城市的流通功能越大,其聚集力就越大,吸引力越大,辐射力也越强,辐射的范围越广,就是说,城市的动态性越剧烈。相反,城市的功能越小,城市系统的动态性越平缓。显然,要考察城市的功能,离不开城市系统的动态过程。

(二)决定城市系统运动的原因

城市植根于社会环境之中,它的运动要受到各种社会因素和社会条件的制约。社会经济、政治、文化教育等都对城市有深刻影响。但城市系统的运动最根本的还是由社会经济的运动决定的。

1. 社会生产是决定城市产生和发展的最基本因素。如前所述,城市并不是人类社会一开始就有的。在人类社会发展200多万年的历史中,仅仅在近5000年的社会中才有城市。人类的居住形式由流动的原始群落发展到定居的居民点,其间经历了几十万年的时间。原始社会晚期,由于生产工具的进步,促进了社会生产力的迅速发展,发生了三次社会大分工。最初的城市,就是在农业和手工业之间进行商品交换的固定市场的基础上形成的。虽说这时的城市具有人口的集中和密集性,但是,由于当时社会生产力水平很低,这种城市是以氏族部落在一定空间聚集,以土地财产和农业劳动为基础的萌芽状态的农业城市。正如恩格斯在《家庭、私有制和国家的起源》一书中说的:"用石墙、城楼、雉堞围绕着石造或砖造房屋的城市,已经成为部落或部落联盟的中心"。

在漫长的奴隶社会和封建社会,生产力有了进一步发展,社会分工和商品交换也发展了,城市也随着社会生产的发展而发展,城市与乡村开始逐步分离,并且城市与乡村在对立运动中平行发展。早期的古代,在经济发达的黄河流域,尼罗河流域,两河流域,恒河流域,出现了许多规模较大的城市,如咸阳,雅典,巴比伦,斯巴达,迦太基,亚历山大等,其中有的人口达数十万人。特别是中世纪的中古城市,多在农业富庶,交通方便的江河之畔。如我国西晋的洛阳,南朝的建康(今南京),隋唐的长安,欧洲的汉堡、威尼斯等。总之,凡是生产力比较发达的地区,城市就比较集中,规模就比较大。并且,城市和城市集中的地带还沿着生产力发达地区的转移而转移。如我国古代的城市和城市集中的地带,就曾因自然条件、社会经济条件的变化,沿着黄河中下游→关中地区→江淮流域→江南地区多次迁移。尽管这个时期城市随着社会经济的发展而发展,但它仍然是建立在农村经济的基础之上的,其发展速度是缓慢的。

　　城市真正得到空前的发展,则是到机器大工业时代。随着工厂的出现,生产的集中,分工的加深,需要在高度聚集的前提下进行广泛协作,科学技术、金融、贸易、信息等对城市聚集的要求也越来越高,这样必然会引起农业人口减少,促使工业和人口在城市高度集中;必然会引起城市各种服务行业的兴起,在客观上吸引人口的集中。同时,工业化发展到一定阶段,生产力提高到一定水平,必然要求城市加速发展,为经济的发展开拓道路;要求城市为它的发展提供各种服务;要求城市的基础设施、各种公共生活服务设施及文化设施等向现代化、配套化方面发展。这样,生产的不断发展,科学技术的不断进步,物质财富的不断增加,基础设施的不断完善,等等,都在城市的运动中体现出来。显然,工业化的发展,社会生产的水平成为加速城市运动变化的基本因素。城市的发展与社会生产的发展始终是相伴而行,同步共进的。

当然,城市运动变化的加快,不仅仅因为工业化的发展。商品经济的发展,商品生产范围的不断扩大,地区专业化和分工日益显著,封建的自然经济的被打破,国内和国际市场的形成,交通运输的新发展,所有这些,都成为加速城市发展变化的因素。也可以说,社会经济的不断向前发展,决定了城市的不断向前发展。

2. 城市的聚集作用是城市运动的内在动力。聚集是城市的重要特征之一。城市就是由大规模的人口聚集而形成的。人口聚集又多由工业聚集而引起的。这种聚集,可以使人的力量大大增加。正像恩格斯在《英国工人阶级状况》中指出的:像伦敦这样的城市"大规模的集中,250万人这样聚集在一个地方,使这250万人的力量增加了100倍"。集聚之所以能使人的力量增加一百倍,之所以成为城市运动的内在动力,主要有以下几个方面的原因:

一是聚集便于生产协作和专业分工。高度的分工和高度协作可带来高效益,它不仅可以"提高了个人生产力",而且可以"创造了一种生产力",成为生产力的源泉。

二是聚集可以强化社会交流,便于物质、信息的集中,便于加快物流、信息流。所有这些,可以有效地促使社会经济更快运转。

三是聚集便于资金的集中,加速资金的周转。资金的集中和周转的加快,其目的是为了促进生产、流通和消费的健康发展,保证社会再生产各个环节的良性循环得以充分实现,为搞活微观经济创造有利的条件,从而有力地促进社会经济的发展。

四是聚集便于利用公共资源、能源、水源等;便于利用公共交通、邮电及其他社会服务设施;便于原材料供应和商品上市,缩短流通时间。

城市正是以它对这种高度分工和高度协作的协调,以它的基础设施为社会提供协作服务来提高社会生产力、来加速城市运动的。

二、城市大系统发展的方向是现代化

我们知道,城市系统是动态的,这就要求我们在分析城市时,要有发展的观念,既要看到城市系统过去的产生及变化,更要预见到它将来的发展及趋势。

(一)城市系统的运动发展必然伴随城市化

城市作为一种经济社会实体,作为一种物质存在,作为一个复杂的、动态的大系统,无时无刻不处于运动和发展的过程之中。从奴隶社会、封建社会到资本主义社会、社会主义社会,城市系统一直处在发展变化之中。在城市出现后的五千年历史中,产业革命以前的漫长时间,城市的发展是极其缓慢的。产业革命冲破了自给自足的自然经济的桎梏,促进了社会生产力的高速发展,商品交换日益频繁,市场急剧扩大,城市的性质和地位随之发生变化,城市成为近代工业生产中心、交通运输中心、商品贸易中心、科技文化中心和政治中心。城市的数量也迅猛增加,规模不断扩大,城市人口增长的速度异常迅猛。1800 年,世界城市人口占世界总人口的 3%,1900 年占到 13.6%,1925 年上升到 21%,1950 年增加到 28%,1975 年达到 39%,1980 年增至 42.2%。预计 20 世纪末,城市人口将占到世界总人口的一半以上。同时,规模巨大的城市数量也越来越多,1900 年,全世界 10 万以上人口的城市有 38 座,1970 年增加到 844 座,1980 年达到 950 座。1950 年,全世界 100 万人口以上的特大城市有 71 座,1970 年上升到 157 座,1980 年达到 234 座。

这种发展趋势,在发达国家特别明显。发达国家的城市人口比重,1950 年为 33.6%,1970 年为 66.8%,1980 年超过 70%,其中日本 77%,美国 82.7%,丹麦 84%,英国 86.4%,联邦德国 92%,比利时 95%。在这些发达国家,乡村出现日益接近城市的生产方式和生活方式的趋势,城乡之间在生活水平上的差距,开始逐渐缩小。对于产业革命以来的这种由于城市动态发展带来的一种社会历史现象,人们称之为"城市化"过程。

所谓城市化是指城市数量增加、规模扩大、城市人口占总人口比例上升,人口由分散的乡村向城市集中的过程。城市化本身就是个动态的概念。它有着三种表现形式:一是城市人口增加,乡村人口相对减少,城市人口在总人口中的比例不断提高;二是城市数量增加、规模扩大,城市体系结构、城市地区分布的变化;三是城市经济关系和城市生活方式的深化和扩大。

近一百多年来,世界上城市化的过程在世界工业化和技术革命的推动下,发展日益加快,并表现出两大特点:

第一,世界城市人口的增长速度大大超过世界总人口的增长速度。从 1800 年到 1950 年,世界总人口共增加 1.6 倍,而城市人口却增加了 23 倍。从 1950 年到 1970 年的 20 年中,世界城市人口又增加 1 倍,超过 1800 年到 1950 年 150 年的增加数。

第二,工业化程度越高的国家,其城市化水平一般也越高。工业化和城市化是两个相互促进的过程。工业化程度高的国家,城市人口大多都占本国总人口的 70% 以上,西欧和大洋洲的发达国家已达 85%。相反,在工业化程度不高或刚刚开始工业化的国家,城市化水平就低得多。1970 年,东亚地区城市人口约占 30%,西亚和南亚地区为 21%,非洲为 22%。

一般说来,城市化分为两种形式,一种是集中型城市化,另一种是 20 世纪 50 年代以来出现的分散型城市化。在一些工业化发达的国家和地区,当大城市发展到一定规模时,由于人口过分密集,使城市这架机器的运转超过了负荷,出现了地价上涨、交通拥挤、环境污染等一系列城市问题，于是，大城市人口逐步由点状聚集发展到散状形态。有的大城市不断吞并周围地区，把郊区变为城区；有的大城市同周围的中小型卫星城镇同时发展，相互连成一片，成为一个大的城市群、城市带。显然，这两种形式的城市化，是由不同的生产力发展水平所引起的。生产力水平还不高的国家和地区，一般是前一种形式的城市化，而后一种形式的城市化，多是在生产力水平较高，生产的空间集聚已达到相当高度的情况下出现的。

既然城市化是由生产力的发展引起的，是和城市的发展和工业化相伴随的一个客观的历史过程，那么，我国经济社会的发展，也同样不可避免地要经历城市化的过程。建国30多年来，随着我国工业化的进程，城市的数量有了成倍增长。1949年全国只有设市建制的城市69个，县城和建制镇2000个，城镇总人口占全国总人口的10.6％。到1985年年底，全国设市建制的城市为324个，县城和建制镇有12014个，城镇总人口占全国总人口的20.3％。其间，城市数量增长5倍，城镇人口增长1倍。

我国城市发展历史表明，我国同样在经历着城市化的历程，同样要遵循这个普遍规律。由于我国城市目前仍处于社会主义初级阶段，这一阶段是城市迅速发展的阶段，是城市经济迅速发展的阶段，因此，我国城市化仍要以集中型城市化为主要形式。我国的城市发展经历了曲折的道路。目前，我国的城市化水平还不高，与发达国家比，我国的城市化还只算是处于起始阶段，城市人口的比重只有16％，包括郊区人口也不过20％左右，这不仅比经济发达国家城市人口的比重小得多，而且比世界城市人口占世界总人口的平均比重42.2％也要小得多，甚至比世界各大洲中城市化水平比较落后的非洲的平均比重24％还要低。

我国从1979年工作重心转移到经济建设的轨道上来以后，城市化加速的趋向是显而易见的。到20世纪末，我国工农业总产值要翻两番,城市体系和结构将逐步建立和完善,小城镇将逐步得到发展,这必然会推进我国城市化的进程。有人预测,到那时,我国城市数将达到 600 座,城市人口比重将达 35% 左右。不论这一预测是否准确,有一点是毫无疑问的,这就是随着我国城市经济社会的发展进步,我国城市化的进程定会大为加快。

(二)城市现代化是城市化的伴侣

如前所述,随着城市经济社会的发展,城市化成为一个不可避免的历史过程。这一过程是社会进步的重要标志,它必然使城市的数量和人口增多,城市的质量提高。因此,城市现代化与城市化,成为不可分离的伴侣,并随着世界经济社会的发展,同步共进,平行发展。显然,现代化也是一个动态的概念,现代化也成为城市今后的发展方向。

所谓城市现代化,就是实现由小生产形态的城市到社会化大生产形态城市的转变和过渡。当然,这是从本质上说的。社会化大生产,是人类生产长期发展的结果,到了现代社会,社会化大生产达到了新的高度,而这种高度社会化的大生产又集中在城市表现出来,因此,城市社会化水平的程度,成为衡量城市现代化水平的主要标志之一。随着生产的发展、信息传递技术的发展和交通运输的发展,集中表现社会化大生产的分工协作,开始超出城市地界,在大区域、在全国范围内形成协作网,许多城市的职能向专业分工发展。为了求得更好的总体效益,国与国之间的城市也产生了分工。分工与协作的深度和广度空前扩大,带来城市生产技术的高度发展,带来城市管理与服务的高度发展。于是,城市活动社会化发展起来,城市功能多样化起来,生产智力化起来。同时,在城市管理和基础设施建设方面,也开始出现管理信息化、建设规划化、基础设施现代化。综上所述,城市现代化,在通常情况下具有以下五个特征:

1. 城市社会化。不仅在生产方面和流通方面,而且在生活方面及各项服务方面,都实行高度社会化的分工与协作。不仅城市内部破除"小而全"、"大而全",实行合理分工与社会协作,而且城市与城市之间随着经济区与经济网络的形成,也彼此密切加强联合与协作,以充分发挥城市多功能作用。

2. 生产智力化。这是指城市本身的科学技术,特别是生产技术的现代化。一般也认为主要是指工业化的水平和工业化的程度,即各种工业的机械装备水平、自动化、电子化程度,各种农业生产机械化、电气化、化学化的水平。不少学者认为,科学技术作为最先进的生产力,它在生产力的构成中是乘积的关系,用公式表示就是:

生产力＝(劳动力＋劳动工具＋劳动对象＋管理)×科学技术

目前,世界城市兴起了发展新技术产业的热潮,同时又在以新技术改造传统工业,推动产业进步和城市经济的发展。因此,城市是否拥有高度技术水平和机动灵活的适应能力,以满足人们越来越高的多种多样的需求,使城市保持稳定的发展,并具有世界先进性,已成为城市现代化的条件之一。

3. 管理信息化。也即城市管理与服务信息化、现代化。城市的规划、建设、交通、教育、商业、社会服务、治安、医疗保健等等,都需要在健全法制的同时,利用各种现代化的处理信息系统把城市有机地联系起来,以提高管理效能,实行科学管理。不仅城市内部如此,各城市之间、各地区之间也都应有高效能的信息处理系统。当今世界上,有没有现代化信息系统,各种信息是否灵敏、畅通,传递是否及时,已经成为衡量一个城市是否现代化的重要标志之一。

4. 基础设施现代化。城市基础设施是城市存在和发展的最基本的人工物质承载体,城市的一切社会生产和社会生活,都要建立在其上。因此,城市的交通、通信、能源供应、给水、排水、防灾、园林绿化等各项设施,都是建设现代化城市的基本条件,是衡量和制约城市运行效率的一项标志,是保证城乡畅通联系、快速交流的因素。它们如果不能提供灵敏、便捷、通畅、充足、优良的效能,也就是说没有现代化,那么,整个城市的现代化就无从谈起。

5. 生活环境优美化。现代化的城市要成为提高人的能力、产生活力的场所,这就要求城市环境不仅达到较高的净化水平,实现良好的生态平衡,而且要达到一定的美化水平,做到自然与文化协调,使城市居民能生活在优美舒适的环境之中,达到美学上令人愉快,生理上有益健康,经济上、文化上有利于发展的程度。

现代化是一个国际性、历史性的概念。它是以世界上已经达到的水平为标准的。以上几点,是就一般而论,既可看作是城市现代化的标准,又可看作是城市现代化的条件。城市现代化与城市化一样,是一个从低级到高级的不断发展变化的动态过程。在不同的历史时期,随着科学技术的发展变化,现代化的内容和条件也会变化。但绝不是说,世界各国的城市现代化都是一个模式,由于各国的具体历史和经济条件不同、政治制度不同,在城市现代化方面必然表现出不同的特点。

(三)实现具有中国特色的社会主义城市现代化

城市现代化是当代城市大系统的运动方向,是人类社会前进的历史趋势。我国的城市现代化既要符合社会主义制度,又要适合我国的具体国情。我们应有我们自己的城市现代化的目标模式。尽管现代化的科学技术可以适用于一切国家,但不同社会制度的国家,运用的方法不同,所走的道路不同,其目的和结果也不相同,因此,世界各国城市现代化的模式并非一样。

251

我们认为,我国现代化的城市,应该是空间布局合理的科学结构形式,是一个与周围地区和城市能够不断方便地交往的开放系统,是一个众多子系统能够协同发展、多种功能综合发挥作用的整体,是一个生产智力化、社会化、信息灵通的管理高效化的中心,也是一个物质文明与精神文明互相融合、城市与乡村互相开放的社会。

应根据这样一个目标模式,来正确选择和确定我国社会主义城市现代化道路。显然,我国城市现代化将以中国的特色有别于其他社会制度国家的城市现代化:

一是我国城市现代化,不是没有目的的单纯追求现代化,而是为了使我国人民能够享受自己所创造的一切物质文明和精神文明的成果,是有目的的实现城市现代化。

二是我国城市现代化大部分要通过改造老城市来完成。由于我国"人多、地少、底子薄",现代化起步晚,生产力水平低,大部分是在落后的自给自足的小农经济基础上建设和发展起来的封闭式的城市,这就决定我国城市现代化的过程是一个漫长的过程。

三是我国城市的发展,不是以农村的破产为代价,不是让农民沦为无产者流入城市来发展城市。资本主义国家城市的发展却是以农村的破产,农民沦为无产者为条件的。我国的城市现代化是以农村经济的繁荣为基础,大力发展多种经营和乡镇企业,使大量农业劳动力转移到第二和第三产业,逐步发展适度规模的经营,用农村经济的发展来推动城市现代化的进程。

四是我国城市现代化不是盲目的、无计划的,而是有国家宏观指导的。

五是我国城市现代化,既包括物质文明,更包括社会主义精神文明,就是说强调人的精神状态。这是有中国特色的城市现代化的显著标志。这要求我们在城市的规划和建设方面,要重视文化、艺术、教育、新闻、出版、广播、电视等设施建设。同时，更要求我们通过多种途径和丰富生动的方式方法，用共产主义、爱国主义、集体主义的思想来教育市民，培养市民高尚的共产主义道德情操和养成优良的社会风气。

当然，我国的城市现代化，无疑要吸取国外一切有益的经验。但这种吸取不是简单的模拟，而是根据我国的国情来实现富有中国特色的城市现代化。目前，我国正在进行现代化建设，城市，特别是沿海各城市无疑要走在前列，要用城市现代化来带动整个国家现代化。因此，建设具有中国特色的现代化城市，是我们始终要坚持的方针。

城市改革的可行性研究

一、可行性研究的概念和任务

可行性研究原是一种对工程或建设项目进行技术经济评价的方法。进一步讲,它是通过对工程或建设项目的各种因素和条件进行分析、评价,来研究工程或建设项目是否有成功的可能,又应建设到什么程度等问题的一种方法。可行性研究的任务,就是通过进行计算、分析、比较和评价,选择出最先进、最合理的方案,以期工程或建设项目达到预期目的。

城市改革,本身就是一项艰巨复杂的社会系统工程。这项工程的预期目的是什么呢? 从我国城市发展战略来看,必须适应当前经济发展的主流和大好形势,走出一条具有中国特色的社会主义城市化道路,与经济、社会发展相适应,逐步建立起以特大城市和大城市为核心,以小城镇为基点,以农村集镇为细胞,多层次、不同规模的城市体系,逐步把城市建设成为城乡结合,内外交流的开放型城市。要使城市改革达到预期的目标模式,对这项系统工程进行可行性研究是必不可少、至关重要的。

如何进行城市改革的可行性研究呢? 那就是请专家、学者们咨询,通过对城市政治、经济、文化、历史、地理等诸方面的具体分析和评判,找出其特点、优势,然后根据这些特点、优势,设计出城市改革的方案,通过对这些方案的反复比较、论证,最后选择出最佳方案付诸实施。

（一）组织智囊团，依靠专家提供决策依据

匈牙利的经济体制改革，给我们提供了很好的经验。卡达尔上台后，力图开创一个政治稳定、经济繁荣的新局面。他在1956年建立了由200名经济学家组成的委员会，其任务是为经济体制改革探索理论根据，进行可行性研究，提出改革方案。经过一年的探索研究，该委员会提交了一份报告，谨慎而详细地揭露和批判了旧的经济管理体制上的弊病，主张用经济手段管理经济，建议大幅度下放中央高度集中的权力。1964年9月，匈牙利再次成立了经济体制改革委员会，并成立了十多个专门小组，吸收了大约有250名经济、法律、工程技术等方面的专家参加，分别研究有关计划、投资、劳动、商业、价格、外贸、企业管理等体制问题。经过一年半时间的可行性研究之后，再提出改革的方针、原则和总体设想，通过充分的辩论之后，于1967年6月形成了决议，1968年1月正式付诸实施。

武汉市城市经济体制综合改革的可行性研究，是由市咨询委员会承担的。1983年5月底，武汉市正式成立了包括多方面的知名专家、学者和部分有经验的实际工作者组成的咨询委员会，咨询委员31人，其中副教授、副研究员、高级工程师以上的29名。咨询委员会下设工业、交通、农业、财贸、城建、综合等7个专业咨询组，聘请成员78人，各专业组的组长均由专家担任，政府有关委办正职担任副组长。咨询委员会的任务，就是对武汉市的各项改革，进行咨询、论证，设计方案，提供给政府决策。这样，咨询委员会就起到了"智囊团"、"思想库"的作用。

咨询委员会成立以来，对全市经济、社会、科技等方面重大问题进行咨询研究。1983年，咨询委员会的许多专家通过撰写论文、咨询研究，为武汉的战略发展出谋献策，共提出建议98条，政府和有关部门大多数都采纳了。1984年，围绕武汉在全

国所处的地位和作用进行了讨论,对新技术革命和武汉的对策进行了研究,对武汉经济体制综合改革方案进行了咨询论证,并提出 140 多条意见和建议。1985 年,对发展第三产业及其对策、产业结构调整、宏观控制与微观搞活相结合、政府机构改革和精神文明建设等重大的综合性课题进行了深化研讨。这些咨询研究活动,概括起来有以下四个特点:

1. 权力与智力结合。市人民政府成立咨询委员会的指导思想是明确的,就是要使权力与智力结合起来,减少决策的失误。党的十二大后,武汉的发展战略如何确定,经济体制综合改革的突破口如何选择,市委、市人民政府是在广泛听取专家学者的咨询意见后作出决定的。例如,在经济体制改革中,依靠专家学者研究武汉的发展战略,采纳了"两通突破"的建议,作出"敞开三镇大门"这样一个符合武汉实际的重大决策,实行全方位开放,把武汉的改革向前推进了一大步。到 1985 年,武汉市已与全国各地签订联合协作项目 1900 多项,建立各种联合体、协作网 640 多个,吸引外资 1 亿多元,兴办中外合资企业 21 个,外地在汉办企业 960 多户。有 5.3 万种产品涌进武汉市场,武汉市场上销售的农副产品中,外地产品占 50%;武汉销往全国各地的产品约有 1 万多种。

武汉开放后,城市流动人口急剧上升,日均达到 80 万人左右,这么多人进城要吃要住,要买要玩。对第三产业的发展提出了新的要求。为了适应这种需要,我们请专家、学者在调查研究的基础上,召开了对策研讨会,采取打开临街门面,组织有条件的单位开放内部生活设施等措施,大力发展第三产业。到 1986 年,第三产业的产值在全市的产业结构中约占 32%,商业、交通、服务方面的税收比上年增加一倍多。

敞开三镇大门后,物资交流更加频繁,相应增加了交通运量,每天进出武汉的车辆有 1.5 万台左右。为了改善交通状况,武汉市采纳了专家的建议,成立了交通委员会,实行委员制,对全行业进行管理。同时动员、组织专用交通设施向社会开放。武汉港面向社会开放,一年停靠一万多艘船只,成为长江上的"骡马店";与长江沿线13个省市组织长江联营联运总公司,形成水陆空联运网。70多条铁路专用线面向社会,为300多户单位服务。外地交通部门、个体运输户来汉经营汽车客运,已有上百条线路,300多个班次,可以直通合肥、徐州、南京、南昌、长沙等城市。

1985年,市委、市人民政府进一步总结科学决策的经验,作出了三不决策的规定,即不经过调查研究不决策,不经过专家咨询论证不决策,没有两个以上的比较方案不决策,使科学决策程序化、制度化,丰富了权力与智力结合的内容。

2. 咨询与决策结合。咨询委员会进行的各种咨询活动,不同于学术研究活动,具有较强的针对性、实践性,咨询的成果主要不是学术论文,而是对策报告或咨询建议。在实际工作中,武汉市比较注意抓住专家、学者的智慧结晶来思考问题,及时作出决策。例如,在武汉战略发展讨论会上,许多专家认为武汉"得水独厚",武汉要发展,离不开长江的开发利用,并且提出开发长江大流域经济要从中间突破。对于专家的意见和建议,市委、市人民政府及时作出反应,一方面要求咨询委员会和经济部门深入研究开发利用长江的问题,另一方面同重庆、南京、上海等市的领导进行协商,筹建了"长江学术研究会"和《长江开发报》;派人到沿江城市进行调查,签订了一批联合协议。

3. 理论与实际结合。理论与实际相结合,是咨询研究工作的一个基本原则,是咨询活动能否见效的关键所在。咨询研究要在一定理论的指导下,分析研究实际问题,提出理论与实际相结合的对策性建议,使每一项重要决策,在理论上站得住,在实际上行得通。如市计委在开始编制"七五"计划时,请华中理工大学系统工程专家参与编制计划的咨询研究,运用现代科学预测方法,测算投入产出,研究最佳投资方案。在理论工作者的协助下,从研究战略问题入手,根据中央关于"七五"计划建议的精神,结合武汉实际,编制了"七五"计划,同时召开了"七五"计划咨询论证会,使计划更加符合武汉的实际情况,工业围绕提高产品质量和效益,不断上水平、上质量,以增强武汉的经济实力。

4. 当前与长远结合。现代化的经济、科学、生产,其规模之大,结构之复杂,输入和输出信息之多,是过去小生产无法想像和比拟的。因此,要求咨询工作既注重当前,又注意发展趋势和前景,把宏观与微观结合起来,当前与长远结合起来。1984年年底,我国经济生活中出现了消费基金、信贷、基本建设和外汇资金增长过猛,发生了总需求与总供给不平衡的问题,国务院召开省长会议部署和加强宏观控制。武汉市咨询委员会的专家在研究1985年的改革问题时,提出了"宏观控制,综合平衡,区别对待,积蓄后劲"的建议,强调加强宏观控制和管理,缓解"四个增长"失控的问题;同时注意不搞一刀切,把宏观控制的出发点与落脚点放在微观搞活上,注意理顺宏观控制与微观搞活的关系,使宏观、微观互相促进。市委、市人民政府采取了一系列措施,既解决当前失控的问题,又抓搞活企业,特别是搞活大中型企业,在取得较好的经济效益的同时,又注意取得社会环境效益,既有当前实效,又为今后发展打下基础。

专家们的咨询意见,使领导者的视野更加开阔,决策的科学思维进一步加强,对选择最佳方案,减少决策失误起了重要作用。

(二)大力加强多层次的调查研究

调查研究是实现决策科学化的重要基础和前提条件,是我们党一贯倡导的基本工作方法。毛泽东关于"解剖麻雀"和"尝尝梨子滋味"的论述是尽人皆知的。邓小平同志也曾指出:"中央希望经济战线上做实际工作和做理论工作的同志,和衷共济,通力协作,取长补短,调查研究,反复讨论,少说空话"。当代科学技术的不断进步和城市经济体制改革的迅速发展,给城市工作带来了许多新的课题。要运用科学进行决策,建设和管理好城市,加快改革步伐,就要求领导者不断面对层出不穷的新问题,审时度势,统观全局,对全市的情况、特点及其内在规律有较为系统和全面的了解,进行艰苦的、深入的、细致的调查研究,并据以进行系统分析、综合评估事物的概率和隶属度,从千头万绪中找出关键所在,并从战略到战术,从宏观到微观,从全局到局部,从经济价值到社会效果,进行周密的论证,找出一般规律。情况必须真实、全面、具体、系统、可靠,并尽可能表现为精确的数据。

领导者自己作调查。近几年来,我们在工作中加强了调查研究,主要采取以下几种方法:一是建立联系点,政府和部门领导人确定一、二个固定的联系点,经常地、不定期地深入联系点进行调查研究,了解情况,解决问题。二是建立市长专线电话,直接听取人民群众的意见、建议和反映。三是召开专题会议,进行专项调查,听取各有关部门和单位的意见和建议。通过这些调查,领导者自身掌握了大量第一手材料,为决策提供了可靠的依据。

依靠调研部门开展多层次的调查研究。面对多变的社会化大生产和广泛多样的社会要求,需要逐步建立起不同形式、上下贯通、左右联系的调研队伍和调研网络,使调查研究工作不断适应形势的变化,向深度和广度发展,使调研部门成为各级领导的参谋部和信息数据库。要建立高效、精干的调研班子,从调查中寻求真知灼见,在调查的基础上研究、消化,将调查成果转化为决策或影响决策。1985 年,市政府调研部门先后对整顿贸易中心,搞活大中型企业,发展拳头产品和优势行业,加强市内公共交通的管理以及个体经济、第二职业、机构改革、横向经济联合等十几个较大的专题和上百个课题进行了调查,提出 100 多篇调查报告,为政府提供了多方面的信息和资料,对实现科学决策起了一定作用。例如,武汉市个体经济发展很快,对搞活经济,方便人民生活起了一定的作用。但在管理、税收等方面也存在不少问题。经过调研部门深入细致的调查,提出了加强引导和管理的建议。有关部门反复研究,采取适当措施,使个体经济更加健康地发展。

建立反馈系统,实行动态平衡。这既是调查研究工作的延伸,又是通过实践检验决策,及时调整,以保持决策科学性不可缺少的部分。这是因为现代社会的生产、科研、经济都是结构极其复杂的庞大系统,而且时刻处于变化和发展之中。环境和需要的不断变化,总是要求原先的决策根据情况变化和实践反馈作出相应改变。即使原来决定完全正确,时间和环境不同,也需要随之调整,有效地进行动态中的领导。我们经常在作出决定、发布规定和办法时,加上"试行"或"暂行"等字样,以便经过实践的检验,从大量反馈信息中,得出更科学、更符合实际的结论,对决定、规定、办法加以修改、补充、完善。

(三)学习领导科学,学习科学决策

领导者要做到善于科学决策,就必须努力学习马列主义,学习管理知识,学习科学技术,提高科学素质。领导艺术体现了领导者生气勃勃的创造力。正确的领导,应当是兼有科学的原则性和艺术的灵活性两种品格。在我们的实际工作中,对某些重大问题,在一定程度上实行了科学决策,但如何保证这些决策贯彻执行,仍然需要做很多艰苦的工作,充分发挥和运用领导艺术。

领导素质是领导艺术的重要表现形式。实现科学决策,必

须提高领导素质。领导要有创新精神。决策总是以改变现状为前提的,没有创造就没有决策,要创新就要有开拓精神。要不断学习,这不是主观的求知欲望,而是客观实际对领导的要求。现代生产和科学技术的加速发展,要求领导者具有较丰富的科学知识和敏捷的思维方法,从而做出正确的分析和决策。要掌握时机,及时决策。决策带有时间性,丧失时机就有可能造成决策的失误。要注意倾听不同意见,善于采纳少数人的正确意见作出决断。

二、可行性研究的方法步骤

(一)明确城市改革的目的

党的十二届三中全会,正确分析了我国的政治经济形势,总结了我国社会主义建设正反两方面的经验,认为:必须按照把马克思主义基本原理同中国实际结合起来,建设有中国特色的社会主义的总要求,坚定不移地执行对内搞活经济、对外实行开放的方针,加快以城市为重点的整个经济体制改革的步伐,更好地开创社会主义现代化建设的新局面。

要把城市建设成为一个开放式的,多功能的,现代化的经济中心,无疑是一项艰巨而又复杂的系统工程。从我国城市的现状看,无论是其外延还是内涵,都适应不了商品经济的发展。

从内涵看,城市的基础设施还很落后。到 1984 年年底,全国共有城市道路 36410 公里,33000 万平方米,6235 座永久性桥梁,28760 公里的下水道,43 座污水处理厂,40970 辆公共电汽车,11360 辆出租汽车,日供水能力 3910 万吨,日供气(人工煤气)能力 650 万立方米,尽管比解放初期增长数倍至数十倍,但是与国民经济发展的需要与城市人民生活需要相比,还有相当大的差距。与国民经济发展的比例失调尚未根本扭转,因而产生的城市供水、供气能力严重不足,据 1983 年统计,全国有 100 多个城市每日约缺水 1200 多万吨,其中工业生产缺水达每日 720 万吨,估算影响工业产值约 1800 亿元。道路阻塞,公共交通拥挤不堪,高峰时车上每平方米竟达 10 人—13 人,而国家规定最高值为 9 人,国外一般规定为 5 人,市区平均车速从 1966 年前的每小时 20 公里降至 12 公里左右;1983 年发生交通事故 88300 起,死亡 8700 余人,造成的直接经济损失达 3 亿元。环境日益污染,城市里吃饭难,住宿难,通讯难等等,还未得到完全解决。所有这些,已严重地制约了城市多功能的发挥,阻碍了城市经济的发展。

从外延看,我国的城市经济,在长期条块分割局面的影响下,无论在指导思想上还是在管理体制上,都还是习惯于大而全、小而全、条块分割、部门所有的封闭式经济,企业之间、行业之间、城乡之间、地区之间都是"老死不相往来"。城市的经济,实际上还是一种"小农经济"。由于对周围广大地区没有吸引力和辐射力,因此,在整个经济生活中,城市的主导作用未能得到发挥。要发挥城市对周围地区的吸引力和辐射力,城市的经济必须转轨变形,从组织一城一市的小经济转变为组织立足经济区、面向全国、面向世界的大经济,从自我服务的小而全经济,转变为优势明显特色独具的重点开放经济,从生产主导型经济转变为生产、流通、消费综合型经济,从以城市为主转变为城乡工农结合,从偏重产品转变为产品服务并重。

根据我国城市的现状,结合武汉市这个中心城市的特点,武汉市委、市政府邀请部分经济专家咨询,初步确定了武汉市城市改革可行性研究的范围。认识到,城市改革从指导思想上,要清左、放开搞活,真正发挥中心城市统一组织生产和流通的作用;从行动措施上,要简政放权,政企分开,搞活企业;从改革目的上,要发展生产力,提高经济效益、社会效益,改善人民物质、文化生活。

（二）进行城市发展战略的讨论

城市改革从哪里入手，各个城市必须根据自己城市情况而定。武汉市为了寻找城市改革的突破口，邀请了国内部分经济专家、学者，举行了三次战略讨论会，详尽地探讨分析了武汉的特点和优势。专家、学者们意见比较一致的有这么几个方面。

1. 武汉地理位置适中。京广铁路纵穿南北，长江横贯东西，水陆空运四通八达，武汉是我国内地的交通运输中心。只是由于过去对水运和港口建设不够重视，铁路、公路车辆不敷需要，这种优势难以充分发挥。

2. 有较好的商业基础。早在明末清初，汉口就成为中国四大名镇之一。19世纪中叶，汉口成为对外通商口岸，商业更趋发达。20世纪初，汉口贸易额曾一度超过天津、广州，仅次于上海，被誉为"东方的芝加哥"。由于武汉自古就是交通要道，因而一直是我国的贸易重地。长期以来，由于忽视了商品流通和不能直接对外贸易，加之经济管理体制上的毛病，武汉商业的发展受到很大的限制。

3. 工业方面拥有较雄厚的物质技术基础。建国30多年来，武汉市已形成了以冶金、机械、纺织为主，门类比较齐全的综合性工业基地。1982年年底，武汉市的工农业产值居全国城市的第四位；冶金居第三位；纺织是全国五大纺织中心之一；机床拥有量居第五位。在全国44个工业门类中，武汉已有40个；在156个工业细类中，武汉已有145个。尽管工业生产潜力很大，但由于管理体制不健全，技术设备落后，更新改造缺乏资金，经营管理不善，加之市场阻塞、原材料不足和产品销路不畅等原因，不少企业设备利用率很低，经济效益不高。

4. 智力基础雄厚。截至1983年，武汉有高等院校27所，正副教授2千多人，学生6万多人，居全国第三位，全国现有院校的 450 个专业中,武汉有近 300 个。拥有市以上的自然科学研究机构 130 多所,科研人员约 12000 人;正副研究员 500 人,全地区科技和工程人员有 2 万多人。这支雄厚的科技大军,如果很好地组织起来,在推动经济发展方面,将发挥很大的作用。

(三)寻找改革的"突破口"

认识了武汉的优势和特点,专家学者们从不同领域里设计了城市改革的方案,从不同角度选择了"突破口"。有的提出"以工为主",有的提出"两通突破",有的提出"以农业为基础"。

1."以工为主"。城市作为经济中心,有四个基本方面相辅相成,即工业生产是基础,科学技术是前导,商业是血液循环,交通运输是保证。而没有工业,武汉的地理优势就难以发挥。其一,没有工业,就不能充分发挥长江水运的优势。武汉地处长江干流特级航道的中心,是长江和汉水的汇合处,上游是以重庆为中心的西南地区,下游直达我国最大的海港上海,经洞庭湖、鄱阳湖可达湖南、江西,向西可达陕南各地,素有"九省通衢"之称。我国利用长江发展水运,已有数千年历史,但随着社会经济形势的发展,对长江的利用也在不断地变化。据统计,1983 年,长江的运量为 5 千万吨,与 100 年前比较仅增加一倍多一点。而世界上水深和航宽比长江差得多的密西西比河、莱茵河、伏尔加河的运量已分别达 4、3、2 亿吨的水平。解放前,为什么外国资本在十年中能将长江运量提高近一倍,而我们 30 几年才比百年前多一倍? 为什么我们对长江的利用远远落后于欧洲,重要原因之一是我国的造船、港口建设跟不上形势发展,症结还是工业生产问题。没有先进的工业,就不可能生产大批的轮船,也不能为港口提供先进的设施,长江的优势也无法充分发挥。其二,没有工业,商品流通就没有物质内容。过去,人们之所以把武汉称为商业城市或消费城市,就是因为武汉工业的比重不大。据 1949

年统计,解放前全市有经营商业的企业 61409 家,饮食业 8500 家,服务业 1670 家,工业企业仅 2629 家,是商业企业的二十三分之一。过去,外地产品之所以必须到武汉集散,一条重要的原因是陆运不发达,只有长江水运可供流通,而武汉又地处长江中游,上下游各地产品必须经过武汉。解放后,随着陆空运输的快速发展,武汉作为全国各地商品集散地的特殊位置,发生了重大的变化。随着全国各地交通运输和内外贸易的发展,迫使我们必须改变依赖外地产品来繁荣商业的途径,努力发展自己的工业生产。用武汉强大的工业生产力量,消化湖北、华中地区的农副产品、工业原料;用价廉物美的工业产品吸引各地客户,占领湖北,开拓华中市场,挤向国际市场。其三,没有工业,也无法实现"翻番"的战略目标。因此,贯彻以工为主,带动商业交通的方针,全面发挥武汉经济中心的作用,必须从四个方面做起:

(1)确定工业产品的战略方向。狠抓技术改造和设备更新,挖潜力,抓质量,上产品,确立一批拳头产品,不断提高竞争能力。

(2)制定政治思想工作的长远规划。思想工作的好坏,在工业生产中,突出反映出是效率的高低。各级领导,要提高在新形势下继续抓紧抓好政治思想建设的重要意义的认识,对精神文明建设要有一个长远的规划。

(3)从市管企业入手,打破条块界限,大胆进行体制改革。各局以不管或少管企业为宜,让企业大力发展横向经济联系,使中心城市有可能组织更广泛的专业协作。

(4)把技术力量尽快组织起来。积极组织大专院校的科技力量为生产服务,组织大大小小的科研所研究本行业新产品的发展与质量问题,组织各企业的技术力量开展挖、革、改,以促进工业生产的发展。

2."两通突破"。从武汉得水独优和得中独厚考虑,经济体制改革把"两通"作为突破口,起步快。为了发展"两通",进而发挥武汉市作为经济中心的作用,必须实现 12 条战略措施。

(1)加强交通运输条件。武汉地区的铁路、公路的基础比较好,今后主要是增加车辆和加强管理。同时,大力发展水运和空运,邮电通讯事业也要大力发展,尽量采用现代化通讯设备,这是信息传递的主要渠道。

(2)改革商品流通体制,大力发展商业,开展对外经济贸易活动。要打破条条块块的束缚,在经济区内组织商品流通网络,建立一个以国营商业为主导的、多种经济形式、多种经营方式、多种流通渠道并存的少环节、开放式的商品流通体制。

(3)实行经济管理体制的改革,建立起合理的经济网络。给城市足够的经济管理权力,使它能够从事必要的城市建设和技术设备的更新改造,能够打破条条块块的束缚,按照商品经济的要求搞跨地区、跨部门、跨行业的经济协作和联合,使其有充分的经济实力来发挥经济中心的作用。

(4)整顿工业,加速改革步伐,充分发挥工业基地的作用。今后武汉工业的发展方向应该是:①面向本市居民物质生活和精神生活上的需要,给他们提供价廉物美适销对路的消费品。②面向农村,利用农村提供的原料进行加工,保证农村对生产资料和生活消费品的需要。③恢复传统名牌产品,发展拳头产品,压缩长线产品,发展具有中国特色的出口工艺品。④加强环境保护,建立新工业应以轻工业和对城市没有污染的工业为限。

(5)沿江开辟带形新市区。沿长江北岸从黄浦路到阳逻一带建立起一个带形的新工商业区,这个带形的新区可分为两半。西半从黄浦路到岱家山一带是商业区,东半是工业区。

(6)面向农村,支援农村。要利用武汉工业、商业、科技、信息等方面的优势,通过商品流通、科技协作、生产联合等途径和组织形式来促进农村的经济发展。广大内地农村富裕了,城市工业和其他产业也会跟着发展起来。

(7)开发江湖,发展水产。

(8)发展卫星城镇,发挥武汉市在华中经济区的应有作用。周围中小城市以其所依托的地区形成二级经济区,围绕在武汉周围,形成"众星拱月"之势。继而再扩大到附近其他各省的中等中心城市。

(9)以武汉为金融中心建立地区的金融网络。中心城市要发挥其对所在地区经济活动的组织引导作用,很大一部分要靠银行来进行。对经济管而不死,活而不乱,银行起着很大的作用。要通过银行来吸收闲散资金,调节地区的货币流通,控制信用的胀缩,便利资金的融通,促进资金的积累,提供灵通的经济信息,指引企业搞活的方向,监督企业执行合同的情况和资金运用的效果等等。

(10)大力发展服务行业。发展服务行业有以下一些好处:①方便群众,有益于人民身心健康,有利于改善人民生活,提高社会效益;②可以吸收较多的劳动力,增加就业机会;③所需的投资少,资金周转快,收益大,可以加速资金积累,用于城市其他建设;④可以提高社会购买力,为工农业产品,特别是日用消费品开拓市场。

(11)积极发展旅游事业。旅游事业是现代国家收入一个重要来源,这样可以吸收一大笔外汇,为进一步引进先进技术设备创造有利的条件。要充分利用武汉市的旅游资源,努力发展旅游事业。

(12)组织科技和教育的力量,加强决策咨询。现代化的生产主要靠先进的科学技术来推动,要利用武汉市的科技和教育力量为湖北和其他各省的经济发展服务,使武汉市成为华中地区,甚至是"九省"地区的科技、教育、咨询以及管理服务的中心。

3."以农业为基础"。从湖北、武汉的实际情况出发,根据梯度推移原理,首先着手建立以武汉为中心,江汉平原为直接腹地,沿长江、京广线布局的农业经济区是现实可行的战略设想。

(1)制定中心城市社会经济发展战略的指导思想:城乡、工农业融合发展。农业的发展,农业剩余劳动生产率的不断提高,是国民经济发展的基础,同样也是作为社会经济再生产条件的城市发展的基础。因为,在社会主义大生产和商品经济不断发展的前提下,农村和农业的发展与各类中心城市的发展是互相联系、互相制约、互相融合的;现代农业的发展,已经或正在突破自然经济的束缚,强调部门性的、地域性的综合发展,因此必须站在国民经济这个大系统的整体高度,来研究农业的发展战略。

(2)以武汉为中心,以江汉平原为直接腹地,沿长江、京广线布局的农业经济区。第一层次,以武汉为中心,以江汉平原为直接腹地,沿长江、京广线布局的武汉近郊农业经济区。第二层次,以武汉为中心的湖北经济区。第三层次,以武汉为中心的华中经济区。

(3)建立经济区的几点设想。①扩大武汉市目前所辖郊县的范围,可按以江汉平原为直接腹地,沿长江、京广线两条大动脉布局的原则,将四县三郊的范围扩大到六个县以上。②调整生产结构,充分利用本农业经济区的资源优势,实现农副产品的综合利用,发展以加工工业为主的多功能的经济体系。③建立按地区、按行业组织的经济联合体,制定区域规划,为实现一体化奠定基础。④利用武汉农业科技优势,改革农业科技体制,建立经济区农业科技中心。⑤区域规划要重视加强卫星城镇和农村小集镇的建设,使之成为中心城市联系农村的星罗棋布的纽结。

武汉市委、市政府认真听取了专家、学者们的意见,进一步认清了武汉在全国发展战略中的地区战略地位、战略目标。认为武汉最大的优势就是得"中"独厚,唯"水"独优。因而按照武汉的战略地位和经济基础,初步勾画了一个发展模式:通过经济体制综合改革,大力发展生产力,增强武汉的辐射力、吸引力和综合服务能力,努力把武汉建设成为开放型的、多功能的、社会化的、现代化的中心城市,使之成为我国内地最大的港口城市和经济中心,服务全省,沟通华中,面向全国,通向世界。

三、武汉市城市经济体制综合改革方案

1984 年 9 月 23 日,中共中央、国务院正式批转了武汉市经济体制综合改革试点实施方案报告。

(一)改革实施方案的主要内容

1. 对武汉市实行计划全面单列,在不改变省辖市行政关系的条件下,赋予武汉市省一级的经济管理权限。从 1985 年起,在全国国民经济、科学技术和社会发展各项计划中,武汉市单列户头,视同省一级计划单位直接纳入国家计划平衡。根据国家计划,武汉市享有省一级经济管理权限,享有省一级的审批权,国家对武汉市各项事业的经费和建设投资安排也视同省级单位。

2. 有步骤地搞好企业下放,加强行业管理,积极发展横向经济联系,进一步搞活企业。除军工、铁路、长航、民航、电力、邮电和需要由全国性公司直接管理的企业外,其余在汉中央企业,原则上均下放给市。省属企业,除为全省服务必须由省管理的少数企业外,均下放给市。根据生产力发展水平和企业经营活动的需要,武汉市要在经济合理、自愿互利的基础上,组织多种形式的协作联合,使企业的经济效益有一个明显的提高。

3. 敞开三镇,开拓市场,搞活流通。欢迎全国各地来汉开店办厂,建立一批自主经营的工业品、农副土特产品贸易中心和

批发市场、贸易行栈,逐步建成各有侧重的贸易群体,加强对社会商业的统一领导和管理,供销社改"官办"为"民办",促进农村商品生产的发展,着手筹建具有先进设施、提供综合服务的物资流通中心。

4. 改革对外经贸体制,大力发展对外经济贸易。按照政企分开、工贸结合、技贸结合的方针,把外贸企业建成独立的经济实体,提高外贸的效益,积极组织和扩大对外经济技术交流。市外贸行政机构享有省一级公司的直接对外经营权。按照外贸体制的改革方向,探索在武汉成立统一口岸公司的新体制。

5. 建立综合交通网络,开发长江航运。加强对长江水运的开发利用,面向内地,通畅江海,逐步形成水、陆、空综合交通网络,成立武汉港口管理局,对港口、码头实行统一规划和管理。

6. 改革价格、税收和信贷体制,充分发挥经济杠杆的作用。放开小商品价格,对一般生产资料和一般日用工业品,实行浮动定价,对产品实行质量差价、花色差价、城乡和地区差价、季节差价、批零差价。成立中国投资银行武汉分行,进一步发挥武汉金融中心的作用。扩大实行浮动利率的范围,允许地方机动财力和企业的留成资金自由流动。

7. 改革科技体制,促进技术改造和技术进步。建立科技与经济协调发展的计划体系,编制好科学技术、技术改造、技术引进同生产发展紧密结合、互相渗透的规划。根据武汉经济建设需要,打破地区、部门、城乡界限,统一协调科技力量。发挥知识密集小区的作用,开展科技咨询服务。大力加强行业的技术开发能力,组织人才合理流动,积极兴办各种社会化的人才服务事业。适当提高市属企业的折旧率。

8. 加快建筑业的改革,搞好城乡建设。推行工程项目招标承包责任制和多种形式的经营承包责任制。进行住宅商品化的试点。大力开展对外承包和劳务合作。

9. 大力支援农业,做好市领导县工作。发展和扶持专业户、重点户、联合体,发展家庭和乡镇工业,建立新型城乡关系,促进农村商品生产的发展。对郊县实行财政、粮食和主要农副产品征购任务三包干。加快副食品基地建设。扩散劳动密集型的产品,支援农村各项事业的发展。

10. 上层建筑的改革要与经济体制综合改革同步配套。

武汉的改革是从"两通"入手的,因此,武汉市狠抓了交通和流通领域的配套改革。相继成立了武汉市商业管理委员会和交通管理委员会,对武汉市的商业和交通实行了行业管理。

市人民政府颁发了关于改革商业流通体制的实施方案。

(二)商业体制改革方案的主要内容

1. 改革批发体制、建立以贸易中心为主要形式的商品流通网络。批发商业是整个商品流通的枢纽,改革批发商业体制,大力发展商品交换,是沟通流通渠道,实现货畅其流的重要条件。

2. 敞开三镇大门,繁荣城乡经济。要把武汉的流通搞活,必须敞开三镇大门,彻底开放市场,冲破分割封锁,取消过去的一切禁令,把全国各地的工、农产品吸引进来,把武汉产品辐射出去,扩大全国城乡之间、地区之间的商品交流。

3. 国家、集体、个人一齐上,进一步搞活零售市场。搞活零售商业,开拓新的服务领域,使全市人民能比较明显地看到经济体制综合改革的效果。

4. 把供销社变"官办"为"民办",成为同农民结成经济利益的共同体。供销社是城乡经济的桥梁和纽带,为了充分发挥供销社的作用,必须从上到下真正变"官办"为"民办",使其成为农民的合作商业组织。

5. 突破粮油管理方式,积极搞活粮油经营业务。粮食工作必须由管理转向经营,既要做好指令性的粮油购销,又要积极地参与市场调节,把粮食议购议销搞活。

6. 放宽工商企业登记管理政策,为开放市场搞活流通服务。工商行政管理部门,要为开放市场,搞活流通开绿灯。加强和改善市场管理工作,保护合法经营,取缔非法活动,并在政策上作些松动。

7. 尽快建立市场信息中心,逐步组织全国性的市场情报网络。市场信息,是组织商品流通的先导环节,是制定经营决策的重要依据。

8. 适当放宽物价管理权限,促进扩大商品流通。在整个物价管理体制未进行大的改革之前,物价改革必须在确保市场物价总水平基本稳定的前提下,持慎重的态度。绝对不允许违反政策,擅自提价,变相涨价;不允许缺斤短两,严禁转嫁负担,侵犯消费者利益。在政策许可的范围内,适当扩大企业的定价权。

9. 简政放权,搞活企业。要把流通搞活,关键是让企业有充分的自主权,挖掘企业的潜力,发挥企业和职工的积极性。

10. 政企分开,加强市场的领导和管理。尽快地改变主要依靠行政机关和采取行政手段的管理办法,为主要依靠经济组织和运用经济杠杆的管理办法,把商业的经营权力和责任交给企业。

在进一步完善商业体制改革的同时,武汉市交通管理委员会也设计了交通体制改革的方案,以进一步推动流通领域的改革的顺利进行。

(三)交通体制改革的主要内容

1. 加强行业管理和指导,充分发挥中心城市的交通运输枢纽和邮电通讯中心的功能作用。

2. 下放企业,打破界限,发展联营、联运。根据国务院关于省不直接管企业、中央各部基本上不直接管企业的原则,除铁路、邮电等企业外,其余中央省属在汉企业,全部下放到市。

3. 大力开发水上、公路、航空运输,挖掘铁路潜力,建立以水运为主体的综合交通网络,改变重铁轻水、忽视公路和航空运输的不合理运输结构,充分发挥各种运输方式的独特优势。

4. 简政放权,推行承包,放宽政策,搞活企业。增强运输、邮电企业的活力,特别是增强全民所有制的大、中型企业的活力,是城市交通邮电体制改革的中心环节。

城市经济体制改革是一个
巨大的社会系统工程

一、运用系统论指导城市经济体制改革

经济体制,概括地说,就是在一定的社会里国家对经济的组织、管理制度和各种经济关系的总称。它既是生产关系的一种具体表现形式,又是上层建筑的一个重要组成部分。

为什么说城市经济体制改革是一项巨大的社会系统工程呢？这是因为城市经济体制改革本身是一个极其复杂的系统,即由相互作用、相互依赖的各方面、各环节结合成的具有特定功能的有机整体,而且这个系统又是一个巨系统,其特点有两个:一是系统的组成是分层次、分区域的,即在一个小局部可以直接制约、协调;在此基础上再到几个小局部形成的上一层相互制约、协调;再在上还有更大的层次组织。这叫做多级结构。另一个特点是系统大了,作用就不可能是瞬时一次的,而要分成多阶段来考虑。城市经济体制改革所以被称为系统工程,就是要注重实践,强调实干,就是用我们掌握的客观规律去改造客观世界并取得实际成果。

这就要求在实践中学习、运用系统科学原理和系统方法,全面推进城市改革。

(一)运用整体性原理,搞好总体设计

整体性是现代系统论最基本的原理和最重要的特征之一,

也是系统方法的核心。

辩证唯物论认为,世界是有机联系的整体。列宁说:"要真正地认识事物,就必须把握住、研究清楚它的一切方面、一切联系和'中介'。我们永远也不会完全做到这一点,但是,全面性这一要求可以使我们防止犯错误和防止僵化。"整体性原理,充分地体现和贯彻了列宁的这一辩证法思想,并使它具体化了。

整体性要求把城市经济体制作为一个整体来对待;整体的性质和规律只存在于其组成各部分、各方面的相互联系、相互作用之中;整体由部分组成,但不是部分的机械相加,整体的作用大于各孤立部分的总和。总之,经济体制改革的整体性强调整体对系统的各方面、各环节的支配和控制作用,也就是要求从城市以至整个经济体制改革的全局出发来认识和处理各方面、各环节的改革问题。

搞好总体设计,是在城市经济体制改革中坚持整体性的首要环节。《中共中央关于经济体制改革的决定》已经为改革描绘了一幅宏伟的蓝图,但要把《决定》变为现实,使以城市为重点的整个经济体制改革深入、健康发展,还必须进行科学的总体设计。如果说前一阶段改革中,总体设计还不甚迫切,那么,在向全面改革发展的时候,搞好总体设计已成为当务之急了。

当前改革面临的一个基本问题是:怎样把《决定》指明的建设有中国特色的、有利于发挥中心城市的作用、发展有计划商品经济的社会主义经济体制的要求逐步地变为城市经济体制改革的具体工作,以及怎样把这些工作最终综合成一个能确保经济稳定增长、运转协调、措施配套的实际系统,并使这个系统成为它所从属的更大系统的有效组成部分。这样复杂的总体设计任务最好要求以一个组织、一个集体来负责。40 年代,美国研制原子弹的"曼哈顿计划"的参加者有 1.5 万人;60 年代,美国"阿波罗载人登月计划"的参加者是 42 万人。我国原子弹、氢弹等国防尖端技术的研制成功也建立了相应的"总体设计部"这种组织。我们要有效地推进以城市为重点的整个经济体制改革这一巨大的社会系统工程,搞好体制改革的总体设计,也需要组织一大批优秀的经济学家、社会学家、法学家和实际部门的专家,采取有效的结合办法开展工作。总体设计组织设计的是整个巨系统的"总体方案",是从目标模式、突破口、发展阶段、战略步骤、配套措施等方面,把巨系统作为若干分系统有机结合成的整体来设计,对每个分系统的改革要求都首先从实现整个巨系统改革要求的观点来考虑;对改革过程中分系统与分系统之间的矛盾、分系统与巨系统之间的矛盾,都首先从总体协调的需要来选择改革方案。按照这样的总体方案实施,才能做到改革既快又稳,确保经济活而不乱。应当指出,当前这方面的情况还不能适应改革的实际需要。我们有不少部门、人员都在研究改革方案问题,可是一方面,由于各自信息有限,视野狭窄,往往都在搞低水平上的重复劳动;另一方面,由于单项方案交给部门去搞,也往往难以跳出部门的狭隘圈子和摆脱传统习惯,使全局上的问题受到忽视。这种状况不能再继续下去了,要迅速加以改变。

(二)运用相关性原理,推进配套改革

恩格斯说:"我们所接触到的整个自然界构成一个体系,即各种物体相联系的总体……这些物体处于某种联系之中,这就包含了这样的意思:它们是相互作用着的,而这种相互作用就是运动。"相关性原理,是辩证法的普遍联系观点的具体体现和实际运用。

相关性原理要求全面考察系统内部,及系统与环境的相关性因素;联系的多样性,决定了系统的多样性。过去的一些研究往往侧重研究对象的组成部分,目前对整体中各部分相互联系的研究已经被提到了首位。

近几年的改革实践已经证明,城市改革要取得重大进展,有赖于全局性的综合、配套改革。单项推进在某些时候、某些领域是必要的、有效的。但从全面改革的角度看,单项改革也存在着一定的局限性。因为经济体制是各方面、各环节紧密联结、相互作用的有机整体,其内部是统一的,不是孤立存在的。例如价格体制,事实上就是从一个侧面来看的整个经济体制,因为社会再生产过程的生产、分配、交换、消费每一个环节都离不开价格。价格体系的调整、价格体制的改革,涉及到计划、物资、税收、财政、信贷、外贸外汇等多方面的制约。改革不配起套来,只进行单项改革,就一定达不到应有的效果。在这一点上,一些国家提供了可说是带有普遍意义的经验教训。有的国家的改革,就是直接因为改革措施不协调、不配套而被最终葬送。战后联邦德国、日本的转轨,不论是"艾哈德改革",还是"道奇计划"都是某种内部统一的"一揽子"措施。由此可见,改革若不配套,就难以推行,推行也难以成功。比如,搞活企业是城市经济体制改革的中心环节。但是,企业是各种经济联系的集合体,企业的人财物、供产销涉及经济领域的各个方面,企业的党政群涉及政治体制。没有与之相关的其他方面的配套改革,不管如何变动企业的行政隶属关系,都不能达到搞活企业的目的。

搞城市经济体制改革,涉及的因素非常多。比如,从社会基本矛盾的角度看,有生产力与生产关系、经济基础与上层建筑的关系问题;从经济结构本身看,有国民经济各个部门、各种经济成分、各个经济组织以及社会再生产各个环节的构成及其相互关系等问题;从经济管理体制的角度看,有决策、计划、组织、监督和调节等一系列制度和方法的关系问题,以及由此决定的计划、财政、金融、价格、物资、贸易、劳动工资等多方面的管理体制和管理机构问题,如此等等。显然,在经济体制改革工作中坚持相关性原理,搞好配套改革是十分必要的。特别是经济体制改革不仅涉及经济领域,也涉及到文化、科技、教育等领域的改革,更重要的还涉及政治体制的改革。1986 年以来,邓小平同志多次谈到政治体制改革问题,集中论述了政治体制改革的必要性和迫切性。他强调指出:"不搞政治体制改革不能适应形势","只搞经济体制改革,不搞政治体制改革,经济体制改革也搞不通。"他还指出:今后五年内,中国要完成的城市经济体制改革,实际上是全面的经济体制改革,其中包括某些政治体制改革。关于政治体制改革的问题,近几年来,中央政治局常委一直在考虑,并且有许多极为重要的论述。党的十二大政治报告,论述建设高度的社会主义民主和把党建设成为领导社会主义现代化事业的坚强核心时,明确提出了继续改革和完善国家的政治体制和领导体制的任务。1980 年 8 月,邓小平同志在中央政治局扩大会议上作了题为《党和国家领导制度的改革》的长篇讲话,运用马克思主义基本观点,科学地分析了我们党和国家领导制度的历史和现状,并对改革党和国家领导制度的必要性、内容、方针、政策和实施步骤作了精辟的论述,实质上讲的就是政治体制改革。这篇讲话是今后一个时期内指导我们进行政治体制改革的一个纲领性文献,我们要很好学习。

由于我国地广人多,经济文化比较落后,发展很不平衡,加之改革的理论准备、干部准备都很不够,因此不可能采取毕其功于一役的"一揽子"方式,只能走分步推进加配套改革的道路。当前强调配套改革的意义在于,在新旧两种体制、两种运行机制并存的局面下,新旧体制的矛盾、冲突和磨擦比较多,以致在经济生活中出现某些问题时,往往沿用旧的办法来解决,在客观上起了强化旧体制的作用。因此,必须更勇敢地行动,加快新旧体制主次换位的进程。但是,在新体制占主导地位之前的一个有限的时期内,只要采取适当的组合,新旧体制可以保持暂时的统一,以防止、减少过渡体制的不统一和冲突。当然,配套改革的内容、措施要在改革的总体规划的驾驭之下。比如,综合运用经济杠杆进行宏观调控的目标不明确,就难以使经济杠杆体系形成有效的"合力运动",甚至发生相互抵消的作用。如拨款改贷款的目的是强化投资责任制,而税前还贷的制度又抵消了拨款改贷款的这种作用。现在不仅经济手段往往是单项的、局部的改革,经济立法也很不适应。因此,需要尽快制定经济体制改革的总体规划,以按照新体制的目标模式逐步实施配套改革。

(三)运用动态性原理,抓住重点突破

动态性原理是研究系统随时间的变化。例如,对工业产品来说,一个系统是由规划、设计、试制、试验、批量生产、投放市场、用户使用,到报废组成。又如,从第一次世界大战以来,美日等国就有所谓"三次流通革命"的说法,这三次都是以零售业经营方式的革新为代表。第一次是百货公司的出现。百货公司集合了大量商品,实行分门别类销售,适应了当时大量销售的需要,成为各国争相仿效的形式。第二次是50年代超级市场的出现。超级市场由于采用先进的加工、保管、陈列、结算技术,并且从工厂直接进货,既节约顾客购买时间,又有利于大量销售,对经济界的震动很大。第三次是在超级市场基础上出现的购物中心,因其适应了生产小批量、消费多样化的需要,被称为"70年代的流通革命"。

城市经济体制改革是结构复杂和高度活动的巨系统。我们不仅要研究各种分系统发展变化的方向和趋势,活动的速度和方式,而且要探索它们发展变化的动力、原因和规律,从而主动驾驭这些系统,使之推动整个经济体制改革。可见,动态性原理反映了辩证法的发展原理。

从几年来的改革实践来看,由于各系统内部对立面的斗争和统一——新旧体制的内在矛盾,推动改革的向前发展,我们对

改革的方向、趋势、所要采取的步骤、方法更加明晰了。按照十二届三中全会的《决定》，"七五"期间或更长一段的时期内，要基本上奠定有中国特色的新型的社会主义经济体制的基础。要建立新型的社会主义经济体制，主要抓好互相联系的三个方面：第一，改革微观机制，进一步增强企业特别是全民所有制大中型企业的活力，使它们真正成为相对独立的、自主经营、自负盈亏的社会主义商品生产者和经营者。第二，改革经济运行机制，适应社会主义商品经济的发展，逐步建立、完善市场体系。第三，改变国家管理经济的方式，使国家对企业的管理逐步由直接控制为主转向间接控制为主，使国家机关适应企业经营、市场机制变化运行，逐步转变自己的职能，最后进行机构改革。要围绕这三个重点，配套地搞好计划、投资、金融、财政、外贸、劳动工资等制度和价格体系的改革，以形成一整套把计划和市场、微观搞活和宏观控制有机地结合起来的机制和手段。以上问题解决好了，经济关系就理顺了，就可以在不太长的时期内，打好新体制的基础，使新体制在总体上占主导地位，实现"国家调控市场，市场引导企业"的目标模式。应该说，这是近几年来改革探索过程中的一个很大的收获。

　　总之，经济体制内部各方面处于普遍联系之中，但是各部分、各方面在其中的地位和作用却不尽相同。经济体制改革应当首先抓住最基本的经济关系，逐步展开，引向深入。如果不管轻重缓急，齐头并进，企求"一步到位"，那么，只能导致力量分散、步伐紊乱，甚至陷入困境。因此，所谓配套改革，并非一次解决所有问题，而是抓住重点方面，有主有次，同时安排其他紧密相关方面的改革，并在其他联系不太紧密的方面进行必要的改革、调整或采取预防性措施，这样才能保证新旧体制主次地位较为平稳地转换。

（四）运用有序性原理，做到分步实施

系统的发展，一般是从较低的有序状态走向较高的有序状态（反之亦然）的定向变化。系统的有序性，是系统有机联系的反映。本质的联系形成系统发展和变化的规律。列宁说："规律就是关系。……本质的关系或本质之间的关系。"在经济体制改革工作中，对有序性原理的运用，在一定程度上能够帮助我们按照规律去办事。

以城市为重点的整个经济体制改革，也是有序的，即有着自身发生、发展的若干必然阶段，这是不以人的意志为转移的。总结过去农村经济体制改革的历史过程，可以受到一定的启迪。

十一届三中全会后，党中央提出了建立生产责任制。在开始阶段，主要强调了包产到组。但随着农村经济的迅速发展，在部分地区出现了包产到户的现象。中央和有关地区的领导同志从这一现象中看到了：农业经济发展的趋势客观地要求包产到户。于是对有关政策进行了灵活的修改补充，允许包产到户。广大农村的粮食、经济作物、蔬菜、多种经营逐步到户。在多种经营全面发展的同时，又出现专业户，还形成了专业户的联合体。这说明农业生产已开始突破自给自足，逐步向商品生产方向发展。随着专业户的发展和农村经济商品化程度的提高，紧接着涉及解决商品销售市场的问题，农村改革又着重强调建设农村商品贸易集散中心——小城镇的问题。当前，农村改革的进一步深化，要求以城市为重点的全面改革加快步伐，实行城乡通开，城乡一体。农村经济体制改革从包产到组→包产到户→发展专业户→建设小城镇→城乡通开、协调发展的步步深入和健康发展，这既是农村经济体制改革发展的必然阶段，也是人们在实践中逐步掌握阶段演变的顺序特征，尊重客观规律，并按照客观规律能动地指导农村经济体制改革的结果。

城市经济体制改革也要按照客观过程的阶段性,有步骤地展开。诚然,城市改革的对象,纵横关系错综复杂,内部联系十分紧密,既不能一蹴而就,也不能"孤军深入"。尽管如此,它仍有一根主要矛盾线,要围绕这根主要矛盾线来分析、考察问题。当我们正确分析每个阶段的矛盾,抓住主要矛盾,集中力量去解决这个主要矛盾,情况就会发生变化:这个主要矛盾解决了(更确切地说,这个主要矛盾被转化为次要矛盾),城市改革便发展到一个新的水平,进入一个新的阶段。在这个新阶段中,又有妨碍城市改革向纵深发展的主要矛盾,又必须集中力量解决这个主要矛盾。总之,如果我们掌握了这种阶段演变的顺序特征,就可以按照过程演变的客观规律,一个阶段一个阶段地按部就班,循序推进,可望取得顺水行舟,势如破竹的良好效果。

应当看到,在我们这样一个经济发展不平衡的国家里进行经济改革,现在还处于探索的阶段。就我国社会主义的整个发展来说,我们还处于社会主义初级阶段上。邓小平同志讲发展战略的三个阶段:温饱、小康、中等发达,这个时间大体需要上百年,至少这上百年都是社会主义初级阶段。在初级阶段,我们怎样发展有计划的商品经济,应当采取什么样的体制,路子怎么走,现正在实践中探索前进。

"七五"期间,是全面改革我国经济体制的关键时期。"七五"期间经济体制的全面改革,大体上可分为两个阶段:第一阶段,改革的重点要围绕稳定经济的要求,从宏观上加强、完善间接控制体系。特别是要下大力把在国民经济中占有重要地位的大中型骨干企业搞活,这是我们今后经济发展的希望所在。第二阶段,要围绕发展社会主义商品市场的要求,进一步加强间接控制,认真搞好生产资料价格体系和价格管理制度的改革,完善税制,改革金融体制,为企业提供良好的外部环境。以上内容,是党的全国代表大会提出的要求。这些要求极为深刻地反映了城市改革深入发展的客观规律和顺序特征,在实际工作中我们要坚决贯彻落实。

当前,我国经济体制改革正处在全面改革向深入发展的阶段。其主要特点,是进入了从放权让利为主的浅层次改革转向以理顺基本经济关系为主的深层次改革阶段。在这个新的阶段,改革面临很多难点,例如,在坚持社会主义公有制前提下,国营企业如何实现自负盈亏? 如何控制货币发行? 如何改革投资体制? 如何处理好工资与物价的关系? 如何处理好多样化与规范化的关系? 要深化改革就要探索并解决这些难点。

二、城市经济体制改革的目标模式

以城市为重点的经济体制改革的目标模式,是一个多层次的系统,其中整个国家经济体制改革的目标模式是最高一级的层次,它有着对低一级层次(如城市经济体制改革的目标模式)的重大制约作用,而低一级的层次又是高一级层次的基础,并反作用于高一级层次。

我国经济体制改革目标模式的问题,由于确立了社会主义经济是有计划的商品经济的理论,从总体来说,方向是明确的。但由于对"有计划的商品经济"的理解有相当大的弹性,对经济体制改革目标模式的看法就各不相同。大体有以下几个方面:

1. 匈牙利著名经济学家科尔奈·亚诺什从经济协调机制角度,对社会主义经济体制模式进行了分类。具体地讲,分为行政协调、市场协调两大类。每一大类又分为两种具体形态,即:直接的行政协调、间接的行政协调、无控制的市场协调和有宏观控制的市场协调。科尔奈抓住协调机制划分经济体制模式的思路,引起了中外学者的广泛兴趣。有的认为我国原有经济体制属于直接的行政协调,改革的目标模式应是有宏观控制的市场协调模式。

2. 有的学者以计划与市场的关系作标准，把历史上存在过和现在还存在的社会主义经济体制模式划分为军事共产主义供给制模式、传统的集中计划经济模式、改良的集中计划经济模式、与市场机制有机结合的计划经济模式、市场社会主义模式等五种。认为我国原有经济体制基本上属于第二种，但又是带有供给制因素的集中计划经济模式；改革的目标应当接近于第四种，即类似与市场机制有机结合的计划经济模式。

3. 有的学者以经济决策权的集中与分散作标准，把国家、企业、个人划分为三个决策层次，其中国家、企业的决策是集中的，个人决策是分散的，属于第一类；三个层次的决策都是分散的，属于第二类；国家决策是集中的，个人决策是分散的，企业决策是国家指导下由企业作出的，属于第三类；三个层次的决策都是集中的，属于第四类。认为我国原有的经济体制是高度的集中决策型，应当向第三类决策型过渡。

4. 有的研究人员以排斥还是促进社会主义有计划商品经济的发展为具体标准，把社会主义经济体制模式划分为三种：一是发展产品经济、排斥有计划的商品经济的模式；二是促进有计划的商品经济充分发展的模式；三是取消宏观计划控制的市场社会主义模式。认为：第一种是我们原有的体制，是要改革的；第二种是我们进行改革所选择的基本目标；第三种则是在改革中要力求避免的。

5. 有的实际工作者提出，中国经济体制模式由两个基本部分组成：一是经济运行机制，即创立新的商品经济运行机制——宏观有效控制下的市场机制；二是宏观调节机制，即创立新的商品经济运行的宏观调节机制——商品价值机制。把这样两部分机制有机地统一起来，就构成在社会主义公有制基础上的商品经济与计划经济相统一的中国经济体制模式。

　　以上这些观点,对设计、制定我国经济体制改革的目标模式具有重要意义,对研究、确定城市经济体制改革的目标模式也有指导作用和参考价值。当前迫切的任务是进一步研究我国的经济体制改革的目标模式,应当组织多方面的力量,设计多种方案,然后经过比较,择优决策。

　　城市经济体制改革的目标模式,隶属于整个国家的经济体制改革的目标模式,但两者不是完全相同的。城市经济体制改革的目标模式,具有以下三个基本特点:

　　第一,不是单纯地把城市看成是工业基地,而要认识和发挥它的多功能的作用。一般说来,城市既是工业基地,又是流通中心(贸易中心)、交通枢纽、金融中心、信息中心、文化中心、科学技术中心、教育中心等等。过去,我们理解由消费性城市转为生产性的城市,主要是盖工厂,发展工业生产。现在强调发挥城市的多种功能,对于不少城市来说,作为贸易中心、交通枢纽、金融中心等的作用甚为重要。

　　第二,城市不是单纯地为本身服务,还要为它所辐射的整个经济区服务。按照城市改革目标要求,不能单纯从行政区划的角度,仅仅把城市看成是一个行政单位,只着眼在自己管辖的范围内开展工作,而且要把城市看作是开放式的社会主义统一市场的一个活动中心。城市同外界有着千丝万缕的经济联系,它生产的很大一部分产品并不是为了满足城市自身的需要,而是用来和其他城市与农村以至同国外进行交换的,同时它又依赖于其他地区提供原料、燃料、设备以及各方面的生活资料。因此,城市要对外开放,面向全局,在改革中增强自己的辐射力、吸引力和综合服务能力。城市对外的经济联系越发达,城市就愈兴旺,作用就越明显。

　　第三,考核和评价城市的工作,不仅要看它的工农业总产值,而且要看它辐射面的大小和吸引力的强弱。城市不能单纯考虑本市工农业生产的发展,还要为整个经济区以至全国的经济发展作出更大的贡献。城市不仅要提供第一流的产品,而且要提供知识、信息、技术、人才;不仅要发展物质产品的生产,更要加快第三产业的发展。要搞好城市基础设施的建设,提高综合服务能力,这是城市增强辐射力和吸引力的重要前提。

上面所说的,是城市经济体制改革的共同目标。但是由于地理的、经济的、政治的、历史的差异,各个城市、地区具有不同的特点。这就提出一个必须结合自己的特点,创造性地去实现共同目标的问题。这是城市改革中,需要注意的共性与个性关系的问题。实际上,许多城市、地区注意发挥自己的优势,各扬其长,突出特点,已经各有特色地迈出了改革的步伐。如浙江省温州市在发展农村经济、脱贫致富方面摸索自己的路子,被人们称为"温州模式"。它的特点有以下四个:一是以家庭经营为基础,以小商品为主。二是以专业市场为依托,以农民供销员为骨干,形成了独特的商品流通网络,保证了原材料的供应和产品的销售,使小商品占领了大市场。三是利用废旧物资,降低生产成本,实行薄利多销。四是发展各种形式的服务组织。应当看到,温州经验中的某些具体做法,如建立专业市场,有它产生的特殊条件,像手工业有较好基础,从事商品活动的历史悠久、人才众多等。但它的基本经验是有借鉴意义的。

以苏州、无锡、常州为代表的苏南地区,依托原来就比较发达的农业生产和附近的大工业城市发展起社队工业和后来的乡镇工业,以工补农,实现地区经济的全面高涨,从而闯出了发展农村商品经济的"苏南模式"。

石家庄市以搞活企业为中心,进行"撞击反射式"综合改革,即用搞活企业中提出的各种改革要求,"撞击"那些不适应生产力发展的现行管理体制,促使有关部门简政放权。经过几个回合的工作,把城市改革一步步引向深入。

沈阳市围绕振兴工业基地,搞活企业,率先进行了经营责任制、承包制、租赁制,破产倒闭处理、股份制等多种经济形式和经营方式的试验,取得了明显的效果。

广州市发挥其华南贸易中心、侨乡、沿海港城的优势,充分运用中央赋予的"特殊政策,灵活措施",大力发展外向型经济,在敞开城门、搞活流通、金融改革等方面步子迈得较大。

重庆市首创工业品贸易中心,实行"地不分南北,人不分公私",可以到中心直接交易;还有加强军民结合,开发拳头产品,在建设西南经济区中发挥重要作用。

哈尔滨市从实际出发,把调整、理顺政府管理机构、转变职能作为经济体制改革的关键环节和突破口,先后迈出了三步:第一步是调整机构设置,按照加强和改善宏观管理部门,精减专业行政管理部门,实行市、区两级管理的要求,对市政府管理机构设置进行了调整,对精简人员进行了相应的安排。第二步是配备班子,按照管事与管人相结合的原则,由主管副市长负责挑选自己管的委、办、局班子的人选,经组织部门考核,基本配齐。第三步是转变职能,调整后的各委、办、局按照转变职能的要求,从分解现行职能入手,明确本部门性质、职责、任务。通过大刀阔斧改革机构,按照有计划商品经济的要求,理顺上下左右的关系,结果不仅没有引起波动,反而推动了经济体制改革和经济工作。

常州以名优新产品为"龙头",以骨干企业为依托,组建、发展企业群体,促进了改革和经济发展。

南京市大力发展大企业和地方企业的经济联合,地方"搭台",大企业"唱戏",等等,从而促进了经济的发展。

以上这些城市走过的路子都是比较成功的。

武汉市地处华中,历史上就是内地商品流通中心和通商口岸,素有"九省通衢"之称,具有"得中独厚"、"得水独优"的特点,因此,武汉市的综合改革确定以搞活"两通"为突破口,促进搞活企业和城市经济,现在看来,这个认识和做法,比较符合中央的指示精神,也比较符合武汉的实际。

系统科学原理和经济体制改革都表明,城市以至整个经济体制改革的目标模式,不仅应当包含最终目标,而且还应当包含中间目标。即改革从开始实施至最终目标实现这一过程中间的诸目标。为什么要建立中间目标呢?从理论上看,系统的分解与综合是系统科学的重要原理之一。因为要设计新的系统,必须分析已有的系统,已有的系统又是过去分析的系统的综合。正如马克思指出的"从整体到部分,再从部分到整体"的辩证哲理。可以说,城市以至整个经济体制改革的目标模式是多么大而复杂的系统,如分解为适当的几个子系统——中间目标,就能以过去的经验和知识去处理。再从改革实践看,我国的改革不可能在一个早上就达到最终目标,但是它有可能逐日逼近最终目标。有效地检测、预示这种逼近的程度和方向,一则可以据此判断最终目标实现程度,二则可以为实施宏观经济的间接调控提供参照,将改革中出现的企业行为、消费者行为和某些地方政府行为中的不健康因素消除于伊始。可以说,改革目标模式的确定,表明改革有了一个光辉的彼岸,但是,在通往彼岸的航道上,如果没有导向的航标,那就难免有偏航或搁浅的风险。建立中间目标,正是设置可靠的航标,以确保改革"看准一块,改革一块;看准一条,改革一条。"

把改革的最终目标分解为若干中间目标,其方法是多种多样的。一般可按结构要素分,按功能要求分,按时间序列分,按空间状态分。分解的原则,既要有利于系统设计、可靠,又要便于论证、实施和管理。比如,经济体制改革总目标模式中,按结构要素分,就包含改革所有制结构、经济决策结构、经济调节体系、经济利益体系、经济组织结构这几个基本方面,而经济调节体系中,又包含价格、税制、财政、金融、外汇等方面改革。以上大小方面制定的目标,即是中间目标。比如国务院体改方案研究领导小组金融组,根据中共中央关于"七五"计划的建议,提出了 1987、1988 两年金融体制改革的初步方案,确定金融体制改革要实现以下四个目标:①建立宏观控制有力的、灵活自如的、分层次的金融控制和调节体系。②建立以银行信用为主体,多种渠道、多种方式、多种信用工具聚集和融通资金的信用体系。③建立以中央银行为领导,各类银行为主体,多种金融机构并存和分工协作的社会主义金融体系。④建立金融机构现代化管理体系。这些目标的实施,将有利于金融改革同其他方面改革互相配套,同步进行。

三、改革企业体制　增强企业活力

企业是城市经济的细胞,是工业生产、建设、商品流通和财政收入的主要承担者,是社会生产力发展和经济技术进步的主导力量,在国民经济中具有举足轻重的地位。中共中央关于制定"七五"计划的《建议》再次强调,搞活企业是以城市为重点的整个经济体制改革的中心环节,也是我们今后经济发展的希望所在。

大家知道,"七五"期间的经济体制改革,概括起来说,主要内容有以下三个方面:①进一步增强企业特别是全民所有制大中型企业的活力,使它们真正成为相对独立的经济实体,成为自主经营、自负盈亏的社会主义商品生产者和经营者。②进一步发展社会主义的商品市场,逐步完善市场体系。③国家对企业的管理逐步由直接控制为主转向间接控制为主,建立新的社会主义宏观经济管理制度。这三个方面的改革,是互相联系的有机整体,是不可分割的,缺一不可的。第一方面的改革,目的是使企业拥有必要的自主权并正确地加以运用;第二方面的改革,目的是使企业活力的发挥能有一个既有动力又有压力的良好的外部经济环境;第三个方面的改革,目的是促使企业的微观经济活动能够更好地符合宏观经济发展的要求。这三个方面的改革必须围绕搞活企业这个中心环节,配套进行,相辅相成。

近几年的改革,企业的活力已有所增强。一部分国营小型企业实行了租赁和承包等方式;集体经济也改变了某些名为集体,实际具有强烈全民色彩的状况,开始向真正劳动群众合作经营方向转化;全民经济本身在经营形式和财产关系上,也有了新的改革。但是,从企业应成为相对独立的,自主经营、自负盈亏的社会主义商品生产者和经营者这一要求来说,企业的活力还是很不够,特别是全民所有制大中型企业的活力还远远不够,其中有些企业甚至仍缺乏活力。这些,除了企业内部的原因(包括体制和管理的原因)以外,还由于没有形成使不同企业能有大体上平等竞争的外部经济环境和条件。因为在企业的外部条件很不相同、苦乐不均严重的情况下,缺乏衡量企业经营好坏的标准,很难要企业完全承担自负盈亏的责任。当前企业外部环境的不均等主要可以概括为以下四个方面:①由于计划和物资分配渠道的不同造成的企业在购买原料或出售产品时价格上的差异。②由于企业所处的经济地理环境不同引起的企业占有资源(如土地、矿藏)和市场条件(如距离和运输)的差异。③由于国家投资的多寡和投资决策的正确或失误造成的企业资产占有和装备条件的差异。④由于长期的计划分配和缺乏劳动力流动机制引起的企业劳动者素质的差异。当然,我们不可能在一个早上统统消除这些差异。但是,按照"七五"末期初步奠定新的经济体制基础的要求,国家积蓄力量,围绕企业有一个大体平等的竞争条件问题进行配套改革,集中解决严重扭曲的生产资料价格体系和非企业本身努力的级差收益问题,较好地改善企业经营的外部环境,是可能和必要的。

当然,要使企业真正成为富有活力的经济细胞,重要的是进行企业经营管理体制本身的改革,使企业真正成为独立核算、自负盈亏的经济组织,具有合理的经济行为。从一定意义上说,把价格理顺,市场组织好,如同有了一池好水,但如果企业是个"旱鸭子",跳下去还是游不起来。而我们改革最根本的还是要靠企业的活力,企业效益的提高。在这个问题上要注意防止两种倾向。一种是简单地把企业效率不高,行为不合理的问题归结为所有制,把"大锅饭"与公有制等同起来。实际上企业的效率如何还是在于实行什么体制,在于怎么管理,怎么运行。就拿经营管理来说,企业就是一个由相互作用、相互依赖的若干组成部分结合成的具有特定功能的有机整体。任何一个企业,都由下列六个要素组成。"人"当然是第一要素,其他五个要素分为物和事两类,物包括三个要素,即物资(能源、原料、半成品、成品等)、设备(土木建筑、机电设备、工具仪表等)和财(工资、流动资金等)。事包括两个要素,即任务指标(上级所下达的任务或与其他单位所订的合约)和信息(数据、图纸、报表、规章、决策等等)。一个现代化的工厂,还是这六种要素,只不过规模空前地扩大。在工厂这个整系统中,各分系统之间的相互作用、相互依赖的关系,就凭这六个要素的流通而得以体现。人、物资、设备、财、任务和信息这六个要素,都要满足一定的制约。进行经营管理首先要认识这种制约,并从而能动地求得在制约下的系统的最优运转。制约分为两大类,一是经济规律的制约,一是技术条件的制约。例如,在计划协调技术中,物流必须满足技术条件所制约的加工先后顺序。认识这种制约才能画出网络并从而求得主要矛盾线。主要矛盾线所表达的完工时间又可能成为更大系统中某一工序的最优加工工时。在制约下求得总体最优是企业经营管理的一个重要概念。总之,目前在我国许多企业中,经营管理还处于相当落后的状态,集中起来讲,就是机制呆板,管理落后,效益低下,浪费严重,如果加以解决,潜力很大。另一种值得注意的倾向是把企业管理体制的改革片面地看成是放权的过程,忽视了随着企业权力的扩大,它的责任也相应增加,它的压力也大大增加。因为如果是一个工厂或车间,只要保持完好的生产能力就足够了,但一个企业,则要能在市场的竞争中生存和发展,要有承担风险的能力,要能够承担经济责任,必要时还必须为自己活动的结果承担社会责任。这几年来,我们在企业管理体制的改革方面已经初步探索出许多好的形式、好的经验,问题是消化、提高还不够。现在需要细心地加以总结,加以理论化和系统化,总结出适合中国情况,宏观效益和微观效率结合得比较好的普遍形式。

综上所述,搞活企业,必须坚持改革,既从外部为企业发展创造条件,更要促进企业从内部下功夫。这是因为,企业外部环境和条件具有变异性、随机性特征,一般是不可控的;企业内部条件一般是可控的。外部环境对企业内部条件起着制约作用;改善企业内部条件,增强企业实力,又将反作用于外部环境。我们要求企业在尊重客观可能性的前提下,充分发挥主观能动性,实现企业外部环境和内部条件的最佳组合,谋求企业的生存和发展。怎样才能落实这一要求呢? 从一些城市实践情况看,大致要抓好以下相关的几个方面:

1. 按照有计划的商品经济的要求,树立新的经营观念。当前在我国经济体制从旧的模式向新的模式转换过程中,破除长期形成的某些不适应新形势的观念,进一步肃清过去产品经济、自然经济的思想影响,对于搞活企业具有决定性的意义。一批大中型企业之所以搞得比较活,正是由于它们在发展有计划的商品经济的新形势下,及时地转变了经营观念。一是从与"市"隔绝的状态中解放出来,牢固树立服从市场需要,为市场服务的观念,主动、及时地按市场要求,提供适销对路、价廉物美的商品。二是从生产、建设不计成本的盲目状态中解放出来,牢固树立严格的效益观念,力争以最少的投入获得最多的产出。三是从依靠自有资金组织生产经营的落后方式中解放出来,牢固树立善于借贷经营的金融观念,增强企业集聚、使用、增殖资金的能力。四是从重物不重人才的旧观念中解放出来,牢固树立尊重知识、起用人才的观念,在企业的拼搏和竞争中培育企业家。此外,还有一些与此相关的观念,如政策、法律观念,信息观念,时机观念等等。总之,随着社会主义商品经济的发展,相应地要求人们的价值观念、经营思想发生深刻的变化,在某种意义上说,这些转变是比经济体制改革更为深刻的一场革命。

从实践看,新的经营观念树立起来的企业,能够按照社会主义商品经济的要求组织经济活动,已经开始焕发出蓬勃生机。例如,沈阳东北制药总厂 1979 年到 1984 年间累计产品降价 4 千多万元,加上能源、原材料调价因素,共影响企业利润近 5 千万元。在这种情况下,企业及时转变经营思想,加强经济核算,改善经营管理,狠抓产品质量和更新换代,开拓国内国际市场,使产品辐射到全国 24 个省市及世界 45 个国家和地区,消化了产品降价、燃料和原材料涨价的因素,1985 年企业利润不仅没有降低,而且比上年又有增长。目前,我国工业总成本中,能源、原材料的消耗占 80% 左右。物质消耗高又是企业的致命弱点,也是今后发展的巨大潜力所在。随着当前生产资料首先是钢材的调价,企业有了很大的压力。如果我们能树立严格的投入产出观念,采取技术改造、加强责任制等有力措施,使物质消耗逐步降低,活劳动消耗比例逐步提高,我们企业的竞争能力就会大大增强。这一升一降,就可以大大提高企业和社会的经济效益。

2. 深化企业改革,改革企业经营机制。

深化企业改革,主要是要在外部放权的基础上,转向改革企业经营机制,使企业的所有权与经营权的分离能付诸实践,推行承包经营责任制,并使之配套、完善、深化发展。

企业经营机制是指在一定的宏观管理及市场运行的条件下,企业内部的决策系统、运行系统、分配系统能够协调运转,从而产生对宏观管理的自觉接受能力,对市场的自我适应能力,对扩大再生产的自我协调能力,对分配的自我约束能力。

改革企业经营机制,实行企业所有权与经营权分离,其具体内容包括以下几点:①彻底地向企业放权,使企业主管部门和企业的关系由隶属关系转为合同关系,企业及其经营者成为相对独立的商品生产者和经营者。②企业充分运用其自主权,在内部机构设置、人事安排、劳动调配、自有资金支配和职工分配上大力进行改革。③根据企业的不同特点,探索实现企业生产经营良性循环的路子,增强企业自我改造、自我发展和自我约束的能力。④采取多种形式选拔经营者,锻炼和培养能适应有计划的商品经济的社会主义企业家。⑤处理好经营者和职工的关系,使经营者的个人负责与职工民主管理结合起来,充分调动企业职工的社会主义积极性。

形式可以多种多样,不拘一格。

大中型企业以推行承包经营责任制为主要形式。据国家经委分析,目前试行的承包经营责任制有以下几种办法:一是试行"两保一挂":保上缴税利,完不成包干指标的要用企业自有资金补足;保"七五"期间国家已经批准的技术改造项目;工资总额和实现税利挂钩。二是上缴利润递增包干。三是上缴利润基数(或纳税目标)包干,超收分成。四是微利、亏损企业的利润包干或亏损包干,超收(或减亏)全部留成或按比例分成。五是行业投入产出包干。此外,在沈阳、武汉、重庆等地还试行了企业经营责任制和资产经营责任制的办法。

小型企业以推行租赁经营责任制为主要形式。有些小型企业也可以实行其他的承租或个人承包的办法。有些全民所有制小型商业、服务业企业,也可以出售给集体或个人经营。

租赁制在国际上是一种很重要、很广泛的贸易形式。在苏联新经济政策时期,在苏维埃政府监督下,曾把一部分国有的暂时无力经营的中小企业暂时租给本国资本家经营。其目的是利用他们的经济技术力量和管理经验,尽快地恢复和发展生产。截至1925年,在俄罗斯和乌克兰,共出租工业企业总数为5500个左右,承租人46.4%是私人,26.9%是合作社组织。由于当时的历史条件,这种制度实际上没有得到发展。

《中共中央关于经济体制改革的决定》指出:有些小型全民所有制企业可以租给或包给集体或劳动者个人经营。并强调:"坚持多种经济形式和经营方式的共同发展,是我们长期的方针。"我们实行的社会主义的租赁制,实质上是把经营权以租赁的形式转给集体或劳动者个人,而所有权是不变的,因此是属于所有权和经营权分离的问题,而不是所有制本身的变化。从我国当前改革的进展情况看,适合搞租赁制的,首先是工商小型企业,特别是副食品、小百货等以及服务网点。近两年来,沈阳、武汉、北京等市积极进行了企业租赁经营的试点,已经获得显著的效果,为搞活小企业探索了新的路子。例如,沈阳汽车工业公司于1984年6月率先将一个微利和一个亏损企业分别租赁给个人经营。1985年又将13个小企业租赁给个人经营。通过租赁经营,企业管理得到较大改善,职工精神面貌发生了显著变化,经济效益大幅度提高。1985年这15家企业完成工业总产值比上年增长67%,实现利润增长201%,上缴利税增长177%。实践证明,租赁经营是搞活小企业的有效途径。

沈阳等市的基本做法,一是确定租赁经营的原则,保证企业的社会主义方向;二是确定实行租赁经营企业的范围,先是亏损或处于亏损边缘的企业、长期无固定产品方向的企业、产品质量长期上不去的企业、领导班子亟待调整的企业等,现已把范围扩大到一般小型企业,甚至少数符合条件的中型企业;三是实行公开招标,选贤任能;四是制定详尽、具体、明确的合同条款,保证企业租赁经营顺利进行;五是科学合理地确定基数利润和租金。试点企业的经验使我们看到:租赁经营这个新事物适应小型企业生产水平和管理素质,它已显示出了独特的优越性:①租赁经营突破了长期以来按生产资料全民所有和国家直接经营的传统做法,使所有权和经营权分离的原则得到真正落实,有利于打破两个"大锅饭"。②租赁经营使厂长负责制得到更好的落实,厂长作为企业第一把手,有了实实在在的经营决策权,畅通无阻地指挥生产经营,大大提高了工作效率。③租赁经营较好地解决了企业只负盈不负亏的问题,促使企业真正成为自主经营、自负盈亏的商品生产经营者。④通过招标投标的办法选定承租者,有利于选贤任能,培养企业家和各类人才。⑤租赁经营把法律手段自觉地引入经济活动中,使企业的各种经济关系和经济利益获得了法律保证。⑥企业实行租赁经营有利于整个工业、商业管理体制的改革。此外,一些企业闲置的生产资料也不少,尤其是大中型企业闲置不用的生产资料数量相当惊人。允许把这些生产资料出租,可以在一定程度上辅助调剂目前紧张的生产资料。交通、商业等部门的一些基础设施也可出租,以充分发挥其经济效益和社会效益。

改革企业经营机制,实行企业所有权与经营权的分离,除了上面说的承包经营责任制、租赁制以外,试行股份制企业,探索以公有制为基础的、适合我国国情的社会主义联合股份经济形式,也是重要的形式。

股份公司于 17 世纪初期出现于欧洲;19 世纪后半期,广泛流行于世界各地;现在已成为西方各国企业最重要的所有制形式。多数的股份公司,规模很大,在财政上和金融上对其国民经济影响很大。从美国企业数目来说，大的股份企业只占全部企业总数的 15%，但是，其收入却占 85% 以上，其纯利润则占全部纯利润的 70% 以上。诸如美国电话电报公司、福特汽车公司、通用汽车公司、通用电气公司等都是美国著名的股份公司。股份公司相对于独资企业、合伙企业，具有股东有限责任、企业规模较大、管理效率较高、所有权转移方便、企业寿命可以很长等优点，是最适合于现代大企业的一种法律形式。

我国全民所有制大中型企业，是否可以试行股份制呢？在目前是有不同意见的。有的同志持怀疑态度，其理由是，股份化就是私有化，最后会导致两极分化；社会主义是按劳分配，不能按资分配。我们认为，股份制作为一种经营方式，本身没有确定的社会经济性质。资本主义可以利用股份公司形式来发展生产力，社会主义同样可以利用股份公司形式来发展生产力。十月革命后，苏联就利用过辛迪加、托拉斯等经济形式，并得到了列宁的肯定。因此，认为实行股份制就一定会改变社会主义经济的本质，就会使社会主义蜕变为资本主义，是没有根据的。

我国为什么要试行股份制？一是马克思、恩格斯曾对股份制度作了科学的分析，指出："资本主义的股份企业，也和合作工厂一样，应当被看作是由资本主义生产方式转化为联合的生产方式的过渡形式"。实行股份经济与发展社会化、商品化的经济的要求是一致的，已成为一种国际现象。二是随着城市经济体制改革的发展，在经济形式和经营方式上正在出现两个明显的趋势：其一，传统的个体、集体、全民三个截然分开的层次和由个体到集体、由集体到全民过渡的格局将被打破，代之以公有制经济为基础，各种经济形式长期并存，并各自在一定范围内发挥优势。其二，所有权、经营权、决策权集中化和一体化的格局将被打破。不仅所有权、经营权要适当分开，而且经营权和决策权也要适当分开。这两个趋势也是与股份制的发展吻合的。三是随着改革的深入和经济的发展,企业的自有资金和职工的货币收入将大大增加,这就为试行联合股份经济创造了条件。试行股份制企业,可以筹集社会各种资金,并把部分消费基金转化为生产基金。四是从坚持自愿原则、承担风险、立法等方面,可对现在自发的集资入股需要加以管理和引导,防止变相乱发奖金和盲目扩大基本建设规模的倾向。总之,具有中国特色的社会主义联合股份经济形式有三个基本特征:一是在整个国民经济中公有制占绝对优势;二是在大中型企业中全民所有制占绝对优势,因为股份制大中型企业主要不是指把企业股份卖给企业内的职工和社会上的个人,而是指企业股份分属国家、地方、部门、其他企业等全民所有制单位所有;三是充分体现劳动者的主人翁地位,使劳动者的积极性得到应有的发挥。即使是个人入股,在社会主义国家,要注意掌握以下几条:个人入股,他本人是劳动者,可以限制个人的股份;个人收入过多可以收所得税;全社会讲是按劳分配为主,鼓励一部分人先富起来,以达到共同富裕的目的。

除国营企业外,集体企业也可实行股份制,即以股份的形式明确职工对企业资财的所有权关系,并以分得的股份作为分红的依据,从而建立起一种新的集体财产的占有和分配制度。其主要形式有:全部财产股份制、部分财产股份制、职工个人投资入股、带股招工集资办厂、发行股票社会集资、共同投资合股经营等。

考虑到社会主义公有制企业试行股份制是一种新事物,没有现成的经验,可能会出现许多新问题,需要慎重从事,因此先在一定范围内试点,待取得经验后再行推广。

企业在推行承包制,实行所有权和经营权分离的基础上,要搞好内部的配套改革,全面贯彻落实改革企业领导体制的条例和补充通知,进一步理顺企业党、政、工关系,充分发挥职工当家作主的主人翁精神。抓好企业内部的经营管理,完善内部经济责任制,划小核算单位,强化各个环节的经济核算,逐步推行厂内银行和满负荷工作法,实行经济效益与工资总额挂钩,推行计件工资、定额工资、浮动工资等。要增加长期承包企业的数量,把竞争机制引入承包。要鼓励探索租赁、参股、有偿转让等多种经营形式。并且要加快计划、投资、物资、财政、金融、外贸等体制的配套改革,进一步搞活企业。

3. 改革投资体制及相关的税收、还贷制度,提高企业自我积累、自我改造、自我发展的能力。

为改变企业发展主要依赖于国家投资和税前还贷的投资体制,要划分中央、城市和企业的投资范围。要把企业技术改造和一般性发展投资的主体,转移到企业并扩大企业对固定资产投资的责任和自主权。现有企业的技术改造工程和配套的福利设施,在全国行业发展规划和地区发展规划的指导下,由企业自主投资。企业扩大再生产的建设项目,在服从国家中长期计划指导和国家有关法规的要求下,可自行组织。企业在发展横向联合,组织企业集团中,可自行合资投资。城市政府及各管理部门要加强对投资方向的指导,并通过各种经济调控手段和健全社会经济运行监测体系,引导企业的投资行为。市有关综合部门可联合组建投资咨询公司,对全市重点建设和技术改造项目进行论证、评估。

为了改变国家投资无偿使用的状况,要成立经济实体性质的,具有法人资格的武汉投资公司,用经济的方法管理投资活动,并承担责任和风险。其主要任务是:筹集和管理城市固定资产投资基金;按照国家计划要求和城市政府确定的地方重点建设项目,通过招标或签订经济合同等经济手段进行投资;在城市范围内,对盈利性项目实行投资基金有偿使用,对非盈利项目实行政策性投资;对需要扶持的行业、企业,且自身还贷能力差的项目以及建设周期长、占用资金大的基础工业项目,采用贴息的办法,支持有关银行或其他金融机构进行投资。

结合投资体制改革,企业固定资产投资逐步要改税前还贷为税后还贷。与之相配套,并从各地实际出发,企业所得税率要适当降低。所得税率降低后,部分企业还贷能力不足,可通过适当降低利率和延长还款期限来缓解矛盾。必要时,财政在核定承包利润时,可再让一些。为鼓励企业尽快归还投资主体改革前的技术改造贷款,可适当免征能源交通基金。为增强企业归还新借贷款能力,对用于新借贷款增加的固定资产,可缩短折旧年限。对以前实行特殊政策的企业和行业,在合同期满前,可继续按原办法执行。

4. 发展横向经济联系,逐步建立各种类型的企业集团。

随着城市经济体制改革的全面展开,各种形式的横向联合加强,出现了蓬勃发展的新局面。特别是以企业为基础的横向经济联合取得了突破性的新进展,一大批各种企业集团不断崛起,正在逐步形成为城市工商业的主体。

企业集团,是指一批具有内在经济联系的企业,基于共同的利益和一致的目标,通过自愿联合所形成的生产经营群体。

企业集团具有各种不同的形式。从集团内部构成状况看,目前,一些城市大致有以下四种形式:

一是链型集团。指以名优新产品为龙头,一系列从事不同生产工艺的企业,通过联合实行一条龙顺序加工的企业群体。如到 1985 年止,常州市围绕着生产柴油机、灯芯绒、自行车、照相机、家用电器等名优新产品,在专业化协作生产一条龙的基础上,先后组建了 56 个企业群体。这些群体完成产值、实现税利分别占全市工业的 33％、40％,比上年都有大幅度增长。

二是伞型集团。指以加工装配型整机生产企业为核心,把大量零部件协作配套生产企业联合起来,集中生产名优新产品的企业集团。如重庆嘉陵集团,就是以总装厂——军工企业国营嘉陵机器厂为核心,围绕生产名牌产品"嘉陵牌"摩托车,与全国220多个企业建立了协作配套关系,形成了一个大规模的横向经济联合的企业群体。

三是星座型集团。指以生产名优产品和拳头产品的大中型骨干企业为核心,通过多种内容,跨地区地组织联营,在全国各地设立若干分厂或联营厂,实行共同生产同类产品的企业集团。如东风汽车工业联营公司就是一个以不同形式(合资、紧密、半紧密、松散、定点、扩散)、不同内容(汽车改装、配件生产、配套产品、总线生产、整车装配、产品设计、工艺协作、工装设备、材料协作、金融信贷、产品联销、技术服务)、不同层次(主导厂、联营厂、扩散厂、定点厂、二次配套厂、技术服务厂点)组成的跨地区、跨部门的、技术经济紧密联系的新型企业集团。目前参加联合体的厂家已有21个省市的近130个企业。

四是多元型集团。是指集团的成员,除了以生产名优新产品的企业为主外,还包括贸易、科研、金融及服务等部门的有关企业单位,有的还包括中外合资或外商独资企业。如大连市纺织印染科研设计生产联合体就是一个包括18个纺织和化工企业、两所工科高等院校、六个研究所(化工、轻工、化物、合纤、纺织、服装等所)以及两个专业局的跨行业、多学科的行业发展型的技术经济联合组织。

企业集团之所以在近几年内得到了如此迅猛的发展,主要是因为它本身较之单个企业有着无比的优越性和强大的生命力。其主要表现:第一,它是有计划的商品经济发展的客观要求和必然趋势的反映,是不依人们意志为转移的客观经济规律的反映。商品经济的发展,不仅会打破一切人为的条块分割的疆界,促进原有产业的分化和结构的合理化,而且会使社会再生产各环节、各部分、各企业之间的经济联系,越来越密切,使商品经济的横向联系得到充分的发展。因此,分工越发展,横向经济联系越密切,这是商品经济发展的内在规律。第二,它是调整产业结构、促进技术进步、提高生产能力的重要途径。第三,它是提高综合经济效益的有效途径。生产企业集团目前有两种基本形式:一种是以名牌优质产品为龙头的专业化协作、联合;一种是资金、原材料、厂房、设备、技术、劳动力等各种要素的联合。这两种形式的联合,一般具有配置合理、投资少、技术进步快、产品品种新、质量好、劳动生产率高、物质消耗少的特点,因而经济效益比较好。第四,它是提高企业创汇能力、积极开拓国际市场的有力措施。第五,它也是发挥城市的中心、辐射作用,扩大城乡经济网络的重要途径。

企业集团的建立、发展,对城乡经济体制的改革也具有重大意义,是经济管理体制的重大突破。一是企业集团的发展,引起企业的所有制形式及企业内部的组织制度上的变革。在横向联合的过程中,在公有制的基础上,一部分企业集团开始实行股份制。全民企业之间、全民企业与集体企业之间、集体企业之间、中外企业之间互相参股,组成企业集团后,联合各方都有了具体的代表,都关心自己的投资利益,这就同现在由一个部门、一个地区管的公有制企业不同。二是企业集团的发展对企业领导体制也提出了新的课题。譬如,在有些群体中,已开始试行董事会或联合委员会领导下的厂长负责制。三是企业集团的建立对计划体制也是一个突破。过去计划的下达渠道一直是按照条条块块的行政隶属关系逐级"切块"的。跨地区、跨部门的企业集团出现后,在行政归属不一的情况下,计划如何下达?这就迫使计划体制作进一步的改革。方向只能是尽量缩减指令性计划指标,扩大指导性计划和市场调节的范围;对有限的指令性计划,下达渠道也要有所改变。例如,如果已发展为紧密的企业集团,可由国家直接下达给集团。四是企业群体必然突破旧的流通、金融、价格体制。企业集团的发展,要求有一个相应的经济环境,最主要的条件就是形成、扩大社会主义的统一市场,健全市场体制。因此,流通体制要真正放开搞活,逐步形成多渠道、少环节、开放式的四通八达的经营网络。金融体制要打破专业银行之间"隔行如隔山"的分割状态,促进资金的横向融通。并要求给企业、城市更多的定价、调价权,使联合各方能较为自主地协商议价;还要使计划价格与市场价格逐步趋向一致。五是企业集团对财税体制是一种挑战。非常现实的一个问题就是对联合各方如何征税? 各地能不能重复征税? 等等,都有待于财政税收体制实行新的改革。此外,企业集团的发展还对政府管理经济的方式提出了新的要求。要使各级政府按照商品经济的要求,逐步地由微观管理为主转向宏观管理为主,由直接控制为主转向间接控制为主,由行政手段为主转向经济手段、法律手段为主。因为社会经济系统是一个大系统,大系统是具有递阶结构(多级结构)特征的。即既有多级递阶的纵向隶属层次,又有普遍的横向联系网络关系。发展有计划的商品经济,需要加强横向联系,横向联合,也要有纵向联合、纵向调节。这样,才能打破条块分割,建立条块结合的国民经济管理系统。

四、敞开城门　开放市场　发展社会主义的市场体系

　　根据系统论的原理,建立新型的社会主义经济体制,主要是抓好互相联系、配套改革的三个方面,即增强企业活力、完善市场体系、建立宏观间接调控。这三方面的改革,是互相联系的有机整体。三者不可分割和缺一不可,不能孤立地突出某个方面而忽视另一个方面。有人把这三者的关系比作运动场的比赛。企业和职工好比是运动员,市场好比是球场,国家的间接管理好

比是教练员、裁判员。国家通过修建、开放运动场,培养运动员、教练员、裁判员,制定并监督比赛规则来保证比赛的正常进行。这个比喻很形象地说清了三者之间的关系。

市场体系从系统与其所处的环境关系来看,是一个开放的系统。《中共中央关于经济体制改革的决定》指出,对外要开放,国内各地区更要互相开放。开放是全方位、多层次的。经济发达地区要开放,不发达地区也要开放。开放的内容较多,概括起来,主要有两条,一是打破分割,二是打破封闭。

打破分割,主要是促使城市内部各部门、各行业、各企业、各市场之间,打破封锁,打开门户。根据系统论关于大系统具有递阶结构特征的原理,条条是需要的,块块也是需要的。但是过去经济活动被局限在部门和地区范围内,形成条块分割,城市经济被各种封闭式的行政系统限制,难以发展横向经济联系。为了改变这种状况,曾反复试行过以部门为主的管理体制和以地区为主的管理体制,但条块之间的矛盾,一直没有得到解决。武汉共有机械工业企业 1300 多个,纵向分属于中央、省、市、区(县)、街道(乡镇)五级行政领导,横向分别隶属于 40 多个系统,企业之间的横向联系被分割了,城市的综合生产能力不能发挥。这些企业通用性的工艺如铸造、锻造、热处理、电镀等建立了 1 千多个车间,设备利用率很低。武汉锻造厂是一个设备先进的锻造厂,锻件年生产能力达 1.33 万吨,商品锻件 0.5 万吨。由于钢材不足,全年的生产任务只占实际生产能力的十分之一左右。而只有一墙之隔的武汉船用机械厂也有相当的锻造生产能力,而且在不断发展,但任务也不足。因此,一些城市在综合改革中,首先就紧紧抓住打破分割做文章,发挥中心城市统一组织社会各种经济活动的作用,进一步解放城市的生产力。打破封闭,则要求城市打开城门,对外实行开放,使城市成为一个开放型的经济中心。

怎样才能打破封闭，敞开城门呢？

第一，敞开城门，必须自觉地借助外力，也就是商品经济的威力，对内部保守的、落后的、依赖的思想和僵化的经济体制，给以有力的冲击。对商品经济的威力，马克思、恩格斯早在《共产党宣言》中即有过十分精辟的论述。商品经济过去对一个国家、民族是"重炮"，现在对一个城市、企业，同样也有很大的威力。武汉市与一些兄弟城市相比，生产技术水平和管理水平较差，更需要开放。1984年6月，我们经过反复讨论，下决心敞开三镇大门，接受商品这门"重炮"的轰击，让企业见市场的世面，经竞争的风雨，使企业在开放和竞争中求生存，求发展。我们采取了一系列开放措施，如放手在全国范围实行零部件招标，在两千多个企业中大范围地选举、聘任企业领导人，等等。总之，借助外部的先进力量，撞击自己，引火烧身，给全市企业树立"对立面"，造成一个强大的外在压力，从而在内部激起奋发图强的力量，促进企业加强技术改造和改善经营管理，同时也赋予企业以应有的自主权，使企业可以在市场竞争的大舞台上施展自己的才干。事实证明，当年的工业生产和财政收入不仅没有掉下来，而且比预计的要好。

第二，敞开城门，必须对外地物美价廉的商品和先进技术采取有吸引力的政策，欢迎"打进来"；对本市的企业向外扩展，采取鼓励的政策，支持"打出去"，保护合法竞争，在大进大出中提高企业的竞争能力和适应能力。运用价值规律，开展竞争，就能改善企业的经营管理。这是什么原因呢？马克思的劳动价值论告诉我们，商品的价值是凝结在商品中的一般的、无差别的人类劳动。哪个企业的个别劳动低于社会必要劳动，个别价值低于社会价值，它就会占领市场，获得更多的盈利。反之，盈利就比较少，甚至亏本。那么，怎样才能做到降低个别价值呢？这就需要充分发挥劳动者的积极性，努力改进技术设备，提高劳动技术水平和经营管理水平。总之,要千方百计地提高劳动生产率,降低成本。这样一来,商品生产者之间的竞争,就同历史进步协调一致,这也是商品生产关系具有强大生命力的根本原因。

第三,敞开城门,必须城乡通开,城城通开,互为依托,协调发展。我国经济体制改革首先从农村开始,并取得了巨大的成就。在这个基础上,党的十二届三中全会作出了经济体制改革的决定,把城市改革推向了一个新的阶段。现在农村改革与城市改革已经汇合成一股巨大的洪流。在新形势下,领导城市工作,必须打破两个传统观念,即既要打破就城市论城市的传统观念,又要打破就农村谈农村的传统观念。要统筹城乡全局,把城市经济和农村经济有机地融合为协调发展的一体化经济。因此,城乡通开,城城通开,大力发展城乡商品经济,是城市经济体制改革的一个基本指导思想。为什么要以这"两个通开"作为城市改革的基本指导思想呢?一是发展有计划的商品经济的客观要求。当前,农村改革的深入发展迫切要求城乡通开。城市改革,发挥城市的多功能作用,也迫切要求城乡通开。从农村方面说,农村商品经济的发展,要求城市疏理流通渠道,为农村提供的商品开拓广阔的市场;农业产业结构的调整,特别是农村工业的发展,要求城市扩散产品、技术,提供信息和发展各种形式的经济协作;农村劳动力结构的调整,要求城市提供一部分劳务市场;农村生产的发展和农民生活水平的提高,要求城市提供更多更好的生产资料和日用消费品。从城市方面讲,要发挥多功能的作用,要向广大农村进行辐射和吸引;城市经济的发展和城市人民生活水平的提高,要求农村提供更多更好的工业原材料和主副食品;城镇的建设,部分地靠农村的财力、物力和人才,等等。这两方面的要求表明,城乡经济是互为依托,相互作用,相互服务的。因此,城乡通开,是有计划的商品经济发展的客观要求。二是城乡通开,是城市经济的主导作用和农村经济的基础作用有机地结合起来的要求。《决定》指出："城市是我国经济、政治、科学技术、文化教育的中心,是现代工业和工人阶级集中的地方,在社会主义现代化建设中起着主导作用。"但是,城市要发挥主导作用,又离不开农村这个基础。我国人口的80％集中在农村,把农村富余劳动力转移到新的生产领域,有利于促进整个国民经济的发展。农村改革,通过家庭联产承包责任制,使农业生产迅速发展,取得了基本解决温饱问题的巨大成就,进而改革农村产业结构,充分表明了农村经济的基础作用。所以,以城市为重点的全面经济体制改革,必须解决城乡通开的问题,真正做到城乡经济互为依托,协调发展。三是城乡通开,是建立社会主义的新型城乡关系的要求。城市经济通过改革,走出一条城乡通开,互为依托,协调发展,融为一体的新路子,建立起城乡经济共同繁荣的新型城乡关系,正是我们社会主义经济体制模式的一个重要特色。要充分认识城乡通开的巨大现实意义和深远意义,自觉地用以指导我们的城乡改革。

城乡通开,包含着丰富的内容。从各城市改革的实践看,以下几个方面的做法是有效的:一是城乡都要敞开大门,开放市场。从武汉市情况看,敞开三镇大门后,周围地县农民纷纷瞄准武汉市场,调整农村产业结构,生产城市需要的产品。如进入武汉的贸易粮、油脂、肉类、蛋品、蔬菜等农副产品绝大部分来自江汉平原。周围城乡到武汉从事建筑、修理、运输、经商的近30万人。有计划地让农民进城务工经商,兴办第三产业,既富裕了农村,又服务了城市,促进了城乡交流和城乡经济的繁荣。二是城乡经济要统筹规划,协调衔接,合理分工,发挥各自的优势。经济发展计划要衔接,产业结构和产品结构调整也要协调。如在工业结构上,一般要注意把初加工的、劳动密集型的、原材料量大难以运输的产品,放在农村。城市,特别是大中城市,要注意发展技术密集型的、高精尖的产品和开发新技术、新产业。三是大力发展城乡经济技术协作、联合。城市企业要有计划地向乡镇企业扩散产品,转让技术,提供信息,组织生产协作,开辟原料基地,帮助乡镇企业从事农副产品深度加工,促进城乡繁荣。万里同志指出:"城市工业要有组织、有步骤地向乡村扩散,与乡镇企业结合,以大支小,以小补大,发挥各自的优势,互相促进,共同富裕,逐步形成城乡之间有分工的、多层次的产业结构。这是建设具有中国特色的社会主义的新型城乡关系,缩小三大差别的战略"。如北京洗衣机厂在没有扩建新厂房,投资、设备增加很少的情况下,由于把生产"白兰牌"洗衣机的 98% 的零部件扩散到农村去生产,在五年的时间里,产量增加了 30 倍,利润增加了 50 倍。实践证明,城乡协作、联合,互相促进,对城市工业和乡镇企业的发展都是有利的,是发展我国城乡工业的一条必由之路。四是加速交通体制改革和建设。城乡通开,开放城市,交通运输首先要"通"。如果说商品是"血液",那么,交通运输就是"血管"了。血管不畅通,血液循环就不正常。就拿武汉来说,在搞活流通的同时,从挖掘潜力入手,进行了交通改革。比如武汉港、专用码头和铁路专用线向社会开放;调整运输结构,组织铁路公路分流;让外地交通部门、个体运输户来汉经营汽车客运;推进交通运输企业的横向经济联合;建立市交通管理委员会,努力为企业协调、服务;制定交通法规,加强全行业管理,加强交通建设,近期内要重点改善和发展公路运输和水上运输。这对城乡经济交流最现实、最迫切、最有效。

城乡通开,要根据经济实力和经济发展的客观要求依次展开。比如重庆市发展城乡经济联系,正在向全方位多层次发展:第一个层次,是市内城乡之间、部门之间、企业之间的通开;第二个层次,是对省内各地、市、县的通开;第三个层次,是建立川、滇、黔、桂、渝四省区五方经济协调联合体,共同开发西南经济区;第四个层次,是对沿海和国内其他地区的通开;第五个层次,是对国外的开放。近几年来,各城市、地区之间都开始建立比较广泛的经济技术协作关系。如武汉市与全国 29 个省、市、自治区建立了联合、协作。1985 年签订合同项目 1900 多个,吸引外地资金近 2 亿元,举办中外合资企业 21 家,引进输出人才 3600 多人。

城乡通开,好处很多:一是可以使农副产品在农村就地加工增值,减少流通环节,减少交通运输压力,从而增强农村商品生产的持久性。二是可以繁荣城乡市场,较快地增加农民收入,扩大商品购买力,使城市对农村的辐射力进一步增强,形成城乡交流的良性循环。三是城市将一些工业项目扩散到农村,一方面可以利用农村的资金、劳力、设备扩大生产能力;另一方面,可以加快自身技术改造速度,集中力量开发新技术,发展生产。四是可以充分利用农村丰富的自然资源,加快能源、原料的开发速度,为城市工业发展创造有利条件。五是可以抑制大城市的膨胀,减少城市经济压力和人口压力,节约使用城市土地及其他资源。

第四,敞开城门,必须进一步发展社会主义有计划的商品市场,逐步完善市场体系。目的是使企业活力的发挥能有一个既有动力又有压力的良好的外部经济环境。这是"七五"期间经济体制改革的三个重点之一。

城市和市场不可分,中心城市本身就是市场,而且是具有一定辐射能力、多功能的开放型市场。开放型市场是生产、分配、交换、消费的活动中心,是供给和需求的汇合点,也是企业竞争的角逐场,经济效益的检验场。搞活企业,首先要求具备开放的市场。如果生产不面向市场,物资不进入市场,投资不依靠市场,企业以至城市肯定活不起来。因此,城市开放的关键是开辟多种市场,形成比较完善的市场机制。即不仅要继续发展商品市场(消费品市场、生产资料市场、房地产市场等),还要适应商品市场发展的要求,逐步建立和发展资金市场(其中包括证券交易市场)、技术市场(指科技成果有偿转让),同时,促进劳动力的合理流动,建立劳务市场。四大市场各自有逐渐完善的特殊途径。它们配套发展,才能真正实现各种生产要素的合理流动,沟通城乡之间、城城之间和企业之间的各种横向联系,使各种经济杠杆的作用充分显示出来,把城市多功能的作用落到实处。

城市消费品市场的发展目标,就是进一步改革旧的商业模式,探索新的商业形式,加快商业设施建设,按照市场机制的要求,除少数几个重要商品外,其他商品全部放开,实行自由购销,货畅其流,使市场供应和生活服务有一个更大的改善和提高。按照这个发展方向,近几年城市消费品市场有了很大发展。但是,从总的情况看,还不能适应有计划商品经济发展的要求,地区封锁割断了统一市场的形成,商品价格放而不开,市场监督和服务体系很不完善,大量的工业品不能畅流农村,农产品地区流通出现梗阻,商业流通体制的改革和消费品市场的扩大,还要继续大力推进。1986 年,国家体改委根据国务院领导同志关于发展新的商业形式的意见,经过调查研究,提出了我国商业流通体制和消费品市场可能由三个主要的支柱构成:第一,以大型商业企业为主体,以横向经济联合为纽带,组成大型综合商业集团,这可能是商业体制改革的一个重要方向。目前,全国一些大的经济中心城市,跨地区、跨部门、跨行业的工商、农商、农工商、商商、商贸之间的横向联合有了相当的发展,一些大型商业企业的经营方式、经营范围和经营形式发生了重大变化。如广州南方大厦,在店内实行多元化经营、多功能服务的同时,发展股份经济,在本市设了四个分店,又与北京、济南等许多城市建立联营联销关系,还组建起 147 家工厂、商店参加的工商联谊会。南方大厦进一步改革,将成为工商结合、内外贸结合、实行股份制的南方大厦股份公司。可以设想,这样的大型综合商业集团一经形成,一定会为我国商品经济发展注入新的活力,因为它们在所有制形式和经营方式上都发生了新的变化。如果说,国营大型商业企业在我国商品流通中起主导作用,那么以大型商业企业为主体形式的商业集团一定会把这种作用提高到一个新层次。如果简单类比,大型综合商业集团很像国外的大型综合商社,但国外的大商社一般都是大型企业集团和财团的重要成员,其经营范围也远远超出了商业。第二,以大的经济中心城市为依托,以大型批发企业为骨干,形成开放式、多渠道、少环节、网络型的批发体系。由于我们国家大,广阔的市场在农村,商品的种类繁多,所以建立以经济中心城市为依托的网络型批发体系,仍是发展商品流通的重要基础和关键。要发展以大型商业批发企业为骨干、多种批发形式并举的局面,形成各种不同层次、不同规模、不同内容的批发网络,在形成以经济中心城市及其辐射区域的批发体系的基础上还可以组织跨经济区的并网联营。从武汉市发展消费品市场情况看,近年来,大力抓了网络型批发体系的建设,已经初步形成了大型国营批发企业、贸易中心、各种贸易行栈及货栈、批发市场这四个层次的批发网络体系。武汉市的商品流通中心的功能主要是通过这个网络型的批发体系来实现的。第三,由大型工业企业集团设置经营网络,经营集团企业的产品。随着横向经济联合的发展,在许多城市已经出现以大型骨干企业为主体,科技、生产、经营、销售、资金等多方面联合的综合性大型工业企业集团。如一汽、二汽企业集团、东北电气经济技术集团等大型企业集团,它们一般都具有雄厚的资金、先进的技术装备和强大的销售力量。为了能够做到产销见面,及时掌握市场行情,捕捉新产品、新技术的信息,加快产品更新换代,提高产品质量,做好产前产后的服务销售工作,由它们根据产品的重点销售区域,直接在国内外设立销售网点,经销其产品,承揽订货,这不仅对企业集团本身的发展来讲是十分重要的,而且对发展和扩大流通渠道具有重要作用。以上三种大型国营商业形式,很有可能构成我国商业流通的三大支柱。以它们为骨架,再加上星罗棋布、密如蛛网的大大小小的商业企业和网点,就形成浑然一体的新型的商业流通体制。当然,这种新型商业流通体制的建立、发展如同一切新事物一样,也有需要研究的问题、需要完善的地方。

关于生产资料市场,这是流通领域中最为突出的问题,也是大家普遍关心的问题。生产资料市场的发展目标,是改革物资管理体制,理顺物资价格,按中心城市组织物资流通,建立开放型的生产资料市场,从根本上改变"物资不是商品"的传统观念。据此扩大生产资料市场,一是要改变生产资料条块分割的供应办法,转为依托城市组织供应。二是要参照石家庄等城市的做法,取消实物指标分配,采取货币补偿形式,使计划内外物资按市场统一价格供应,以逐步缩小各种价格的差距,为扩大生产资料市场创造条件。三是要普遍建立开放式服务型的生产资料交易市场或贸易中心,为物资购销提供交易场所,同时要发展生产资料流通网点,如物资商场、物资商店等,使企业需要的零星生产资料有地方可买。四是加快物资管理体制改革步伐,其核心是解决条块分割,政企不分问题。首先要转变物资部门管理职能,由管企业变为管行业,实行政企职责分开,取消"物资总公司"的牌子。随着生产资料市场的基本放开,在条件具备时,物资企业应作为社会商业统一管理。要按照价值规律,逐步理顺生产资料价格。对调价的影响,强调内部消化为主。要采取各种措施尽可能缩小调价对市场物价产生的影响。通过生产资料的调价,对理顺价格体系,促进企业根据市场条件变化及时改变产品结构,提高经营管理水平,是大有好处的。当然,形成和扩大生产资料市场要有逐步前进的过程,不能急于求成。从没有市场到有一定范围的市场,再到几个经济中心城市之间的市场,最后形成全国性的统一市场。理顺价格与形成生产资料市场，是个辩证的发展过程。价格合理了，就为形成和发展市场创造了条件；有了市场，就可以进一步促进价格体系的合理化。

与发展消费品、生产资料等商品市场密切相关的一个问题，就是要建立资金市场，这也是我们在搞活企业、搞活流通中遇到的一个紧迫问题。资金市场是社会主义商品市场体系的重要组成部分，金融改革是整个经济体制改革的重要组成部分，金融改革要同其他改革互相配套，同步进行，不能超前，也不能拖后。根据中共中央关于"七五"计划的建议，金融体制改革要实现以下目标：

①建立宏观控制有力的、灵活自如的、分层次的金融控制和调节体系，促进社会资金的有效筹集和充分运用，坚持社会总供给与总需求的基本平衡，保持货币的基本稳定，以推动经济的协调发展和经济结构的合理化。②建立以银行信用为主体，多种渠道、多种方式、多种信用工具聚集和融通资金的信用体系，充分调动各方面筹集资金的积极性，推动资金的横向流动，逐步形成以中心城市为依托、不同层次的金融中心和适合我国国情的资金市场。③建立以中央银行为领导，各类银行为主体，多种金融机构并存和分工协作的社会主义金融体系。④建立金融机构现代化管理体系。按照上述目标，1987年、1988年的金融改革要围绕初步形成短期资金市场、专业银行企业化和改善金融宏观控制，多方面地向前推进。在有步骤地开放资金市场方面，重点要抓好拆借市场、票据市场和股票债券规范化三项工作。要赋予金融企业资金头寸拆出拆入的权力，拆借期限和利率由双方议定，中央银行要参与拆放市场，特别要把中央银行城市级机构的业务搞活。专业银行要督促企业的赊销行为一律使用商业票据。要以大中城市为依托建立票据交换中心，除普及商业票据外，还要大力发展银行票据。金融机构之间，银行与企业之

间,企业与企业之间的资金往来,大部分实现以票据为依据。专业银行要全面开办贴现业务,中央银行开办再贴现业务,逐步使票据的贴现再贴现和抵押贷款成为主要的贷款形式。同时要试办和开放二级市场,推动各种票据的转让、买卖和流通,形成票据市场。要增加新的金融工具,如短期金融债券、大额存单等,为货币持有者提供更多的选择余地,并创造条件,推动短期有价证券的流通、转让,形成短期资金市场。关于长期资金方面,目前重点是把集资活动引上正轨,使其股票、债券化。银行、信托投资公司或成立专门的金融机构,代理信誉高的企业或大联合企业发行股票、债券,或通过发行市场,解决投资来源问题。长期有价证券的流通、转让,近两年应同时试点,把长期资金搞活。这里应当指出的是,社会主义资金市场与资本主义金融市场是有本质区别的。比如,供需双方主要是公有制企业的代表,市场的主体是国家、银行;社会资金供求总是受计划节制,一部分资金的运用由国家计划直接分配,进入市场的资金,在计划指导下受市场机制调节;资金市场的活动受到国家经济手段、行政手段和法律手段的管理,限制市场的盲目性和投机性。总之,这个问题要在中国人民银行的指导和管理下,分步骤地谨慎地来搞。为了取得经验,可以先在部分地区进行试点,逐步取得成功,然后再全面推行。

在开拓技术市场方面,近几年来,通过从认识到实践,再从实践到认识,我们进一步提高了对技术成果商品化意义的认识。现代科学技术作为人类智力劳动的产物,包含着智力劳动所创造的价值;作为提高劳动生产率的最重要源泉和发展生产力最活跃的因素,可具有巨大的使用价值。在商品经济条件下,技术成果已经成为一种商品。只有通过商品交换的渠道,才能有效地转化为现实的生产力。因此,大力开拓技术市场,加速技术成果商品化,是科技体制改革的突破口。技术市场的发展目标,就是运用市场机制的作用,促进科技成果商品化,把科技成果迅速转化为社会生产力,为发展社会主义商品经济服务。从实际情况看,1981 年,武汉、沈阳等城市首先举办科技成果交易会,是我们兴办技术市场的开端。几年来,随着改革的发展,技术市场的组织形式,开始由技术交易会、技术集市等时间、场所不固定的经营方式,向有固定场所和人员的常设展销厅、技术商店过渡,这标志着我国技术市场有了进一步的发展。我们要发挥城市大专院校、科研单位集中,人才荟萃的优势,进一步办好技术市场,为市内外服务。发展技术市场,要有计划、有步骤地组织和协调科研单位、大专院校,面向生产,分层次地开展技术开发、技术转让等活动。有选择地使列入计划的技术开发、攻关、出口创汇项目进入市场,面向社会招标,制定和实施技术市场发展规划,使技术市场布局合理,功能配套。要继续贯彻"放开、搞活、扶植、引导"的方针,进一步加快发展步伐,提倡国家、集体、个体一起上,坚持多家经营,多渠道流通,多种成交方式,保护竞争,促进联合。为了鼓励生产企业关心技术进步,广泛采用新技术,加速新产品的开发应用,对在这方面取得显著经济效益的,财政、税务等部门应在政策上积极地认真地给予适当优惠,以进一步开拓技术市场。

劳务市场也是市场体系的一个重要方面。它包括劳动力合理流动、社会保险、运输、建筑、旅游、饮食、服务、信息、咨询等市场。劳务市场的发展目标,是实行国家、集体、个体一起上,建立一个适应商品经济发展的开放型、多形式、服务全、网络化的服务体系,以逐步形成为一个重要的支柱行业。要建立劳务市场,首先要改革劳动管理制度,促进劳动力的合理流动。要逐步消除现行劳动制度中统包统配和固定过死的弊端,建立一套能够适应有计划的商品经济发展的要求,权责利相统一,稳定性与灵活性相结合的新型劳动制度,逐步做到劳动力管理社会化。要改造传统劳务,发展新兴劳务业。既要发展科技成果应用与推广、咨询、信息等知识密集型劳务,又要发展交通运输、广告推销等劳动密集型劳务。为了便于劳动力和科技人员的合理流动,应建立必要的服务机构,负责登记、建档、提供咨询、介绍职业等。要推进保险制度社会化。当前发展劳务市场,重要内容是建立、健全综合交通运输体系,进一步开放建筑市场,大力组织和发展旅游业,建立多层次的信息网络。

第五,敞开城门,逐步形成和完善市场体系,关键是改革价格体系和价格管理制度。价格是价值的货币形态,是价值规律借以发挥调节作用的基本和主要的形式。与其他经济杠杆相比,价格具有多方面的功能。它既能传递信息,可以调节生产和消费,还能调节收入。而且价格又同经济效益有着密切的联系。价格严重背离价值,势必影响对投入价值和产出价值的准确评价。因此,对搞好价格体系的改革的意义,我们一定要有足够的认识。开放也好,搞活也好,理顺经济关系也好,发挥城市功能也好,都离不开价格的改革,离不开发挥价值规律的作用。十二届三中全会《决定》指出,价格体系的改革是整个经济体制改革成败的关键,当然也是城市改革成败的关键。在城市改革和经济工作中,要切实抓好价格体系的改革。"七五"期间,价格改革的重点是有计划、有步骤地解决能源、原材料等生产资料计划价格偏低的问题,使计划价格和市场价格这两种价格的水平逐步趋于接近。要结合工资调整,研究、确定合理的房租和住房销售价格,以利于逐步推行住宅商品化。要逐步合理调整劳务收费标准,以利于社会服务事业的发展。经过改革,逐步建立起对极少数重要商品和劳务由国家定价,其他大量商品和劳务分别实行国家指导价格和市场调节价格的制度,较好地发挥价格杠杆的调节作用。在改革价格的过程中,必须继续坚持稳步前进、放调结合的原则,充分考虑国家、企业和人民群众的承受能力,保持物价总水平的基本稳定,这对稳定经济来说是至关重要的。

五、完善间接控制手段 建立新的 宏观经济管理制度

"七五"期间宏观经济管理要从过去的宏观、微观"大一统"、以指令性计划的直接控制为主,转到运用经济政策和经济手段进行控制为主的、更全面的宏观管理的轨道上来。目的是促使企业的微观经济活动能够更好地符合宏观经济发展的要求。具体的工作包括:

1. 进一步改革计划体制,从宏观上引导和控制国家经济正确发展。长期以来,我们经济计划管理的突出问题,是忽视甚至排斥价值规律和市场调节的作用。国家计划管得过多、过细,偏重于指令性计划和行政管理,产品统购统销,财政统收统支,平均主义、吃"大锅饭",企业缺乏活力,经济没有生机,产需脱节,经济效益低下。改革总的方向和目标是,按照有利于发展社会主义商品经济的要求,把计划和市场有机地、恰当地结合起来,形成计划把握市场、市场引导企业的经济运行机制,在国家计划指导下,充分发挥市场调节的作用。按照这个目标,近几年我们采取了一些改革措施。一是逐步缩小了生产、流通和建设领域的指令性计划范围,扩大了指导性计划和市场调节的范围。如对农业生产取消了指令性计划,除对少数重要农产品的一部分实行国家合同定购外,其余部分基本上实行市场调节;工业产品、国家统一分配的物资等方面都不同程度地缩小了指令性计划的范围。从武汉市的情况看,指令性计划品种由 228 种减为 29 种,指导性计划品种和市场调节范围扩大了。据金属、机电、木材、煤炭、化轻、建材六个公司 1985 年销售额统计,计划内占 50.71%,计划外占 49.29%。二是逐步缩小了国家对产品统一

定价的范围,适当扩大了基层经济单位的定价权。1983年以前,由国家统一定价的日用工业消费品为85种,占销售额的30%左右,其他或者实行浮动价,或者全部放开。三是在发挥市场机制和市场调节作用的同时,加强和改善了宏观计划的平衡和管理工作,注意发挥经济调节手段的作用。以上这些改革,是把经济计划和市场调节结合起来的一些尝试。时间虽然不长,但已初步显示出对搞活经济、促进生产力发展的重大作用。根据经济体制改革的总要求,要继续在经济计划和市场调节结合上进行新的探索,努力使计划工作的重点由行政办法为主转到运用经济政策和经济手段进行间接的、更全面的宏观控制的轨道上来。与此相适应,计划工作要由年度计划为主转到中长期计划为主,由计划内为主转到全社会的综合平衡,由实物指标管理为主转到价值管理为主。在坚持宏观控制的同时,我们注意加强各种经济杠杆的综合运用,大力搞活微观。如一方面控制投资规模,一方面努力搞活技术改造,择优安排那些投入少、产出多、经济效益好和国家贴息的重点项目,该保的坚决保,集中财力、物力,扶持重点项目早投产、早受益,抓紧到期、逾期贷款的回收工作。加强技术改造工作的管理,不断提高投资的经济效益。在控制外汇使用的情况下,努力扩大外贸出口,力争多创汇。同时,要加强经济预测,搞好经济信息的搜集、整理、分析和发布,大力开展计划咨询服务。

2. 改革和完善财政税收制度。这些年来财政税收体制的改革,取得了明显的成绩,对整个经济起了重要的促进作用,但现行财政税收体制还不能完全适应商品经济发展的要求。如中央与地方财力的划分基本上依靠简单的基数法,不仅不完全合理,而且在调整基数时出现一些人为的矛盾;在国家与企业的分配关系上,主要问题是企业、特别是大中型企业活力不够,企业之间财力不均,等等。改革和完善财政税收体制的目标,就是适应社会主义有计划的商品经济的要求,正确处理中央与地方、国家与企业和个人之间的分配关系,保证中央和地方都拥有组织社会经济事业所必需的财力和对社会经济发展的必要调控能力;同时,充分调动企业、职工的积极性,增强企业的活力,促进社会生产力的发展。改革和完善的主要内容:一是通过财政收支总规模和收支结构,正确调节和控制社会需求的总量和结构,实现财政收支平衡。二是合理设置税种和调整税率,引导各类产业、事业的发展符合扬长避短的原则和适应社会的需求,合理调节国家、集体和个人收入的分配。三是要逐步地适当提高全民所有制企业的税后留利水平,增强企业自我改造和自我发展的能力。

3. 改革金融体制。近几年来,金融体制的改革,取得了显著的成果。如武汉市作为全国金融体制改革的一个试点城市,于1986年紧紧围绕"集聚、融通、盘活、管好"资金这个主题,以发展横向资金融通为突破口,改资金纵向分配为纵横交织的融通,改主要运用行政手段进行直接控制为灵活运用信贷、利率杠杆进行间接控制,改单一的集资形式为多渠道集资形式,改较少的结算方式为运用多种信用工具,推进金融改革,有了一定的进展。主要做法是:一是采取增加储蓄种类、扩大储蓄网点、推行经济承包责任制、发展保险事业、发行金融债券、发展直接金融引导社会集资等方式,大力集聚资金,1986年元月至7月全市各项存款净增 6.92 亿元,各项贷款增加 6.65 亿元,基本上满足了生产发展的正常资金需要。二是开辟多层次、多渠道融通资金。已形成了集体金融组织之间、市内各银行之间、跨地区的资金融通等三个资金融通网络,使大量"死钱"变成了"活钱"。如元月至8月,人民银行和各专业银行开展市内的同业拆借金额达 51.4 亿元;上半年各专业银行上下级之间调度 99 亿元。同时,大力推行商业票据的承兑贴现业务,元月至 9 月,全市银行共办理承兑金额1.7亿元,人民银行办理再贴现2057万元。并逐步由承兑本市票据,发展到承兑异地票据;由银行承兑发展到企业承兑,由专业银行对企业贴现,发展到人民银行对专业银行再贴现。三是运用贷款排队、利率升降、变通措施、组织"支、帮、促"金融小分队等手段,多方面促进生产,搞活流通。市工商银行组织的111个信贷小分队,深入到174个大中型工商企业调查研究,确定了270个工作项目,采取了289项工作措施,促进盘活资金2.6亿元,受到各方面赞扬。如何推行金融体制的深入改革?改革的目的是建立充满生机和活力的社会主义金融体制,即建立起既强有力又灵活自如的金融控制和调节体系。人民银行要通过综合信贷计划、金融政策、外汇管理和信贷、利率、汇率、准备金等各种调节手段,有效地控制货币供应量。各专业银行要沿着企业化的改革方向,逐步办成独立核算的经济实体。

4. 逐步实行宏观经济控制的分层次管理,提高地方特别是中等以上城市对搞好宏观管理的积极性和责任心。城市改革的实践证明,加强和改善宏观控制的有效途径是实行分层次控制,运用经济杠杆调控经济运行的职能应该是由中央和地方共同来完成。从许多城市情况看,中心城市在宏观控制上不是无能为力,而是大有可为的。随着税制、财政体制的进一步改革和政治体制的配套改革,城市将会在管理经济方面担负更大的责任,发挥更大的作用。因此,实行分层次控制势在必行。特别是作为试点城市,如果只是对上级文件照抄照转,不知从实际出发能动地、创造性地工作,那么改革永远不会成功。从这个意义上说,实行分层次控制,不仅是改革经济体制和政治体制的一项重要措施,而且是改革不断深入推进的前提和保证。

5. 转变政府经济管理的职能,相应地调整和改革组织机构。这应当作为改革的一项重要内容提到议事日程上来。长期以来所形成的部门林立、层次繁多、编制庞大的组织结构正成为改革的障碍,机构的改革势在必行。我们对机构改革总的设想是:①改革的目的,要达到政企分开,职责分明,党政之间和部门之间分工合理,运转灵活,高效协调。②不能就机构论机构,要在调查研究的基础上,紧紧抓住职能的分解、转化这个核心问题来制定、实施机构调整方案。③不搞"运动式"改革,不急于一步到位;看准一个动一个,成熟一个改一个;由局部到整体,由"量变"到"质变"。在这方面,哈尔滨市走在全国大城市的前列。从1985 年 6 月开始,进行了政府机构改革和转变职能工作,现已初步理顺了部门之间、系统之间的工作关系和市区管理体制,精简了机构,提高了工作效率。哈尔滨市的经验值得借鉴。这个市具体分为三个步骤实施:第一步,调整机构。按照加强、改善宏观管理部门,裁减专业行政管理部门,实行市、区两级管理的要求,对市政府管理机构进行了调整。调整后的市政府序列内的机构由 69 个减到 55 个,市直机关各部门内部机构由 832 个减到 735 个,市直机关人员编制由 6167 人减到 5026 人,精简下来的 1141 人,通过充实企业,随机构撤销划出、离退休、调出等渠道,进行了相应的安排,第二步,配备班子。按照管人与管事相结合的原则,由主管副市长挑选自己分管的委、办、局班子的人选,组织部门考核,并抽出 50 多名局级干部组成 17 个考核组,协助工作,用两个多月时间基本上配齐了委办局的领导班子。第三步,转变职能。调整后的各委办局,按照转变职能的要求,从分解现行职能入手,明确本部门性质、职责、任务;由市体改委、编委组织协调,理顺纵横各方面的关系;再由主管副市长审查,常务副市长审批。哈尔滨市机构改革,转变职能,是在国家机构没有大的变动的情况下进行的,难度比较大。但由于着眼点不是放在机构的撤并上,也不是局限于权限的局部调整和硬性转移上,而是放在转变职能上。按照有计划的商品经济的要求,理顺上下左右的关系,统筹安排,配套改革,结果不仅没有引起波动,反而推动了经济体制改革和经济工作。具体来讲,有五个特点:一是撤"香火"和拆"庙"相结合,促进政企分开,简政放权。二是推进行业管理和促进综合部门的管理相结合,促进企业搞活。三是转变市政府职能与强化区政府职能相结合,进一步明确市区分工,调动区的积极性,加快城市建设和管理。四是理顺经济管理中的纵向关系和横向关系相结合,进一步明确职责。五是转变职能与转变作风相结合,提高工作效率。

在改革中建立和完善信息系统

信息系统是城市改革这个社会系统工程的重要组成部分。不建立和完善信息系统,不掌握改革过程中的信息,不利用信息指导城市改革,容易产生盲目性,影响改革的进程。

马克思主义认为,世界是永恒运动着的物质世界。运动是物质的不可分离的根本属性,物质的任何一种形态都处于运动中,运动是物质存在最根本的形式。整个宇宙从微观世界到宏观世界,从无机物到有机物,从生物界到人类社会,无一不在运动着,无时不在变化发展着。宇宙中的每一种运动,每一种变化,都在提供各种各样的信息。信息作为客观事物的特征及其变化的反映,总是在不断地产生和传递。随着科学技术的进步和整个社会生产力水平的提高,人们接受信息的能力越来越强,对信息的运用越来越广泛。特别是在城市改革不断深入发展的过程中,新情况、新问题、新事物不断涌现,捕捉这些新的信息,采取相应的措施,解决前进中出现的问题,引导新的事物沿着正确的轨道健康发展,将有力地推动城市改革的进程,巩固和扩展改革的成果。因此,如何捕捉信息,运用信息,促进改革的发展,是城市改革中的一个新课题。

一、信息系统在社会的发展中产生和发展

(一)信息随着人类社会的出现而产生

从哲学意义讲,信息是人类认识论的基础。人们对客观世

界的认识总是从现象到达本质的。作为现象的信息，往往给人以信号，使人们透过现象把握事物的本质。美国著名科学家、控制论创始人之一维纳说："信息这个名称的内容就是我们对外界进行调节并使我们的调节为外界所了解时而与外界交换来的东西。"接收信息与使用信息的过程，就是人们对外界环境中偶然性事件进行调节，并能在该环境中有效生活着的过程。实际上，信息就是客观世界中各种事物的状态和特征的反映，是客观事物经过传递后的再现。"山雨欲来风满楼"，下雨之前往往会刮风，风就是可能要下雨的信息。宇宙间一切物质都发出信息。这是物质所具有的共同属性。人们的感觉器官有接受信息的功能。人的眼、耳、鼻、舌、身能接受物质的光、色、形、声、嗅、味、重量、冷热、软硬等信息。人们正是通过获得和识别自然界、社会的不同信息，来区别不同的事物，从而认识世界，改造世界。

信息作为人类认识世界、改造世界的媒介，是随着人类社会的出现而产生的。人们为了生存和发展，相互之间需要交往，需要了解大自然和周围环境变化的信息，并与之展开斗争。原始人掌握了单独行动容易遭受猛兽袭击的信息，于是采取群居和集体行动的方式以自卫，还用火作为战胜寒冷和防止野兽侵袭的武器。火的使用，是人类从自然环境的束缚中解放出来的一个动力，是人类在一定程度上支配自然力的反映，并且对古人类物质文明的发展起着重大的作用。如果原始人不掌握大自然变化的信息，不发现火的用途，或许就没有今天人类的进步。正是从这个意义上讲，信息是伴随着人类社会的出现而产生的，是人类生存和发展的一种需要。

（二）信息在人类社会的发展中逐步形成系统

人类对信息的利用，是随着对信息价值的认识逐步发展的。是由单个利用，发展为群体利用和社会利用。1886年，在美国的阿拉斯加的福蒂迈河畔发现了金矿,开始是由个别人发现的,这里有金矿的信息随着人际关系的延伸,传遍了四面八方,人们潮水般地涌向福蒂迈河畔,形成"淘金热"。福蒂迈河畔出金子的信息由单个利用变成了社会利用,促成旧金山发展为大都会。信息被社会利用早在远古时代就开始了。我国西周时期就利用烽火台传递消息,古罗马地中海的许多城市以悬灯来报告迦太基人进攻的消息。把信息作为一门科学来对待,进行认真的研究,是从20世纪20年代开始的。美国的奈奎斯特、法国的开夫曼尔以及加博尔等分别对传送信息的电磁波的频率范围、噪音因素进行了系统的研究,为信息系统化创造了条件。随着雷达的发明,真空电子管的广泛应用,通信技术、自动控制、计算机技术的发展,信息作为处理控制和通信系统的基本概念和方法被运用于许多领域。在实践中,人们认为信息论概念新颖,并且又与计算机、控制论、自动化密切相关,觉得信息对语言学、组织化、语义学、听觉、神经、生理学、心理学、社会学等诸方面能提供有意义的启发,试图把信息的概念和方法用于解决这些学科中悬而未决的问题,使信息系统向社会的各个领域渗透和扩展。特别是在城市改革这个巨大的社会系统工程中,信息系统作为其中的一个子系统,成为改革不可或缺的有机体。充分运用各种信息,发挥信息系统在城市改革中的重要作用,是城市改革能否取得成功的重要环节之一。

(三)信息在城市改革中的功能与特性

城市改革冲破了旧体制的束缚,使城市的经济生活、社会生活发生了新的变化,节奏明显加快,各种信息大量产生。在城市改革中产生的信息,反映着改革的进程和趋势,具有独特的功能与特性。运用信息的这些功能与特性,能够掌握城市改革的主动权,驾驭改革的发展趋势,胜利地达到改革目标的彼岸。

1. 信息量。每条信息所含信息的多少就是信息量。信息量的多少取决于信息的不确定性程度。信息的不确定性程度大，则发出的信息量就多；信息本身的不确定性程度小，则发出的信息量就少。如果事先确切地知道了信息的内容，这个信息就没有信息量。信息中包含的没有预料的，或者是一般的成分越多，信息量就越大。1985 年 5 月 20 日左右，武汉市场上的四季豆卖 3 角钱 1 斤，这个价格比较正常，不含什么信息量；由于 23 日至 25 日连续下大雨，加上北方的一些城市纷纷到武汉大批购买四季豆等时新蔬菜，四季豆的价格很快上升为 6 角钱 1 斤，打破了常规，这个信息所含的信息量就多。根据这个信息所提供的信息量，武汉市采取了一些积极措施：对上市的主要时新蔬菜品种实行指导性参考价，适当控制蔬菜的外流，增加上市的品种和数量，组织一部分国营菜场到集贸市场去卖菜，等等。这些措施一落实，蔬菜的价格马上就恢复了正常。

2. 信息的价值。信息价值的大小是以对人的各种有用程度来决定的，有用程度高信息价值就大，有用程度低信息价值就小。当然，由于每个人的工作性质、工作任务不同，看问题的角度不一样，同一条信息对不同的人有用程度是不同的。因此，信息的价值也不一样。针织内衣在市场上俏销，生产针织内衣的企业就可以根据这个信息及时生产更多的产品投放市场。这个信息对生产针织内衣的企业有用程度高，价值大，而对其他生产企业价值就不那么大。在城市改革中，就是要及时捕捉那些有用程度高、价值比较大的信息，了解改革措施引起的反响，适时指导改革的发展，使城市改革这个巨大社会系统工程按确定的方向正常运转。敞开武汉三镇大门后，外地产品陆续打入武汉市场，武汉产品在本地市场的占有率逐渐下降。这个信息非常有价值。为了使武汉产品在本地市场保持一定的地位，实现敞开三镇大门的目的，武汉市大力加强工业企业的技术改造，调整产品结构,加速产品的更新换代,提高产品质量,增强产品的竞争力。开发的新产品、新品种也不断提高,优质品率 1986 年达到 23.81％,1987 年上半年则达到 25.7％,有 67 种产品获国家优质奖,1034 种产品获部、省优质产品称号;全市采用国际标准生产的产品,到 1986 年达到 344 种,其中 92.4％是经过技术改造实现的;有 21 种产品产量居全国第 1 位,9 种产品产量居第 2 位,21 种产品产量居第 3 位,还有一部分产品的产量占全国同类产品产量的 35％—50％;1986 年全市出口创汇比 1985 年增长 1.3 倍。武汉产品的竞争能力在激烈的市场竞争中有了明显的提高。

3. 信息的功能。信息具有较强的社会功能。信息在社会知识储备和传递方面为长知识服务,这是信息的智能功能。信息本身是由信源发出的,经过传递或再传递,对不同的接收者发生不同的作用,这种作用实际上是一种知识。有用的信息积累越多,知识积累就越多。人的认识离不开信息。人们通过信息的分析、加工,认识改革中的新情况、新问题,就能把握改革的主动权,不至于陷于盲目。信息的第二个功能是管理功能,即直接为各种管理和决策服务,充分地发挥管理作用。这种管理和决策是广义上的管理和决策。信息是决策科学化的基础,而决策又是管理的首要职能。与改革密切相关的社会生活、经济生活各个方面的决策和管理都离不开信息,信息在这里发挥着管理功能的作用。信息的第三个功能是技术经济功能。直接为生产实践服务的信息,往往是科学技术方面的问题,它既能促进经济发展,又能推进技术进步,从改革的角度讲,有利于改革的深入发展。生产实践过程是利用已经捕捉的信息进行生产活动的过程,也是利用信息进行创造活动的过程,形成一种信息的扩大再生产的循环。在这个过程中,利用各种科学技术成果,就产生了新的生产力,可以收到极佳的经济效果。在当代科学技术日益发达的今天,谁能有效地吸收利用科学技术成果,谁就能大幅度地提高经济效益。正因为科学技术信息对经济发展起着重要作用,所以人们注重发挥信息的技术经济功能,加速信息扩大再生产的循环过程,推进生产力的发展。生产力的发展,经济效益的提高,把改革的成果展现在人们的面前,不仅可以鼓舞人们坚定改革的信念,努力把改革推向前进,而且可以为改革创造良好的经济环境,以保证改革的顺利进行。

4. 信息的真实性。对于决策者来说,信息的真实性至关重要。因此,信息反映要从改革客观存在的实际情况出发,进行客观的描述,对改革过程中的变化情况或某一时期的静态如实地进行反映,不要夸大和缩小,使信息准确地反映事物的本质特征及其变化。信息如果不真实,就会导致改革决策失误,造成损失。物价改革措施的出台,要考虑人们的心理承受能力和经济承受能力。而心理承受能力的大小又取决于经济收入的多少。经济收入多的承受能力大一些,经济收入少的承受能力小一些。据抽样调查:武汉市 1984 年城市居民家庭平均每人每月生活费收入为 50.18 元,比 1983 年增长 15.22%,1985 年又比 1984 年增长 20.6%,1986 年又比 1985 年增长 23.7%,年平均增长 19.8%。扣除价格因素的影响,1984、1985、1986 年三年分别增长 15.2%、17.2%和 21.2%,年平均增长 17.8%。1987 年上半年,居民家庭平均每人每月生活费收入为 81.22 元,比上年同期的 72.77 元增加 8.45 元,增长 11.6%。本期生活费用价格指数上升 8.5%,扣除价格因素的影响,人均每月生活费收入实际增长 2.9%。从总体上看,城市居民的生活费收入是上升的,有一定的承受能力。但是,抽样调查的结果同时还表明,1987 年上半年城市居民人均月生活费收入在 40 元以下的仍有 1.5%,这些人的生活比较困难,对物价改革出台措施的承受能力比较差。城市居民生活费收入抽样调查提供的信息是真实的,既反映了生活费收入增长的水平,又反映了低收入户的真实情况,比较接近于客观实际。一旦价格改革措施出台,对低收入户就应采取一些相应措施,以使其生活水平不下降。

5. 信息的时效性。改革中的事物是不断发展变化的,呈现出错综复杂的现象,产生着大量的信息。反映这种变化的信息生成速度也相应加快。为了驾驭改革中变化的情况,需要及时了解变化的过程和态势,及时作出判断,采取相应的措施。如果不掌握行将变化了的情况,抓住改革中事物变化的先兆,就会被动地适应事物的变化,掌握不了改革的主动权。1987 年 1 月至 8 月份,武汉市国营食品部门销售猪肉 4.1 万吨,比 1986 年同期增长 14%。尽管销售量增长幅度不低,但市场供应却显得有点紧张。特别是 8 月份以后,每天投放猪肉 180 吨,按城区 300 万人口计算,人均每月 3.6 斤,不算小,但市场供应仍显得偏紧。这个信息的时效性比较强,因为生猪的生产有一个周期,如果不抓紧组织货源,搞好生猪的生产,不仅当前的市场供应难以保持正常,而且下一步的市场供应也会受到影响。

6. 信息的目的性。信息是人们为了达到某种目的或满足某种需要而进行的,没有目的性的信息,人们是不会传递的。捕捉改革中的信息,就是为了掌握改革的动态,指导改革的进程,其目的是非常明确的。承包经营责任制是搞活大中型企业的重要措施,目前正在企业普遍推行。但是也有些同志对承包存在一些忧虑,担心承包会影响国家财政收入的增长,会强化行政干预,影响所有权与经营权的分离等。这个信息反映的目的是希望承包能够保证国家财政收入的稳定增长,正确地实现所有权与经营权分离的目标。要打消这些同志的顾虑,必须用承包的实践来作回答。武汉市对 24 户实行企业经营责任制的企业进行了统计,1986 年这些企业交产品税 5643 万元,交所得税 2931 万元,国家一共得 8574 万元。从 1987 年 1 月 1 日合同生效的以后 4 年,由于大力挖掘企业的潜力,平均每年要交产品税 6909 万元,所得税 3653 万元,国家共得 10562 万元,平均每年比承包前多得 1988 万元。企业留利也由 1986 年的 1680 万元增加到 1990 年的 3489 万元,留利中的 60％用于技术改造。实践证明,国家的财政收入是稳定增长的。同过去的管理形式相比,承包经营责任制是两权分离程度比较高的。因为实现承包的企业和主管部门由单纯上下级的行政关系,变成了双重关系:从经济上看,主管部门是民事主体,与企业是平等的合同关系;从行政上看,主管部门是行政主体,对企业是服务和监督的关系。由此可见,承包以后不但不会强化行政干预,而且更加有利于所有权与经营权的分离。解决了这些同志的担心后,武汉的承包又向前迈进了一步。

7. 信息的有效性。人们传递改革中的信息,往往通过最短的距离、最快的速度、最简便的方法传递尽可能多、而且有价值的信息。传递的信息环节多,时间长,速度慢,价值就小,有的甚至时过境迁,那就没有什么有效性了。特别是物价改革的信息,稍稍滞后一点就会产生难以预料的后果。1985 年 4 月份放开猪肉价格时,国营商业提前在货源上做好准备。改革出台前夕,国营食品公司对市场进行饱和性投放,大批新鲜猪肉投放市场,让居民购买。在投放的过程中,为了落实投放的数量、质量,市政府直接派人到国营菜场了解情况,掌握信息,减少了信息的周转环节,使猪肉价格放开的措施比较顺利地实现了。

8. 信息数据的同质性。信息在反映改革过程的变化及其特征时,都有自身特定的内容。而每一个特征是各种因素相互作用的结果,具有本质属性的特征和严格的数量界限。那些具有特定内容和共同属性的东西有机地结合在一起,并且用数据或指标等形态表示的改革信息,反映了信息的同质性。人为地把包含不同内容和性质的数据、指标排列在一起,就使信息失去了同质性。信息不同质就没有可比性，没有可比性也就难以作为分析、判断和决策的依据，对改革就起不到指导作用。1986年，武汉的市区人口达到349.2万人，比解放初期的102万人增加了2倍；公共汽车、电车为1894辆，比解放初期的30辆增加63.1倍；自行车167万辆，比解放初期的18256辆增加91.6倍。交通工具的增长大大高于人口的增长。既然如此，为什么武汉的交通仍然那么紧张？为了寻求答案，武汉市对全市的流动人口进行了调查，调查提供的信息表明，武汉的流动人口已由敞开三镇大门前的十几万人增加到1986年的80万人。这80万人都是出行人口，都是要坐车（船）的，所以武汉的交通紧张。这个信息有可比性，具有同质性，能为改革决策提供依据，有助于研究解决敞开三镇大门后出现的新问题。

二、信息系统的组成

信息系统是对信息进行收集、加工整理、储存、输出等一系列过程的总合，并把实现这些过程的手段和方法结合起来，使信息工作成为一个有组织程序的系统。信息系统是由信息的收集、加工整理、储存、传递、输出等过程组成，各个过程是相互联系的有机过程，从而形成一个系统的过程。信息系统包含有对系统收集、加工、储存、传递的手段和方法，如信息技术手段装备，制定收集、传递的工艺等。信息系统要建立合理的科学的信息流通渠道，尽可能减少流通中的干扰和损耗，以最快的速度传递到需要信息的人手中。信息系统从工作主体来说，包括人和计算机两个部分，是一个人机复合系统。

信息系统的任务是要确定信息需要，搜集信息、处理信息和使用信息。确定信息需要就是要回答需要多少信息，什么时候以及由谁来使用这些信息，需要什么样的信息形式等。收集和处理信息就是确定信息的置信度、准确性和有效性,加工整理输入的信息,使信息有序化和浓缩,编制索引,把经过加工的正确信息传递给需要信息者,适时地提供给改革的决策者进行决策。

信息系统的任务决定着信息系统的组成。在具体的组成上有一定的规则。

1. 建立信息系统应遵循一定的原则。将信息组成系统时,应遵循系统的原则,即根据信息流的方向和密度,相应建立信息收集、输入、储存、输出、传递等手段。建立信息系统要花费一定的人力、物力、财力。因此,要坚持讲求效益的原则。要研究和比较用各种方法取得信息所需的费用,明确完善信息系统的目标,选择在改革的各个阶段上达到目标的最佳方法,做到用尽可能少的投资,提供尽可能多而且质量好的信息。同时,要坚持逐步完善、逐步发展的原则。事物的发展总得要经过从不那么完善到完善的过程,希图事物一出现就尽善尽美是不现实的。信息系统的建立亦应循序渐进,逐步发展,不断完善。除此之外,还应考虑信息系统的整体性,对数据收集、数据代码、处理方法等应有统一规定,使信息的各个子系统相互协调,相互衔接,及时、准确地输出各种改革信息。

2. 信息系统由于服务对象不同,信息流的方向和密度不一样,结构形式也不完全一样。常见的大体有如下几种形式:一是按照管理的职能部门组成的职能结构信息系统。这种结构是在活动比较单一,各个职能部门之间联系较少,职能部门管理对象很少交叉的情况下采用的。它的结构形式是比较简单的,同各个职能部门的需要紧密结合,设计、实施和信息提供都比较方便。武汉的改革是从"两通"突破开始的,流通的旧体制被冲破以后,及时了解和掌握市场变化的情况是市商业管理委员会的一项重要职责。因此,他们建立了职能结构信息系统,及时捕捉市场变化的信息,促进流通体制改革的发展。二是由各部门信息系统联系起来组成的横向综合结构系统。这种结构比较适应横向经济联系日益加强、各部门之间对信息的需要日益增加的情况,有利于克服部门之间信息互相交叉和重复现象。如武汉市经济信息预测中心就是这种结构形式。这个中心能够综合各个部门的经济信息,减少一些重复和交叉。三是同一职能部门在上下级之间建立的纵向综合结构信息系统。这种结构有利于同一系统中信息的传递和综合利用。武汉市工业信息中心属于这个类型。四是把横向综合和纵向综合再综合起来的全面综合结构信息系统,正是城市改革这个巨大社会系统工程所需要的。合理地建立这种结构组织,是城市改革正在探索和研究的新课题。

3. 信息系统是由信息处理系统和信息传递系统所组成的。信息处理系统主要是指电子数据处理系统,它由信息需求确定,信息收集,编制索引、提炼、传输、储存等子系统组成。电子数据系统主要是进行非数值性的处理和运算,正是从这个意义上把数据处理称为信息处理的。信息处理系统能将原始资料经过处理来获得新的结构与形态,产生新的资料。如将同种商品在同一时间、同一市场上零售价格减去批发价格,得出的是批零差价,改变了原来的信息,它的结构和意义与原信息都不相同,从而成了新的信息。信息传递系统则由发信机(编码)、信道、收信机(译码)等组成。它只是把信息从一端传递到另一端,不改变信息本身的结构与形态。

4. 信息系统要以信息网络为基础。信息的收集、传递、反馈应该配套,形成网络。不形成网络,信息的收集就不全面,难以形成系统。不全面的信息选择性往往比较差,而选择性较差的信息会影响决策的科学性。同样,如果不形成网络,信息的传递不仅会慢,而且反馈也不会及时。武汉市在城市改革中注重信息网络的建设,形成了纵横交错的信息网络。以市政府而言,有三种类型的信息网络:一是从市政府办公厅、政策研究室到各委、办、局办公室(调研处)的纵向型的信息网络。不少重要信息是从这个网络中获得的。二是纵向延伸型的信息网络。这个网络以市长专线电话为轴心向外辐射,形成有物价监督、粮食监督、食品监督、质量监督、工商管理、法律咨询等相配套的专线电话信息网络。人民群众对市场物价的反映、对产品质量的意见,有许多是通过专线电话反映的。市政府一经了解这些信息,就迅即采取措施进行解决。1985 年 4 月份,在猪肉价格放开时,曾经在小范围内出现过抢购粮食的歪风。当时一些群众通过专线电话反映这个信息,市政府当即采取 3 条措施:组织车辆调运大米到这个地区进行饱和性销售,买多少卖多少;可以预售;大米售出后一概不退(4 月份以后,武汉进入梅雨季节,米购多了难以保管)。这些措施实施后,不到 2 天抢购大米的歪风就平息下去了。在依靠各专线电话收集信息的同时,还通过建立工作联系点、聘请特约信息员直接了解信息。三是与全国 45 个城市市政府调研部门相联系的横向型信息网络。通过资料和信息的交换,学习、借鉴兄弟城市改革的经验,促进武汉市的改革。此外,还有许多不同层次的信息网络,为了解改革的进程提供着大量的信息。这些信息网络构成了城市改革的信息系统,收集、传递、反馈着大量的改革信息,为城市改革这个社会系统工程的正常运行起了极为重要的作用。

三、信息的传递

搞好信息的传递,应该了解和掌握信息需要的维数。信息需要的维数就是人们对信息需要的不同方面和复杂的不同程度。信息需要的常见维数有三种:一是表示信息需要与管理活动关系的阶段维数。使用者所进行的活动不同,对信息的要求也不同,不同的人、不同的阶段都有特殊的要求。如管理物价的注意物价指数的变化,管生产的则注意市场行情的变化与企业的应变能力。二是表示信息需要的详细程度,包括信息的精确度和广泛性的层次维数。精确度就是要根据使用者的层次高低来区别人们对信息需要的精确程度,以便确定每个使用者所需要信息的综合程度和抽象程度。广泛性就是使用者需要信息范围的大小。三是表示使用者需要信息的具体时间和频率的时间维数。信息需要的时间分布就是弄清应当在什么时间内向使用者提供信息,及时满足使用者对信息的需要。信息需要的频率是指需要信息的经常程度,由此确定提供信息的时间间隔。

信息传递的基本要求是多、快、好、省。多是对信息传递的数量而言的,要求信息传递的数量大;快是对信息传递的速度而言的,信息传递必须迅速,保证信息的时效性;好是对信息传递的质量而言的,信息在传递中要真实可靠,可信度高;省是对信息传递的经济性而言的,信息传递要讲经济效益,花钱少,而传递的信息多。

信息的传递分为时间传递和空间传递。这两种传递方式在城市改革中都用得比较多。信息的时间传递就是信息储存。用写字、打字、印刷、照相、录音带、录像带等方式储存信息,这是为了让有价值的信息克服时间的流逝而传递下去。储存的信息对改革具有重要作用。1986 年 1 月至 5 月,武汉日均需电量 1570 多万度,缺口达 300 多万度。这个信息储存下来以后,每年的缺电季节,武汉市想方设法缓解电力供应紧张的矛盾,通过自筹重油加工、认购议价电、网局带料加工等方式增加供电量,核定各企业、各单位的用电基数,鼓励节约用电,在一定程度上缓解了供电紧张的矛盾,对维护正常的生产和生活秩序,保障改革的顺利进行起了一定作用。信息的空间传递是长途电话、电视传真、可视电话、邮政传递等解决远距离信息传递的通讯方式和途径。

城市市场放开后,单个城市的市场是全国大市场的一个组成部分,单个城市市场的稳定,往往受制于全国大市场的稳定。在这种情况下,各个城市之间相互传递一些市场信息,了解一些情况,采取一些相应的措施稳定市场是经常性的事。在各个城市的相互联系中,长途电话、电报起了十分重要的作用。武汉了解各个大城市猪肉、食糖库存情况,供应办法,一般来说,都是通过空间传递的方式实现的。

四、信息反馈在城市改革中的作用

科学技术的进步,社会的发展,使人们更加注意运用信息进行决策,更加注重运用信息反馈来补充和完善作出的决策,在城市改革的过程中尤其如此。

(一)捕捉各种信息,适时作出改革决策

在城市改革中,新情况、新问题、新事物不断出现,解决新出现的问题,支持新事物的发展,必然会作出相应的决策。决策是用科学的方法,对重大问题提出多种方案,进行可行性比较,从中选择最佳方案。决策不是一个静止的一次完成的过程,而是一个受因素影响的不断修正、不断调节的动态过程。要决策,就要掌握大量的信息,信息是决策的基础和前提。没有信息是无法进行决策的。不能设想,对事物不甚了解会能作出正确的决策。没有掌握大量可供决策的信息进行决策,就像盲人骑瞎马,夜半临深池一样危险。在决策之前,要把有关决策对象的各种基本信息收集起来进行加工和分析,作出科学的预测。只有掌握了大量的信息,才能进入拟订方案的阶段。在拟订方案时,决策者要善于利用信息,将自己掌握的信息进行归纳、推理、判断,找出事物的内在规律性。在"定盘子"时,更要依据所掌握的各

种信息,考虑到决策的效果,进行正确判断,选择最佳方案。在决策过程中,无论从哪个角度讲,都离不开信息。武汉市蔬菜改革,就是归纳、分析了各种信息后,比较选择了13种方案才决定的。300万人的吃菜问题如果安排不好,这是要担极大风险的。改革应当把风险减少到最低限度,这就必须掌握各种信息,做到心中有数,使改革的方案能为多数人所接受,步子迈得稳一些。武汉市的蔬菜是1959年实行统购包销的。这种购销形式在当时商品菜缺乏的情况下,对保障城市供应起过积极作用。随着生产力的发展,统购包销的经营体制从多方面暴露出了自身难以克服的弊端。特别是有的品种全年一个价,有的品种全季一个价,这种凝固状态的价格在很大程度上既不反映价值也不反映供求关系,严重影响了生产者的积极性。结果品种越种越少,质量越来越差,上市量畸多畸少,很不稳定。60年代,蔬菜品种种植最多时曾达55个品系,192个品种,后来只剩下39个品系,158个品种,分别减少了29%和18%。菠菜冬季上市时亩产1千多斤,质量鲜嫩,由于价格不变,农民往往追求产量,等到春季上市,亩产3千多斤,但质量却陡然下降。上市量的落差也很大。1984年上半年,最低日上市量仅70余万斤,最高日上市量800多万斤,高低悬殊达11倍。从生产环节产生的信息看,蔬菜产销体制非改不可。

实行统购包销,商业企业一直处于被动的境地,缺乏应有的活力。蔬菜批发企业只能按菜农的交售收购,交什么收什么,交多少收多少,收多了卖不掉,或做饲料,或做肥料,损失很大。蔬菜零售企业由于实行分配制,往往进货越多,亏损越大。职工工作时间长,劳动强度大,但奖金却很少,甚至工资收入也受影响。有的职工说:"菜没少卖,汗没少流,车轮子没有少转,还是落了个亏损"。因此,职工积极性得不到发挥,服务态度欠佳,服务质量难以提高。从批发和零售环节产生的信息看,蔬菜产销体制也非改不可。

国营菜场独家经营蔬菜,农商矛盾日趋尖锐。指令性计划与独家经营相依赖而存在,使国营主导力量变成了唯一力量,习惯性排斥其他经济形式和经营方式。国营菜场包揽蔬菜经营,与农村家庭承包生产蔬菜矛盾大。郊区联产承包到户到劳以后,由1800多个生产队变成5万多农户交售蔬菜,收购站应接不暇,菜农疾呼"卖菜难"。农商之间常为质量、价格问题发生争吵,甚至斗殴。从产销衔接产生的信息看,蔬菜产销体制也亟待要改。

菜场卖的"老、大、粗"菜多,"黄瓜黄,瓠子长,苋菜长得马鞭样",往往是吃六丢四,甚至是吃一半丢一半,居民意见较大。不仅如此,批发和零售每年还要处理菜1亿多斤,与此同时,财政补贴不断增加,负担日益加重,1982年蔬菜亏损补贴1200万元,比1967年增加了31倍。来自消费者和财政方面的信息,也要求改革蔬菜产销体制。

掌握了上述信息后,市政府反复研究了十几个改革方案,权衡比较后,选择了第13个改革方案,决定放管结合,在开放的同时,管好菜地面积,对大路品种实行保护价。改革统购包销制,变统购包销为产销见面,对手成交;变独家经营为多渠道、多形式、多成分经营;变计划价格为浮动价格。实行了26年的蔬菜统购包销体制被打破了,城市蔬菜产销出现了新的局面。

(二)运用信息反馈,实现改革措施的自平衡

信息反馈是指输出的信息与作用对象相比较后再输送回来,并对信息的再输出发生影响的过程。首先,信息反馈是一个过程,即从输出信息、作用的结果反送回来到再输出的过程,而且这个过程是一个不断循环、校正的过程,不是简单的重复再现。同时,输出的信息与作用对象比较的结果再输送回来,这个结果本身就是一个重要信息,叫信息反馈。运用反馈的概念、方

法去分析和处理问题,就叫反馈方法。这种方法,就是用系统运行的结果来调节系统的运行。在城市改革中,运用信息反馈是比较多的。常常要根据已经进行的改革来调整下一步行动。这是因为,城市改革是一项巨大的社会系统工程,没有现成的模式,没有现成的经验,需要探索和试验。在探索和试验的过程中,会出现许多不确定的随机因素,影响和制约改革措施的实施。一些新出现的事物、问题和情况,一开始时透明度并不高,有时需要一个观察的过程,经过一段时间以后才能看得比较清楚。同时,各个部门的改革如何协调,各项改革措施如何配套,在改革迈步的时候不可能一蹴而就,不可能考虑、设计得那么周全,需要不断修改,兴利除弊,补充完善。加之决策者接触的范围和条件的局限,获得的信息总是有一定限度的。根据有限的信息进行处理而得出结论,作为决策的依据,很难说准确程度有多大,搞不好会失之偏颇。因此,在城市改革中,发现改革决策、改革措施在实施过程中与客观情况不符或改革措施之间不协调、不配套时,就要及时进行信息反馈,分析原因,研究相应的对策,进行调整,使改革措施的实施结果与实际目标的误差值缩小到最低限度,最终达到预定的目标。

蔬菜产销体制改革后,菜农有了种植自主权和销售自主权,生产积极性普遍高涨。首先表现在由退地到争地的变化上。过去菜农并未真正获得生产和经营自主权,"以菜为主"的方针不落实。加上种菜收益少,处罚重,人心不向农。有的菜农把地当"包袱",全市约有 30％的农户要求退地,20％以上的菜地荒芜。现在,菜农变"包袱"为财富,怨地变争地,荒地变良田。对菜地的活劳动、物化劳动的投入显著增加。洪山区 1986 年平均每亩菜地投入资金 278.6 元,比 1982 年每亩投资 83.4 元增长 2.34 倍;平均每个种菜劳动力一年投入标准劳动日 350 个,比 1982 年增加劳动时间约 25％。三年来,蔬菜生产有了较大发展,

1986年全市蔬菜总产量达到10.24亿斤,比1984年增长12.53%。他们的眼睛盯着市场变化,灵敏地适应复杂多变的社会需求,调整产品结构,增加花色品种,"早、鲜、嫩"的品种大幅度增加。除发挥本地传统品种优势外,还从外地引进了韭菜黄、菜心、双季茭白、矮生菜豆等20多个新品种。一级菜由改革前的35%提高到90%以上,可食率大大提高。农民的收入也不断增加,生活逐步改善。蔬菜生产开始从生产型向生产经营型转化。国营菜场的统配制改为采购制,企业不再吃国家的"大锅饭",由等菜上门变成"找米下锅",并且将经营效果与职工经济利益直接挂钩,使菜场职工的精神面貌发生了新的变化,服务态度、服务质量有了明显的改善,烂菜处理显著下降。改革后的1984年8月至12月,仅处理烂菜169万斤,比上年同期减少82.3%,政策性亏损补贴仅200万元,月均40万元,比改革前的1984年元月至7月月均补贴减少60万元。改革后的三年,蔬菜的政策性亏损补贴基本保持在900万元,没有大的变化。1986年春淡期间全市日平均供菜260万斤,秋淡期间日平均供菜278万斤,旺季期间全年调出蔬菜2500万斤。与此同时,各方面的关系也得到了改善。农商之间、郊区干群之间、商业批零之间、零售企业与消费者之间的关系,有了明显好转。改革措施实施的结果与实际目标基本一致。但是,在改革中也出现了一些问题。如蔬菜实行多渠道经营,菜场的销量只占全部销售量的50%,多出了30%左右的富余人员。要保证这些职工的正常收入,菜场必须开展多种经营。在开展多种经营活动时,少数菜场曾一度出现过转向经营的倾向,这个信息反馈到市政府后,市政府马上采取了相应的措施进行制止和引导,使偏离改革目标的行动得到了及时纠正,促使蔬菜产销体制改革沿着正确的方向健康发展。

（三）缩短信息反馈时间差距，增强改革系统的稳定性

信息反馈会带来某种时间上的差距。反馈时间差距是指信息输出后到信息反馈给决策者之间的时间差距。在城市改革中，信息反馈回来的时间越短，速度越快，作用就越大，效果就越好。这是因为，城市的生活节奏在加快，特别是在比较敏感的物价改革之中，市场的随机因素变化大，信息反馈时间差距长，物价变化的情况不及时反馈给决策者或管理部门，搞不好会出现"抢购风"或"涨价风"，给物价改革造成困难。反馈时间差距的长短取决于信息反馈系统的灵敏程度。当然，有的反馈系统灵敏度大，有的反馈系统灵敏度小。无论灵敏度大与小，都要将信息反馈的时间差距缩小到最低程度，使出现的问题及时得到解决。武汉的猪肉和鸡蛋价格放开后，市政府特别注意掌握产销信息，经常派人到猪肉、鸡蛋较多的产地进行收购，充实库存，进行吞吐调剂，使市场保持相对的稳定。反馈时间差距还取决于系统本身和信息传递的手段。一个城市、一个部门，或者是一个企业的信息反馈系统组织健全，有一套完善合理的制度，传递手段先进，信息反馈就快，时间差距就会小。否则，信息反馈时间差距就大，一遇到随机因素，就会因缺乏相应的防范措施，给改革带来困难或不必要的损失。如武汉在历年的春节，都要提前一个月公布节日莲藕的收购保护价。在 1985 年春节前夕，由于出现反常高温，一般在摄氏 15°左右，有时高达 20 度，莲藕和各种蔬菜大量涌进市场，藕的价格跌到 0.15 元 1 斤，是近几年同期的最低价，农民没有交售莲藕的积极性；加之商业部门怕气温高，难储存，吝惜倒挂资金，没有按计划安排的数量进行储备，春节前两天，天气骤变，大雪纷飞，莲藕的价格猛涨到 0.40 元 1 斤，有的高达 0.50 元 1 斤，有些居民因藕的价高，意见较大。在物价改革中，尽最大可能地缩小信息反馈的时间差距，提高信息

的时效性,根据反馈的信息,及时采取措施解决出现的问题,对保证改革稳定健康地发展是至关重要的。1986年春节,总结了上年的经验教训,缩短了信息反馈的时间差距,迅速、准确地反馈各种信息,及时安排市场供应,商品繁多,购销两旺,居民群众比较满意。

(四)掌握决策信息"后效",保证改革目标的实现

这里所说的信息"后效",就是决策付诸实施后的效果。系统的功能,一般表现为接受(输入)、处理(转换)、并按时间和一定程序产生(输出)物质、能量和信息,信息又可分系统传输和处理的主要对象。改革决策,就是接受改革的各种信息进行综合分析,加以判断,采取相应的措施。这些措施也是信息。措施付诸实施后,往往会遇到一些其他因素的作用和干扰,影响措施的落实。决策付诸实施的后效,作为一种信息,必须随时掌握,并根据变化的情况,对改革措施适时进行补充、修改和完善。1984年武汉敞开三镇大门后,逼着工业企业"经竞争的风雨,见市场的世面",工业总产值不但没有下降,反而比上年增长12%,1985年比上年增长13.3%,1986年增长6.8%。优质品率由1984年的16%,上升到1986年的26%。1985年计划开发新产品、新品种800种,实际完成846种,1986年又开发新产品、新品种2024种。开放的当年,商业网点比上年增长54.6%;从业人员增加27.9%,市区饮食网点比1978年增长3.4倍,平均每千个城市人口拥有网点,由1978年的0.35个增加到2.4个。全市饮食市场有1千多种菜肴,300多种名菜,400多种风味菜,200多种早点和200多种小吃,满足着各个层次饮食者不同的需要。进出市内的汽车日均15000多车次,月均客运量420万人次,年客运量超过15亿人次,比解放初期增加200多倍。敞开三镇大门,使武汉集聚合力,吸引着全国的53000多种商品在

全市销售。同时，又以较强的张力向外辐射，武汉有 1 万多种商品流向全国各地。由此可见，敞开三镇的效果基本达到了预期目的。但是，也还存在着一些问题。这些问题作为后效信息，正是一种决策反馈信息。根据后效信息的内容，及时解决敞开三镇后存在的问题，对巩固取得的成果是非常必要的。如有些企业，由于客观条件的制约，处于困难境地。对经过主观努力仍有较大困难的企业，采取一些扶持政策，帮助它们走出困境，增强"造血功能"，尽快改变面貌，坚定人们对改革的信心，从而扩大改革的成果，起了重要作用。1985 年 5 月下旬，北方许多城市相继到武汉大批采购蔬菜，加上几场大雨影响蔬菜上市，导致价格迅速上涨，群众反映强烈。市政府掌握这个信息后，立即采取措施，控制盲目外流，合理组织外调，发挥国营菜场的主渠道作用，加强集贸市场价格管理，蔬菜价格很快恢复正常，没有产生大的波动。1985 年 6 月下旬，一些职工纷纷通过市长专线电话反映，工厂从事有毒有害作业的工人的营养补助标准是十多年前制定的，现在物价调整了，但补贴标准未相应提高，准备集体上访。市政府获得这个信息后，迅即调整了营养保健补助和清凉饮料的经费标准，稳定了群众情绪，促进了改革的发展。

在城市改革中完善控制系统

控制论诞生于 20 世纪 40 年代,是关于机器、生物、社会中的控制和通讯的一门新学科。它是在自动控制、通讯技术、电子计算机、神经生理学、生物学、数理逻辑、统计力学等学科相互渗透的基础上形成的,已经引起社会的重视,并被广泛地应用于许多领域。在城市改革中,控制论能发挥极为重要的作用。

一、控制论在社会实践中产生和发展

(一)控制论的产生

控制论的创始人维纳把控制论叫做关于动物和机器中的控制和通讯的一门新学科。所谓控制,是在获得信息的基础上,对某一对象或者是某些现象进行选择性动作,从而促使给确定对象改进其功能和发展。当然,控制是有条件的,这个条件就是控制的对象必须是有组织的。就是说,被控系统具有可用的组成要素与相互联系以表达成整体的结构关系。

控制论是从自动控制技术发展起来的。1788 年瓦特发明蒸汽机时,就产生了以信息反馈为基本概念的自动调节原理。当蒸汽机负荷增加时,车速相应地减小,调速器因离心作用而开大进气阀,使负荷变化的信息反馈回蒸汽机,从而自动调节进气量,控制蒸汽机的速度。20 世纪二三十年代以来,现代科学技术迅速发展,自动控制、电子技术、无线电通讯、计算机技术的产生为控制论提供了技术前提;神经生理学、心理学、医学、数理逻辑的发展则为控制论提供了科学前提。这些学科的迅速向前发展,这些学科的相互渗透,高度综合和融汇,使控制论应运而生。

第二次世界大战期间,一些科学家、工程师、心理学家参加了防空系统的有关预测理论和控制装置的研究,并研究了能代替人类功能的机电系统,提出这一系统应执行复杂计算并能预测未来。同时,发现了重要的反馈原理,提出了关于动物和机器中控制与通信的理论科学。随后,计算机设计师们提供了有关计算机的方法与目标。不久,美国制造了世界上第一台数学电子计算机,成为控制论思想的一次实践;电子计算机的问世,又迫切要求从理论上阐明控制论的思想。维纳等人运用控制论思想设计了盲人阅读装置,以耳代目进行阅读,为控制论的创立提出了有力的科学根据。1948 年,维纳的《控制论》一书出版,标志着控制论的正式诞生。

(二)控制论的发展

由于科学技术的突飞猛进,控制论得到了迅速发展。控制论诞生时,控制系统比较简单,用手解方程就可以分析。随着控制系统日益复杂,手解微分方程遇到了困难。科学家们又进行系统的研究。新中国成立不久,钱学森教授将潜心研究的控制论用于工程技术系统,于 1954 年出版了《工程控制论》一书,成为工程控制论诞生的标志。导弹系统、人造卫星、航天系统等科学技术的迅猛发展,促使控制论从经典控制论发展为现代控制论,从单变量控制发展为多变量控制,从自动调节发展为最优控制。一些科学家提出了现代控制论中起核心作用的两个重要的新概念:系统的能控性、能观测性(即对一个系统的工作状态能否控制和观测的问题)和极大值原理,为解决多变量输入输出的最优控制提供了有力的数学工具。比如,使整个发电厂的技术经济指标最好,人造卫星轨道最佳,导弹脱靶率最小等等,标志着控制论跨入了现代控制论时期。与此同时,控制论的理论被应用到生物系统,研究生物的生长和生存所具有的控制规律。

随着控制论的系统化,运用范围越来越广泛。控制论又朝着大系统理论和人工智能的方向发展。这里的大系统是指规模庞大、结构复杂的各种工程或工程系统。如综合的自动化钢铁联合企业,区域电力网的自动调节系统、经济管理系统等等。大系统关心的不是个别指标或几个指标,而是整个体系。总体性能指标最优,即大系统的最优控制。人工智能是研究人的智能机制和人的智能通过机器再现。这使计算机向学习机发展,工业机器向智能机发展,并进一步向自学习、自组织、自修复、自繁殖方向发展。大系统理论使工程控制领域深入到社会领域、经济领域和思维领域,也渗透到城市改革这个巨大社会系统工程之中。

二、控制论的目标和特点

(一)控制论的目标

控制论研究各种系统信息的利用和控制的共同规律。控制论所发展的概念与方法有四项目标:①对所有的或某种类型的控制系统制定重要的事实。与任何理论相同,建立基本数据是建立进一步假设、构成理论与建立规律的基础。②揭示被控系统特性的限制并找出它们的根源,以确定控制的范围。在这个范围内,设计者可以自由地选择控制设备,改变控制作用。在它的范围内,被控系统可以改变它的状态。③导出系统需要遵循的规律。建立起有效的理论与定律,不论有无硬件模型,使人类的不同部分与行为的其他部分均可以被模拟。④将形成理论的关系与事实用于人类的实际活动,并产生能代表人类功能的人类行为的理论与模型,再用模型去产生或模拟整个人类或动物的行为。

(二)控制论在城市改革中的特点

控制论在城市改革的过程中,它本身所具有的特点反映得非常突出。

1. 运用的广泛性。控制论消除了通常"有生命"与"无生命"系统的区分界限,作为一种科学的方法,可以同样运用于各种系统。比如,城市改革这个大系统中,由于集权式的管理体制的改革,部属、省属企业陆续下放给所在的大城市,加之又进一步扩大了企业的经营自主权,各个子系统和微型系统比较活跃。这种活跃,一方面给城市带来了生机与活力,另一方面又会出现逆向位变和相互撞击等错位现象,产生连锁反映。敞开三镇大门后,大批的农村劳动力涌向武汉,加上企业具有经营自主权,可以临时招用一部分农民做工,进城的农村劳动力很快就可以找上"饭碗"。到 1987 年上半年止,武汉市仅建筑、交通运输部门就有农民工 23.8 万人,工厂企业有农民工 5.6 万人。这些农民工进城后,虽然可以替补脏、重、累等一些工作岗位的缺位,但是也带来了一系列的突出矛盾。如增加住房的压力,交通的紧张,计划外生育,挤占城市的就业岗位,增加水、电的用量,扩大了对煤、油、菜、肉、粮的供应需求,同时也给社会治安管理带来了难度。这些问题的出现,为控制论的运用开辟了广阔的领域。劳动部门、工商登记管理部门、粮食部门、交通运输部门、公安部门等等都可以根据改革和经济发展的需要,根据城市的承受能力采取措施,加强管理,进行控制。所以,控制论在城市改革中的运用是极为广泛的。

2. 功能可以模拟。控制论的重要方法之一就是功能模拟法。在生物、机器以至社会生活中普遍存在着功能或行为的相似性,人们可以借助于一种系统从功能上描述和模拟另一种系统。控制论正是运用这个道理,使电子计算机模拟人脑的部分思维功能,让机器表现出类似人们的决策和计划的行为,以及模拟复杂的社会和改革过程中的某些现象等。改革措施实行之前,总是首先拟订方案,进行模拟,然后进行试验(或试点)。在试验的过程中,发现事物之间在变化中的关系,并研究采取相应的办法和措施来解决出现的问题。这样做,可以掌握改革的主动权,减少失误和损失。

3. 立足于负反馈系统。控制论的中心特点是负反馈系统。从这个概念出发可以引导出自适应系统(即根据经验的结果而调整行为)与选择性加强系统(即在环境改变时改变行为)。负反馈系统是指回路,设备或机器的输出部分中有一部分返回到输入,与输入信号相位成 $180°$,造成对时间和频率的放大系数的减低和稳定,从而减少或消除畸变,达到预期的目的。推进城市改革要立足于负反馈系统,注意掌握能对改革起促进作用的信息,纠正各种偏差,保证改革沿着正确的方向发展。一般来讲,人们对市场物价、产品质量非常关心,因为涉及每个人的切身利益。在激烈的市场竞争中,以次充好,以劣充优,一些伪劣商品充斥市场的现象时有发生,常常损害消费者的利益,败坏改革的声誉。因此,必须立足于负反馈系统,强化质量监督,及时解决出现的问题。目前,武汉市已建立 7 个专业产品质量监督检验所,36 个产品质量监督检验站,专业检验人员达到 500 多人,初步形成了武汉地区产品质量监督检验的网络,促进了产品质量的提高,增强了产品的竞争能力,维护了国家和消费者的利益,为市场的发展和完善起了积极作用。

4. 控制的最优化。这是指一组控制作用,它们能适应于系统外加的限制条件,并能保证有效度判据的最佳值。任何控制过程的根本任务,是要影响被控对象并改进它的行为。要比较不同控制系统的行为以判断其好坏,必须对目标有适当的衡量尺度，即有效度判据。对每个控制变数都有相对应的有效度判据，而最优控制的任务就在于探索并实现控制变数，这一变数造成适当的判据具有最优值。

三、控制论在城市改革中有广阔的应用前景

(一)城市改革呼唤着控制论

在农村改革取得举世瞩目的成就的基础上，城市改革也取得了显著的进展，特别是党的十二届三中全会通过的经济体制改革决定，提出了城市全面改革的蓝图以后，城市经济体制改革迈出了较大的步伐，取得了重大进展。主要标志是：经营自主权的扩大，分配制度的初步改革，使企业开始获得内在的动力与活力；所有制结构经过初步的调整和改革，更加适应生产力发展的水平；社会主义商品市场迅速发展，价值规律对生产和需求的调节作用显著增强；实行对外对内开放，同国外的经济技术交流和国内的横向经济联系都有了较大的发展；大中城市开始发挥经济中心的功能，在带动和协调社会经济发展方面起着越来越重要的作用；国家管理经济的方式正在逐步由直接控制为主向间接控制为主过渡；企业经营自主权逐步扩大，等等。改革激发了经济活力，促进了生产力的发展，推动社会主义现代化建设取得了伟大成就。在充分肯定城市改革取得的巨大成绩时，必须清醒地看到，我国还处在社会主义初级阶段，以城市为重点的整个经济体制改革，刚刚迈出了第一步。城市改革涉及的面广、影响大，比农村改革复杂得多，困难得多。有许多复杂的问题需要去探索和解决。特别是在新旧经济体制交替时期，原有经济体制这个系统中不适应生产力发展的部分，有的方面已经改了，有的正在进行改革，有的还没有来得及改；一部分经济活动开始转入新的运行轨道，而另一部分则尚未脱离原有轨道。原有体制的

弊端不可能一下子消除,新的经济运行机制和管理方式又不可能一下子建立健全起来,旧的东西与新的东西会经常发生矛盾、摩擦和碰撞,打乱系统的平衡,冲击系统的有序性,发生越位或逆向位变的现象;加之城市经济体制这个大系统的各个子系统及其要素,有着千丝万缕的联系,随机性较大,有着复杂的交叉效应。例如,同所有制形式、经营方式的多样化相适应,社会主义初级阶段的分配形式也会是多样的。除了按劳分配这种主要形式和个体劳动所得以外,企业发行债券筹集资金,会出现凭债权取得利息;股份经济的出现又会产生按股分红;租赁、承包企业经营者的收入中,也包含一部分风险补偿;私营企业雇请一定数量的劳动力,也会给企业带来一部分非劳动收入等。在这种情况下,按劳分配这个主要形式与其他分配方式之间也会相互作用,相互影响。由于存在以上种种复杂情况,社会经济生活中必然会出现某些新的暂时的困难和问题,干扰改革的方向,影响改革的进程。要有效地进行经济体制改革,必须认真研究解决这些问题。系统论、控制论作为一种方法,在城市改革这个广阔的领域里,可以得到广泛的运用。城市改革涉及产业结构、企业结构、国家和企业的关系、职工和企业的关系、中央和地方的关系、城市和城市的关系、城市和农村的关系、生活和流通的关系、企业和企业的关系、计划机制与市场机制的关系、以及计划体制、价格体系、劳动制度、工资制度、干部人事制度等,要深入到国家政治、经济、文化和社会生活的各个领域,影响到人们的活动方式、生活方式和思维方式。在这个巨大的复杂的社会系统工程面前,如果不遵循一定的方法论原则,按照科学的方法观察事物和处理问题,协调各方面的矛盾关系,往往难以达到预期的目标。在改革的实践过程中,注意社会经济这个有机的系统,运用控制论的方法、原理,把经济体制改革作为一个整体,控制系统的各种要素的运行秩序,排除干扰系数,纠正逆向位移,克服运行偏差,求得系统的有序性和整体化,可以有力地将改革推向前进,实现改革的目标。

这里所说的控制,主要是对宏观而言的,即从宏观上对经济进行控制和管理。城市经济体制改革的中心环节是增强企业的活力,要增强企业的活力,必须扩大企业的经营自主权,使企业真正成为相对独立的经济实体,成为自主经营、自负盈亏的社会主义商品生产者和经营者,具有自我改造和自我发展的能力,成为具有一定权利和义务的法人。在服从国家计划和管理的前提下,企业有权选择灵活多样的经营方式,有权安排自己的产供销活动,有权拥有和支配自留资金,有权依照规定自行任免、聘用和选举本企业的工作人员,有权自行决定用工办法和工资奖励方式,有权在国家允许的范围内确定本企业的产品价格等等。在社会主义条件下,企业运用已有的自主权实现微观的经济目标,同国家宏观经济目标从根本上讲是一致的。但是,企业拥有自主权以后,作为个别的商品生产经营者,由于视野受到一定限制,考虑问题往往囿于本企业这个圈子,容易产生追求近期利益的倾向,出现短期行为,忽视整体利益和长远利益。有的企业为了多发奖金因而挤占生产发展基金,有的为了多赚钱,不惜降低产品质量或变相涨价,有的只顾企业的经济效益,不讲社会效益,有的甚至挖国家的等等。因此,必须从宏观上加强控制和管理,对企业日常经营活动实行必要的检查和监督,引导企业统筹兼顾局部利益和整体利益,短期利益和长远利益,促使企业的行为方向与国家的宏观目标相一致。

当然,加强宏观控制和管理,并不意味着不搞活微观经济,而恰恰是为了更好地搞活微观。在现代经济中,微观经济活动总是在既定的宏观环境下进行的,必然受到宏观的制约。没有这种制约,微观经济就容易搞乱。从改革的实践来看,微观搞活必须以宏观控制为指导,微观越活,越要加强宏观控制。因为从事微观经济活动的企业,由于所处的地位、利益和认识的局限,难免不产生某种盲目性,影响经济机制的运行。因此必须有从全局出发的宏观控制和管理。但是,宏观控制又必须以微观搞活为基础。离开了微观搞活,宏观控制就失去了目的。因为宏观经济是由无数微观经济组成的,没有千百万经济细胞的生机与活力,就不可能有整个经济肌体的成长和社会财富的迅速增加。宏观控制保证国民经济的各个系统协调、稳定地发展,微观搞活保证企业经济效益提高,两者是互为条件、相辅相成的。在坚持微观搞活的同时,要不断加强和改善宏观控制,真正做到以"控"保"活",以"活"促"控",这是建立有计划的商品经济模式所必须坚持的。

(二)建立宏观经济管理模式

城市改革需要加强和改善宏观控制,要建立与社会主义有计划的商品经济相适应的宏观管理模式。以城市为重点的经济体制改革所要解决的根本问题,是要探索在以公有制为基础的社会主义有计划的商品经济的条件下,怎样把计划机制与市场机制有机地结合起来,把微观经济迸发活力与宏观经济平衡发展有机地结合起来的新路子,真正实现"国家调节市场,市场引导企业"的经济运行机制。社会主义有计划的商品经济是建立在公有制基础上的,是在原来产品生产和产品分配型的计划经济的基础上,通过改革逐步导入商品货币关系而形成的。经济形态发生了变化,宏观管理经济的模式也相应地跟着改变。原有的计划经济与产品经济相统一的宏观经济管理模式,是以企业为对象,直接控制企业,以行政调节机制为主的。发展有计划的商品经济,是要在加强计划指导的前提下,充分发挥价值规律和市场机制的作用。在这种情况下,继续沿用传统的宏观经济管理模式,采取直接控制的办法,已经不能适应形势的发展,需要建立计划经济与商品经济相统一的宏观经济管理模式。社会主义有计划的商品经济,是公有制经济占主导地位的,国家要对社会的经济发展与社会发展负责,在全体上要保证整个国民经济的协调性和统一性。但是,这种协调性、统一性必须尊重企业自主经营、自负盈亏的社会主义商品生产者和经营者的地位,保证企业生产经营的多样性、灵活性和进取性。正确处理国民经济这个大系统与企业这个小系统的关系,是建立新的宏观经济管理模式的关键。从改革的实践来看,国家是通过计划指标、经济杠杆、经济政策、经济法令以及必要的行政手段来确定企业生产经营活动的范围的。在这个范围内,企业自主开展生产经营活动,同时对企业内部经济活动给予某些直接的限制,如规定工资标准,税后利润的使用方向和比例等,是比较有效的。可以顺着这个思路继续探索,逐步建立国家宏观经济计划,建立使企业微观经济活动和国家的调节制度相统一,又能各自发挥其独立作用的宏观经济管理模式。

(三)宏观控制要确定重点

城市改革必然触及社会再生产中生产、分配、流通、消费各个环节,触及工业经济、交通经济、商业经济、城市建设和管理等各方面的体制,涉及经济要素的人、财、物的管理体制,出现了许多动态的因素。对这些动态的因素,国家不可能一一干预,如果件件事干预,企业就没有什么自主权,而只能抓住主要问题进行解决。这就决定了宏观控制,不是直接去干预无数个生产和交换等具体的经济活动,而是从城市经济体制这个整体出发,控制影响全局的经济活动,把握全局性、战略性的问题,控制重要的比例关系,掌握固定资产投资的规模和方向,人民生活水平提高的幅度,实现财政、信贷、外汇与物资的平衡,社会总供给与总需求的综合平衡。从改革的实践看,影响城市经济体制改革的经济因素固然较多，但已反映出来的突出的问题，是固定资产投资规模、信贷规模、消费基金的增长、外汇、物价水平、生产速度、社会集资、收入的过分悬殊等等。正确处理这些问题，有利于实现城市经济体制各种要素的动态平衡，推动城市改革这个社会系统工程的发展。

四、关于控制固定资产投资规模

投资规模必须同财力相适应，这是保证经济稳定的一个决定性因素，也是社会主义经济建设的一条客观规律。无视这个规律，把投资规模搞得过大，必然造成重大比例严重失调，使经济发展走弯路，延缓现代化建设的进程，影响改革的发展。1984年下半年，武汉也出现过投资过热的势头，一些部门和单位争投资，上项目，铺摊子，兴土木，使经济生活一度处于紧张状况，出现一些消极因素。一是投入多、产出少，工期长、效益低。基本建设的摊子铺得过大，超过了资金和物资供应的可能，必然拖长建设周期，有的则会形成"胡子工程"。工期一长，造价也会相应增加，每平方米房屋造价比1983年的117元上升了18元。有些项目虽然建成了，但由于不配套，难以发挥效益。二是重点建设保证不了。基本建设的摊子铺大了以后，资金、材料跟不上，出现了计划外项目挤计划内项目，一般项目挤重点项目的现象，重点建设没有成为重点，你上我上他上，使本来比较紧张的能源、交通、材料更加紧张。三是影响技术进步。在管理水平不太高的情况下，热衷于铺新摊子，走外延扩大再生产的路子，相对来说比挖潜、革新、改造，依靠内涵扩大再生产要省事一点，因此一些企业总是想通过扩大固定资产规模来发展生产，不是重视依靠技术进步来发展生产。四是影响财政和信贷平衡。有的企业为了扩大固定资产投资规模，资金不足就挤占成本；有的想方设法到银行贷款，还不了就拖，拖不下去就申请税前还贷，既减少了财政收入，又影响信贷资金的周转。五是带动了生产资料价格的上涨。由于固定资产投资过热，基本建设所需要的"三材"缺口越来越大，价格就大幅度上升。加之一物多价，一些小团体主义，个人主义严重的人乘机以权谋私，转手倒卖，买空卖空。原材料越紧张，那些财迷心窍的人就越想投机，越投机就越紧张，越紧张价格就越高。六是削弱企业的活力。多上基建项目，除了盯着银行要贷款外，主要是以各种名目向企业乱集资，乱摊派。有的企业被摊派、集资的金额超过了企业留利的水平，使一些企业陷入缺乏自我发展和自我改造能力的困境。七是影响经济体制改革的顺利进行。经济体制改革要求有较宽裕的经济环境，要社会总供给略大于社会总需求，形成买方市场，而近年来固定资产投资的膨胀以及与此相联系的工业增长过快，却把国民经济各方面的关系绷得很紧，使得社会总需求超过了总供给，进一步强化了卖方市场，违反了经济体制改革的上述要求，给经济体制改革带来了困难，这样会延缓改革的进程。

总之，固定资产投资规模特别是基本建设投资规模过大，会引起经济生活的全面紧张，使改革无法进行，经济不能稳定，会造成政治上、经济上的巨大损失。控制固定资产投资规模，调整投资结构，是保证经济体制改革顺利进行，促进国民经济健康发展的重要保证。

为什么会出现"投资过热"的现象？这主要是：①在指导思想上片面理解投资和速度的关系，习惯于走高投入求得高速度的经济发展之路，加上经济过热发展，不得不追加大量的投资来支撑过高的经济增长速度。②投资决策分权，投资决策上的相对集权逐步转变为相对分权，决策层次增加，预算外投资增长过快。③投资主体多元化，各种经济成分、多种经济形式求生存，争发展，竞相投资。④投资来源广泛，由比较单一的国家拨款转变为预算拨款、国内贷款、地方自筹、企业自筹、城乡集体企业自筹、合作经营企业自筹、各种方式的集资以及利用外资等等。⑤投资方式多样,除了自上而下的纵向投资外,出现了企业之间、部门之间、地区之间的横向投资,一业为主,兼营其他行业的联合经营。⑥企业投资多数是追求经济目标,着眼于盈利,投资见效后可以多留利、多搞福利、多分奖金,因此积极性高。⑦生产资料价格上涨较大,施工企业职工工资费用增加过多,虚增了一部分投资规模。

(一)控制固定资产投资规模,要解决好思想认识上的问题

非经济因素对"投资过热"的影响是较大的,改革使各种经济关系正在逐步理顺,生产力得到进一步发展,各个部门、各个企业都想多搞点建设、多上点项目,发展快一点,这种心情和愿望是可以理解的。但是必须看到,我们国家的底子比较薄,每年新增加的国民收入,除了保证新增人口的需要和人民生活改善之外,能够用于增加基本建设的资金是有限的,都上项目,财力承受不了,必须坚持量力而行的原则,实事求是,稳步前进。同时,要提倡顾全大局,不能强调特殊,总认为自己的项目重要,是重点,别的就不重要,不是重点。都强调自己的项目是重点,那就没有什么重点了,局部一定要服从全局,小合理要服从大合理,区别轻重缓急,突出重点,该压的坚决压下来,该保的要坚决保住,具有这样的思想认识,控制投资规模才有思想基础。

(二)控制固定资产投资规模要抓住重点

在固定资产投资规模这个系统中,要找出对总体效果和控制目标影响最大的因素,排除实现动态平衡的干扰,减少经济生活中的振荡,才能有助于改革平稳顺利地向前发展。当前,一讲控制固定资产投资规模,首先想到的是削减预算内投资,虽然控制起来比较容易,但是即使对这一部分投资控制住了,整个投资规模未必能控制得住。因为预算内投资占全社会固定资产投资的比重并不大,增长幅度并不高。1984 年,全国预算内投资仅占投资总额的四分之一,比上年增长 19.4％,而四分之三是预算外投资,比上年增长 39.6％。武汉市预算内投资占 9.48％,预算外投资占 90.52％,多数是预算外投资。从固定资产投资的实际情况看,控制预算外投资是控制固定资产投资规模的重点,全国是这样,武汉市也是如此。如果不有效地控制预算外投资的过快增长,就难以从根本上解决固定资产投资的膨胀问题。

(三)控制固定资产投资规模要采取切实可行的措施

要保持社会总需求和总供给的平衡,不搞国民收入的超分配。加强对固定资产投资的全面管理,不仅管全民所有制单位,而且管集体和个体,不仅控制当年的投资规模,而且控制在建项目投资的总规模。制定产业政策、行业规划和区域发展规划,把有限的资金用在最需要的地方,促进投资结构的合理化。继续增加能源、交通、通讯和原材料等基础设施和基础工业的投资,适当增加农业、科学、教育事业的投资,相应压缩一般加工工业的投资,适当控制非生产性建设投资的增长,使同样多的投资规模形成更多的生产能力和事业发展能力。坚持项目可行性研究和技术经济论证,否则不列入计划,减少、避免以至杜绝“钓鱼项目”、“点头项目”的产生。提高更新改造资金在固定资产投资中的比重,保证真正用于技术、设备的更新改造。逐步完善投资信息和调控系统。以减少或避免盲目的重复引进、重复投资、重复建设。按照上述精神,武汉市在控制固定资产投资方面进行了一些探索。坚持实行基本建设自筹资金先存后批、先批后用的原则。建立了落实建设资金的“六联单”制度,对不纳入规模的自筹基本建设项目也通过“建设银行存款”的办法进行管理,基本上保证了自筹基本建设资金的落实,并起了控制规模的作用。分解指标留有余地,设置缓冲带。年初分解下达自筹基建指标时,为了避免全年超规模,预留一块指标作为部分项目超过年计划规模的调整指标,即使有少数项目确需超过年计划规模的,也只是用预留的一块指标来调整,不至于越过全年的总规模。在国家计委未取消各地自筹基建规模指标可以上浮10%的规定之前,可以上浮的10%也未安排指标。在改革计划体制中,对基建审批权限采取比较谨慎的态度,除武钢在切块范围内同武汉市一样有审批权限外,规定各区、县、局只能审批切块指标范围内的100万元以下的项目。积极推行投资包干责任制。为了提高投资效益,制定了投资包干办法,并规定凡用市财政和地方统筹资金安排的项目,投资在50万元以上的,必须签订包干合同。有了包干合同,建设银行才拨款,物资部门才供料,纠正了随意扩大规模、增加投资的现象。与此同时,坚决停建缓建了一大批项目,调整了投资结构,适当增加了企业技术改造的投资项目。试行基建技改"三材"统一按市场价格供应返还差价的办法,对基本建设、技术改造所需要的"三材"全部按市场价格供应,对国家安排的投资和贷款、地方统筹和市财政自筹投资、城市建设资金投资等安排的重点项目,按实际供应量定期返还差价,使有限的物力较好地保证了重点项目的需要。还统一了取费标准,改进了基本建设管理工作。采取这些控制措施以后,效果比较好,固定资产"投资过热"的势头已经得到控制,1985年市属全民所有制基本建设规模指标完成3.3亿元,没有超过预定的计划。1986年完成4.6亿元,生产性投资占50.6%,非生产性投资占49.4%。但是,在实践中也遇到了一些新问题,有待于进一步摸索。

(四)改革投资决策体系和管理体制

　　控制固定资产投资规模和调整投资结构,最重要的是改革固定资产投资的决策体系和管理体制。进一步研究和制定科学的系统的投资管理和调控制度,并逐步加以实施。要统一计划,综合平衡全社会固定资产的投资规模,全民、集体和个人投资,基本建设投资和技术改造投资,都要经过计划综合平衡,分别采取不同办法管理,从投资规模的总量上加以控制。在资金供应渠道上要严格控制银行固定资产投资贷款规模。禁止在项目不经过论证,资金和物资不落实的情况下,增加项目,提高标准,扩大投资。运用经济手段把不同主体的投资兴趣引导到宏观经济要求的目标上来,使宏观控制措施在微观上产生效应。组建基本建设和技术投资公司,完善投资管理的基础工作,在项目决策、勘察设计、施工组织和设备供应等方面进行一系列的改革,推行和完善全面的招标投标体系。通过实践和探索,逐步建立起防止固定资产投资膨胀的新的宏观管理制度和微观自我调节机制,走出一条新路来。

五、关于控制信贷规模

1. 资金是发展商品经济的必要条件。商品经济的充分发展是社会经济发展不可逾越的阶段。在社会主义初级阶段这个历史时期,尤其是在像我们这样一个经济不发达的社会主义国家,要实现生产的高度社会化和现代化,迅速发展社会生产力,不断改善人民的物质生活,必须大力发展商品经济。发展商品经济是要有一定资金的,没有一定的资金,社会生产难以迅速发展,商品流通也难以扩大。随着商品经济的发展,资金需求日益增长,如增强后续发展能力的重点项目需要相当数目的建设资金;提高现有企业的技术装备水平,需要更新改造投资;在迎接新技术革命的挑战中,新技术的发明和推广,新产业的建立和发展,都需要财政信贷资金的扶持;人民群众的生活质量、生活环境和居住条件需要不断改善；工资改革和物价改革也需要财政资金的支持，等等。在目前体制改革过程中，资金需求的增长超出了资金供给的增长，两者经常处于紧张平衡的状态。特别是改革释放出极强的能量，企业发展生产的积极性高，而企业的固定资金和流动资金的主要来源是企业自有资金、财政拨给的资金、银行信贷资金，定额流动资金由财政拨款改为银行贷款、固定资产投资和中短期设备投资逐步由财政拨款改为银行贷款以后，企业自有资金明显减少，如武汉纺织行业的自有流动资金仅占流动资金总额的 8％；仪表行业的自有流动资金则更少，仅占流动资金的 2％，银行信贷资金成为企业所需资金的主要来源。当企业竞相向银行贷款时，紧张的平衡就被打破了，出现信贷资金失控的状况。信贷资金不平衡，不仅影响改革和经济发展，而且会造成严重的危害。从实践中反映的问题看，这种危害集中表现在五个方面：助长了盲目扩大固定资产投资规模，使经济生活出现一系列消极因素；助长盲目发展加工工业和乡镇企业，造成工业内部比例不协调；造成国民收入超分配，迫使国家多发钞票，1984 年计划发行 80 亿元，结果发行 262 亿元，超计划 182 亿元，增长 2.27 倍，比上年多发 172 亿元，增长 1.91 倍，大大超过同期工农业总产值增长 14.2％的速度；市场货币流通量过多，形成对市场的巨大冲击力；货币发行过多和市场货币流通量增加过快，会使社会购买力超过商品供应量，引起物价上涨和供求不平衡。

2. 努力实现信贷资金的基本平衡。如何实现信贷资金的平衡？我们知道，信贷资金的周转或信贷资金运动的形式主要表现为信贷资金的存取贷还。银行各项存款的存入和提取是信贷资金积累的主要形式，各种贷款的发放和偿还是信贷资金分配和再分配的主要形式。银行分配的信贷资金直接成为货币购买力，在一般情况下，资金运动的背后就是产品和物资的运动。

信贷资金分配得合理,贷款运用得好,就能促进生产的发展和商品流通的扩大,就能保证国民经济稳定协调地发展。因此,控制信贷规模就是要根据国家信贷政策、国民经济计划和经济生活的实际情况,调节存款和贷款利率,确定不同的贷款方向、贷款条件和贷款数量,通过控制和引导资金的分配和流动,调节和控制整个国民经济的运行。

1985年年初,武汉市生产增长、开放三镇扩大流通、新辟外贸口岸、技术改造、农副产品收购等都需要相当数量的资金。当时中国人民银行分配的信贷规模仅为1984年实际增长数的一半,回笼货币要求比1984年增长40%,预计资金缺口达10亿元左右。在资金供需矛盾比较紧张的情况下,武汉市按照信贷资金的运行特点,通过经济信息的反馈,通过经济条件的改变、经济利益的调整和信贷资金的再分配,对经济活动进行引导和控制,实现了资金供给与资金需求的基本平衡。

第一,严格控制信贷规模。认真执行信贷收支计划,控制固定资产贷款、技术改造贷款和乡镇企业贷款,执行农村信贷政策。紧缩和停止财政性透支及借款,紧缩和制止无效益的变相财政性投放,清理有问题的贷款,催收过期的沉淀资金。停止和压缩对盲目生产的不适销对路的产品和企业贷款,并坚持贷款企业必须有30%的自有资金的信贷条件等等。采取这些控制措施以后,全年的信贷资金基本控制在计划规模之内,没有突破。年末各项贷款余额约为60亿元,比1984年增长15%,其中流动资金贷款增长11%,技术改造贷款增长44%,均控制在计划规模之内。

第二,实行联行资金融通调度会制度,灵活调度资金。对资金纵向管理实行变通办法,把暂时闲置的市人民银行专项临时性贷款、各专业银行在人民银行的存款、各专业银行计划借款额度内未动用的资金捆在一起,充分利用时间差、地区差、行业差,灵活进行融通和调剂,最大限度地发挥资金的使用效益。资金融通调度会每旬逢七由市人民银行牵头召开一次,各银行分析全地区信贷收支变化和资金使用情况,互通资金余缺信息,对下一旬的资金需求作出预测。调度会坚持短期周转、讲究信用、利率浮动的原则,临时拆借期限一般为 10 天左右,最多不超过 20 天。拆借资金的投向主要用于短期周转和商业、粮食、供销、外贸等部门收购适销对路产品以及农副产品的季节性资金等。实行联行资金融通调度会制度,改变了资金余缺只能纵向调剂的状况,提高了资金使用效益。其结果是:①资金由单一纵向的分配管理开始纳入纵横结合的轨道,"死"钱变成了"活"钱。②加速了资金周转,把一个钱当成几个钱花。联行调度会把分析资金运用状况和通报资金需求结合起来,及时预测和掌握经济变化对资金的需求,促进了资金的合理运用。1985 年全市预测信贷资金缺口 13 亿元,经过利用闲置资金进行临时拆借周转,基本缓和了信贷资金的紧张状况。③利用资金运用上的时间差、地区差、行业差,灵活调剂融通资金 23.1 亿元,满足了用款急需。1985 年武汉市农业银行农副产品收购计划贷款只有 4000万元,而全年实际收购贷款增加 1.1 亿元,市农业银行通过调度会及时向市人民银行、工商银行融通拆借了一笔计划外资金,从而避免了停止收购、打白条等现象。1985 年直接经营外贸出口业务,计划需要信贷资金相当于上年银行贷款的 40 倍。到第三季度末,全市只完成年创汇任务的一半。后两个月,正值农副产品和中药材收购旺季,市外贸部门急需追加大量贷款。中国银行汉口分行通过调度会向市人民银行、工商银行融通调剂资金6570 万元,保证了年底超额完成 5000 万美元的计划创汇任务。④平衡了资金要求,做到节约使用资金。调度会强调资金流向,避免了以往出现的一笔商品、两方拿钱的重复贷款现象。1985年收购棉花时,市农业银行要求发放收购贷款,工商银行则要求发放工业储备贷款,通过调度会平衡,只拆借给工商银行一笔资金就解决了两方的困难。

在加强银行之间资金融通调度的同时,武汉市对工业企业大力开展"支、帮、促、挖、管"活动,加速企业的资金流转,支持适销对路产品的生产。1985年,全市100种主要产品的产量比上年增长的有71种,其中日用消费品和原材料产品达54种,占增产品种的76.1%。通过帮助企业挖掘资金潜力,管好用好资金,促进了经济效益的提高。1985年挖掘企业潜力,盘活资金5.5亿元,相当于全市工商企业流动资金贷款增加数额的50%。全年增加技术改造贷款近3亿元,比上年增长40%,增强了一批企业的后续发展能力。

第三,大力组织货币回笼,实现现金归行。控制信贷规模,必须通过各种渠道大力回笼货币,使流通中的货币尽可能归行。市人民银行利用各种信用工具,开展多种信用业务,吸收城乡居民和企业的现金。改革结算制度,开展票据结算、信用鉴证、商业票据承兑贴现,试办本票、金额转账支票等结算工具,扩大和改进对个体工商户、农村专业户的服务,从存贷到汇兑、结算全面办理,使现金尽快归行。同时,积极扩大适销对路产品的生产,既满足人民群众的消费需要,又大量回笼货币。1985年,全市回笼货币6.5亿元,比1984年增长1.03倍,1986年回笼货币7.55亿元,比上年增长16.1%。发展储蓄网点,方便群众储蓄,全年城乡居民储蓄存款比1984年增加4.2亿元,相当于1950年到1978年29年累计增长额的2倍多。

采取上述措施以后,这不仅挖掘了资金潜力,盘活了资金,加快了资金的周转,适应了生产和流通对资金的需求,而且抑制了一部分资金的"盲流",促使信贷资金在总规模内正常运转,没有出现失控现象。

六、关于控制消费基金增长

(一)消费直接也是生产

人们要进行生产,必须要有一定的生活资料,解决吃、穿、用、住、行问题。人们要靠消费资料来维持和改善生活,为了维持自身劳动力的再生产,每天要消费一定数量的生活资料,满足自身的物质和文化需要,才能生存下去,才能维持社会的再生产活动。一个社会不能停止消费,也不能停止生产。"我们首先应当确定一切人类生存的第一个前提也就是一切历史的第一个前提,这个前提就是:人们为了能够'创造历史',必须能够生活。但是为了生活,首先就需要衣、食、住以及其他东西。因此第一个历史活动就是生产满足这些需要的资料,即生产物质生活本身。"斯大林认为:"马克思主义的社会主义,不是要缩减个人需要,而是要竭力扩大和发展个人需要,不是要限制或拒绝满足这些需要,而是要全面地充分地满足有高度文化的劳动人民的一切需要。"毫无疑问,社会主义的生产目的,是为了满足人民群众不断增长的物质和文化生活的需要。从生产与消费的关系看,它们是一个过程的两个要素,生产决定消费,没有生产就没有消费,消费又反作用于生产,两者互为媒介,相互依存,既直接同一,又直接两立。生产为消费创造材料、对象,引导、发展和扩大消费。消费是生产的目的和归宿。只有在消费中,产品才成为现实的产品。如果没有消费,产品就失去了存在的意义,生产就没有目的。消费创造出生产的动力。扩大消费,是刺激生产发展的内在因素。消费本身作为动力是靠对象作媒介的。也就是说,总是先要在观念上提出生产这个产品的对象。作为新的需要,向生产(包括科学技术)提出新的要求,重新引起生产的发展。因为"没有需要,就没有生产。而消费则把需要再生产出来"，以消费为动力，就是以人民群众的经济利益的最终实现为动力。人民消费的满足，可以调动人民生产的积极性，促进生产的发展。同时必须看到，消费直接也是生产，即劳动力的再生产。生活资料的生产，为劳动者提供生活资料的消费，从而实现劳动力的再生产。正是从这个意义上讲，消费直接也是生产。人们对生活资料的消费，是直接作为生产要素的劳动力的再生产，因此，"消费不仅是使产品成为产品的终结行为，而且也是使生产者成为生产者的终结行为。"如果生产发展了，限制了消费，限制了劳动者的体力和智力的恢复、提高和发展，就会挫伤人们的生产积极性，最后实际上也就限制了生产。

（二）消费基金应同国民收入和社会劳动生产率保持适当的增长比例

满足人民群众不断增长的物质和文化生活需要，并不意味着消费基金可以盲目增长，而恰恰相反，必须有计划地控制消费基金的增长，使其与国民收入和社会劳动生产率的增长保持适当的增长比例。我国是一个 10 亿人口，8 亿农民的社会主义大国。一要吃饭，二要建设，安排好人民的消费，是有关国计民生的大问题。我国现阶段生产力还不够发达，社会产品还没有发展到极大丰富程度来足以满足人民的全面发展需要。因此，需要根据必要劳动的范围，按照既维持劳动者个人及其家属的生存需要；又能补偿劳动者为掌握一定的文化科学技术知识和劳动技能所必需的基本学习训练需要，确定合理的、适度型消费水平，真正做到有计划地协调地用生产（分配、交换）来满足消费增长，用消费来促进生产（分配、交换）的发展，使消费、生产共同协调地发展和稳定增长。

在改革过程中，由于改革措施的实施，能够促进经济效益的全面提高，为人民生活的改善提供物质基础，给人民群众以看得见的利益。与此同时,也由于改革措施不可能一下子完善,收入分配关系不可能一下子理顺,会存在一些难以避免的不合理现象,助长攀比心理,强化"消费饥渴症",使一些人对生活的改善设定过高的预期。1984 年下半年以后,武汉也出现过消费基金增长超过工农业生产增长和劳动生产率增长速度,形成过头分配或"消费早熟"。当年平均每个职工的货币收入比上年增长34.1%,工资增长 21.3%,奖金增长 54.9%,大大超过劳动生产率(增长 9.9%)和国民收入(增长 18%)的增长速度。1985 年一季度,全市现金总支出比上年同期增长 47.8%。在现金总支出中,工资性支出比上年同期增长 38.8%,其中国家职工奖金比上年同期增长 96.4%,大大高于工业生产和国民收入增长速度。

消费基金是从哪些渠道失控的? 主要渠道是:消费基金挤占生产基金。有的企业税后留利的分配首先考虑奖金,然后剩下多少就安排多少生产发展基金,个别的还吃掉了生产发展基金;有的企业为了扩大利润分配,弄虚作假,采取应摊不摊、盘亏报废损失不处理、挤占成本、虚报盈利等方法扩大分配;有的坐支、套取现金,用于工资性支出;有的承包基数偏低,个人所得偏多;有的滥发奖金、津贴、补贴和实物;有的将预算外收入转化为消费基金;有的从事倒买倒卖活动,从中渔利,形成非法的消费基金来源,等等。

消费基金增长过快,产生的后果是比较严重的。往往会把新增的国民收入分光吃尽,缺乏生产发展基金,没有后续发展能力。同时会导致企业产生短期行为,只顾眼前利益,没有长远打算和全局观点,有的甚至把生产发展基金、职工福利基金和借银行贷款用来发放工资、奖金和实物,造成企业不留积累,靠银行贷款过日子,助长了一些企业领导人和职工损害国家利益和消费者利益的歪风。更重要的是,消费基金增长超过生产特别是消费资料生产的增长速度,会造成大批购买力结存,产生对市场的冲击力,影响市场的稳定,给改革带来困难。

(三)严格控制消费基金的过快增长

控制消费基金的增长,重要的是要教育干部和群众正确处理改革与改善生活的关系,经济建设与提高生活水平的关系,使大家懂得提高生活水平的速度一定要适当,改善生活的方式并不仅限于多给报酬一端。决不能单纯靠增加群众的货币收入来取得群众的拥护和支持。要努力改善政治环境,改善经济机制,改进各种服务,使广大群众能够从获得发挥才能的更多机会、选择职业和消费品的可能性、有更好的工作、生活和人际关系环境当中,得到更优良的服务,从而感受到改革的好处。同时采取切实可行的措施,控制消费基金的不合理增长。

武汉市在 1985 年主要采取了如下控制措施:

第一,严格控制工资性支出,加强工资基金计划管理。建立工资基金专户,对各部门、各企事业单位每月发放工资性的现金支出,由开户银行原则上按 3 月份的工资性现金发放数额进行控制,少数企业确有特殊情况的,经过审查批准后银行才予支付。对实行工资总额同经济效益挂钩的企业,严格按照挂钩比例执行;没有实行挂钩办法的企业,按规定缴纳奖金税。同时,进一步控制计划外用工,纠正滥发奖金、实物的不正之风。

第二,大力节减行政经费支出。行政经费按预算削减了10%,紧缩了行政编制,妥善处理了一部分超编的行政人员。行政事业单位发放奖金,按规定严格办理。

第三,严格控制社会集团购买力。根据国务院《关于严格控制社会集团购买力》的通知精神,加强了对专控商品的审批,对于各个部门、各个单位的社会集团购买额按照上年的实际数核减 20%。

第四,加强预算外资金管理,坚决防止把有限的生产建设资金过多地转入集体和个人所有。

第五,多方面鼓励储蓄。在按国家规定二次提高储蓄利率的同时,广泛动员群众储蓄,并以储蓄形式多样化、储蓄组织普遍化来吸引和方便群众储蓄,通过这一方式将一部分流动资金筹措为建设资金。

第六,加速推行住宅商品化。积极组织住宅商品上市,引导群众合理消费,减轻因劳动者收入增长对消费品市场形成的巨大压力,摸索在消费与积累之间建立一种相互制约的弹性机制。

采取上述控制措施后,全市消费基金增长速度明显放慢,与生产增长基本相适应。1986 年的消费基金增长与生产增长比例也基本正常。

七、关于控制物价水平

(一)改革价格体系是整个改革成败的关键

价格是价值规律的表现。价格的作用就是价值规律作用的表现。因为价格是价值的货币表现,所以价值规律的作用往往通过价格的作用表现出来,价格的作用成为价值规律作用的主要表现。在社会主义经济中,价格的作用关系到生产关系的各个方面、社会主义再生产的一切领域、国民经济的所有部门。正确的、合理的价格可以促进国民经济的发展,不合理的价格会阻碍国民经济的发展。

我国现行的价格体系,由于过去长期忽视价值规律的作用和其他历史原因,存在着相当紊乱的现象,不少商品价格既不反映价值,也不反映供求关系。由于价格扭曲,价格反映的经济信息失真,价格诱导的方向和计划要求的发展方向往往背离,有时还形成逆方向调节。不改革这种不合理的价格体系,就不能正确评价企业的生产经营效果，不能保障城乡物资的顺畅交流，不能促进技术进步和生产结构、消费结构的合理化，就必然造成社会劳动的巨大消费，也会严重妨碍按劳分配原则的贯彻执行。随着企业自主权的进一步扩大，价格对企业生产经营活动的调节作用越来越显著，建立合理的价格体系更为急迫。各项经济体制改革，包括计划体制和工资制度的改革，它们的成效都在很大程度上取决于价格体系的改革。价格是最有效的调节手段，合理的价格是保证国民经济活而不乱的重要条件，价格体系的改革是整个经济体制改革成败的关键。

（二）积极稳妥地进行价格改革

改革价格体系关系国民经济的全局，涉及千家万户，一定要采取十分慎重的态度，根据生产的发展和国家财力负担的可能，在保证人民群众实际收入逐步增加的前提下，制定周密的切实可行的方案，有计划有步骤地进行。即使如此，物价改革的难度仍然非常大，主要是调整价格与稳定价格的关系难以处理。由于在某一个较长的时期内，物价没有进行调整，人们在思想上产生了一种错觉，认为保持物价稳定，就是冻结物价，并认为这就是社会主义制度的优越性。当采取一些调整价格的措施，或多或少地引起物价上升时，容易遭到有关方面的责难。进行结构性的价格改革，可以把偏低的价格提高，把偏高的价格降低，使物价总水平保持稳定。实际上，偏低的农产品价格属于基础价格，价格调整会引起一系列产品价格上升；而偏高的多数是最终产品价格，调整价格往往是提高不容易，降价更难。这样，进行结构性价格改革就会引起价格总水平的上升。在物价改革过程中，要求物价上涨为零显然是不现实的，过分强调价格的稳定将使价格改革难以进行。但是，物价指数上升过高，也会带来社会的不安定和其他许多问题，也不利于改革。相对稳定，略有上涨是当前我国价格总水平发展的趋势,因此,进行物价改革,要把调整价格和稳定价格结合起来,有计划地控制价格运动,严格控制社会总需求量和货币供应量,保证社会的总需求和总供给平衡,保证货币流量的增长与经济的增长相适应。调整价格一定要分步进行,切实把物价上涨控制在可以承受的幅度内,以免引起过大的震动。同时,对不同类型的产品价格应采取不同的方针。生产资料产品的价格应实行放调结合、以放为主的方针。在宏观经济比例逐步协调,社会总需求得到控制的条件下,除少数关系国民经济全局的最重要原材料和燃料的价格主要由国家有计划地调整外,其余产品价格都可以逐步放开,以便尽快把这部分产品价格理顺。这样调准了价格信号,可以引导产业结构和产品结构朝着合理化方向发展,又不致马上引起消费品价格的过大波动。对消费品的价格应实行调放结合、以调为主的方针。因为消费品价格是市场价格的主要部分,同人民切身利益紧密相连,搞不好会引起较大的波动。一部分非基本生活消费品,是可以放开的,但是基本生活消费品价格则只能采取逐步调整的办法,理顺价格关系。实行以调为主的方针,可以使价格的波动不那么直接受市场供求变动的影响,比较容易稳定人民基本生活消费品的价格水平,防止工资物价轮番上涨。

武汉市在改革试点中先后放开了鲜鱼的价格,实行经营者自主定价;放开了蔬菜价格,改革统购包销体制,变计划价为指导价、浮动价和自由价;调整了猪肉、豆制品价格,最后放开了生猪购销价和蛋品价格;适当调整了饮食、糕点等相关产品的价格;取消了对菜农实行粮菜挂钩的办法,按比例收购价供应粮食;放开了木材、钢材等生产资料的价格,等等。调整和放开了这些产品的价格以后,物资供应总的来讲较为充裕,物价虽有上涨,但人心较安定,价格水平没有出现大起大落的现象。之所以能如此,主要是:

第一，考虑宏观上的综合平衡，考虑国家、企业和个人的承受能力，兼顾需要与可能，积极稳妥地进行价格改革。价格改革涉及各个方面的工作，必须综合考虑各方面的因素，慎重地进行，按照"放调结合、小步前进"的方针，逐步放开，逐步调整。先放开小商品，后放开大的商品；先放开牵动面小的商品，后放开部分牵动面大的商品；先放开对群众生活影响小的商品，后放开与群众生活关系密切的部分商品。在计划单列之前，就选择了对人民生活影响不大的小商品试行浮动价格，接着对部分二类日用工业品也实行浮动价格。对于同人民生活密切相关的农副产品价格，逐步出台，分步放开。在放开家禽和消费量较小的牛羊肉价格的基础上，放开和调整鱼、蔬菜、猪肉等产品的价格。猪价是分两步走的：1984 年 8 月先调高了 2 角，走了半步；1985 年又进一步放开。分步走、逐步调，消费者不感到突然，震动较小。

第二，选准放开的时机，确保物价改革方案顺利出台。第二次放开猪肉销售价，选在 4 月 1 日，此时武汉天气渐渐转热，肉食不能久放，消费者不会多买；又因春节过后不久，猪肉走销慢，没有产生波动。放开鸡蛋价格选在旺季蛋多价稳的时候，到淡季价格下浮时，消费者基本习惯了，没有什么大的反映。

第三，开放市场，搞活价格，刺激生产。物价的基本稳定，关键是价格活、流通活，促进生产发展，增加商品量。价格改革往往是"一放就活，一活就多，一多就稳。"一些产品价格放开后，经过一段时间的"阵痛"，价格逐步接近其价值，调动了生产者的积极性，商品量大幅度增加。投放市场的商品一多，价格就趋于平稳。1984 年农贸市场的成交额比 1979 年增长 6 倍多，1985 年比 1984 年增长 64.15%，1986 年又增长了 34%。工业品市场也是如此，1984 年的成交额比 1983 年增长 236%，1985 年比 1984 年增长 99.17%，1984 年实行浮动价格的轻纺日用工业品扩大到 143 种。实行质量差价、季节差价、花色差价以后，形成竞争局面,促进了新产品和优质名牌产品的生产。据统计,1984年全年变动价格的商品有 5309 个,其中价格上升的 1711 个,上升幅度为 14.2%,价格下降的品种有 3489 个,下降幅度为 16.7%,有升有降,价格趋向合理。

第四,充分发挥国营商业主渠道作用,掌握货源,平抑物价。供求关系是影响物价变动的重要因素,始终保持充足的货源,及时投放市场,是稳定物价的重要措施。敞开三镇大门以后,虽然有源源不断的商品流向武汉市场,但这仅仅为满足消费品购买需要创造了一定的条件,对那些将要放开的商品,以及可能牵动产生连锁反应的商品,必须掌握充足的货源,做到一货放开,多种准备,防止可能出现的"抢购风"。1985 年第二次放开肉价时,动员农贸中心、贸易货栈、国营菜场组织以猪肉为重点的农副产品进城,先后派出了 9 千多人的采购队伍,从省内外组织调进猪肉 13000 多吨。同时组织国营食品公司从外地调进大批生猪,充实猪肉库存。为了防止肉价放开后可能引起的连锁反应,对容易引起抢购的肥皂、洗衣粉、食糖、火柴、卫生纸等 12 种日用品作了充分的储备,加强每天的市场衔接和调度,做到不限额、不搭配、随到随买、保证供应,稳住群众的消费心理,临近肉价放开的前几天,国营食品公司对市场进行超量投放,仅放开肉价的前五天,就投放白条猪 43000 头,占当月投放量的 43%。国营菜场还到 60 多个农贸市场设点销售,由于货多价稳,市场没有什么波动。

第五,稳定地放,严格地管,努力做到放管结合,管而不死,活而不乱。"放"是为了搞活,管是为了活得有序。放是有目的、分步骤,逐步进行的,成熟一个放一个。"管"是在活的基础上限制受控系统的参数和变量在许可的范围内变化,使价格运动保持在平衡、协调的轨道上。在管理上,主要是管大不管小,管高(批发零售最高价)不管低,管中间(控制费用率、差价率)活两头,管幅度不管具体价格。凡是国家统一定价的工农业产品和非商品收费执行统一定价；允许实行浮动价格的商品，严格按规定的品种和幅度浮动，必要时以指导性参考价来引导某些商品的价格浮动；与群众生活密切相关的白菜、早点、食糖、盐等执行统一价格；名牌、紧俏耐用消费品价格不浮动；猪肉、鲜鱼、蔬菜、蛋和豆制品价格放开，规定费率、差率，以进核销。同时健全市、区、县物价检查机构，按街道设专职物价员，充实义务检查队伍。全市有义务物价检查员近 1700 人，分布于三镇，基本上形成了物价监督网。并设立了物价监督电话，群众来访接待站和意见箱，群众检举物价的电话和反映的物价方面的问题，都及时进行了核实处理。还广泛开展物价信得过竞赛活动。对一贯执行物价政策好、在消费者中有较高信誉的商业企业，颁发"物价信得过"金字牌匾，予以表扬鼓励，以推动企业从内部加强物价管理和文明经商。对违反物价纪律的，进行严肃认真地处理。

八、关于加强对社会集资的管理

（一）社会集资的产生

在社会主义商品经济的条件下，货币不仅仅是一般等价物，而且是转化为在社会主义扩大的商品生产过程中有计划的不断运动、并在运动中不断增殖价值的资金。社会主义生产目的的实现程度，取决于资金运动实现净产值和利润的多少。社会主义扩大再生产要靠资金扩大再生产来表现和实现。资金运动不仅表现在每一个企业的生产过程中，而且贯穿在社会主义再生产的全过程中。资金再生产的规模扩大了，社会再生产规模也随之扩大，资金运动推动着社会再生产的进行。在城市改革中，企业逐步成为自主经营、自负盈亏的商品生产者，总是企盼有较多的资金来发展生产。而有的企业自有资金与发展的需要差距较大，银行货币供给能力又有限，有时还出现超贷的现象。在这种情况下,资金不足而又亟待发展的企业,转向社会寻求新的资金渠道。于是通过社会集资解决企业资金短缺的形式出现了。

到 1985 年 9 月份,武汉市有 310 个企事业单位向内部和社会筹集资金,集资总额一亿多元,有 953 个单位和近 9 万人认股投资。还有 20 多个单位提出集资要求,计划集资 1.5 亿元。从武汉的情况看,社会集资有四个特点:一是集资范围逐步扩大。城市、农村,国营和集体企事业单位乃至个体户都在开展集资活动。二是集资形式多。有发行股票、债券,也有带资入厂、合资办厂,还有捐助、赞助等。三是资金来源渠道较广。企事业单位有的用生产发展基金、大修理基金、更新改造基金认购股票;有的用自有流动资金或财政性资金参与集资;城乡居民主要用储蓄存款和现金参与集资。四是集资收益分配形式多样。有保本付息分红、保本付息不分红、保本分红不付息;有按入股盈利分红、按劳分红、发奖金实物等。付息标准一般在年息 6%—15% 之间,分红金额占本金的 30% 以上。从集资投向类型看,主要有:经营型集资,即集体所有制企业为了扩大生产经营而增加资金来源,采取内部集资办法,鼓励职工入股;有自助性集资,即从外面筹措资金有困难的企业,向厂内职工筹集具有自助性和义务性的资金;有融通型集资,即信托投资公司向社会发行股票集资;有开发型集资,即开发资源和开拓新兴事业集资;有公益型集资,即为兴办公共福利事业进行的无偿性集资,等等。

(二)社会集资的利与弊

社会集资的出现和发展,是社会主义商品经济发展的必然产物。它不仅有利于促进资金的横向流动,调剂资金余缺,而且可以把消费基金转化为生产基金,减少对市场的压力,提高企业自我发展能力,促进商品生产的发展。但是,由于社会集资是在社会主义商品经济发展过程中产生的,没有现成的经验,加之它又是一项复杂的经济活动,涉及面较广,不可避免地会出现一些问题,需要引起重视,加强监督、管理和引导,使其不断完善。

社会集资投资规模过大,影响到固定资产投资规模的有效控制。由于乡镇企业的迅速兴起和多种经济成分的发展,社会集资投资规模急剧扩大,加强了固定资产投资规模的膨胀,造成了生产资料的紧张,使计划内建设项目受到一定影响。对集资的资金投向缺乏指导和引导,往往影响投资效益。社会集资项目的选择一般是从微观效益出发进行决策的,常常与宏观效益、长远规划和全局利益相矛盾。不少企业由于重复建设、盲目发展而效益差。需要加强宏观指导和协调,引导企业发展社会迫切需要的产品。用行政办法摊派集资任务,或用高利率刺激集资,不同程度地影响银行信贷资金的集中使用。有的单位和企业在集资时违背自愿原则,硬性规定集资任务,甚至摊派;有的对股息、红利规定过高,而且保本保息,个别的还把股息列入成本,持股人不用担风险。这就造成了不合理竞争,也影响银行正常存款的增加。社会集资的收益分配多数没有限制,不利于控制消费基金的支出。对社会集资办企业的收益分配,在政策上没有明确的统一的规定,股息、红利分配普遍过高,有的高出银行同期利息的好几倍。随着社会集资的不断扩大,这些过高的股息、红利收入,正在成为消费膨胀的一个因素。有的单位集资既不经过批准,也不办什么手续,主管部门点个头,或口头达成协议,这样,容易产生经济纠纷,影响正常的经济交往。

(三)加强对社会集资的管理

解决社会集资活动中出现的问题,首先要控制社会集资投资规模。对全民所有制企业的集资投资规模要严格按规定控制,并实行行政首长负责制,凡违反了的都要追究领导者的责任。对集体企业的集资投资规模也要加以制约,在审批上把关限制。第二,要加强对社会集资的集中管理。实行集资的企业和单位,要按规定向人民银行办理审批手续。未经审查批准的一律不准向社会集资。对集资的基建投资存款,统一由建设银行办理。第三,改进对社会集资资金投向的宏观指导。要根据宏观控制的要求,通过定期发布经济信息,运用税收、价格、利率等经济杠杆,调节和指导社会集资资金的投向。同时,要通过帮助集资企业搞好产、供、销衔接,加强综合平衡,减少重复建设和盲目发展。第四,企业认购债券、股票的资金来源,只能按国家有关规定,使用属于企业自己支配的生产发展基金、自有资金及其他暂时闲置的资金,不能动用国拨流动资金和银行贷款。职工入股要坚持用现金认购,不能挂账。集资的收入和支出应作专项列支,以利于有关部门的监督、检查。第五,加强对集资企业收益分配的管理。制定股息、红利分配的上限标准,防止用股息、红利搞超额分配,或者采取课征累进税的办法对股息、红利收入较高的加以调节。随着经济体制改革的深入发展,社会集资将日益增多,社会集资活动将会进一步发展,应制定各种有关法规,对各种形式的社会集资应当具备的条件、资金来源、收益分配、集资者与投资者相互之间应承担的责任、义务等,作出明确规定,使社会集资有章可循,健康地向前发展。

九、关于控制居民收入差别的过分悬殊

人民消费的满足是有力调动和促进人民的生产积极性的动力,也是刺激生产发展的内在动力。长期以来,在消费资料的分配问题上存在一种误解,似乎社会主义就是要平均,如果一部分社会成员的劳动收入比较多,出现了较大的差别,就认为是两极分化,背离了社会主义。这种平均主义思想,同马克思主义关于社会主义的科学观点是完全不相容的。历史的教训告诉我们,

平均主义思想是贯彻执行按劳分配原则的一个严重障碍,只要平等,不顾效率,有饭大家吃,有工大家做,干多干少、干好干坏都一样,等量消费,就会牺牲效率,人为地抹煞人们劳动的差别,最终影响劳动者的社会主义积极性,破坏社会生产力。在我国现阶段应该坚持劳动多消费多,劳动少消费少的原则。如果社会不鼓励生产得多的人有较高的消费水平,社会便会失去推动生产和消费的活力。当然,社会主义社会要保证社会成员物质、文化生活水平的逐步提高,达到共同富裕的目标。但是,共同富裕决不等于也不可能是完全平均,决不等于也不可能是所有社会成员在同一时间以同等速度富裕起来。如果把共同富裕理解为完全平均和同步富裕,不但做不到,而且势必导致共同贫穷。只有允许和鼓励一部分地区、一部分企业和一部分人依靠勤奋劳动先富起来,才能对大多数人产生强烈的吸引和鼓舞作用,并带动越来越多的人一浪接一浪地走向富裕。鼓励一部分人先富起来,即让勤于劳动或善经营的人依法得到较多收入,这是符合社会主义发展规律的,是整个社会走向富裕的必由之路。但是,由于收入政策的统一性和配套性不足,特别是由于不正之风的影响,在不同行业、不同单位以至不同个人之间的收入分配上机会不均等或同工不同酬的不合理情况比较突出,收入差别悬殊过大。这种苦乐不均的现象,特别是以权谋私的行为,在群众中产生了不良影响,成为影响社会安定、影响改革顺利发展的一个因素。为了解决收入差别过分悬殊的问题,武汉市从三个方面做了一些工作。

对那些趁改革开放之机"捞一把",倒买倒卖进口机电产品和国家紧缺物资,炒买炒卖国家外汇,行贿受贿,抬级抬价,掺杂使假,以劣充优,以及利用职权非法牟取暴利的,认真进行了查处,不让这些人在经济上捞到好处。触犯法律的,依法进行严肃处理。

对个体经济加强了引导和管理,制定了具体的管理措施,促使其守法经营,真正通过劳动致富。并通过税收杠杆适当调节其收入。1985 年,个体经济缴纳的税收达 1604 万元,是 1984 年的 2.07 倍。1986 年达到 2440 万元,又增长 1.52 倍。

在积极开展上述两方面工作的同时,着重抓了解决收入较低、生活改善不够明显的居民和贫困地区贫困户的生活困难问题。第一,调整保健食品经费标准,减少职工生活开支。在价格体系改革中,对主要营养食品如肉、鱼、蛋等价格进行了适当调整,影响到主要保健食品价格的提高。为了不影响工人的实际生活水平,保护职工身体健康,提高劳动力再生产的质量,将保健食品经营标准每人每月提高了 3 元。夏季解暑的清凉饮料标准也适当作了调整。第二,增加救济经费,保障社会供养人员生活。对生活困难的社会供养人员采取国家救济、集体供养和群众"包护"、分散供养等形式给予保障。提高了抚恤、救济标准和事业单位供养人员的生活标准,所需经费均按"地方各级财政分别负担"的原则解决,但对人数多、财政一时困难的少数县,市财政给予一次性的 60% 的补助。对社会供养人员除按职工家庭人均净增 5 元收入补贴外,还区别不同对象给予补贴,对农村军属、复退军人,每人每月增加 9 元,城镇的增加 12 元,城区的增加 16 元;城市定期定量救济对象在城镇的增加 16 元,城区的增加 16 元;对优抚、社救福利事业单位收养人员,住院精神病人、儿童福利院儿童、呆傻残人增加 20 元,福利院老人增加 17 元,市财政为此每年支出 1500 万元。第三,增加职工困难补贴,解决群众生活困难。全市职工家庭人均月收入在 35 元以下的占 9%,25 元以下的占 2%。对这些生活困难的职工,提高了生活困难的补助标准。职工生活费不足 30 元,供养直系亲属人均不足 24 元的,其差额部分由所在单位补助,家住其他市镇和农村,生活有困难的职工,各单位可酌情补贴。家住市区,家庭月人均生活费收入在 30 元以下的职工,由各单位在年底以前,按 30 元—50 元的数额进行一次寒衣补助,同时做好对其子女的学费、节日的临时性补助。第四,支持企业发展生产、增加职工劳动所得。对由于受客观条件影响、职工收入比较低的行业,采取一些调节措施,促进这些企业通过发展生产增加职工劳动所得。如对纺织行业第二次利改税留利比例由第一次 21.09％增加到 26.63％,对困难较大的 9 户企业减免调节税,留利比例增加到 29.23％,人均留利增加了 38.4％。对本小利微而群众生活必需的民用煤店,采取扩大批零差价增加留成比例,采取计划外供应等措施,职工人均留利由 300 元增加到 700 元左右,煤店职工收入明显增加,工作也安心了。为了减轻国营菜场退休职工多、负担重的困难,实行减征营业税的办法,以调动职工的积极性,为他们积极参与竞争、发挥国营菜场的主渠道作用创造了条件。第五,积极"扶贫扶苏",帮助脱贫致富。全市郊县有 14000 多个贫困户,67400 多人。为了使这些地区尽快脱贫致富,采取对口扶持,增加财政拨款,拿出 1000 万元贴息贷款,同时加强社会救济,组织进城务工,对贫困地区放权让利,减免税收,扶持乡镇企业发展等办法,促使其尽快脱贫致富。经过一年多的努力,脱贫率达到 50％左右。

十、关于控制城市人口规模

在城市改革与发展中,人口结构、规模都会发生变化。近年来,武汉市就存在城市人口增长过快的问题。到 1986 年年底,城区人口已达到 293 万人,不仅超过了 1982 年 6 月 5 日国务院关于武汉市城市总体规划的复函中,要求武汉市的城区人口在 1985 年控制在 260 万人的规模,而且超过了要求在 2000 年控制在 280 万人的规模。人口增长过快,给城市经济生活和社会生活带来新的困难,给城市改革造成经济承受能力等方面的压力,进一步加剧了财政、城市交通、住房、上学、就业等紧张状况。市区常住人口过快增长,不仅使城市基础设施的旧账难以还清,而且又会增添新账。武汉在改革过程中,注意到了这些问题,也在采取措施努力解决,但需要一个比较长的过程。

我们也要看到,城市发展与人口是辩证统一的,相互制约、相互促进,城市人口的增加对城市的发展也起着重要的推动作用。比如,随着城市的发展,需要大量引进各类人才;城市一些工作岗位,需要廉价劳动力给予补充;城市消费的拉动,也需要一定的人口数量。

总之,武汉作为一个特大城市,要重视控制人口规模,使之与城市发展水平相适应。一方面,要认真抓好计划生育工作,同时,要加强管理,适度控制人口机械增长。另一方面,要千方百计加强城市基础设施建设,大力发展社会服务业和各项社会事业,以缓解人口增长的压力,增加就业机会,提高人口素质。

十一、建立间接控制体系

(一)综合运用经济杠杆

大力发展商品经济,这是不以人的意志为转移的客观规律。随着改革的深入,商品经济的发展,企业作为自主经营、自负盈亏的独立的社会主义商品生产者的责任更加重大。企业要提高经济效率,灵活经营,灵敏地适应复杂多变的社会需求,在这种情况下,单纯用行政手段推动经济运行显然是不合时宜的。但是也应该看到,即使是社会主义的商品经济,它的广泛发展也会产生某种盲目性,国家必须在更大的范围内加强对宏观的控制。要逐步完善各种经济手段和法律手段,辅之以必要的行政手段来控制和调节经济的运行。国家计划是从宏观上引导和控制国家经济正确发展的主要依据。而指导性计划是与社会主义的商品经济紧密相连的。在改变过去指令性计划过多、统得过死的弊病，使企业充满活力的同时，又要有效地控制宏观重大比例关系，达到计划目标。这样，在适当缩小指令性计划范围的同时，指导性计划将伴随着商品经济的发展，逐步成为计划管理的主导形式。指导性计划所进行的指导或引导是从全局出发对各个部分进行协调，以求各局部的行为能够符合宏观平衡所要达到的目标。计划的目标和任务体现了经济调节的方向、程度和步骤，经济杠杆是调节经济，实施国民经济计划的经济手段，经济杠杆的综合运用不能脱离国民经济计划。为了保证经济杠杆的综合运用与计划的要求相一致，实现经济杠杆的适向、适时、适度而动，必须把对经济杠杆的综合运用作为国民经济计划的组成部分，把计划工作的重点逐步转移到主要运用经济政策和价格、税收、信贷、利率、汇率、工资等经济杠杆，对宏观经济进行全面管理与调节的轨道上来。特别要加强银行在宏观经济管理中的重要职能，通过金融体制改革逐步建立起既强有力又灵活自如的金融控制和调节体系，充分发挥金融系统筹集融通资金、引导资金流向、提高资金利用效率和调节社会需求的作用。综合运用经济杠杆调节国民经济，不能盲目地追求过大的调节力，必须考虑价格、信贷、税收原有职能对经济杠杆调节作用的限制。在原有职能允许的范围内，将各经济杠杆协调起来综合运用。在运用时应瞻前顾后，权衡全局的利弊得失，保证经济生活的正常运行。要达到这样的目的，必须建立统一的经济杠杆协调、监督机制，这是综合运用经济杠杆的组织保证。不少城市在综合运用经济杠杆方面创造了一些行之有效的方式，如经济杠杆部门联席会、经济形势分析会等，协调经济杠杆的作用力，避免逆向调节，收到了较好的效果。

(二)加强法制建设

经济体制改革的深入进行和国民经济的进一步发展,越来越要求把更多的经济关系和经济活动的准则用法律的形式固定下来,使法律成为调节经济关系和经济活动的重要手段。制定适应经济体制改革和经济发展的法规体系,确定企业的行为规范和经济活动的准则,保证企业在法律允许的范围内自主经营,制止对企业合法经营的干涉和指责,用法律支持改革、保护改革,使各项经济活动逐步有法可依。

(三)转变政府管理经济的职能

为了适应国家对企业的管理由直接控制为主转向间接控制为主的要求,政府机构管理经济的职能也应相应转变。政府的经济部门要改变过去那种把主要精力放在定指标、批项目、分资金、分物资上面的做法,逐步转到主要搞好统筹规划、掌握政策、组织协调、提供服务、运用综合性经济调节手段和加强检查监督方面来,尊重和切实保障企业的自主权,认真做好为基层服务的工作。在实现政府国有资产管理权同企业生产经营权分离的基础上,进一步实现政府对社会经济一般管理职能与国有资产管理职能的分离,确立政府对社会的宏观管理、间接管理体制。加强和完善经济综合、调节、监督、信息等宏观调控部门,并配合新的管理形式建立新机构,逐步削弱旧式的行业管理机构,实现机构重组。

(四)宏观控制要分层次进行

经济体制改革和商品经济发展引起了经济实体独立化、经济利益多元化、经济决策分散化趋势。在这种情况下,仅有中央一级的控制层次是不够的,国家这么大,经济活动情况这么复杂,一个层次的一种控制很难符合各地的实际情况,往往会制约各个层次的积极性、主动性和灵活性,减轻责任感,增加依赖性。过分集权的管理体制,最大的弊端就是控制系统的中间层次不足,从而造成了体制的僵滞,缺乏主动性和灵活性,表面上看来控制得很严,实际上往往会控制失灵,效率锐减。从社会生产管理系统来看,它本身就是个分级控制系统。随着生产过程日益复杂,劳动分工越细、技术协作越强、组织程度越高,要求分级管理体制也越严密,只有实行分层次控制,才能达到预期的目的。实行分级控制后的每一个控制层次,在执行功能时越是独立,吸收的信息就越多,而由它发出并进入上一层次的信息就越少,控制的效率就越高,解决的问题就越多。当然,实行分层次控制,并不是让每个控制层次不受总目标的约束而单个孤立地启动,而是要求每一个受控层次的每一个部分都作为一个统一的整体来执行一定的功能,通过自己的受控目标在行为上和整个系统的总目标的要求协调一致,达到整体优化的目的。

实行分层次控制,必须逐步实行国有资产分级管理制,建立中央与地方在法律、行政、经济等方面的合理分权制。可以先从划分税种、确定中央与地方的财政收入、明确中央与地方财政支出范围入手,改革固定资产投资的决策体系和管理体制,适当扩大城市在财政、税务、银行、物价、劳动工资等方面的管理权限,增强城市运用经济调节手段搞好宏观控制和管理的能力,建立和完善监督与制约机制,逐步形成新的以间接控制为主的富有活力的管理体制。

用系统论处理城市改革的问题

前面已经谈到,城市是一个大系统,城市改革也是一个巨大的系统工程,构成这个大系统的各个子系统,是按照一定的规律进行联系和活动的。因此,城市建设与改革中出现的各种问题,不是孤立的、杂乱无章的偶然堆积,而是城市这个有机整体内各个要素在相互联系和相互作用中出现的不协调、不平衡,我们在考察、研究、解决城市工作中的新问题时,按照系统论的观点把城市作为一个有机整体,从整体与部分相互依赖、相互结合、相互制约的不可分割的联系中寻找运动规律,并采取相应的措施,解决矛盾,促进城市的发展。

系统论认为,事物是相互联系、相互作用的。因此,在城市改革中应努力创造良好的环境,正确处理好系统与系统、系统与环境之间的关系,运用系统论处理好城市改革中不断出现的新问题,在放开搞活中管理好城市。

一、创造良好的政治环境和经济环境 促进改革的顺利进行

系统论认为,任何一个事物其内部所包含的各个组成部分之间,事物本身与组成部分之间是相互联系、相互作用的;其外部这一事物与那一事物,即事物与周围环境之间也是相互联系、相互作用的。改革一方面要调整好企业或地区、部门系统内部的各种关系,另一方面要正确处理这些系统与系统、系统与环境

之间的关系。各种关系比较协调，大家共同努力奋斗，心往一处想，劲往一处使，容易形成强的力度，推动改革向前发展。

(一)改革要有一个安定团结的政治环境

政治上的安定团结，是取得各项改革胜利的基本保证。我们在改革中想问题、办事情，都要从维护安定团结的大局出发，决不能为一己的私利或小团体的利益，做有损于安定团结的事；要提倡识大体，顾大局，不能只顾眼前，不顾长远，只顾局部，不顾整体，干扰改革工作的部署。安定团结的政治局面是搞好经济体制改革的前提条件，而经济体制改革的成功又可以加强社会主义的物质基础，进一步促进安定团结。

改革需要调整经济管理权限，随着管理权限的调整，经济利益也会相应进行调整。由于所处的角度不同，看法不一样，调整的难度大，所以，争取各方面的支持很重要，特别是改革试点城市更是这样。1984 年中央批准武汉、沈阳、广州、西安、哈尔滨、大连以及在此前后批准的重庆、青岛等市为综合改革试点城市，实行计划单列，赋予省级经济管理权限。但这并不意味着行政隶属关系的改变。市里初次履行新的经济管理权限，往往经验不足，渠道不通，困难较多，需要省里的支持和帮助。武汉市改革试点之初，就提出"南下北上"（市委、市人民政府在长江以北的汉口），即到武昌（在长江的南边）向省委、省人民政府汇报请示改革中的问题，争取省委、省政府的领导、支持和帮助；到北京向中央各部请示汇报，疏通渠道，接洽关系，派出大批人员对口汇报工作。省和中央各部都很支持武汉的改革，并指导和帮助解决了很多急需解决的问题。武汉经济体制综合改革试点方案以及 13 个单项改革方案，就是省和国家体改委以及中央有关部门帮助制定的。省里还成立了 5 人协调小组（其中市里 2 人），共同研究解决改革中比较大的问题。武汉市每个重大改革步骤和措施,都向省里汇报,以取得支持和帮助。

在与兄弟地市交往过程中,应该既坚持平等互利,协作联合,互通有无,互相促进,共同繁荣的原则,又讲友谊、支援、团结互助。与"老、少、边、山"地区(即革命根据地、少数民族地区、经济不发达的边缘地区、山区及贫困区)开展经济技术协作时,从支援和帮助这些地区尽快脱贫致富、繁荣兴旺起来的目的出发,尽力给予支援。

在市内,大家都非常珍惜党中央、国务院和湖北省为武汉市创造的改革条件,有一个想把武汉建设好的共同目标和愿望。因此,市里领导同志对改革的认识比较一致,工作上互相支持,互相配合,有了问题能够及时研究解决,不断地将改革推向前进。新老干部之间关系比较融洽,无论是第一线老干部还是退居二线的老同志,都很支持新干部,出主意,传经验,帮助新干部成长。上下级之间,能够互相体谅,顾全大局。改革中出现的某些问题,经过宣传教育和解释,多数群众能够理解,向前看,从而统一了思想,统一了步调。

当前的政治形势也很好。十一届三中全会以来,经过拨乱反正,清"左"破旧,在坚持四项基本原则的基础上,集中精力发展生产力,加快改革开放的步伐,认真进行整党工作,两个文明一起抓,安定团结、生动活泼的政治局面不断巩固和发展。广大干部、群众立志改革、建设四化的积极性空前高涨,学习先进、奋发向上的风气日益形成,一代有理想、有道德、有文化、有纪律的社会主义新人正在苗壮成长。一大批德才兼备的中青年干部走上领导岗位。通过整党,各级领导班子得到了整顿,战斗力有了提高;广大党员进一步增强了党性观念,提高了思想政治素质,坚定了为实现共产主义理想而奋斗终生的信念,提高了全心全意为人民服务的自觉性,克己奉公,为群众办好事、干实事的多了,计较个人得失、"一切向钱看"的少了,加强了组织纪律观念,增强了抵制不正之风的能力;有效地解决了一批群众意见最大,反映最强烈的问题,对整党中反映出来的各种案件特别是严重的以权谋私和严重违法乱纪的案件,进行了严肃查处;纯洁了党的组织,保证了党组织的先进性;调动了广大党员和群众的积极性,促进了改革、经济工作和其他各项工作。社会风气也有明显好转,经过严厉打击刑事犯罪活动,实行综合治理,社会秩序稳定,正气不断上升。安定团结的政治局面为改革提供了一个良好的政治环境。

(二)改革要有一个稳定协调发展的经济环境

国民经济中的重大比例关系比较协调,有利于推进经济体制改革。

当前,我国经济呈现出生产协调发展,重点建设进度加快,市场繁荣兴旺的好形势,出现了经济持续、稳定、协调发展的好势头。

我国第六个五年计划执行情况之好,超出了大多数人的预料。从1981年开始的"六五"计划,工农业总产值平均每年递增11%,国民生产总值平均每年递增10%,都大大超过了计划增长4%的速度。1986年是"七五"计划的第一年。在这一年里,建设和改革都继续保持了良好的发展形势。

农村全面推行多种形式的联产承包责任制,使生产力得到了又一次解放。农业生产从缓慢发展走向全面高涨。"六五"期间,农业总产值每年递增8.1%(不包括村办企业)。1986年尽管遭受了比较严重的自然灾害,全国粮食仍然获得较好收成,总产量达到39109万吨,比上年增加1199万吨,全年农业总产值比上年增长3.5%。多少年一直盼望的温饱问题,现在已经基本解决了。近两年,对农业生产结构进行了初步调整,种植业内部粮、棉种植面积基本稳定,绝大多数经济作物播种面积增加。

目前,农村经济正在向着商品化、专业化、现代化的方向发展。

工业在调整、改革中发展,增长速度逐年加快,轻重工业的比例协调,经济效益有所提高。"六五"期间,工业总产值平均每年递增 12%(包括村办工业)。1986 年全年工业总产值比上年增长 11.1%。轻重工业继续协调发展,适销对路的消费品和重要生产资料的生产增长比较快;重工业扩大服务领域,为农业、轻工业和出口提供的产品有较大的增长,技术改造、技术进步的步伐不断加快。

国内市场繁荣,多数商品供求正常。随着工农业生产的发展,社会商品购买力的提高,国内市场发生了重大变化,初步形成了多种经营形式、多渠道的商业网络。1986 年社会商品零售总额达到 4950 亿元,比上年增长 15%;扣除零售商品价格上涨因素,实际增长 8.5%。从农村到城市,各类消费品的销售量都全面增长。

坚持对外开放的经济政策,对外贸易和经济技术交流迅速发展。"六五"期间,进出口贸易总额合计达到 2300 亿美元。1986 年全年出口总额达 309 亿美元,比上年增长 13%;进口总额为 429 亿美元,增长 1.6%。利用外资和引进技术有了新的发展,全年实际使用国外贷款 48 亿美元,外商直接投资的比重明显提高。

城乡人民的生活继续有所改善。一是城乡居民收入大幅度增加,扣除物价上涨因素,"六五"期间农民人均纯收入平均每年增长 13.7%,城镇职工家庭人均收入年增长 6.9%,5 年合计城镇安排就业的劳动力达 3500 多万人。二是城乡人民的消费水平迅速提高,消费结构发生明显变化,人民吃得比过去好了,衣着向多样化发展,耐用消费品特别是电视机、洗衣机、收录机、电冰箱等家用电器的销售大幅度增加。三是人民的居住条件有了改善,"六五"期间,城镇住宅竣工面积和农村新建住房面积都有较大增长。四是城乡居民储蓄大幅度增加。1985 年末达 1623 亿元,比 1980 年末增长 3 倍。

随着生产的发展,国家财政状况逐步好转。从 1981 年起,国家财政收入从下降转为稳定增长,1985 年全年总收入达 1829 亿元,实现了收支平衡。1986 年达到 2220 亿元,比上年增长 3.7%。

武汉市的经济形势也和全国一样,主要的经济比例关系明显改善,走上了持续、稳定发展的道路。一是调整了产业结构,第三产业迅速发展。1986 年,全市国民生产总值为 104.2 亿元,比 1978 年增长 255.9%,平均每年递增 12.5%。从三项产业在国民生产总值中的比重看,第一产业由 1978 年的 12.8%上升到 1986 年的 13.3%;第二产业由 1978 年的 66.6%下降到 1986 年的 59.6%;第三产业由 1978 年的 20.6%上升到 1986 年的 27.1%,平均每年递增 16.4%。从事第三产业的劳动者由 1978 年的 56 万多人,增加到 1986 年的 86 万多人。随着农村联产承包责任制的不断完善,农业已从单一从事种植业向农、林、牧、副、渔多种经营发展,各种专业户、新经济联合体不断涌现,开始走上了城乡一体、综合经营、协调发展的轨道。1986 年,全市农业总产值达 12.58 亿元,其中种植业的比重由 1978 年的 82.8%下降到 1986 年的 68.9%。林牧副渔同期所占比例由 17.2%上升到 31.1%。从事农业的劳动力逐步转向工业、建筑业、运输业、商业活动,所创产值占农村社会总产值的 57.3%。工业生产稳定、健康发展。1986 年全市工业总产值达 174.6 亿元(含村队办企业),比上年增长 7%,1978 年到 1986 年,轻工业产值平均年递增 11.8%,所占比重由 1978 年的 45.1%上升到 1986 年的 46.2%;重工业年平均递增 11.2%。所占比重则由 1978 年的 54.9%下降为 53.8%。二是积累与消费的比例关系趋向合理,"骨头"与"肉"失调状况明显改善。实际积累率前 25 年(1953 至 1978 年)最低为 −7.2%,最高为 63.7%;近 8 年(1978 至 1986 年)最低为 27.9%,最高为 40.2%。1979 年至 1986 年,更新改造投资累计达 32.4 亿元,占同期固定资产投资的 32%。三是逐步调整了所有制结构,多种经济形式共同发展的格局正在形成。从城镇劳动者构成看,全民所有制职工所占比例由 1978 年的 78.9% 下降到 1986 年的 70.5%;集体所有制职工从同期 33 万多人增加到 59 万多人,个体劳动者已达 3.5 万人。1986 年全市集体所有制工业产值达 34.48 亿元,占全市全部工业产值的 20.9%,比 1978 年提高了 5%。在社会商品零售总额中,全民商业所占比重已由 1978 年的 72.7%,下降到 1986 年的 50.5%,同期集体商业由 27% 上升到 34.7%;个体商业也达到 14.8%。

在大好形势下,经济体制改革必须不失时机地迈出重要的一步。经济体制是一个互相关联的有机整体,往往是牵一发而动全身。因此,在改革的具体步骤上一定要分轻重缓急,充分考虑到每一项改革可能引起的反应,尽可能多设几道防线。在改革中,切不可操之过急,一哄而起,一拥而上,搞一刀切。否则就有可能打乱正常的经济秩序,妨碍改革的顺利进行。

(三)改革要有一个人心稳定的社会环境

经济体制改革的根本目的是为了推动社会生产力的发展,使国家繁荣昌盛,人民富裕幸福。因此,我们的每项改革措施在实施之前,都必须深入调查,周密筹划,反复论证,耐心解释,做好宣传,出"安民告示",并广泛听取群众的意见,注意各阶层人民的反映,使各项改革能得到群众的充分理解和支持。

价格改革是一项重大改革,影响到工农业生产和人民生活的各个方面,中央采取放调结合,小步前进,走一步看一步的政策是非常正确的。这项改革搞得好,对于安定人心十分重要。

武汉市在放开蔬菜、副食品价格时,采取了周密调查、反复测算、放管结合、分步进行等措施,使市场没有出现大的波动,人心比较稳定。

早在1983年,武汉市人民政府根据人民群众的要求,就着手探讨蔬菜产销体制的改革,先后提出20多个方案,约请有关专家、学者和管理干部反复进行可行性研究。1984年7月,在敞开三镇大门的同时,放开了蔬菜价格,并采取"两头管住,中间放活,发挥市场调节作用"等措施,使市场活跃起来了,群众称便,给国营菜场带来了生机,财政补贴也没有增加,菜价基本稳定合理。当然,菜价还受粮价和供求关系等的影响,切不可粗心大意,要采取有效措施,对蔬菜面积和大路品种切实管好。

1985年4月,按照国务院的规定,放开了生猪和农村粮油价格,并积极采取措施,稳定猪肉销售。在此之前,市政府要求各级领导层层动员,把这项改革当作一项大事来抓;要求全体党员、干部带头宣传大好形势,统一思想,并做好亲友和家属的工作,不要到市场抢购;大量增加猪肉投放量;动员大批人员到市场上了解情况,解决问题,加强管理;菜场延长营业时间,从而保证了价格改革顺利出台,保证了经济体制改革的健康发展。

稳定人心,还必须充分重视职工群众的心理承受能力。要重视本单位职工的思想动态,心理变化,认真考虑他们对每一项改革的可接受程度,亦即心理承受能力,以保证改革的顺利进行。辩证唯物主义认为:人的认识是由感性认识上升到理性认识,然后再到实践,指导实践。这就是说,人们对每一个新生事物是有一个认识过程的。改革是对旧事物的否定,是破除生产关系与生产力不相适应的老框框、老套套。改革最终的目的是发展生产力,提高人民的物质和精神生活水平。因此,改革最终是一定会被广大人民群众所认识、所接受、所拥护的。但这需要有一个过程。同时,人们往往对眼前的、局部的利益考虑较多,对这方面的改革就容易接受；对长远的、全局的利益考虑则比较少，对这方面的改革就需要有一个认识和接受的过程。这就要求我们认真分析职工的心理特点，正确估计职工的心理承受能力，并据以做好思想政治工作。

正如物质承受能力是可变的一样，心理承受能力也是可变的。要联系改革的实际，积极宣传党的方针、政策，宣传改革中的新人、新事、新观念，使职工对改革有一定的思想和心理准备，提高心理承受能力，进而提高对整个改革的认识。要用改革的实践、改革的成果教育群众，使他们树立新观念，改变原有的心理习惯。理论的宣传和实际的改革是相辅相成的。宣传总是应该走在前头的，这也就是造舆论，而实际的改革步子则应该相对小一些，这样，思想准备就会充分一些，工作也必然会好做一些。

稳定人心，为改革创造良好的社会环境，还必须使人民的收入逐步增加，生活水平不断提高。武汉市在这方面成就也是非常明显的。1986年全市职工工资总额达25.78亿元，比1978年增长272.5％，平均每年递增13.4％，全部职工年均工资1239元，比1978年增长198.9％，年递增9％，扣除物价上涨因素，年递增3.5％。8年来，全市安排待业人员57.5万人。1986年城市居民月生活费收入74.86元，比1978年增加47.16元，增长270.3％，年递增率13.2％，扣除物价上涨因素，年递增率7.6％。1986年，农民人平年纯收入549元，比1978年净增435元，年递增率21.7％。1986年，全市人均消费水平达到710元，比1978年增长157.2％，扣除物价水平，递增率为6.9％。居民储蓄存款大幅度增加，1986年，全市城乡居民储蓄存款余额达23.94亿元，比1978年增长8.8倍。城镇居民人均储蓄595元，农民人均储蓄117元。城镇居民人均居住面积由1978年的3.43平方米提高到1986年的5.72平方米。

改革是前所未有的创举，是极为复杂的系统工程，新情况新问题层出不穷。要把改革工作搞好,必须创造一个安定团结的政治环境和良好的协调发展的经济环境。只要各种关系比较和谐协调,上下左右齐心协力,共同奋斗,就能充分地保证改革的顺利进行。

二、改革要顾全大局　立足为国家多作贡献

城市经济系统是作为整体而存在的,但它又存在于整个国民经济系统之中,成为一个子系统,是整个国民经济和微观经济的一个中介。子系统不能脱离大系统,局部不能脱离全局而独立存在。因此,城市改革必须着眼于国民经济的全局,掌握住经济市场的动态,以有利于大系统的发展,促进大系统的繁荣。

武汉市地处横贯东西的长江与纵穿南北的京广线这个"十"字形的交汇点上,也处在"东西结合,南北交流"这个结合部上,地理位置适中,交通便利,具有发展对内、对外贸易的历史和现实条件。武汉在历史上早就是我国内地最大的商品贸易、物资集散和转运中心,内外贸易仅次于上海、天津,居全国第三位。武汉也是我国内地近代工业发展最早的城市之一,经过建国30多年的建设,为商品生产发展奠定了雄厚的工业基础,形成了以钢铁、机械、纺织为主,其他工业也具有相当规模的综合性工业基地,引进消化国外先进技术的能力比较强,大专院校和科研设计单位比较多。充分发挥这些优势,就可以为国民经济增长作出更大的贡献,就能够为逐步改变我国广大内地及边远地区面貌和缩小区际差别发挥应有的作用。如果武汉的经济发展不快,或者是跟不上全国经济发展的形势,不仅会影响湖北经济发展,而且对华中地区乃至西南、西北地区的经济发展都有影响。

我们搞改革,目的是要清除城市经济体制中严重妨碍生产力发展的种种弊端,通过改革,理顺经济关系,探索建立充满生

机和活力的经济管理体制的新路子,加快城市经济的发展,促进国家繁荣富强。改革如果不从大局出发,仅仅就本城市论本城市,这样的改革是没有生命力的,也是没有出路的。

从城市来讲,社会主义有计划的商品经济不能局限在一个城市之内,生产、分配、交换、消费都在这里进行活动和运转,应该开展竞争,释放城市的能量,进行辐射。如果改来改去打不破城堡式的封闭经济,就没有竞争力,对外起不了作用,对周围地区的经济发展也不会带来什么好处。城市改革应该顾全大局,采取的每一个行动和每一项措施,都应当考虑到在宏观方面所引起的反应,考虑到对周围地区的影响,考虑到整个社会的效益。

从单位和个人来讲,也要处理好局部利益与全局利益的关系。局部利益要服从于全局利益,这是一条原则。如果缺乏"全国一盘棋"、照顾大局的高度的政治觉悟,就很难摆正两者的关系。有的单位之所以搞本位主义,最重要的是这些单位的领导人缺乏这种觉悟。在改革中,我们每一个同志都应以实现四化大业为己任,在国家尚不富裕、国力尚不雄厚、国家财政尚有困难的情况下,要为国分忧,为四化建设多作贡献,不应该以本单位的利益为转移,见小利而忘大义,置国家和人民的根本利益于不顾,搞本位主义,谋取小团体的私利。我们要加强思想政治工作,树立共产主义的远大理想,在改革中努力做到高瞻远瞩,通观全局,着眼长远利益,维护整体利益,自觉地以局部利益服从整体利益,顾全大局。当然,强调整体利益,强调顾全大局,并不等于忽视局部利益,忽视本单位利益。局部和整体是相互依存的,没有局部就没有整体。例如,企业是城市的细胞,细胞是离不开城市这个整体的。城市要搞活,首先要把细胞搞活。企业搞活了,整个城市就能充满生机与活力。企业富起来了,它上缴的利税就会增多,城市和国家都会富起来。因此,局部要服从全局,整体也要关心、照顾局部,二者不可偏废。

在敞开三镇城门的问题上,武汉市的一些干部和群众就经历过激烈的思想斗争。为了搞活流通,市政府公开宣布,地不分南北,人不分公私,一律欢迎来武汉开厂办店。这也引起了一些同志的担心,武汉三镇大门一开,外地产品大量流入,武汉自己的产品会不会受挫? 这些人的担心当然是有道理的。武汉的某些产品质量还不那么好,竞争能力还不那么强,真的敞开了,市场很可能让别人占领,很可能会冲垮一批企业、淘汰一批产品。他们想的是,明知本地产品缺乏竞争能力,还让外地产品打进来,抢走本地生意,万一自己企业被淘汰,成千上万人的工资、奖金不都成了问题? 有的企业实行公开招标,采取跨地区、择优选取零部件,以提高竞争能力。此举激怒了一批原来为该厂配套生产的企业,说什么"本是同根生,相煎何太急"。也有的人说敞开三镇大门是"引狼入室"。这实际上是有一种害怕竞争的心理。社会主义有计划的商品经济的发展要求敞开城门,鼓励竞争,鼓励开放,开放本身就是很大的改革。保护落后是维护本城市利益的权宜之计,敞开城门可以使企业在竞争中得到锻炼,提高竞争能力,更重要的是周围地区可以得到好处,整个社会效益好,这也是从大局出发,为社会、为国家多作贡献。

开放不单单是让外地的产品打进来,不单单是让外地来本市开店设坊,不单单是让外地来本市竞争,本市也要打出去,参与外地的竞争,"引狼入室"是为了"放虎出山"。市委、市政府提出了"提供第一流服务,创第一流的产品"的口号,要求企业事业单位既要为外地来汉办厂经商的客人提供良好的服务,吸引外地的好产品技术和资金,又要求各企业提高自己的素质,增强产品的竞争能力,辐射到更多更远的地区。市里特别注意抓拳头产品、名优产品,注意抓大型骨干企业,发展横向联系。

市场开放,打开了武汉本地企业的狭隘眼界,在竞争中提高了应变能力,由生产型转向生产经营型,走上了专业化协作的联合道路。开放促进了工业的发展,促进了市场的繁荣,增强了全市的经济实力,企业为国家的贡献不断增加。

三、用改革的办法解决改革中出现的新问题

党的十二届三中全会以来,城市经济体制改革的步伐进一步加快,经济生活开始出现多年来从未有的活跃局面。邓小平同志指出:"改革的势头不错,主要在于为下一个十年以及下一个五十年奠定一个良好的持续发展的基础。没有改革,就没有今后的持续发展。非改革不行。九个月的实践证明,改革是对的。"邓小平同志对改革的重大意义和改革所取得的成果给予了充分的肯定,我们要坚定不移地把改革搞下去。

改革也是一场革命。不论从广度和深度看,改革引起的变革是空前的、巨大的、带根本性的。改革涉及我国社会生活的各个领域,从经济、政治到思想意识,以及这些领域的复杂的相互关系。对如此系统的、巨大的、复杂的变化规律和历史进程,在理论上需要进一步探索,在实践中需要谨慎从事,经济改革,务必成功;改革的初战,务求必胜。

为了把改革逐步引向深入,我们对改革过程中出现的一些问题以至一些偏差,必须保持清醒的头脑,正确对待和认真处理这些问题。前段时间,有些现象值得认真分析,这主要是:信贷资金(包括固定资产投资的贷款和流动资金的贷款)、消费基金增长过快,发展速度过高,外汇紧张,利用生产资料价格差价倒买倒卖的情况比较严重。特别是 1984 年通过银行现金支付的我国职工的工资、奖金比 1983 年增长 22.3%,以企事业管理费为名支付的个人或集团的消费增长达 38%,不仅大大超过当年国民收入增长额,而且也大幅度地超过上年工业总产值 13% 的

增长幅度。这些问题的出现,影响了正常的经济生活。作为一种经济行为和社会行为,必须在广泛的范围内认真研究,并采取多种对策予以解决。

前段时间经济生活中出现的问题不是改革造成的,也不是"改革的产物"。这些问题的出现,归根结底是宏观失控。1958年"大跃进",失控非常严重,1978年又冒过一次,那些时候并没有搞改革,这说明宏观失控同改革并没有必然的联系。这次出现的宏观失控与过去的失控虽然情况有所不同,但也有相同的地方,那就是在经济建设上急于求成,片面追求高速度。1984年我国工农业总产值增长14.2%。1985年上半年工业总产值比上年同期又增长了23%。造成速度增长过快的主要原因,一是资金供给的空前增长。在1984年财政收入增加219亿元的情况下,仍然出现50亿元的赤字。到1984年12月末财政透支201.53亿元,财政借款达175.85亿元。1984年末银行存款增加820.31亿元,而银行贷款增加1168.26亿元。资金借贷的大量增长对国民经济高速增长起了催化剂的作用。二是农业的大发展对国民经济增长的巨大影响。1977年至1984年,我国农业总产值平均年递增8.98%。农村富余劳力大量向工业和其他部门转移。1979年至1984年,全国乡镇企业产值平均年递增17.4%,特别是1984年达到40%,这无疑也是支撑经济高速增长的一个重要方面。三是经济体制改革促进了经济的发展。四是能源生产大大好转。五是大量进口原材料。六是技术改造进一步加快。七是消费需求增长刺激了生产。

上述各种增长因素大部分是正常的,但也有一些是不正常的,特别是货币过量供给和投放、消费需求的膨胀,造成基础设施的极度紧张,物价持续上涨,经济效益没有明显提高。解决这些问题,主要应当抓好以下几点:

1. 提高认识,正确处理速度和效益的关系。发达国家在经济起飞时期,经济增长速度大部分都比较快。1948 年至 1960年,日本工业年均增长速度为 17.6%,联邦德国为 13.6%,意大利也达到 9.5%。这几个国家发展速度这样快,最主要的原因是极其活跃的民间投资。而我国的情况有所不同,我国由于体制上和结构上的原因,经济缺乏弹性,在很短的时期内经济就从比较低的速度达到比较高的速度,容易出现不正常情况;由于经济关系还没有理顺,在一定程度上还缺乏经济机制的协调;再就是我国经济在一段时期发展速度超过 20%,有的城市甚至超过30%,这确实太高了。我们应该认识到,实现四化,必须实现从粗放式经营到集约式经营、从"数量型"经济向"质量型"经济转变,速度的增长是建立在效益增长的基础上,不能盲目攀比速度,否则就会出现不协调,导致消费膨胀。

2. 统筹规划,搞好综合平衡。在国民经济这个大系统中,系统的平衡功能十分重要,它可以保证系统的稳定性,与系统的活力相配合,以求得系统的稳定发展。根据市场预测和国民经济发展的需要,对不同的产业和企业提出规划要求,各个行业和企业按照国家的规划要求,制定以技术进步为核心的中长期技术经济发展计划,从客观上引导控制产业和企业的发展。考核企业不仅仅是看产量、产值,更重要的是质量和效益。一般说来,在分配上要把以数量为主要标志的多劳多得引导到以技术为主要标志的多劳多得。这样,企业就会逐步转上靠技术进步来发展,靠内涵来扩大再生产的轨道。同时加强信息反馈系统,及时地分析研究各个产业和企业实施计划的动态,有效地进行目标控制。

3. 采取有区别有弹性的"紧缩政策"。有区别,就是要突出重点。信贷资金控制的重点是流动资金贷款,这项贷款占了银行资金的 80%。固定资产投资规模控制的重点是预算外投资。1984 年全国预算内投资仅占投资总规模的 25%。1985 年上半年基建投资规模增长 43.5%；其中预算内投资仅增长 7.6%，而预算外投资却增长 90%。消费基金控制的重点是企业。企业工资在全国工资总额中约占 80%，1984 年企业平均工资增长了 20%。申请贷款的企业，不论是国营、集体或个体，都应该有相当比重的自有资金，并且要有担保。有弹性就是实事求是，该收缩的坚决收缩。中央提出："七五"前两年的固定资产投资大体维持在 1985 年的水平，后三年再根据情况增加；在控制全社会固定资产投资总规模的情况下，集中必要的财力、物力，加强能源、交通通信、原材料等基础工业和基础设施的建设。这些保证重点、适时收缩总的投资规模的措施，既可以减小振幅，避免损失，又能加强重点建设，调整产业，保证一定的经济增长速度，是完全正确的决策。

四、划清各种政策界限坚决刹住不正之风

当前，经济体制改革取得了重大突破，初战必胜的格局正在形成，全国各条战线呈现出蓬勃发展的大好形势。但是，在新的形势下，各地都出现了程度不同的新的不正之风。这主要表现在：

党政机关和党政干部以权经商，损公肥私。有的行政性公司搞大公司套小公司，干部职工入股分红。小公司占用机关的场地、住房、仓库、资金和车辆，调到企业的公职人员仍从机关领工资，有的是从大公司委派去的业务骨干或得力人物担任小公司的负责人，利用职权和工作之便谋取私利，挖国家饱私囊。

滥发奖金、实物，偷税漏税。有些企业奖金越发越多，超越了国家的规定。有的企业经济效益不好，借钱都要发奖金。有的承包指标比较低，分成比例却很高。奖金的名目繁多，花样翻新，不少都是平均发奖，起不到奖勤罚懒的作用。国营、集体企

业偷税漏税的现象也不少,还有的截留国家财政收入。

利用公款大吃大喝,请客送礼。在经济活动中有时不请客送礼就办不成事,开会请吃,洽谈请吃,订货请吃,企业验收请吃,质量检查请吃,吃的标准越来越高,吃的人越来越多。

套购国家紧缺物资和进口商品,倒买倒卖。有的单位和个人通过各种关系和手段,套购钢材、水泥、汽车以及其他紧俏物资和进口商品,进行倒买倒卖。还有的倒买倒卖外汇和外汇券。

任意涨价,哄抬物价。有的企业不执行国家规定,擅自提高价格,谋取非法收入,扰乱了市场。

此外,还有的搞突击提干,滥发彩券和搞搭配销售,办不健康的小报等等。

这些新的不正之风,钻改革的"空子",为个人和小团体谋取私利,在一定程度上扰乱了经济,冲击了改革,搞乱了一些干部和群众的思想。如不坚决纠正,任其蔓延滋长,安定团结的政治局面和稳定、持续发展的经济就会受到冲击和破坏。

纠正新的不正之风,必须划清政策界限。毫无疑问,对于搞活企业、搞活经济所需的正当经营活动和合理的经济行为,是应该支持和鼓励的。例如,企业按照政策规定,发展联合协作,取得合法利润,并按规定依法纳税后,自主使用利润分成;企业为其他单位提供技术转让、技术咨询、技术服务等收取的合法报酬,依法纳税后的利润分成;企业为发展对外贸易,增加出口,进行赶工和加班取得的合法收入;企业按照国家政策、法令和计划管理允许的范围,运用经营自主权,自销产品,议购议销,高进高出;企业利用富余人员和提高劳动生产率后节约下来的人员发展第三产业,开展"一业为主,多种经营",实行综合服务,来增加企业的收入;企业自主使用按规定提取的奖励基金,在依法交纳奖金税后,实行多劳多得,合理奖罚,包括对有特殊贡献的职工发给高额奖金;企业在"合理、小额、必需"的范围内,自主使用厂长基金,开展正常经营活动,进行适当的招待或赠送一些带广告宣传性的产品或小量的纪念品;按有关规定,经过主管部门批准,组织发展新兴产业、工程服务、科技成果产品化、专业化等的企业性公司。

企业违法乱纪、坑国家、损害消费者利益的行为是应该坚决予以制止和纠正的,情节严重的要给予处分,直至追究法律责任。例如,弄虚作假,偷税漏税,巧立名目滥收费用,私设账外"小金库",采用不正当手段把国家收入转化为企业小集团的私利;就地转手倒卖重要生产资料和紧俏商品,将国家指令性计划内产品转计划外高价出售,擅自提价,变相涨价,价外加价;开设无经营资金、无固定场所、无必要设备的所谓"公司",买空卖空,搞假合同、假发票、假凭证骗买骗卖,投机倒把,利用不正当的资金渠道,滥发奖金、实物、津贴,用自有资金或银行贷款为职工垫购紧俏商品;索要"赞助费",乱开资金使用口子,慷国家之慨,大吃大喝,送礼券、送现金、送贵重礼品。

处理这些问题,既要严肃,又要慎重。按政策界限刹住新的不正之风必须坚决,其他方面的工作也要做好,特别是要加强思想教育,提高干部职工的政治觉悟;要进一步完善制度,制定必要的法规,加强监督控制手段;建立新的经济机制。当前要着重抓好以下几点:

1. 要深入进行思想教育。要认真学习中央有关文件和中央领导同志的讲话,密切联系实际进一步明确改革的目的,端正改革的指导思想,切实按照中央的部署和规定进行改革。要搞清楚新的不正之风不是改革带来的。实现"三个根本好转",党风与社会风气的根本好转是财政经济状况根本好转的基本保证。在改革中由于经验不足出现的某些差错与搞不正之风,这两者之间是有一条明显界限的。纠正新的不正之风不是纠正改革,而是为了保护改革,促进改革,为改革排除干扰,扫清障碍。

改革是我们国家的前途和希望所在,要振兴中华唯有改革。改革是创新和探索,难免有一些小的失误,这主要是总结经验教训的问题。在改革中还要加强党性的教育,增强每个党员全心全意为人民服务的观念,在改革中正确处理局部利益和全局利益的关系、眼前利益和长远利益的关系、个人或小团体利益与全局、长远利益的关系,坚决克服本位主义思想。

2. 要加强组织纪律性。在我们党内存在着纪律松弛的现象。有的干部目无组织纪律,对党中央、国务院的规定、指示置若罔闻,有令不行,有禁不止,各自为政,各行其是。纠正新的不正之风,就必须坚决贯彻执行党中央的路线、方针、政策,做到令行禁止。

3. 要区别不同情况,对发现的问题稳妥处理。处理问题的出发点要有利于改革,不能因为解决新的不正之风,影响改革和搞活经济,使改革缩手缩脚,更不能把放了的权力收回去。要正确掌握政策,对于大多数人由于认识上的问题办了错事的,主要是批评教育,总结经验教训。要把因没有明文规定而出了问题的与明知故犯区别开来,特别是对中央明确提出纠正不正之风后而再犯的,要严肃处理。要多调查、多研究、多分析,在弄清情况的基础上,按照中央的精神,分清主流和支流,划清是非界限,该肯定的肯定,该支持的支持,该纠正、完善的要纠正、完善。要注意爱护和扶持在改革中出现的新事物。

总之,改革必须坚持,新的不正之风必须坚决刹住。

五、在放开搞活中管理好城市

城市开放以后,普遍遇到一个新的问题,就是如何把城市管好。这个问题以前当然也存在,敞开城门以后更加突出了。

1984 年底,武汉市全市每天流动人口约 30 万人,1986 年下半年猛增到 75 万人。流动人口的急剧增加,给城市发展第三产业带来了新的契机。流动着的人口,若以 50 万计,吃、住、行、买、看、玩,如每人每天花费 5 元,一年就是 9 亿多的收入。但是,管理好流动人口,相应提供方便的生活环境,却是一个新的课题。

交通严重阻塞。城市敞开以后,进城的人多,车辆也大幅度增加。据对八个进出武汉市的道口调查,外地进出车辆每天 15423 辆,上午 9 时至 10 时,1 小时内就有 1175 辆,占 24 小时外地车流量的 7.62%。据六个城区统计,外地专县以上驻汉单位有 100 个,共拥有客货车辆 1221 辆。外地车辆的增加,导致交通的阻塞。每天白天通过汉口航空路道口的机动车辆有 29620 辆,其中,外地车有 5328 辆,占总流量的 17.99%。外地车在市区过夜的近 2 千辆,其中不少车辆"夜不归窝",停放在马路上。此外,武汉市还有专县和个体户开辟的长途客运线 163条,每天进城的客车达 481 台。这些营运车辆大都没有停车场地,过往站均以马路为营业点,增加了临时性路障。

治安管理难度大。城市开放后,就业的机会增多,进城的人员鱼龙混杂,治安管理难度大。仅"三队人员"(建筑队、运输队、副业队)作案的就占全市作案人员总数的 20% 多。没有一个良好的社会环境,务工经商也不安心。对这个问题,市里采取了一些措施,进行了治理,更有效的办法还有待于进一步探索。

流动人口多,生活垃圾也增加了。开放前每天的生活垃圾只有 2200 吨左右,现在增加到 3500 多吨。过去有的集贸市场每月垃圾费只 30 元,现在猛增到 300 元。武汉炎热,到了夏天,西瓜皮也多。1985 年全市西瓜上市量达 15 万多吨,高峰时每天上市的西瓜有上千万斤,瓜皮搞不出去,只好抽调 500 多辆社会车辆协助清运。保持清洁,要费很大的劲,花费很多精力。尽管如此,也还是不能尽如人意。

随着工业飞速发展和人民生活的不断提高,许多经济发达国家,尤其是在人口集中的大城市,都面临着一个棘手的问题,即各种垃圾及工业废弃物,正以每年10%至30%的速度增加,造成严重的环境污染。城市部门不仅需要花费很大的人力物力,收集运输垃圾,还要进行处理。美国最大的城市纽约,每天要出动1100辆卡车和近300辆机械清洁车清除和运送2.3万吨垃圾,尽管如此,闹市区仍然是废纸堆积,尘埃卷扬。纽约市政府地铁情况调查委员会的一份报告也承认纽约的地下铁道"阴湿、幽暗、恶臭、吵闹,已成了世界上最糟糕的交通设施之一"。

城市的管理确实是一个难题。特别是在新的形势下,既要放开搞活,又要把城市管好,需要我们进一步探索。

1. 明确城市的性质,提高对城市管理的重要性的认识。城市是一个巨大的有机体,是一个复杂的动态系统,是人们高度集中的地方,集结着各种矛盾。要解决这些矛盾,就必须加强管理。通过管理,使局部的利益同整体的利益结合起来,从而使城市的经济效益、社会效益和环境效益得到明显的提高。管好城市比建好城市更为重要,要树立"三分建七分管"的思想。越是开放搞活,越要加强城市的管理。管理是依法对各种违章现象进行限制,对合理的正常的部分要给予保护和支持。城市管理得好,城市的功能就能充分发挥,城市的经济的、社会的、环境的效益就能得到提高。否则,放弃管理,任其自流,城市的各种活动就会发生混乱,社会将会出现难以想像的恶果。

2. 城市管理要有科学性。城市管理是一门多科性的学科,是一个新的课题,城市大系统诸因素之间发生的广泛、复杂的机体联系,还需要从理论和实践上进行全面的、系统的分析、研究、探索。我们必须用更开阔的思想,在更广阔的范围,用系统观念和科学方法,研究和制定对策,解决存在的问题,使城市管理逐步走向科学化,纳入科学管理的轨道。

3. 制定管理法规,做到以法治城。城市建设管理要立法,并做到有法必依,违法必究以保持城市管理的权威性和严肃性。近年来,武汉市先后制定了道路桥梁、排水、环保、环卫管理、河道、噪音、交通、堤防、市场管理等地方性法规,对加强城市管理发挥了作用。

4. 建立权威的管理机构和专业管理队伍。城市管理包罗万象,内容繁杂,必须建立一个集体决策、统一组织、全面调度、综合管理的职能机构。1983 年,武汉市成立了规划建设管理委员会,以统筹武汉地区的管理,协调各方面的关系。同时正式成立了整顿市容交通办公室,拥有一支 850 人的执法队伍,负责全市市容卫生和公运交通的管理监督工作,加强了城市各个部门的协调、配合,改变了过去那种政出多门、相互牵制的现象,城市的管理有所加强。

5. 人民城市人民管。这是治理脏、乱、差,建设文明城市的有效措施。改变市容环境卫生,建设文明城市,不是一朝一夕可以奏效的,需要充分发动群众,团结全市人民,作长期艰苦努力。要对全市性的市容卫生实行综合治理,开展群众性的治脏、治乱、治差和绿化、美化、净化环境的活动,从而做到清扫保洁好、绿化美化好、交通秩序好。目前正在推行的"七户一岗"、"门前三包"责任制,就是把治理脏、乱、差,改变城市面貌的任务落实到各家各户,使市容卫生管理经常化和制度化。近年来,北京、天津、沈阳、武汉、成都等市开展创建文明城市的活动,收效很好。开展这项活动,关键是要长期坚持下去,不能搞一阵风。

转变城市政府职能
改革经济管理体系

    经济体制改革全面铺开后,城市可以统一管理和组织本地区的经济活动,在此情况下,城市如何避免成为新的"块块"?关键是要加强和完善间接控制体系,转变城市政府职能,使城市改革由经济基础向上层建筑领域发展。企业是城市的细胞,商品经济的发展,要求企业真正成为相对独立的,自主经营、自负盈亏的社会主义商品生产者和经营者,行使商品生产和商品交换的职能。企业之间主要借助经济合同的形式,按照社会主义商品交换的原则,进行相互联系。商品经济的发展,也要求城市政府转变管理职能,在进一步完善微观经济活动和机制的同时,从宏观上加强对经济活动的间接控制,不直接代替企业去组织具体的生产、供应、销售活动。特别是中央各部和省的一些企业下放到所在城市管理后,部门的条条破掉了,地区的块块也破掉了,城市作为纵向经济联系和横向经济联系的结合点,面临的问题就是会不会变成新的块块,变成"王熙凤式"的新婆婆。这就必须减少对企业的直接控制,建立健全间接控制体系,转变城市政府职能。

一、必须深化对城市管理经济职能转变的认识

    党的十二届三中全会关于经济体制改革的《决定》,为经济体制改革绘制了宏伟的蓝图,为城市政府体制改革指明了方向。

贯彻《决定》以来,我国国民经济日益稳定、持续、协调发展,人民生活水平不断提高,各方面发生了深刻的变化,改革取得了显著成效。由于改革是一项复杂的、动态的社会系统工程,经济、政治、文化、思想观念、生活方式、心理结构等互相关联,经济体制改革的深入发展迫切要求这些方面进行配套改革,否则,经济体制改革就不能向纵深发展,已经取得的成果也难以巩固。因此,改革政治体制,转变城市政府管理经济的职能势在必行。

第一,转变城市政府管理经济的职能是有计划的商品经济的内在需要。我国城市政府管理经济的体制,基本上是仿照苏联50年代的模式建立的,是一种过于集权的,用行政手段包揽一切的管理体制。这种体制在当时的历史条件下,有过积极作用。在有计划的商品经济不断发展的今天,越来越暴露出它的弊端,表现在:

(1)部门林立,机构庞大,人浮于事。新中国成立以来,我国机构已经过多次精简或改革,但奇怪的是精简一次机构就多一次。目前盲目增设机构、扩大编制、机构升格、滥提职务等不正之风依然存在。1983年经过调整,武汉市市级政府机构由原来的71个减少到59个,减下来的机构有不少成了不占行政编制的总公司。到1985年上半年,局级总公司已发展到19个,加上原来的59个正式行政机构,总共78个,比精简以前净增7个。现在,市政府局以上行政机构71个,局级公司19个,局级事业单位26个,双重管理机构(如邮政局、电信局等既受条条领导,又受块块领导的机构)9个,共125个。与此同时,临时机构也由1983年的56个增加到106个。随着机构的增加,决策层次越来越多,推诿拖拉和扯皮现象不断发生,企业办一件事很难,严重束缚了生产力的发展。

(2)政企职责不分,权力过分集中。政府直接包揽了企业的生产经营管理活动,直接指挥企业的人财物、产供销、内外贸等具体活动,市长实际上是城市所有企业的总经理。上面的管理机构忙于应付日常事务,而企业又包揽了很多社会事务。近两年来国务院不少文件,要求放权给企业。但是放权不落实的问题相当突出,特别是"中梗阻"的问题没有很好解决;有的边放边收或者明放暗收。即使把权放下去,不适当的行政干预仍时有发生。这就形成了该管的事没有管好,不该管的却管了。

(3)条块分割封锁。长期以来,我们违反了发展商品经济的内在要求,强调按行政系统管理城市,造成了"条条"(部门管理)和"块块"(地区管理)的分割、"点"(城市)和"面"(经济区域)的分割、"内"(国内市场)和"外"(国外市场)的分割,使城市的作用限制在狭小的范围内,由一个应该是开放的大系统变成了相对封闭、自我循环的小系统。企业虽然设在一个市里,但受部里管理,受省里管理,市里管不了,形成了条块分割,部门之间相互封锁,横向之间没有联系,不能实行统一规划、统一布局、统一管理,难以开展跨部门、跨行业的联合协作,反而助长了企业和部门搞"大而全"、"小而全"。这样,就抑制了企业的积极性,阻碍了产业结构和生产布局的合理化,阻碍了商品、资金、技术、人才和信息的合理流通,阻碍了生产要素的合理组合和经济效益的提高,束缚了生产力的发展,严重地削弱了政府管理经济的职能。

(4)政府管理的执行系统庞大,监督、调节、服务、反馈系统薄弱、分散,部门之间相互牵制,相互抵消,互不通气,老死不相往来。

所有这些弊端,是实行产品经济,过分夸大政府管理经济职能的结果。正如《决定》所指出的:"中央和地方政府包揽了许多本来不应由它们管的事,而许多由它们管的事又未能管好"。《决定》指出,社会主义经济是有计划的商品经济,并要求建立一种计划经济与市场机制统一的新型经济体制。商品经济是生产者通过交换而建立的经济关系。在商品经济条件下,市场本身有一种自行调节的功能,它可以使需求和供给趋向平衡。当然商品经济也有一定的局限性,不是任何时候都能完全保持平衡的,这就需要政府进行必要的调节,有计划按比例发展国民经济和各项事业,这是社会主义基本特征之一。列宁指出:"没有一个使千百万人在产品的生产和分配中严格遵守统一标准的有计划的国家组织,社会主义就无从设想。"市场调节与政府调节是并存的,相互补充的,市场能办到的,政府就不要管;市场办不到的,则由政府进行调节。这就要求政府对管理内容和方式作相应转变,改变原来包办一切,统管一切产品的管理体制,由直接管理转变为间接管理。

第二,转变城市政府管理经济的职能是发挥城市中心作用的要求。近几年来,人们越来越认识到我国现有的企业绝大部分集中在城市及其周围的乡镇,发挥城市组织经济的作用,具有就地就近协调和解决问题的优越条件。同时,城市与部门不同,城市是一个大系统,有广阔的市场,是经济发展的综合体,是生产、流通、交通、金融等各行各业集中的地方,具有多种经济功能。《决定》明确规定:"实行政企职责分开以后,要充分发挥城市的中心作用,逐步形成以城市特别是大、中城市为依托的,不同规模的,开放式、网络型的经济区。"发挥城市的多功能作用,迫切要求城市政府管理经济的职能发生变化。特别是最近几年,中央的很多企业下放到所在城市管理,在一定程度上解决了条块分割问题。例如,1984年以来,中央对武汉市实行计划单列、赋予省级经济管理权限,武钢、武重、武锅等50多个大中型企业下放到武汉市管理,武汉作为一个特大城市,政府管理经济的权限有了相当的扩大。面对这种形势,城市政府再不能用老办法管理经济,必须转变职能,实行政企职责分开,简政放权,把主要依靠行政手段管理经济转到间接控制、宏观管理方面来。

　　第三,转变城市政府管理经济的职能是政府行政管理民主化、科学化的要求。行政管理也是一门科学。在现代社会,经济和社会的发展,主要依靠的,一是科学技术,二是管理。这里所说的管理不仅仅是城市对企业的管理,更主要的是城市政府通过行政的、经济的手段,迅速、准确地收集、分析、处理和传递各种信息、指令,对社会经济活动进行有效的管理,把科学、技术、经济和社会生活融为一个整体。过去,城市政府对经济活动的直接的行政干预太多,以致轻率决策,盲目拍板。万里同志最近指出:直到今天,领导人凭经验拍脑袋决策的做法司空见惯,畅通无阻。决策出了问题难以纠正,只有等到出现了大问题,才来事后堵漏洞,或者拨乱反正,而这时已悔之晚矣。这种盲目拍板,轻率决策的情况,到了非改不可的时候了。这个问题不解决,我们的社会主义制度就是不完善的,不健全的,我们的经济也难以得到持续发展。转变政府职能,就要简政放权,政企分开,扩大企业的自主权,逐步使企业摆脱附属于政府机构的地位,成为相对独立的经济细胞。同时实行决策的科学化和民主化,把科学技术作为综合的知识体系和思维工具,帮助人们观察分析复杂多变的经济现象和社会现象,从而在更广泛的领域内决策,并让不同知识结构、不同经验的专家学者充分发表意见,使整个社会关注国家大事,使更多的人参与国家大事。只有这样,才能克服官僚主义,减少失误,提高工作效率,把该管的事管好。

　　第四,转变城市政府管理经济的职能是科学技术和生产力发展的要求。当前,科学技术的发展日新月异。产业结构越来越复杂,分工越来越细,行业之间、企业之间联系越来越紧密,因而需要有一个具有远大战略思想、能够高瞻远瞩、实行科学管理的强有力的指挥系统。特别是随着技术和经济的迅速发展,带来了许多新技术、新领域大规模的开发,随之引起了环境污染、尖端技术研究等经济和社会问题。城市是一个大系统,社会主义现代化建设,是一个伟大的系统工程,要求国民经济的主要部门以现代科学技术装备起来,把各项生产纳入现代化轨道,实现科学管理,把经济和社会生活协调组成一个整体,全面加快国民经济现代化的步伐。

总之,按照集中型管理的现行经济行政管理机构和职能,正在与社会主义有计划的商品经济发生严重摩擦,企业开始成为独立的商品生产者,而现有行政机构不得不按行政命令的手段直接参与企事业单位的日常工作和生产经营活动,企业职工的积极性、主动性和创造性不能充分发挥。因此,改革城市管理体制是经济体制改革和政治体制改革的需要,是一项以政府职能根本转变为特征的内容丰富的变革。

二、城市政府管理经济职能的目标模式

马克思主义一条基本原理是,经济基础决定上层建筑,上层建筑为经济基础服务。政府管理体制是上层建筑中政治制度的重要组成部分,是与经济基础密切相关的。总的来说,按照政府的基本属性,政府的职能有两种,一种是阶级职能,即保证解决重大的阶级任务;一种是社会职能,即保证完成社会公共事务。但是,这两种职能并不是完全永远并存的,是根据国际形势以及社会和经济的发展而发展的,是根据不同时期的任务和形势的变化而变化的,在不同的时期各有侧重,它必须与不断发展变化的生产力和生产关系相适应。在战争时期,政府的职能是组织一切力量打败敌人,夺取战争的最后胜利,这一时期主要是采取以军事手段为主,配合政治和其他手段,阶级职能比较突出,当然这一时期的政府仍然要组织生产,满足战争和人民生活的需要;战争结束以后,政府的职能则应当主要集中力量发展生产、

发展科学、发展教育和文化事业,搞好各项建设,致力于增强经济实力,改善人民生活。我国是社会主义国家,社会主义的根本任务就是发展社会生产力,使社会财富越来越多地涌现出来,不断地满足人民日益增长的物质和文化需要。实现这个任务,不仅需要全体人民作艰苦的和巨大的努力,还需要加强领导和管理,集中力量进行经济建设。国家行政机关是实现国家目标的主要工具,领导和组织经济建设,发展生产,是政府机构的一项基本功能。各种体制的改革,现代化建设的进展,新技术革命对政治、经济、社会生活的影响,都将促使城市政府管理体制和领导方法发生新的变化,政府的行政活动,必然向科学化、现代化、法制化、效率化的方向转变,城市政府的职能必须越来越社会化。随着科学的不断进步,生产的不断发展,产品的不断丰富,文化的不断提高,政府的职能将会不断缩小,最后,正如恩格斯所指出的:"国家政权对社会关系的干预在各个领域中将先后成为多余的事情而自行停止下来。"

长期以来,在城市政府职能的问题上,存在着不符合实际的传统观念,过分强调"专政"的职能,忽视了建设高度的社会主义民主,忽视了发展科学、教育、文化,忽视了发展生产和改善人民生活,没有充分发挥政府领导经济的职能,损害了经济建设和科学技术的发展。

城市的功能是多方面的。城市是人口聚居的地方,它不仅是工业生产基地,而且也是贸易中心、金融中心、交通枢纽、信息中心,城市的各项经济活动,都不局限于为城市本身服务,更重要的是要着眼于它所辐射的整个经济区,为它所辐射的整个经济区服务。

党的十二届三中全会通过的《中共中央关于经济体制改革的决定》明确指出:"使各级领导机关把自己的全部工作切实转移到为发展生产服务,为基层和企业服务,为国家的繁荣强盛和人民的富裕幸福服务的轨道上来"。这里所说的三个服务,也可以说是我国城市政府职能的目标模式。《决定》规定了政府机关管理经济的八项职能:一是制定经济和社会发展战略、计划、方针和政策;二是制定资源开发、技术改造和智力开发的方案;三是协调地区、部门、企业之间的发展计划和经济关系;四是部署重点工程特别是能源、交通和原材料工业的建设;五是汇集和传布经济信息,掌握和运用经济调节手段;六是制定并监督执行经济法规;七是按规定的范围任免干部;八是管理对外经济技术交流和合作。

　　上述八项职能是指各级政府而言,对于城市政府,则应集中力量做好城市的规划、建设和管理,加强各种基础设施的建设,进行环境综合治理;研究制定全市的、行业的、区域的经济、社会科学发展规划,特别是搞好中长期规划和发展战略。对于年度计划,主要是管财政、信贷、外经外贸和物资的平衡,协调组织好生产计划。制定和颁布国土整治、产业开发、技术改造、对外经济技术合作等重大经济技术政策,指导和促进专业化协作、改组联合和经济管理现代化。控制固定资产投资规模,确定投资方向和重点,部署重点建设项目特别是能源、交通、科技、文化、教育等方面的建设,加强对自筹资金、国外借款和其他专项基金的计划指导。运用各种经济调节手段指导企业的生产和经营活动,指导和促进物资和商品的合理流通,发展横向经济联合。制定和完善各项法规和管理办法,监督、检查执行法规、法令。汇集和通报经济、社会的各种重要信息,制定主要产品的质量标准、经济技术定额和衡量经济、社会、科技效率的指标体系。按照规定范围考察、任免干部,制定智力开发和人才培养计划。搞好文化、教育、卫生、体育、社会福利事业和各项服务事业,促进精神文明建设和创造良好的社会秩序和社会风气,搞好社会治安。

政府管理经济的服务职能,是在总结我国行政管理经验基础上提出来的,是具有中国特色的社会主义行政模式,富有生机和活力。

三、城市政府管理经济职能的转换

在经济体制从旧模式向新模式转换的过程中,旧体制不可能再以它完整的形态发挥作用,新体制也不能把旧体制全部抛开,而只能在旧体制解体的过程中,按照改革的总要求和总方向,一步一步地充实和丰富自己。

搞好城市的经济建设,是城市政府最基本的职能。城市政府如何实现这种职能,是当前人们十分关注的问题。所谓职能转变,是政府部门适应发展有计划的商品经济的需要,在管理对象、内容、范围、方法和手段等方面的变革。总的来说,过去是管多了,管死了,今后应该向开放、搞活的方向调整,集中精力搞好服务。政府各经济管理部门不再直接管理经济,只是给予必要的检查、指导、监督、调节。

1. 把微观搞活与宏观控制结合起来。转变城市政府管理经济的职能,在从产品经济向有计划的商品经济过渡中,计划管理的对象已经发生变化,政府基本上不再直接管理企业的日常生产经营活动,把重点放在搞活微观经济上,但也不能不控制,否则,宏观也可能控制不住;宏观控制也要控而有度,什么都"一刀切",不但宏观控制死了,微观也不能搞活。想控制死很容易,我们很多部门和个人在这方面是有"丰富的经验"的,下一道命令,再成立几个检查组一检查就可以了;但是,想要搞活,特别做到活而不乱,就不那么容易了,这就需要运用综合手段,实行间接管理,使企业能够自主经营,自我发展,从而调动职工的积极性,只有尊重企业自主经营、自负盈亏的商品生产者地位,而又使之服从社会的统一需要,才能既搞活微观,又实现宏观的有效控制。

2. 实行政企职责分开,简政放权。当前,影响政府职能转变的主要因素是政企不分和党政不分。企业内部虽然实行了厂长负责制,但实际上仍有一些企业的厂长没有充分的经营管理权,厂长、党委分工不明,职责不清,或者受某些条件的制约有权无法使用,上面作了规定的无法落实。此外,企业的"婆婆"很多,负担很重,特别是企业办社会的问题相当突出,有一些企业的厂长实际上已成为"镇长"、"市长"。所有这些,都妨碍了政府职能的转变。

城市政府转变管理经济的职能,比较有效的办法是,实行政企职责分开,坚决削减中间层次,把应该赋予企业的经营管理权真正放给企业。政企的不同职责不能互为替代或包办,必须明确分开。政企职责分开,并不意味着政府管理经济职能的削弱,更不是取消,而是对政府管理经济的要求更高了,不仅仅是管好一个行业或几个行业,而是要求把整个国民经济搞活,把生产搞上去。城市政府各种机构的功能也要从管一个行业、一个企业转变为进行宏观控制,做到大的方面管住管好,小的方面放开放活。

政企职责分开主要是在组织体系上,企业应是相对独立的经济实体,它对国家、社会负责,接受城市政府的行政管理,企业的隶属关系可以改变,政府管理机构不再全面管理企业;在经济权限上,政府的行政管理机构在产供销、人财物等方面,要有计划有步骤地放权,把企业的自主经营管理权放给企业,使企业成为充满生机与活力的能动机体,在经济关系上,要尊重和保障企业依法纳税后留给企业的经济利益,使企业可以合理使用各项基金,进行技术改造,提高技术水平,改善经营管理,扩大再生产,不断改善职工的生活福利。任何部门和单位不得随意向企业摊派或调用资金。按照这个想法,武汉市进行了一系列改革。

放权要放心,思想要解放,不能"明放暗不放","放碗不放筷",要把放权落到实处。市计委管的产品,由 168 种减少为几十种,其中,全部或部分实行指令性管理的只有 29 种。企业在国家限制发展的产品项目以外,有权使用自有资金进行技术改造。根据生产需要,在计划、劳动部门分配的招工指标内,按照招工条例和范围,可自行规定招工条件公开招工,择优录用。新产品由企业自行定价。在干部人事制度方面,改过去单一委任制为选举、招聘、承包等多种形式选拔人才;改集中管理为分级管理;改部门所有为人才合理流动;改终身制为任期制。

企业要实行配套改革。

一是普遍推行厂长负责制和厂长任期目标责任制。厂长有权任免中层干部;有权按企业职工奖惩条例对职工进行奖惩;在国家规定的指标内,有权给有特殊贡献的职工晋级;有权从工人中选拔干部;有权对企业的生产经营和重大问题进行决策。同时制定任期内实现的各种目标。

二是实行各种形式的承包经营责任制。包死基数,确保上交,超收多留,歉收自补。最大限度地调动直接创造财富的单位和职工的社会主义积极性。

三是实行租赁经营。国营中小型企业都可以实行租赁经营。经营者以承租者身份出现,既要承担企业的责任和风险,又有充分的组织生产经营的自主权。实行租赁的企业,除照章纳税外,要向出租方(企业主管部门)交纳租赁金,剩余部分由企业和承担人按合同规定分成。

四是放手发展横向联合。企业联不联合,与谁联合,由企业自主决定,主管部门可以引导和促进,但不能横加干涉。联合要向集团和群体的方向发展。要在税收、财政、统计等方面进行配套,但不得搞行政干预。

3. 充分发挥中心城市组织管理经济的职能。城市与部门和地区不同,城市本身就是市场,作为经济管理的中间层次,依靠城市在客观上具有明显的优势。我们要合理发挥城市作为经济、信息、科技、教育和各种服务中心等多功能的作用,加强企业间的横向联合,形成以城市为依托的、不同特点和不同规模的、开放式、网络型的经济区,推动城市经济的合理发展。

近几年来,武汉市按照商品经济的要求,把发展横向联合作为改革的重点,不仅在管理职能方面有了转变,也收到了联合出效益,出生产力的效果。目前,企业之间的联合朝着群体化的方向发展。全市已有 1671 个联合体,参加联合的企业有 3057 家。一批规模较大、兼有紧密型、半紧密型、松散型多层次联合的企业群体正在兴起。城乡之间的联合朝着区域化的方向发展。城区与郊区已形成合作生产、商品流通、科技协作等多种网络。江汉平原经济网络,沪、宁、汉、渝四市发起的长江沿岸经济联合网络,都在联合协作方面取得了新的进展。与工业原材料产地和农副产品产地的联合朝着基地化的方向发展。

4. 健全各种经济法规,加强政府经济监督职能。行政手段和经济手段在国民经济管理工作中,是不可缺少的。为了使经济管理活动更符合社会主义民主和法制的原则,不管是用经济手段还是行政手段,都必须通过法律的形式,凭借法律所具有的国家强制力来保证其实施。

法律手段,是国家通过立法形式,把行政手段和经济手段管理经济所必须遵循的基本行为准则,用法律形式固定下来,以便把各项经济活动全面纳入法制的轨道,从而保证社会主义经济持续、稳定、协调发展。无法可依、有法不依、执法不严、以言代法是政府无效率或低效率的表现。随着经济体制改革的深入,政府的监督职能和诱导职能一样,普遍引起人们的重视。1984年,武汉市人民政府设立了经济法规机构,1985 年又成立了经济法规中心,不到两年时间,已经制定并颁布经济法规近百件,把企业的经营活动纳入了法制轨道。

5. 逐步确立城市政府为企业服务的关系。管理就是服务。加强宏观管理,是为了给企业的发展创造良好的环境,增强企业的活力。因此,政府的一切行为,都要为搞活企业服务,为企业的不断发展服务,包括提供市场信息、开展经济技术咨询、组织技术开发、进行人才培养、发展横向联合、搞好各种生产和生活服务,尽可能消除企业发展生产和经营的后顾之忧。

具体地说,城市政府管理经济的职能,不少专家认为应作如下转变:

首先是实行行业管理。行业管理是宏观和微观管理之间的中间层次。城市政府部门对行业的发展方向、发展规模、生产力布局以及技术政策、重点产品的质量作出规划,并实行管理和调节,进行政策指导。

其次是经济调节。综合运用经济杠杆,调节社会的生产、建设、流通、分配和消费,协调部门、行业、企业间的经济关系,引导、鼓励或抑制企业的经营活动,保证国民经济的协调发展。

第三是经济立法司法。根据宪法的基本原则、党和国家的政策,制定各种经济法规和条例制度,把政策具体化、法律化、规范化,教育企业和劳动者依照法律规定,从事各种经济活动。

第四是服务监督。按照有计划的商品经济的客观要求,搞好行政管理和经济管理,改善企业生产经营的外部条件,保护资源的合理利用,防止环境污染,同时为企业提供信息情报、人才交流、经济咨询等服务。监督企业贯彻党和政府的方针政策,实行强制性行政管理。

四、转变职能必须改革机构

政企职责分开、简政放权以后,政府的经济管理机构必须进行相应的改革。

城市政府管理经济的职能与其机构设置密不可分。政府机构是实现国家职能的工具,政府机构是为履行政府职能而设立的。从某种意义上说,职能决定着机构的设置,机构影响着职能的发挥。

为了实现城市政府的总任务、总目标,按照政企职责分开、综合管理、精兵简政、责权利相结合等原则,相应建立合理的,符合科学形态结构、权力结构和指挥结构的组织体系,设置经济管理机构,确定管理方式,形成基本适应生产力发展的经济管理体制。一般来说,城市政府机构设多少,设什么机构,取决于城市的大小、任务的多少以及机构的职能,但就其本身也有规律性。城市政府机构的设置,大体上要遵循几个原则,即统一管理的原则,指挥灵敏的原则,责权利相结合的原则,高效率的原则和"统一领导、分级管理"的原则。

转变政府职能,改革政府管理经济的机构,实际上是一场包括经济、政治、科学、教育等体制的综合性改革,涉及面广,难度较大。这里,存在的问题相当突出:一是党政不分。新形势、新经济体制下的党组织的职能不明朗,以党代政的现象比较普遍,权力过分集中,"衙门"过多,分工过细,机构设置"行政化"、"专业化",影响政府职能的发挥。二是不配套。政府机构本来就是一个系统工程,上下制约,相互配套。"孤军深入"有时会陷入困境,被迫"重操旧业"。三是放权不落实。没有跳出产品经济模式的束缚,习惯于直接经营、隶属管理等领导方式,对企业的生产经营活动越俎代庖。放权像挤牙膏,上面催得紧了就放一点,上面不问就不放,甚至有的把放了的权又重新收回去。四是有的企业习惯于依赖上面,多少年来走路都挂着一个"拐棍",一旦把这根"拐棍"丢掉就无所适从。而管理部门看见"孩子"摔了跤,不得不伸手再扶一把,政企难以分开。因此,现行的仍然是按"产品经济"设立的机构,不可避免地面临着一次根本性的变革。

转变城市管理经济的职能,必须首先改革现行经济管理机构,这个认识都是一致的。但如何改革,先改什么,后改什么,看法却不完全一致。比较集中的意见是先放权,后简政。这是针对当前行政机构互相扯皮,不负责任或者环节多、关卡多,存在严重官僚主义的状况和总结过去的经验教训提出来的。简政放权,才有可能使企业不再成为行政机构的附属物,真正成为独立核算,自负盈亏,自主经营,自我发展的经济实体。敞开大门,打破封锁,才有可能使企业从条块分割中解放出来。中央和省属企业已有一部分下放到所在城市,这在一定程度上打破了这些块块。市政府管理经济的部门也要进行改革,把权放到企业,同时转变职能,然后再改革机构,这就是所谓"先撤香火后拆庙"。这样做可能比较有效。如果不把权先放下去,简政只能是就机构论机构,简单地合并机构,这容易形成在形式上兜圈子。这样做的结果常常是,机构一时或撤销,或合并,减了几个人,过不多久,又要分,又要设,机构人员反而更多。过去我们多次精简机构,总是"分久必合","合久必分",其原因就是只简政,不放权。所以,放权不但是经济体制改革的中心环节,也是机构改革的核心。只有真正地放权,才能切实地简政。

但是,从改革的实践看,放权是一件非常复杂的事,不仅放下去难,就是今天放了明天收的事也是时有发生。权不放,职能也不能有实质性的转变。职能和机构是连在一起的,是密不可分的,实际上也很难分开。同样,机构不变,职能就不可能发生重大转变。试点城市的经验表明,如果庙不拆,那么就不能真正把权放给企业,就不能真正放手发展横向经济联合,就不能实现宏观管理,政府管理经济的职能也不可能真正转变。因此,权要下放,职能要转变,机构也要改革,三者要大体上保持一致。

机构的设置必须适应社会主义有计划的商品经济发展的需要。城市是商品经济的产物，其功能是多方面的。它不仅是工业生产的基地，而且应当是贸易中心、金融中心、信息中心，有些城市还是科学、教育的中心。城市的工作，城市的各项经济活动，都不应该局限于为本城市服务，而应该为它所辐射的整个经济区服务。我们研究和改革城市经济管理机构，必须按照这个指导思想，从管理现代化大生产和综合服务的要求出发，最大限度地提高各级行政机构和经济管理机构的组织效率、工作效率，更好地为经济基础服务，促进社会生产力的发展。机构的设置要从实际出发，宜简不宜繁，宜粗不宜细，不一定强调上下对口。其基本原则应该是：

第一，要把党政分开和政企职责分开作为政府机构改革的根本出发点。目前党政不分和政企职责不分的问题相当突出。经济管理部门本身也存在党政不分的问题。党的领导是通过政治思想和组织的领导实现的，是通过制定和执行正确的路线、方针、政策去引导和统率群众；通过细致的、有效的组织工作和宣传工作，去动员群众、说服群众；通过广大党员、干部的模范行为和好的党风带动和影响群众。政府管理经济的机构应按其所担负的规划、协调、监督、服务职能来设置，把原来包办企业的生产经营权还给企业，并把某些行业协调和服务性职能交给行业协会。

第二，机构设置合理，人员配备适中。机构改革要与体制改革一致，按新的管理体制设立相应的机构，既要建立从上到下强有力的工作系统，又要实现政府职能和企业职能的分离，进而从社会经济的总体效益出发，实现对全社会的宏观管理。人员的素质应进一步提高，使其同机构的效能相一致。要逐步实行以聘用制为主的干部人事管理制度，并做到行政编制法制化。

第三，突出城市的特点，适应城市特殊的发展规律，为城市的发展服务。中心城市的功能是多方面的,要充分发挥这种多功能作用就必须在机构的设置上认真加以考虑,例如有的城市建立了经济技术协作委员会,有的成立了经济区协调机构,所有这些,大抵都是从促进经济区的发展,增强横向经济联合出发而设置的。

第四,宏观控制,微观搞活。在机构的设置上,必须从宏观控制,微观搞活出发,做到二者兼顾,相得益彰。

此外,还要注意指挥灵便,协调一致,管理统一,责权相称,便利群众,更好地为人民服务。

机构改革的主要内容应当包括以下几个方面:

1. 调整、充实产业管理机构。这里说的产业管理机构,就是市人民政府的委办。产业管理将继续朝着综合协调职能发展,并在相当一段时期将同时设置管理行业的职能局。当前主要是明确划分委和局的职责范围,委的主要职责是对某种产业进行协调综合并为之服务,局负责行业规划管理,两者都是政府的平行的职能部门,而不是一级领导机构。1984 年 8 月,武汉市决定将财办、市一商、二商、粮食局撤销,建立了市商业管理委员会,作为市政府管理全市社会商业和市场的行政机构。原来这些局管理的人事、劳动、财务、业务等方面的权限全部下放给企业,商委不再直接管理企业,在财经上与企业割断联系。这样做,扩大了商业企业的管理权限,加强了市政府对商业政策、经营法规、信息交流等方面的工作。接着,成立了交通管理委员会,对全市交通实行管理。成立了机械工业管理委员会,对机械工业进行全行业管理。成立了对外经济贸易委员会、经济协作委员会,对外经外贸和经济协作进行统一管理。除了上述新成立的四个委员会外,管理产业的委办还有经委、城建委、农委,分别管理工业、建筑业(包括城市建设)、农业。这些委员会主要起综合平衡、组织协调的作用,不是市人民政府和局之间的领导层次,也不再归口领导专业性经济管理局和经济组织,委与委、委与局的关系是经济综合部门与经济专业部门的工作关系。委只设综合处,不设专业处。设置这样的委,有利于政企职责分开,既限制了委的权力扩大,又撤销合并了过多的专业性经济管理局,而且管理层次也比较适度,保证政府在经济管理上做到宏观管住管好,微观活而不乱。

2. 精简经济管理局。委办调整和加强以后,经济管理局是否应当撤销? 这要根据具体情况而定,既不能一概撤销,也不应全部保留。一些中心城市,像上海、天津、沈阳、武汉、重庆、广州这样的特大城市,光工业企业就有数千乃至上万个,仅仅靠经委综合协调,管理幅度太大,工作有一定的难度。但过去的工业局都是一级领导层次,从生产技术、供产销,到财务成本、劳动工资、价格利润,几乎什么都管,必须进行改革。改革的办法是,按行业进行合并,同时简政放权;有的应当改为企业公司;有的则要撤销。在步骤上,先放权,后简政,成熟一个,改革一个,把属于企业的权力交还给企业,把属于综合经济职能机构应有的权力移交给综合经济管理机构。

3. 整顿、改革二级行政公司。过去政府经济管理部门的弊端是,既管了很多不该管的事,又有很多该管的事没有管住管好,难以进行行业规划和宏观决策控制。政府管理经济,分别由委、局、二级公司分层管理,或者由若干监督部门分别控制,企业办一件事,到处烧香拜佛,手续繁多,互相牵制,效率很低。在精简经济管理局的同时,必须大力整顿、改革二级行政公司。重庆市从 1984 年底开始,陆续把公司这一层“政”简掉了,原有的公司都按发展经济的需要,制定新章程,规定新职能。全市原有的行政性公司变成了四种经济性公司:一是经营服务型的,主要是在物资供应、产品销售、技术开发、人才培训等方面对企业实行有偿服务;二是生产经营型的,各厂为公司统一经营的主要产品联合生产,统一核算;三是混合型的,公司内一部分企业实行松散联合,一部分企业实行紧密联合;四是一种崭新的型体,它没有固定的企业,专门以技术软件为有关企业服务,例如为企业承包技术改造项目,开展技术引进咨询等业务。

企业性二级公司需要加强,把经济上有内在联系的企业,按照专业化协作的原则,合理地组织起来,组成各种类型、不同规模的企业性公司,这样有利于协作配套,提高企业的技术水平和管理水平,便于政府进行管理。当然,许多小企业不一定都参加这类公司,特别是一些搞加工协作、配套生产的小厂,它们可以同一个或几个工厂建立协作关系,也可以为许多工厂,甚至不同行业、不同地区的工厂配套协作,政府职能部门不必花很多精力去直接管理。

建立行业协会也是一个途径。行业协会作为"中介"组织,在政府和企业之间可以起桥梁和纽带作用,传达政府指示,反映企业要求,传递行情信息,协调行业内部矛盾等等。

总之,局和企业之间的行政二级公司,不应该继续作为一个层次存在,要坚决地、大胆地、稳妥地进行改革。

4. 大力加强综合经济管理机构。这里所说的综合经济管理机构是指计划、财政、税务、价格、信贷、统计、劳动工资等部门。城市实行开放,经济活动四面八方进行辐射和吸引,特别是政府的权力下放以后,必须通过经济杠杆来调节企业的生产、建设和流通,促进或制约企业的生产经营活动。因此,经济杠杆部门的责任更重,需要大力加强。当前急需加强的是税务、信贷、工商管理部门。

5. 充实加强信息咨询决策研究机构。要尽快改变目前存在的主管部门强,咨询机构弱,职能部门强,监督机构弱,行政部门强,法制部门弱的状况。除了承担经济管理职能的行政机构外,为了正确决策,政府还应该设置必要的咨询研究机构和信息情报机构,形成多学科专家和各方面人才有机结合的"集体大脑",以便从不同的角度更周密更全面地进行探讨和论证,为科学决策提供依据。这类机构可以在市政府设置咨询委员会或经济技术研究中心、信息中心。当然,这类机构严格地说不能算作经济管理机构,不属于行政机构序列,但它们为市政府决策服务,应该加强。

6.临时机构原则上都应撤销。

当前,应严格控制各级党政群机关增加机构编制。不该设的机构坚决撤销,不该升格的恢复原级别,各种临时机构要坚决清理整顿,各种学会、协会、研究会,要进行精简合并,经费做到自理,不能摊派。

机构改革是整个经济体制乃至政治体制改革的重要组成部分,不但动作大,涉及面广,而且在职能上发生根本性的转变,各种新问题、新情况层出不穷,需要特别加以注意,认真研究,妥善解决。

一是总体设计。机构改革必须积极稳妥,慎重从事。应组织人员进行广泛的调查研究,精心设计,精心规划,通盘考虑,并组织多方面的学者和实际工作者进行可行性论证,努力做到既讲求科学,又要符合实际。在总体设计的基础上,作出具体规划及其方法步骤,切忌"一刀切",不搞东一头,西一棒子。

二是全面配套。机构改革也是一项动态的、复杂的系统工程,是一项整体性很强的改革,在大的方面必须协调配套,一环扣一环,不能出现真空。在放权的同时,对现有机构逐个研究,确定机构的去、留、并、转。

三是逐步推进。总的讲,改革必须配套,这是必要的。但是,改革也有一个过程,要求所有机构的改革同时进行,齐头并进是不实际的。在一段时间内,有先有后,条件成熟的先改,不成熟的稍放后一点。但也不能拖得太长。

　　转变政府职能，改革机构，最难的是人员的安置。中国人多，这是众所周知的，机关也不例外。机构改革势必裁减一批干部和职工。如何安置这批人员是至关重要的。要采取有效措施，通过多种途径、多种形式，积极妥善地加以安排。其办法：①切实贯彻离退休制度；②对于那些年纪较大虽不够退休年龄，但身体不好，难以坚持工作的同志，允许提前退休离休，并适当放宽生活待遇；③机构撤并以后，一部分人转到新组建的部门；一部分人充实加强经济杠杆和经济监督部门；一部分人受聘到企业任职；一部分人转到企业经商或当工人；年轻有培养前途的可以入学深造使其成为各种专业人才；④大部分人实现平滑转移，转到经济实体，开办企业、经商或从事其他职业，逐步由社会消化；⑤允许部分人员自谋职业。与此同时，对于撤并单位干部待遇也要相应采取一些措施。按照上级有关规定：原有的干部级别不变；国家规定的经济待遇不变。

　　转变城市政府管理经济的职能，加强和完善宏观调控部门，实行政企职责分离以及中央和地方合理分权，是整个改革的重要环节。通过改革，要尽快建立一个结构合理、功能协调、信息灵通、富于活力的符合社会化大生产要求的现代化的经济管理系统。

坚持社会主义方向
搞好精神文明建设

　　城市不仅是物质文明建设的基地,而且是精神文明建设的窗口。在城市这个大系统中,物质文明和精神文明建设一定要同步进行,互相促进。我们要以党的全国代表会议精神为指导,以理想、纪律教育为重点,以培养"四有"新人为目标,以实现党风和社会风气的根本好转为标志,切实把精神文明建设作为社会主义现代化建设的一个重要组成部分,作为一项重大的战略任务,坚持不懈地抓下去。

　　精神文明建设是一个伟大的社会系统工程,具有广泛性、持续性和相依性的特点。这个大系统可分为思想建设和文化建设两个子系统。在思想建设这个系统内,包括理想、信念、道德风尚和劳动态度,高尚的思想情操,健康、文明的生活方式和审美观念,自觉的守法精神和高度的组织纪律性,概括起来就是革命理想、道德和纪律。文化建设这个系统,包括教育、科学、文化艺术、新闻、出版、广播、电视、卫生、体育、图书馆、博物馆等。

一、在进行物质文明建设的同时
必须大力加强精神文明建设

(一)加强精神文明建设是实现社会主义现代化的根本保证

　　邓小平同志在 1985 年 9 月召开的党的代表会议上强调指出:"不加强精神文明的建设,物质文明的建设也要受破坏,走弯路。光靠物质条件，我们的革命和建设都不可能胜利。"我们要建设现代化的、高度文明、高度民主的社会主义城市。我们为之奋斗，是因为社会主义能够比资本主义更快地发展生产力，并且能够消除资本主义国家的城市所产生的各种腐败和病态的社会现象。

物质文明建设和精神文明建设是相互依赖和相互促进的，二者不能分离开来，也不能先进行物质文明建设，再进行精神文明建设，我们要努力创造日益增多的物质财富，创造更高的劳动生产率，生产更好的产品，使人民尽快地富起来；同时也要发展科学教育事业，发展新闻出版、广播电视、文学艺术等各项文化事业和体育事业，满足人民日益增长的精神生活的需要，特别是要提高广大干部职工的思想文化水平。坚持四项基本原则，只有坚持社会主义方向，生产力才能得到发展。否则，就会偏离社会主义方向。这就需要加强社会主义精神文明建设来促进和保证物质文明建设。如果不加强精神文明的建设，物质文明建设就可能受到破坏，甚至走弯路。

（二）加强精神文明建设，必须坚持四项基本原则

我们在社会主义制度下实现四个现代化，理所当然地要坚持社会主义道路，要用马列主义、毛泽东思想作指导。邓小平同志指出："我们常说，干部的新老交替，是从组织上保证我们党的政策的连续性。究竟什么是我们党的政策的连续性呢？这里当然包括独立自主、民主法制、对外开放、对内搞活等内外政策，这些政策我们是不会改变的。而所有这些政策的基础，就是四项基本原则，对此我们更是不会改变，不会动摇的。不然的话，我们的社会就将是一个乱的社会，就谈不上安定团结，什么建设改革、振兴中华，都将成为空话。"这就是说，四项基本原则是我们的内外政策的基础，是决定我国性质和前途的原则，是国际共产

主义运动和中国革命、建设经验的结晶，是马克思主义普遍真理同中国具体实践相结合的体现。因此，建设精神文明，必须坚持四项基本原则。

（三）端正党风是当前精神文明建设的关键

邓小平同志在党的全国代表会议上指出："当前的精神文明建设，首先要着眼于党风和社会风气的根本好转。"这一论断，明确地指出了端正党风在精神文明建设中的重要作用，阐明了端正党风是当前精神文明建设的关键。这主要是因为执政党在国家政治生活中的地位所决定的。在我国，共产党是执政党，执政党的党风如何，在全国会产生重大的影响。党风端正了，就能够把马列主义的普遍真理同中国的具体实践相结合，制定出符合我国国情的路线、方针、政策，并体现全国人民群众的根本利益，就能够通过党的各级组织贯彻落实。否则，如果党风不正，党就不可能制定出正确的路线、方针、政策；就是有了正确的方针政策，也不可能很好地贯彻执行，更谈不上建设精神文明。同时，在我们党内，许多党员担任着领导职务，掌握着不同程度的权力，如何用好这些权力十分重要。如果党风不正，就很可能滥用权力，甚至不为人民办事，高踞于人民群众之上，做官当老爷，利用职权，谋取私利。这些人败坏了党风，脱离了群众。

近年来，特别是党的十二大以后，从中央到地方的各级党组织，在加强党的建设方面做了大量工作，党的实事求是的优良作风得到恢复和发扬；党内民主生活逐步正常；绝大多数党组织和党员自觉地与中央保持一致，积极投身改革和四化建设；党内出现的一些严重违法乱纪行为得到及时查处；广大党员的先锋模范作用有所增强。我们的大多数党员、干部是努力贯彻执行党的路线、方针、政策的，是勤勤恳恳为人民服务的，是遵守党纪、联系群众的。这是我们改革和建设工作取得显著进展的重要原因。但是，党风的好转还不够理想，存在一些突出的问题，这主要表现在少数党员、干部缺乏理想、信念，背离了全心全意为人民服务的宗旨，不能坚持党性原则，在个人利益面前，在困难面前，不再讲吃苦在前、享受在后，而是相信什么"有权不用，过期作废"，找机会，能捞则捞，与民争利；一些单位的领导班子软弱涣散，在大是大非面前，讲人情不讲党性，拿原则作交易，遇到矛盾睁一只眼闭一只眼；有些党员、干部，弄虚作假，一切向钱看，铺张浪费，对工作极不负责，官僚主义严重，甚至干出有损国格、人格的事，违反党纪国法，造成很坏的影响。所有这些，必须引起我们的高度重视。

端正党风的问题，中央非常重视。但是，我们党的优良传统和作风在"文化大革命"中遭到空前破坏，虽然经过拨乱反正，党的思想路线问题得到了比较好的解决，解放思想、实事求是也做得比较好，但"有了权就有了一切"的余毒还没有肃清。有些人迷信权力，滥用权力，损害了国家和人民的利益，败坏了党和社会风气。再就是在新的历史时期，贯彻对外开放，对内搞活的方针，总的情况也是好的，但在新情况、新形势面前，一些党员、干部思想准备不足，放松了对资本主义腐朽思想和作风的警惕和抵制，沾染了极为不良的思想作风。因此，中央一再抓党风，仍然出现以上谈到的问题，这也说明了抓党风的极端重要性。

党风根本好转的关键在领导带头。陈云同志指出："社会主义精神文明的建设，关键是执政党要有好的党风。要加强共产党员的党性教育，提高共产党员的素质。"中国有句古话："其身正，不令而行；其身不正，虽令不从。"端正党风，各级领导干部首先必须从自己做起，以身作则，在增强党性、端正党风上做表率。要带头克己奉公，不滥用权力，不搞以权谋私。要带头讲真话，不讲假话。要带头调查研究，实事求是，克服官僚主义作风。要带头艰苦奋斗，不要搞用公款请客送礼，大吃大喝。

实现党风的根本好转要从本单位做起，从自己做起。党风不是抽象的东西，它是党组织和党员的思想、作风的综合体现。党风首先在一个单位根本好转，不仅是必要的，而且也是可能的。每个单位、每个党员的党风好转了，整个党风自然就会好转。各级党组织在学习贯彻党的有关文件精神的时候，都应该对党风的状况进行分析，做出规划，并认真抓落实，争取率先实现党风的进一步好转。

（四）加强精神文明建设，必须深入进行理想教育

建设具有中国特色的社会主义，要坚持做到有理想、有道德、有文化、有纪律。理想，不是眼前的一般的目的，而是一种宏大的长远目标，是对未来的美好的愿望和追求。它激励人们为之献身，坚定人们的信念，明确奋斗的方向，并给以无穷的力量。邓小平同志在总结中国历史道路时指出："没有对马克思主义的充分信仰……中国革命就搞不成功……对马克思主义的信仰，是中国革命胜利的一种精神动力。"当前，党领导全国人民进行经济建设，为实现四化而努力。在新的历史时期，我们的根本任务是发展生产力，实行对外开放，对内搞活，我们的最终目的是使全国人民共同富裕。越是实行各项经济改革和对外开放政策，越要高度重视和身体力行共产主义思想和共产主义道德。失去了理想，就失去了方向，失去了战斗力，整个国家就失去了团结一致的基础。有了远大的理想，体制改革也好，四化建设也好，就能够顺利完成。

理想和现实是统一的。为了实现理想，必须切实地对待现实，胜利地完成现实提出的任务。1958年，邓小平同志在对青年的一次讲话中深刻指出：要有远大的理想，才能永远保持前进的勇气和方向；而走到理想的道路是由无数细小的日常的工作结合起来，在任何工作中严格要求自己。我们实现自己的理想，就必须从日常工作做起,就必须立足本职,不怕艰苦,不怕困难,寓伟大的抱负于平凡工作之中。要把理想教育引向深入,必须在联系实际上狠下功夫。脱离实际的理想教育是空洞的说教,这样的教育只会流于形式,实际效果很小。要联系当前的改革和四化建设的实际,联系干部职工的思想实际,才能奏效。理想教育要在多层次、多形式上深入。要针对不同的对象,运用各种生动活泼的形式,把广大群众吸引到理想教育中来。通过教育,使我们的下一代一定树立远大理想,一定不能让我们的青少年做资本主义思想的俘虏。

(五)加强精神文明建设,必须切实做好思想政治工作

思想建设决定着精神文明的社会主义性质,是精神文明建设的支柱和核心。因此,为了建设社会主义精神文明,一定要加强思想政治工作。

当前,我们处在一个伟大的变革时代。全部的社会政治生活,都围绕着经济建设和经济改革转动。这就要求我们以强有力的思想政治工作,进一步振奋民族精神,激励人民积极投入各项改革和现代化建设。我们的思想政治工作要面向这个新的时代,担负起这个光荣的历史重任。紧紧围绕四化建设这个中心,服从于服务于党的总任务、总目标,团结、教育群众坚持四项基本原则,坚持开放、改革,万众一心地为振兴中华而奋斗,是新时期思想政治工作的根本指导思想。

经济是基础,政治是经济的集中表现。经济决定政治,政治对经济有巨大的反作用。由于"左"的指导思想的影响,过去一度夸大了政治的作用。特别是在十年内乱期间,林彪、"四人帮"把政治和经济完全对立起来,只讲政治,不讲经济,政治可以"冲击一切",给政治理论造成了混乱。党的十一届三中全会以来,我们党拨乱反正,清除了"左"的思想影响,从根本上摆正了经济

和政治的关系。邓小平同志指出,搞四化就是最大的政治。但是,也不能因为工作着重点的转移,不能因为经济建设是中心,就忽视思想政治工作,就看不到思想政治工作的重要性。政治是灵魂,思想先行,这些思想并未过时。我们要自觉地把思想政治工作摆在服从于服务于总任务的位置上来,充分发挥它对经济工作和其他工作的服务作用和保证作用。在新的历史时期,思想政治工作不但是精神文明建设的中心环节,而且是推动物质文明建设沿着社会主义方向健康发展的巨大动力和重要保证。离开了它的服务作用和保证作用经济建设就有可能偏离正确的轨道,经济体制改革和各项工作就难以顺利进行。这就是说,调动一切积极因素,促进改革、开放、搞活,保证四化顺利进行,培养一代新人,是新时期思想政治工作的目的和任务。

加强思想政治工作在当前有着特别重要和迫切的意义。这主要是:

1. 在社会大转变时期,在开放、搞活的新形势下,由于人们各自的利益和看问题的角度不同,认识也不同。随着改革的深入,必然触动人们头脑里不适应改革的固有观念和生活方式中落后的、愚昧的东西,触动安于现状、墨守成规的习惯势力。

2. 商品经济的充分发展是实现我国经济现代化的必然阶段和必要条件,它有利于巩固社会主义公有制和促进人民的共同富裕;但是,商品经济中某些消极因素也会侵蚀人们的思想,我们必须防止这种情况。还应该看到,在商品经济发展过程中,人们的收入有多有少,走向富裕也有先有后,我们要贯彻按劳分配的原则,但也要防止收入过分悬殊。

3. 在对外开放中,我们引进先进的设备、技术和资金,同时资本主义的一些坏东西也可能进来,我们要认真克服和防止资本主义商品经济中所特有的那些诸如尔虞我诈、唯利是图、弄虚作假、巧取豪夺等腐败现象和自私自利的人身哲学。所有这些,都需要我们通过强有力的思想政治工作,深入宣传改革,解释政策,疏通思想,传播经验,把干部和群众的思想统一到党中央的方针、政策上来,统一步调,团结一致,聚精会神地进行社会主义现代化建设。

加强思想政治工作,要注意联系实际,搞好形势和政策的教育。城市改革,引起了经济生活、社会生活、工作方式和精神状态的一系列变化。只有把当前群众所关心的问题,例如体制改革问题,市场物价问题,安定团结问题,按劳分配问题,以及一部分人先富起来与共同富裕等等这些问题讲清楚了,广大干部、群众懂得了党中央所采取的方针政策都是从国家和人民的根本利益出发的,认清形势发展的主流,才能明确前进的方向,增强前进的信心,提高贯彻执行党中央方针政策的自觉性,以主人翁的姿态积极投身到改革和四化建设的洪流中去,为革命建功立业。各级干部应当结合学习中央全会精神,到群众中去宣讲,与群众面对面地进行对话。通过摆事实,讲道理,交流情况,沟通感情,融洽干群关系,解开群众的思想疙瘩。

为了适应新形势的要求,改进思想政治工作,除了在工作内容上要符合发展社会主义商品经济的要求外,在工作方法、方式上必须贯彻疏导、教育的方针。一是广开言路,创造各种条件,让人们畅所欲言,各抒己见,这样既能了解真实思想,又有利于集思广益;二是循循善诱,因势利导,实事求是地分析问题,正确的就采纳、支持,对不正确的、甚至是错误的意见和看法,要耐心地做好解释说服工作,做过细的思想政治工作,把思想引导到正确的轨道上来。疏导方针符合人们思想认识发展的规律,符合正确处理人民内部矛盾的要求,体现了社会主义民主的原则。

加强思想政治工作,还必须加强干部、职工的理论学习,不断提高干部队伍的素质。马克思主义是我们党的指导思想的理论基础,是制定党的路线、方针、政策的科学依据,是我们一切行动的指南。邓小平同志在党的全国代表会议上明确指出,新老干部都要学习"马克思主义理论","加强我们工作中的原则性、系统性、预见性和创造性"。学习马克思主义是精神文明建设的根本,是保证社会主义方向的根本。

马克思主义理论是多方面的,哲学、政治经济学、科学社会主义都要学。当前,特别需要学习的是社会主义建设理论,学习马克思主义的基本原理基本方法,积极探索解决新的政治经济社会文化基本问题的本领。要在理论上弄清一些重大原则问题,例如,公有制是社会主义经济的基础,计划经济问题,等等,这些问题牵涉到对社会主义重大原则的认识,不从理论到实践认识清楚,就会在改革中犹豫徘徊。通过学习,要弄清社会主义的性质和任务,深刻理解党的路线、方针和政策,在各种社会现象中把握事物的本质,掌握各项工作的规律,提高解决问题的本领。

学习马克思主义理论,必须坚持理论联系实际的原则。社会主义正在实践之中,我们必须一面学习,一面就参加到实践中去,直接去看,去调查研究,去进行实践,从实践中总结经验,再上升到理论。通过学习,坚定共产主义理想,确立马克思主义世界观,端正思想路线,端正党风,树立全心全意为人民服务的宗旨。

(六)加强精神文明建设,还必须实行综合治理

对严重犯罪活动的防范和打击,必须继续加强,对一些严重危害社会风气的腐败现象,要坚决制止和取缔。在继续从严打击刑事犯罪活动的同时,全面加强综合治理的各项措施。打击是必要的,但只打不防不行,只打击不教育也不行,要以预防犯罪为主,加强综合治理工作,以达到减少犯罪的目的。在一切经济活动中,大力提倡良好的职业道德,树立企业信誉,实行文明经商,文明办厂,为人民服务,遵纪守法,勤劳致富,抵制各种不正之风,纠正"一切向钱看"的思想,讲究社会效益。

提高服务质量，改善服务态度，也是精神文明建设的一项重要内容。解决服务质量和服务态度的问题关键在于教育。干部带头，各级领导带头搞好服务工作，群众就会跟着做。服务态度不够好，是多年形成的，转变它不是一朝一夕能奏效的，但是必须坚持不懈地抓下去。

二、努力开创教育、科技事业的新局面

（一）以"三个面向"为指针，认真搞好教育体制改革

1985 年 5 月 27 日，中共中央作出了关于教育体制改革的决定。《决定》指出："党的十二届三中全会关于经济体制改革的决定，为我国社会生产力的大发展，为我国社会主义物质文明和精神文明的大提高，开辟了广阔的道路。今后事情成败的一个重要关键在于人才，而要解决人才问题，就必须使教育事业在经济发展的基础上有一个大的发展。"《决定》还指出："教育必须为社会主义建设服务，社会主义建设必须依靠教育。社会主义现代化建设的宏伟任务，要求我们不但必须放手使用和努力提高现有的人才，而且必须极大地提高全党对教育工作的认识，面向现代化、面向世界、面向未来⋯⋯"这就是说，四化建设必须依靠人才，依靠教育；教育要为以经济建设为中心的社会主义现代化建设服务，要更好地适应建设社会主义物质文明和精神文明的要求。四化建设和教育必须协调发展，教育发展和经济发展是互相联系、互相制约、互相促进的，教育发展决定于经济发展，又给予很大影响和作用于经济发展。因此，要强调教育在四化建设中的重要地位和作用，把发展教育作为经济建设的战略重点之一。同时，要使整个教育结构合理，要解决教育思想、教学内容、教学方法与现代化建设需要、与世界科学技术的发展脱节的问题，理顺管理体制，这就必须改革教育体制。

1. 教育改革势在必行。新中国成立以来,我国教育事业在为国家培养专门人才,提高全民族的文化科学水平方面,作出了很大贡献。十一届三中全会以来,我国的教育事业发展很快。就是在"文化大革命"前,我国教育工作成绩也是很显著的。但是,从 50 年代后期,教育工作就受到了"左"的思想影响,"左"的政治运动冲击了教育事业。60 年代到 70 年代中期,世界上发达国家的教育发展很快,但恰好在这时,我国的教育事业受到"文化大革命"的破坏,广大教育工作者遭受严重摧残,耽误了整整一代青少年的成长,使本来与发达国家许多方面已经缩小了的差距,反而拉大了。最近几年,经过指导思想的拨乱反正,我国教育事业得到了恢复,开始走上了蓬勃发展的道路,但还不能适应对外开放、对内搞活经济的形势,同经济建设、社会发展和社会主义精神文明建设的需要很不适应。当今世界,科学技术发展日新月异。在这个新的时代,受过高等教育的人才的需要量是很大的,在发达国家中,高等院校毕业生在总人口中所占的比例一般为 10% 或者更高,有的甚至达到 30%。我国人口 10 亿多,10% 就是 1 亿,而目前全国具有大专学历的人按 5% 来计算,是 5000 多万,离四化建设对人才的要求差得很远。据湖北省 1983 年对全省 200 万全民所有制单位职工的调查,每万名职工中具有大中专文化程度的仅占 5.6%,初中及初中以下文化程度的占 61%,职工平均技术等级只 2.9 级,其中 3 级以下的占 74%,4—6 级占 25%,7 级以上只占 1%。这些情况表明,我们与发达国家相比,仍然有相当的距离,面临着严重的挑战。必须改革教育体制,大力发展教育事业,更多、更好地培养出适合我国经济建设和社会发展需要的各种人才,以推动经济建设的发展。

教育改革是一件世界范围的事,受到各国广泛的重视。很多国家都把教育改革提高到关系国家前途命运的高度,并组织专门机构对教育问题进行综合研究,做出重大决策。

1983年4月,美国教育质量委员会发表了《国家处在危险之中——教育改革势在必行》的调查报告,里根总统也发表了广播讲话,要求全国人民关心教育改革,指出国家的力量将取决于教育水平的高低。同年12月,美国召开了全国提高教育质量大会,1984年又召开了全国性的教育改革讨论会。

1984年1月,苏联共产党中央委员会发布了苏联《普通教育学校和职业学校改革的基本方针》草案,要求青年人具备最现代化的教育水平。不久,苏共中央和苏联部长会议相继发布了《关于进一步完善青年的普通中等教育和改进普通学校工作条件的决定》等四个有关教育改革的决定。

最近几年,日本也很强调教育改革的必要性和迫切性。

近年来,东欧各国也都面对本国的情况进行了教育体制的改革:普通教育和职业教育的体制、结构趋于多样化和统一化,强调普通中学要加强综合技术教育和职业训练,中专和职业技术学校要加强普通教育,并要求大部分青年逐步达到完全中等教育的水平。

上述情况表明,在当今时代,世界上很多国家,包括一些经济最发达国家,把教育放到与国家、民族兴衰密切相关的战略高度,哪个国家重视教育,经济、社会就会发展;哪个国家在教育上落后了,就赶不上时代发展的步伐,就会落后。这是一种世界趋势,是一个挑战。因此,教育改革是一项十分紧迫的任务。

2. 教育改革的目的是提高全民族的素质,多出人才,快出人才,出好人才。改革是为了发展社会生产力,建立充满生机和活力的经济管理体制。生产力的重要因素是人,人才是最活跃、最现实的生产力。一个国家、一个地区能否振兴,能否富强,关键在于发展教育,培养人才,起用人才。党的十二届三中全会关于经济体制改革的《决定》指出:"当前的迫切任务是,大胆起用和积极培养成千上万中青年经济管理干部。"我们建设现代化的、高度文明、高度民主的社会主义国家,需要造就千百万个德才兼备,精于事业,勤于学习,善于决策,勇于创新,善于用人,工作讲实效,办事讲贡献的经济活动组织者,并且相应建立起一套育才、选才、用才和严格的考核制度,使大批人才能够充分发挥作用。因此,必须从学生抓起,培养学生成为有理想、有道德、有文化、有纪律的人,培养他们热爱社会主义祖国,热爱社会主义事业,具有为国家富强、人民富裕而奋发图强、艰苦奋斗的献身精神。这就是教育改革的目的所在,也是城市改革的头等大事。

建设现代化的社会主义强国,需要有资金,有物质资源。但是,仅仅具备这些条件还是不够的。人的智力和知识是世界上取之不尽,用之不竭的资源,是生产物质财富和精神财富的无穷无尽的生产力。如果人类没有发明创造,社会就不会发展。而没有学校的培养教育,没有知识的积累,发明创造也是不可能的。只有重视教育,重视知识,培养出大批的有用人才,并且调动他们的积极性,才能使我们站在科学的高峰,才能发展社会生产力,才能建设四化,振兴中华。武汉市聘请联邦德国退休专家格里希,不是单纯地用这个人,而是要"不拘一格"地学习国外先进的管理经验,培养我们自己的一些管理人才。要造成一种尊重知识,尊重人才,重视教育的社会风气。人才不仅仅是高级专家,还包括能够适应现代化建设需要的各个层次各个方面的人才,那些默默无闻、勤勤恳恳、兢兢业业在自己岗位上取得优异成绩的实干家,那些具有一技之长,并且对党对社会尽职尽责,为人民服务,在四化建设的岗位上作出贡献的,都是人才。当然,人才也是相对的,一个人用其所长,就是人才;舍长就短,就可能成为庸才。

科学地使用人才,要树立正确的用人观。邓小平同志在全国科技工作会议上强调指出:"善于发现人才,团结人才,使用人才,是领导者成熟的主要标志之一。"这说明培养人才是一个重要方面,能不能识才用才也十分重要。刘备能够鼎足三分据巴蜀,很重要的一条就是尊重贤才。"三顾茅庐"的故事几乎妇孺皆知,说的就是刘备求贤若渴,亲自登门,把诸葛亮给请出来了。后来有一位诗人写了一首诗称赞说:"豫州军败信途穷,徐庶推能荐卧龙。不是卑词三访谒,谁令玄德主巴邛?"刘邦之所以能打败项羽,以弱胜强,一个重要原因就是会用人,不拘一格地起用各种人才,发挥他们的长处。刘邦重用的人物多数出身"布衣寒门",韩信是"胯下之夫",樊哙是"杀狗子"的,但都有才。萧何会理政,张良会出主意,韩信会将兵,陈平、樊哙、周勃会打仗,每个人的长处都发挥出来了,所以能打败项羽。反过来,项羽虽兵多将广,有万夫不挡之勇,但不会用人,加上骄傲自满,所以失败了。人才是在实践中成长的,只有大胆起用,让他们到合适的岗位上锻炼,才能迅速成才。人才的成长,需要帮助,需要扶持,需要培养,需要保护,不疑三惑四,不究其小过,不强其所不能,才能使其尽心尽力,发挥应有的作用。

总之,人才主要依靠教育来培养。重视知识和人才,就必须重视教育。不重视教育,不重视人才的培养,就没有大批的人才。人才的极端重要性决定了教育在四化建设中的战略地位。

3.教育改革要从体制改革入手。教育改革包含的内容十分丰富,主要有教育体制,教育结构,教育立法,各级各类学校的设置和布局,教育的投资和效益,培育教育者的师范教育,教育的延伸,继续教育和终身教育,教育的扩展,学校外的社会教育,等等。在众多的改革内容面前,为什么要从体制改革入手呢?这主要是因为,中央已经确定了以城市为重点的整个经济体制改革的蓝图和有关的重大方针政策。城市经济体制改革的深入发展必然要影响到教育体制。对外开放,对内搞活,管理体制上实行政企分开,简政放权,整个经济体制改革,必然带来人才问题,带来教育问题,教育体制改革要与经济体制改革相适应。经济、科学技术、教育的体制改革互相配套,互相促进,才能推动四化建设的前进。另一方面,从教育事业发展来看,也亟待进行改革:基础教育薄弱,影响到民族的素质、劳动者的素质和学校的质量;中等教育结构中职业技术教育比重过小,发展较慢;高等教育中层次、种类比例不合理。由于管理体制上的弊端,使整个教育缺乏主动适应四化建设实际需要的活力。因此,要改变目前教育与四化建设不相适应的局面,必须从体制改革入手。

教育体制改革,主要从以下几个方面进行。

(1)有步骤地实行九年制义务教育。普及基础教育是现代文明的基础和标志。高一级的职业技术教育和高等教育的发展,有赖于基础教育的普及和提高。在教育改革中,应该把加强基础教育作为一个重要环节来抓,这主要是因为教育周期长,从小学、中学到大学,差不多需要 20 年的时间,没有长远的目光,企图在短时间内见效是不可能的;大学是培养人才的摇篮,但打基础的却在中、小学,如果不从小抓起,不从幼儿抓起,好的人才也难以培养出来。办教育是很费钱的,但它的社会效益大,影响一代人的素质,影响民族的进步,社会的发展,世界各国十分重视基础教育。现在,一些发达国家正在重新强调和提高、改进基础教育。初等和中等学校的普通教育是苏联和东欧各国国民教育的基础和最重要的环节,并把加强基础教育置于特殊重要的地位。他们强调儿童的早期教育,把学前教育看作是整个教育体系不可分割的组成部分、教育体系的"第一环节";他们重视打好小学教育的基础,注意从小就在德育、美育、体育和劳动教育等几个方面为儿童打下全面发展的基础;他们注意中学阶段的基础教育,教学内容不断充实更新,注意反映科学、技术、文化的最新成就,"让年轻一代牢固掌握科学基础知识,训练在实际工作中运用这些知识的本领。"为了加强基础教育,世界大多数国家和地区都宣布实行义务教育(强迫教育)。据联合国教科文组织《1960—1982世界教育统计概述》介绍,在199个国家和地区中,实行义务教育的有168个,占84.4%;其中实行九年义务教育的国家有33个,十年的有35个,苏联从1984年开始实行十一年义务教育;世界各国儿童受初等教育的人数占学龄人口的比率由1960年的81.5%上升到1982年的94.3%;学生的入学年龄绝大多数为5至7岁,尤以6岁为最多,有113个国家,占56.8%。据联合国教科文组织预测,到2000年,发展中国家初等教育入学率约为96%,学龄儿童入学率不到90%的可能有23个国家。我国基础教育落后,全国约有文盲、半文盲2.3亿人,如果再不重视教育,还会产生新的文盲,必将影响四化建设的进程。因此,实行九年制义务教育,不仅是本世纪四化建设的需要,更是一项面向未来的事业,关系着民族素质的提高,国家的兴旺发达。

武汉市的基础教育,通过近几年的努力,特别是通过调整和改革,已经有了重大变化:

普及水平和教育质量明显提高。1985年城区幼儿入园率已达80%以上,学龄儿童入学率达99.4%,在校学生巩固率达99.1%,毕业率97.2%,按国家标准,1986年全市全面普及初等教育。小学毕业生升入初中的比例,城区101.5%(含借读),郊区89.9%,汉阳等四县为63.4%,初中毕业生合格率为66.6%。

城乡分级管理、分级办学的体制正在逐步形成。市、区、县、乡各级办学的积极性得到发挥。

办学条件有了一定改善。全市城乡中小学1986年基本实现"一无两有"。城市小学、初中的实验、图书设备有了较大改善。

特殊教育有了一定的基础。全市有6所工读学校、3所盲聋哑学校,早期智力开发和弱智儿童教育正在兴起。

师范教育体系的建设和师资准备有了相当的基础。全市现有幼师 1 所,中师 6 所,电大师资班 10 个,为筹措中学师资武汉大学分校开设了师范专业,并委托武汉大学、华中师范大学、湖北大学等高等院校代培师范生,目前正依托教育学院筹建一所普通高等师范学院。现在,中师学生在校人数已达 2880 人,本科师范学生在校人数 1800 余人。在职教师的培训工作也在稳步发展,中师培训在校人数 1098 人,高师培训在校人数 2152人,单科培训 1952 人。

根据《中共中央关于教育体制改革的决定》和武汉市的实际情况,市人民政府制定了《关于普及九年制义务教育的实施意见》。

《意见》指出,义务教育是依照法律规定,学龄儿童和少年都必须接受,国家、社会、家庭必须保证具有强制性的国民教育。按照这一要求,本市公民,凡达到学龄的儿童,不分性别、民族、种族,必须按时入学,受完从小学到初中阶段的九年制义务教育。据统计,武汉市现有在校小学生 65.7 万人,"七五"期间净增 4 万人,到 1991 年净增 5 万人,大部分在城区。现有在校初中生 26.2 万人,"七五"期间净增 1.4 万人,到 1991 年净增 4 万人,大部分在农村。

《意见》规定的目标是:1990 年基本普及,1992 年全面普及九年制义务教育。

上述目标应分阶段、分地区、有步骤地实施。1986 年全市城乡全面普及小学教育,在此基础上逐步普及初中教育。其具体措施是:小学不戴"帽子"办初中;城乡中师毕业生一律分配到小学任教,不准分到初中;农村小学教师一律不往初中抽调,鼓励一部分适合教小学的城区初中教师到小学任教;在实现"一无两有"的基础上,因地制宜,进一步改善小学办学条件,对"四率"

的状况进行复查等等。"七五"期间实行九年制义务教育的基本学制仍为小学 6 年、初中 3 年，城区有条件的学校也可积极试行五、四分段或九年一贯制。根据地区经济发展和教育基础的不同情况，武汉市实行九年制义务教育，从地区上作如下划分：

第一类：城区。人口约 280 万，占全市人口的 45％，1988 年普及九年制义务教育，并积极创造条件，逐步普及高中阶段的普通教育和职业技术教育。

第二类：县镇、区辖乡、郊区及四县部分较富裕的乡村。人口 290 万，约占全市人口的 47％，1990 年普及九年制义务教育。

第三类：比较贫困的乡村。人口约 50 万，占全市人口的 8％，1992 年前后普及九年制义务教育。

加强基础教育，需要采取得力措施：

首先，要提高教师的物质待遇和社会地位，稳定中小学教师队伍并吸引优秀的人才从事中小学教育工作。教师是社会上最受人尊敬最值得羡慕的职业之一。《中共中央关于教育体制改革的决定》指出："要在全社会范围内，大力树立和发扬尊重各级各类教师的良好风尚，使教师工作成为最受人尊重的职业之一"。列宁指出："应当把我国国民教师的地位提到在资产阶级社会里从来没有、也不可能有的高度。这是用不着证明的真理。为此，我们必须经常不断地坚持不懈地工作，既要振奋他们的精神，也要使他们具有真正符合他们的崇高称号的全面修养，而最最重要的是提高他们的物质生活水平。"我国中小学教师的工资在国民经济十大部门中是最低的。中央决定拿出十几亿元从 1985 年 1 月起为几百万中小学教师增加工资，这表现了党和政府对中小学教师的关怀，对教育的重视。但是，要真正做到使农村中小学教师的待遇略高于当地中等劳动力的平均水平，城市中小学教师待遇略高于当地职工平均收入水平，还必须做许多工作，依靠全社会的努力才能解决。此外，还要改善教师的住房条件。现在,很多城市为教师拨出专款修建住宅,武汉市1985年拨专款修建了4万多平方米宿舍,这对于逐步改善教师的居住条件是有益的。

其次,要不断提高教师的水平。我国中小学教师水平低,不能保证教育质量,必须进行培训,培养合格的师资。要逐步使小学教师达到中师水平,中学教师达到大学本科水平。不能胜任的教师,要改派其他工作。要重视发展师范教育。师范教育是培养教师的重要基地,是教育战线的"工作母机",各级都要把发展和办好师范教育作为重点。要增加师范教育的拨款,办好示范学校,师范毕业的学生应从事教育工作。

第三,要逐步改善办学条件。改善办学条件重要的一条是解决危房问题和课桌椅问题。据1983年统计,全国中小学有危房4600万平方米,有21%的中小学缺课桌椅。基础教育是地方性事业,必须由地方来办,各级党委和政府应把九年制义务教育作为一件大事来抓。1985年,武汉市提出集资新建、翻修农村危漏校舍20万平方米,新增和修理课桌椅11万套。这对改善办学条件是一项极为重要的措施。此外,还要有计划地逐步增加教育经费,添置教学设备,包括教学仪器、图书、体育器材等。

改善办学条件,必须按分级负责、分级管理的体制确定合理的财政增长比例,并开辟多种渠道,采取有力措施,建立稳定的经济来源:

一是按照中央"两个增长"的要求和现行财政体制,明确制定、合理核定市区县教育经费的增长基数,共同保证"两个增长"的落实。根据国际、国内的一般规律,经济的增长与教育投入的增长的合理比例应为1∶1.3或1∶1.4,否则,比例就有可能失调。具体增长比例应为市、区、县财政应保证教育经费的增长率(每年教育拨款总额在前一年决算的基数上的增长比例)高于财政经常性收入增长率的 4％，财政超收部分，每年提取 5％—10％用于补助义务教育。

二是提取地方教育基金。1985 年，武汉市作出了《关于发展我市教育事业若干问题的决定》，规定从全市工商企业销售和经营收入总额中按 0.9‰提取地方教育基金。这项费用主要用于危房改造和增添教学仪器设备。

三是城市和乡镇的新区建设和旧区的成片改造，应按标准规划配套义务教育和幼教设施。零星住宅建设应按一定比例收取教育配套补偿费，以扩建附近学校。

四是教育部门要进一步搞好勤工俭学，管好用好预算外资金，组织好超编富余教职工从事第三产业和勤工俭学活动，逐步做到自负盈亏，倒回部分人头开支，用以补贴个人政策性开支。

五是采取对口挂钩的办法，扶持贫困区发展教育事业，鼓励各种社会力量和个人按自愿量力的原则捐资助学。

(2)大力发展职业技术教育。大力发展职业技术教育，培养亿万计的从初级到高级比例适当、协调配套的各类职业技术人才，是发展社会生产力、加快四化建设的需要。从一些发达国家来看，职业教育非常重要，受到各国的普遍重视。联邦德国把发展职业教育看作"经济发展的柱石"和"秘密武器"。日本一些人认为"职业教育挽救了日本的一个困难时期，对国家做出了直接的贡献"。据联合国教科文组织 1983 年统计，整个 70 年代，全世界职业教育的增长超过普通教育的增长，其中，经济发达国家职业技术教育年均增长 3％(学生数)，而普通教育增长 1.4％。经济发达国家中等职业技术教育占中等教育的比重，1970 年为 18.1％，1980 年增长到 22％。增长最快的是非洲，年均增长率达 7.5％。有一些国家从小学高年级开始就进行一定的职业技术教育。由于历史的原因，我国过去对职业技术教育重视是不够的。党的十一届三中全会以来，随着我国整个教育事业的发展,职业技术教育受到了普遍重视。武汉市充分发挥各方面的积极性,采取教育部门单独办,改少数普通中学为职业技术学校,或在普通中学内开设职业班;在教育部门指导下的各单位、各部门自己办学;教育部门和其他部门联合办学等办法,使职业技术教育迅速发展。目前已开设了幼师、财会、图书情报、档案、文书打字、电工、家用电器修理、微电脑、工艺美术、服装、烹饪、旅游等 120 多种专业,99 所职业学校、348 个职业班。1985 年职业技术学校招生数与普通高中招生数之比已达到 0.8:1。成人教育发展也很快,目前,全市已初步形成了由政府部门、企业、社会其他力量共同组成的、分级配套的成人培训系统,现已有文理医工十几个大类,80 多个专业,40 所学校,在本地区国民教育中占有重要地位。江汉大学,是根据党的十一届三中全会精神,为适应武汉四化建设的迫切需要,于 1980 年创办的一所新型短期职业大学。这所大学实行走读、收费、短期、职业、毕业生不包分配等办法,形成了一种高等技术教育的新格局,为国家培养了大批专业技术人才。

如何发展职业技术教育,逐步建设具有中国特色的职业技术教育体系?

首先,要提高对职业技术教育的认识。职业技术教育是我国整个教育事业最薄弱的环节,其重要原因是鄙薄职业技术教育的陈腐观念和落后思想根深蒂固。因此,必须解放思想,提高认识,克服和纠正那种认为职业技术教育不是正规的教育,不是系统的教育,职业技术教育不光荣等思想,从我国社会主义经济建设这个根本任务出发,增强发展我国职业技术教育的紧迫感。

其次,要把发展中等职业技术教育作为重点。这是因为社会对人才的要求,最大量的是各种中等职业技术人员。办法是有计划有步骤地把一些普通中学改为中等职业技术学校;继续在一些中学设置职业技术班;在专业设置上,要进行全面规划,统筹安排;尽快培养师资;大力发展多层次、多规格、多形式的办学办法,调动各方面的积极性。

第三,积极发展短期职业大学。这类大学美国有 11000 多所(其中 8 千多所为高中后的非学术教育单位),日本有 7500 多所(其中 7 千所为招收高中毕业生的专修学校和各种学校)。我国 1984 年只有 50 余所,1985 年已发展到 110 所。短期职业大学的发展,是我国教育改革的一个突破,为四化建设作出了贡献,应该积极扶植,大力发展。

(3)要使高等学校具有主动适应经济和社会发展需要的积极性和能力。高等学校招生和毕业分配,是直接关系到高等学校培养人才能不能与社会需要挂钩的两个环节。过去的招生计划不能充分反映社会需要,全部毕业生都由国家统包统分,弊病也很多,对于珍惜和用好人才,对于学校主动适应社会需要,对于充分调动学生的上进心和责任感,都是不利的。《中共中央关于教育体制改革的决定》中提出的高等教育招生、分配制度的改革办法,旨在改变由国家统包统分的单一模式,使高等教育具有主动适应经济与社会发展需要的积极性和能力,进一步挖掘普通高校潜力,打开人才通向山区、农村、中小企业和其他急需用人的地方和单位的渠道。经验证明,急需用人才的单位通过委托培养,可以有保证地得到合格人才,比他们自己投资办学校又省又快。

高等学校的改革,还要把人才搞活,人才不能搞单位所有制和部门所有制。对教师和其他技术人员试行聘任制。不少大学教职员工与学生的比例不恰当,清华大学目前有教职工 7800 多人,其中各类教学人员 3500 人,每个教学人员只教 4 名学生。一些名牌大学情况大体差不多,人员有不少浪费。如果这些多的人员能够流动,那对社会贡献是会很大的。

扩大高校的自主权,是增强学校活力的一个重要环节。有关部门要按照《决定》精神,应当放的权都放给学校,党政部门只进行宏观指导和宏观控制,并尽力为学校创造条件,保证高等学校各项改革的顺利进行。当前,城市正在进行多功能建设,要树立为教育和科研单位服务的思想,积极主动地为他们排难解忧。

(4)调动社会办学积极性,多渠道增加教育投资。办教育是很花钱的。发展教育事业必须增加教育投资。由于国家和各级政府的重视,这几年教育投资逐年有增加,办学条件有了明显的改善。但是由于长期"左"的思想的影响,教育欠账太多,教育经费不足仍然是一个紧迫的问题。

增加教育投资需要走改革之路。在这方面,中央已作出了两项重大决策:今后一定时期内,中央和地方政府的教育拨款的增长要高于财政经常性收入的增长,并按在校学生人数平均的教育费用逐步增长。这体现了中央对发展教育的重视。在增加国家投资的同时,还要调动社会各方面的积极性,多种途径、多种渠道筹措教育经费。有些领导干部,宁肯把钱花在并非必要的地方,对于各种严重浪费也不感到痛心,唯独不肯为发展教育花一点钱,这是目光短浅的表现,必须尽快改变,不能只指望国家拨款,要采取各种措施来解决。武汉市决定,从 1985 年起,在农村开征教育费附加,这是一项重大决策。有计划地经过批准,也可以搞一些社会集资。还要善于运用有限的人力、物力、财力,取得更大的成果。应当承认,我们教育事业中智力投资的效益还是有潜力的。苏联有高等学校 890 多所,在校学生 530 万人,其中函授、夜大学占 43%;我国有 900 多所大学,在校学生只有 130 多万人,其中函授、夜大学只占 12%。中等专业学校也有潜力。如果把这些潜力挖掘出来,将会发挥很大的作用。

(5)进一步加强对教育工作的领导。

教育事业涉及面广,许多问题纵横交错,与各方面都有联系,工作难度比较大。因此,加强党和政府对教育工作的领导,是发展教育事业的关键。国务院已经成立国家教育委员会负责掌握教育的大政方针，统筹整个教育工作的发展，协调各方面有关教育的工作，统一部署和指导教育体制改革，各省和一部分市也成立了教育委员会，在组织上保证了教育的重要地位。当然，教育委员会成立以后，各级党和政府的主要负责人仍然要重视教育工作，关心教育工作，当好教育战线的"后勤部长"，要多为教师办好事、办实事，争取每年解决几个实际问题。

中央要求，各级各类学校都要逐步实行校长负责制，有条件的学校要设立校务委员会。这是加强党对教育工作领导的一个重要方面。要建立健全教职工代表大会制度，加强学校的民主管理和民主监督。

(二)改革科技体制，面向经济建设

1. 经济建设要依靠科学技术，科学技术要面向经济建设。

建设现代化的社会主义强国，需要有资金和物质资料。但是，仅仅具备这些条件还是不够的。人的智力和知识是世界上取之不尽，用之不竭的资源，是生产物质财富和精神财富无穷无尽的生产力。正如马克思所指出的那样：生产力的发展，归根到底，一方面来源于社会分工，另一方面"来源于智力劳动特别是自然科学的发展"。"科学是一种在历史上起推动作用的、革命的力量"。如果人类没有发明创造，社会就不会发展，历史就不会前进。而没有知识的积累，发明创造也是不可能的。这是因为自然科学和技术被应用到生产过程中，使生产力的诸种要素发生变化，从而转化为直接的生产力。邓小平同志指出："历史上的生产资料，都是同一定的科学技术相结合的"，"历史上的劳动力，也都是掌握了一定的科学技术知识的劳动力"。因此，只有重视知识，强调科学技术在生产建设和社会发展中的重要性，才能使我们站在科学的高峰，才能发展社会生产力，才能建设四

化,振兴中华。

在人类的历史进程中,由于科学技术水平和知识在生产中的应用程度不同,科学技术在生产力结构中的地位和作用也不同。在资本主义社会的前期,生产劳动主要依靠手工工具,因而在这一阶段科学技术在生产中不能发挥主导作用。到了资本主义大机器生产时期,科学技术在生产中被普遍应用,作用越来越大,地位越来越重要。资本主义与手工业生产的主要区别,就在于"整个生产过程不是从属于工人的直接技巧,而是表现为科学在工艺上的应用"。"只有资本主义生产方式才第一次使自然科学为直接的生产过程服务"。随着科学技术的发展,科学技术更加系统地被应用于生产,正如邓小平同志指出的,"现代科学技术的发展,使科学与生产的关系越来越密切了。科学技术作为生产力,越来越显示出巨大的作用。"最初的一些简单机器可能凭经验和手工能够制造出来,但是,现代的半导体、激光、光导纤维等尖端技术的出现,如果没有物理、化学、数学和生物科学的发展,是决计不可能的。同样,如果没有现代科学技术的发展,核电站、洲际导弹、航天飞机、宇宙飞船以及彩色电视机、收录机、电冰箱等就不可能出现。

国民经济是一个巨大的系统工程,也是一个复杂的整体。实现四个现代化,最根本的是用现代先进的技术改造和装备工业、农业、国防和科学技术各部门,使整个国民经济建立在先进科学技术基础之上。因此,实现四化,首先必须实现科学技术现代化,这就是说,科学技术现代化是实现四个现代化的中心环节。只有科学技术的高度发展,才能为工业生产提供先进的装备,才能使农业生产现代化。

近几年来,我国经济形势很好,1984 年,工农业总产值增长12.6%,第一次突破了 1 万亿元大关。但是,我国是个有 10 亿人口的大国,人均国民生产总值不到 400 美元,属于收入很低的国家。而瑞士人均收入 17000 美元，美国 13000 美元，日本 11000 美元。我国人均一年生产的财富只有日本的 1/27，美国的 1/32，瑞士的 1/43。全国人均产值最高的上海，1984 年人均工农业总产值为 2300 美元，人均国民总产值约 2600 美元，在全世界只能排在第 49 名。

面对这种情况，党和国家决定将工作重点转移到经济建设上来，提出了实现四个现代化，在 1980 年的基础上，到 2000 年工农业总产值翻两番的奋斗目标。为了实现这些目标，中央先后作出经济体制改革的《决定》和科技体制改革的《决定》，这是非常正确的和适时的。面向经济建设，为提高工业、农业和其他产业的劳动生产率，为社会的发展，这是当前我国科技工作者的伟大使命和社会职责。

2. 世界新技术革命及其对策。

当今世界，科学技术的发展日新月异，一个新的技术革命高潮正在形成，现代科学正以前所未有的规模，迅速被应用于生产，使社会的各个领域发生了深刻的变化。

世界新技术革命是从 40 年代开始的。重大的发明创造先后问世，先进的技术不断在生产中应用。1942 年，美国首先建成原子能反应堆，不久就造出世界上最先进、杀伤力最大的武器——原子弹，以后氢弹、导弹、洲际导弹也陆续问世，这是世界综合技术大大提高并在生产中应用的最明显的证明。电子计算机、半导体晶体管和集成电路也在这一时期先后出现，根本改变了电子器件的面貌。由于先进的科学技术在生产中的迅速应用，1957 年世界第一颗人造卫星上天，使人类活动开始越出了地球的范围。到了 60 年代，激光技术也出现了，这种新兴的光源给人类带来了新的希望，标志着科学技术有了新的飞跃。70 年代，由于大规模集成电路的发展，微电子技术、计算机技术、光导通讯、卫星通讯技术以及软件技术的综合应用，生物技术、新材料技术、新能源技术、海洋工程技术等新兴技术迅速发展，形成所谓"第三次浪潮"，也就是通常所说的新技术革命。

信息技术是最突出、最活跃、对发达国家经济社会生活影响最大的技术，主要包括微电子技术、电子计算机、光纤通讯、激光和光电子技术等。当然，电子计算机的发展是惊人的，微机不但被大量应用于生产和军事，而且渗透到经营、管理、运输、银行、科研、通讯、教育、医疗、市场预测、社会服务以及家务劳动等很多方面。据有关方面估计，西方发达国家一半以上的工业产值与应用电子计算机有关。1980 年美国 30 万台计算机每年完成的工作量相当于 4000 亿人从事脑力劳动每年完成的工作量，也就是说美国全部人口都从事这种劳动的工作量的两千倍。现在，世界上的科学杂志已超过 10 万种，每年发表论文 500 万篇，每年出版图书 50 多万种，每年公布的专利 70 多万种。1982 年，美国电脑软件市场的销售额为 50 亿元，1983 年猛增到 103 亿元，1984 年又增长 45％。目前，美国从事软件工作的有 50 万人，日本有 30 万人。

生物技术。包括基因工程、细胞工程、酶工程、发酵工程。在十多年前有希望的医疗奇迹之后，生物技术开始显出某些结果。美国遗传技术研究公司研究出一种能治儿童侏儒症的生长激素；组织纤维蛋白溶酶原催化剂研究成功，能制止心脏病的发生；美国阿姆根公司生产出促红细胞生长素，这种激素能刺激制造红血球细胞的进程。一些专家说："生物技术现在已度过了婴儿时期，进入了青少年时期了。"

新材料技术。主要是与信息技术有关的材料，如单晶硅、光导纤维、半导体材料等。还有新能源方面的材料，如太阳能吸收材料、高密度储能材料、超导体材料等；特殊用途的结构材料和新型的功能材料。再就是高效能的结构复合材料，如碳纤维、增强树脂、高性能的工程塑料，以及分离膜、新型合金等。

453

新能源技术。包括太阳能、生物质能、核聚变等。世界上最大的电功率为 1 万千瓦的太阳能发电装置已在美国建成,苏联也建成了 5 千千瓦的太阳能发电站。世界上很多发达国家已经和正在发展核电站,我国的核电站也正在兴建。

海洋工程技术。海洋面积十分广阔,比陆地面积大得多。海洋的资源非常丰富,开发和利用海洋对人类有极为重要的意义。例如,海水含金量相当于陆地储藏量的 170 倍,含铀量达 40 亿吨,相当于陆地储藏的 49 倍。海洋还提供了世界上锆的全部,钛、镁的大部和相当数量的锡、石油。世界海洋经济的总产值达 3000 亿美元以上。

面对世界新技术革命,我们必须采取相应的对策,制定新的科技发展战略。

武汉市提出的经济发展战略目标是:深化配套改革,扩大对外开放,依靠科技教育,提高产品质量,注重整体效益,优化产业结构,强化综合服务,稳步发展经济。按照这一发展战略,到 2000 年,工农业总产值达到 510 亿元,年均递增 7.24%;社会总产值达到 620 亿元,年均递增 7.43%;国民收入 220 亿元,年均递增 7.39%。提前三年实现国民生产总值翻两番,人民生活达到小康水平。

但是,武汉市的技术水平、管理水平都比较落后,行业之间的发展不平衡,工业化的任务远没有完成。必须以新兴技术的研究和开发为先导,以传统企业的技术为重点,以现有科学技术的推广应用为基本内容,逐步建立一个完整的、有特色的科学技术体系。

实现上述目标,科学技术力量雄厚,是武汉一大优势。武汉地区现有高等院校 30 多所,其中 7 所被列为全国重点院校,设有 200 个专业,在校学生超过 5 万人,居全国大城市中第三位。地区拥有市以上自然科学研究机构 324 个,也在全国大城市中居第三位。全市各类科技人员 22 万人,其中自然科学技术人员 14.5 万人,在全国大城市中居第四位。在开发和应用新技术方面,特别是计算机软件、光导纤维、激光、生物工程、能源的开发上,已经走在前面。要充分利用和发挥这些优势,制定科技发展战略和新技术革命对策。

(1)制定科学技术发展的具体规划。在调查研究的基础上,广泛吸收专家学者的建议,结合武汉市的实际,提出长远的和阶段性的指导思想以及具体目标,并确定若干具有全局性的攻关项目和实施方案。

(2)搞好技术改造。实行以内涵为主扩大再生产的发展战略,依靠科学技术进步来不断提高劳动生产率和经济效益。从武汉现有企业的情况来看,主要是设备陈旧,技术落后,产品单一。武汉现有工业企业的设备,70 年代的只占 20%,50 年代 60 年代的占 60% 到 70%,40 年代的占 10% 左右,有的甚至是清朝光绪年间的设备。这种状况,与现代化的经济建设极不适应,必须大力发展科学技术,用先进技术和设备来武装企业。考虑到资金、资源、生态诸方面的因素,来确定武汉的技术改造方针,对现有企业的技术改造,与新建企业相比,投资省,周期短,可以边生产,边改造,边产出,最切合武汉的实际。

(3)开发东湖技术密集经济小区。东湖小区是我国少有的知识、技术、经济高度密集地区。区域面积约 40 平方公里,25 万人口,区内有高等院校 16 所,科研设计单位 54 个,工厂企业 75 个,科研设计人员 3200 多人,在校大学生、研究生 5.4 万人。小区风景秀丽,交通方便,具有创办经济技术密集区得天独厚的条件。创办这个小区,可以充分利用那里的技术优势,发展激光、光导纤维、电子计算机、信息技术、能源设备、核磁共振技术及生物工程等新兴技术和产业,为武汉地区服务,为全湖北乃至华中地区服务。

中央对于开发东湖技术密集小区非常重视,批准逐步实施。武汉市已成立了专门机构,负责这方面的工作。

(4)引进国外先进技术。对于我们还没有掌握的但又很急需的国内外先进技术,实行大规模的全盘引进,在此基础上吸收、模仿、改良、创新,逐步转入"自主型"开发,建立自己独立的科学技术体系。采取这种办法的好处是速度快,花费时间少,可以节省大批引进设备所花费的宝贵外汇。日本采取这种办法证明是行之有效的。1950年到1978年,日本引进技术和进口设备共花费200亿美元,引进2万多项技术,使经济迅速起飞,节约了三分之二的时间和十分之九的经费。

引进技术一定要有重点,而只能短时间见效的,不能盲目引进。要把新兴产业、支柱工业和传统工业结合起来,形成具有武汉特色的工业体系。

(5)科学技术要为乡镇企业服务。现在吸收科学技术积极性最大的是农村。农村、乡镇需要科学技术非常迫切。农村要继续发展,一靠政策,二靠科技。那里管理灵活,求技若渴,资源丰富,人力充沛,天地广阔,大有作为。中国的振兴,最终要靠8亿农民的兴起。只要农村振兴了,中国就会成为一个经济大国。

(6)大力发展新兴服务行业。武汉市在城市综合经济体制改革的推动下,知识产业正在兴起,科技市场基本形成,科研、教学、生产联合体基本形成,一些以开发智力为主的公司相继出现。全市已有各类技术服务、技术咨询、技术开发和情报信息机构二三百个。新兴服务行业是以现代物质生产部门为基础的,是高度知识化、高度技术化的产业,是为社会提供服务的复杂劳动。因此,大力发展这种产业,是一项关系全局的战略任务。

(7)建立科技信息中心。在现代社会,科技信息已成为经济发达和社会进步的基础。科技信息工作正在向信息处理自动化、信息传递网络化、信息储存缩微化、信息存取自动化方向发展。广州市电脑信息中心已经建成。武汉市是经济体制改革试点城市,在科技发展战略中,科技信息中心的建设应先行一步。

(8)抓紧科技立法。科学技术立法是科学技术发展的必然结果。通过国家机器,明确在科学技术领域中,提倡、鼓励、保护、限制和禁止的范围,促进科学技术的发展。武汉市要按照国家科技法规,建立健全地方科技法规。目前,科技成果转让、新产品、技术市场等地方性法规已经制定实施,并发挥了作用,还应考虑制定技术改造、新技术开发、研究和咨询、科研生产经营联合体和基础研究等法规。

在世界新技术革命面前,我们有先进的社会主义制度,有党的坚强领导,有大批科技人员的努力,特别是我们已经具备多方面的有利条件,中央已经作出决定。只要我们努力,就一定能够使我们的科学技术得到迅速发展。

3. 改革科技体制。

《中共中央关于科学技术体制改革的决定》明确指出,改革科技体制,关键是解决四个问题:一是开拓技术市场,二是改革拨款制度,三是加强企业的技术吸收和开发能力,四是造就专业造诣较深又富于开拓精神的大批的中青年技术领导骨干。

(1)改革拨款制度。

1983年,我国共有研究机构9344个,120万人,其中厂矿企业所属的研究机构3645个,22.5万人。其余5700个科研机构中的100万人基本上都是靠国家、省、市财政供给。也就是说,在我国的科研机构中,83%的人是吃"政府公粮"的。而一些发达国家,科研机构多半是由企业办的,也有一些是私人办的。如日本和美国的科研机构90%在企业,吃国家拨款的只有10%。

吃国家拨款的科研机构,长期以来是上级给下达任务,不但任务不饱满,而且不能调动这些科研单位和科技人员的积极性,一个研究课题往往拖得时间很长,不少有才华的研究人员虚度年华,不安心工作。而全国数十万个中小企业和广阔的农村,却迫切需要知识、需要人才。而他们之间又难以相互沟通,浪费严重。

为此,科技体制改革的首要任务是改变拨款方式。科研机构和科学技术人员要面向社会,到企业、农村去找课题。与此同时,大力开拓技术市场,把技术成果无偿转让改为有偿合同制,使科研机构从中得到经济收益。技术成果可以到市场去卖,也可以当做资本向企业投资,可以出口换外汇。而国家将省下来的拨款改为按任务下达合同。这种办法大大调动了科技人员的积极性,使技术从研究部门、高等院校源源不断地流向企业、流向农村、流向内地,带动了企业的进步,推动了农村乡镇企业的发展。

事实证明,这种办法是行之有效的。武汉市建筑设计院面向社会搞有偿设计,1983 年以来,不但没有要财政的 60 多万元的事业经费,反而向国家上缴了 80 多万元的利润,职工的收入也增加了。到1987 年,武汉市市属 25 个工业技术开发研究所,已有 16 个全部实现了经济自立。

(2)下放管理权限。

要给科研机构以充分的自主权,这是搞活科研机构的一个重要环节。政府职能部门不应该过多地干预研究机构的科技活动,逐步做到政研分开,放手让他们在面向经济、面向社会的过程中去发展,去开拓。邓小平同志指出:"落实知识分子政策,第一位的就是科技队伍的管理使用问题。"科学技术研究必须按照智力劳动的特点和科学技术发展的客观规律进行管理。

为了实现科研、设计、试验、生产相结合,苏联广泛建立科技生产联合体,并采取三种形式:建立综合研究所,把研究工作同设计、试验工作结合起来,取消中间环节;直接在企业或联合公司设置设计处、实验室和试验生产机构;把科研单位同生产企业结合为科学生产联合体。民主德国采取了在工业联合企业和企业设立科学中心,对采用新的科技成果、更新设备、提高生产工艺水平和产品质量起到了推动作用。匈牙利近年来将中央各部门所属研究所改为工程技术组织,更侧重于应用技术,主要任务是向生产部门提供科研最终成果。同时建立了科技与生产联合体,解决科技发展中的重大问题。在企业则广泛建立了科技小组,解决单位科技开发中的紧迫任务。

改革科研机构,要逐步下放科研所,与有关企业的科研单位合并,从事技术改造和技术转化的研究与新产品的开发工作。有条件的企业要为研究所开辟中试车间和小型实验室。要按项目建立教育—科技—经济联合体,并实行横向经济联系,迅速转化科研成果。在咨询委员会的基础上,建立全市性的科技智囊机构,参与制定科技发展规划,进行重大科技项目的论证。

(3)改革科技干部制度。

社会主义建设事业的发展需要越来越多的中青年科技人才和其他专业人才走向第一线领导岗位和关键科学技术岗位,这是一种必然的潮流,要坚定不移地进行改革。

对于老科学家和老技术专家也要切实安排好,并且充分发挥他们在为培养人才、指导研究、推广成果等活动中的重要作用。

要允许人才的合理流动。为了充分发挥科技人员的作用,要进一步放活科技人员,放活科研单位,应当允许科技人员向急需人才的地区和单位流动,例如向边远地区、少数民族地区、农村、中小企业流动。但流动必须合理,要履行必要的手续,不能不辞而别,不能侵犯原工作单位的利益,不能挖急需用人单位的墙脚。

三、切实加强对精神文明建设的领导

精神文明建设是一项长期的、复杂的任务,是一项全面、综合、动态的社会系统工程,是全党的共同任务。需要全党和全国人民高度重视,艰苦努力,切实把这项工作抓紧抓好,抓出成效来。

(一)提高认识,加强领导

两个文明一起抓是我们建设具有中国特色社会主义的坚定不移的方针。如果对这一重大战略方针认识不足,精神文明建设势必搞不上去。因此,各级党委和政府都应该把加强社会主义精神文明建设作为一项紧迫的任务,不仅党委书记要抓,厂长(经理)也要抓;不仅政工部门要抓,工会、共青团、妇联、民兵等群众组织都要抓,行政业务部门也要结合工作业务去抓;不仅工矿、企业、机关要重视精神文明建设,学校、街道、村镇、居委会、家庭都应当抓。只要全党重视,全社会大力推进,精神文明建设就会出现一个新的局面。

加强领导重在落实。落实就是不能停留在口头上,不是一般不痛不痒的号召,而是真正把任务落到实处,有领导分管,有人抓具体工作,并列入工作日程,经常研究,部署、检查这方面的工作,出了问题及时解决。只有这样扎扎实实地抓,才能真正抓出成效。

加强领导,就必须有一个有权威的领导机构。精神文明建设内容多,涉及面广,任务重,单靠某一部门难以挑起这一重任。武汉市现在抓精神文明建设的综合部门有,宣传部主要抓宣传教育,文化娱乐,新闻出版,广播电视,下面还有文化局、广播事业局以及报社、电台和社会科学研究机构;"五四三"办公室主要是搞一些综合的文字材料;整顿市容卫生办公室主要抓市容、卫生,治脏、治乱、治差;教育委员会主管教育;科学技术委员会主管科技工作;政法部门管社会治安。不久以前成立了"精神文明办",但人员少,权力小,抓不起来。基本上相互不通气,各搞各的,没有统一领导,统一规划,步调不能一致。福建省三明市多次被评为全国文明城市,他们有一个专门抓城市精神文明建设的委员会,看来这是个成功的经验。

加强领导,必须切实维护党的政治工作部门的权威。在经济体制改革和现代化建设中,广大政治工作干部尽职尽责,辛勤工作,表现出了很强的党性和革命事业心。我们经济体制改革的每一项进展,都体现着政治工作的作用;经济建设的每一项成就,都包含着政工干部的心血。

各级政治工作人员是社会主义现代化建设的一支不可缺少的队伍,是加强精神文明建设的一支重要力量。思想政治工作可以激发劳动者的积极性,创造社会经济效益,这是一方面;另一方面是通过潜移默化的思想政治工作,增强人们认识世界、改造世界的能力,提高思想觉悟,净化心灵。

当然,加强精神文明建设的领导,维护思想政治工作部门的权威,还必须提高政工人员的素质和加强同群众的联系。政工干部自身要树立责任感,相信思想政治工作能够教育人、转化人、鼓舞人;政工干部要树立为人民服务的宗旨,讲共产主义理想,有献身精神,并用自己的实际行动带领广大群众去建设社会主义精神文明。

(二)重视制定精神文明建设的规划

精神文明建设是一个伟大的社会系统工程,精神文明体现在人们精神生活和精神生产的一切领域,制定精神文明建设的具体规划,像抓经济建设那样,切实抓好精神文明建设,做到两个文明一起抓,两个计划一起下,两个成果一起拿。

城市是一个统一的有机整体,经济、政治、社会、思想文化、科学技术是城市这个大系统的子系统。它们的协调发展,相互配合,对城市现代化的进程起着巨大作用。这就要求城市按照正确的指导思想和明确的方针,制定发展规划。

武汉市在制定精神文明建设时的基本指导思想和原则是:①以经济建设为中心,面向改革和开放,保证和促进社会主义商品经济的发展。②加强共产主义思想教育,培养"四有"新人。③大力发展科学文化教育事业,加强基础设施建设。④坚持继承与创新相结合,既要吸收优秀文化遗产,又要勇于开拓创新。⑤依靠群众,立足基层,大力建设文明单位。广大群众是物质文明的建设者,也是精神文明的创造者。精神文明建设战略,必须坚持群众路线,发挥群众的智慧,充分调动群众的积极性和创造性。这样,才能有坚实的基础和可靠的保证。

(三)抓好基础工作,把精神文明建设落实到基层

建设社会主义精神文明,要从基层抓起,从社会细胞抓起。基础工作搞好了,精神文明建设就好落实了。

抓基础工作,首先要抓好基层组织建设。从武汉市的情况看,基层企业、市郊乡村、街道居委会普遍存在着班子不够健全,人员素质较差,力量比较薄弱的状况。这是应当改变的。

开展建设文明单位和争创五好门栋、五好家庭的活动,是把精神文明建设落实到基层的有效措施,要坚持不懈地抓下去。要加强基层文化设施的建设,大力开展群众文化活动。

总之,精神文明建设是一项非常复杂的系统工程,必须要有开创精神。社会主义事业本来就是前无古人的事业,没有开创精神不行。同时,这项工程的工作量很大,单靠一两个部门是搞不好的,必须统一领导,协同作战,共同施工,才能把这项工作搞好。

附 录

来自人民　服务于人民 [＊]

邱长寿

（1983 年 3 月 30 日）

44 岁的工程师吴官正昨天上午在武汉市第七届人大一次会议上当选为武汉市市长。在他当选之际,记者访问了他。

他中等身材,微黑的面庞,着一身深蓝色的服装,足蹬一双军绿色球鞋,看上去普普通通,朴实无华。他有一双炯炯有神的眼睛,讲话时还保持着乡音。从他身上,似乎还可以嗅出泥土气息。

我们的话题首先从吴官正同志的经历谈起。他是江西余干县人。他告诉我,他家三代都是贫农,没有人踏进过学堂门。1949 年共产党打下了天下,他有机会跨进了学堂,凭着自己的刻苦勤奋,在 1959 年考进了全国著名的高等学府清华大学,攻读动力系热工测量及自动控制专业。本科读完后,他又考取了研究生,专攻热工测量。1968 年,他被分配到武汉葛店化工厂,担任技术员。

在武汉葛店化工厂,吴官正同志先后担任仪表连（当时的机构名称）连长,技术科长,厂党委委员,厂革委会副主任。在六年多的时间里,他同工人睡在一个集体宿舍,吃在一个食堂,一起搞技术革新和技术改造,建立了深厚的感情。当时厂里仪表控制设备比较差,在厂党委的支持下,他和同他一起分到厂里的同

＊　此文刊载于《长江日报》。

学蒋伯雄及仪表工段的技术人员和工人一起,搞了锅炉水位自控、盐酸氯氢比例自控、氯气氢气流量控制等许多重大技术改造项目,受到了工厂和上级领导机关的表扬,化工部氯碱行业的许多现场会就是在厂里召开的。用吴官正同志自己的话说:我从读小学到大学研究生,都是党培养的,没有共产党就没有我。到工厂后,工人们又给了我许多实践知识,我是在同工人结合起来以后,才做了一些工作的。我时时提醒自己,不要忘本,不要忘了养育我的人民,不要忘了教育我成长的党。

1975 年 4 月,市委通过考察了解,调吴官正同志到市科委担任副主任、党组成员,还担任了市科协副主席,并兼任市科学技术中心党委书记、主任。去年 11 月,在市第六次党的代表大会上,被选为市委常委。这一次又被选为市长。谈到这一段经历,吴官正同志深有感触地告诉记者:这并不是自己比人家能干,自己的每一点进步,都是与党的培养教育,与老同志的传帮带分不开的。他说:"我这个人是个知识分子干部,提到领导岗位以后,确实有点怕,遇到问题往后躲。老同志给我支持,给我压担子,有什么困难,就在背后为我做工作。比如科委主任肖望同志见我缺乏经验,就向市委第一书记王群、市长黎智同志建议,让我到市科学技术中心兼党委书记和主任,使我受到了锻炼。在市委常委中,我年纪最轻,经验最缺乏,市里的一些领导,如刘惠农、邓垦、辛甫、谢滋群、黎智、孙荣章、李泊等许多老同志都对我进行过帮助,教给我工作方法,给我以支持鼓励。"

党的培养教育,老同志的传帮带,周围干部和群众的支持,使吴官正同志在从基层到市级领导机关工作的锻炼中,增长了才干,积累了一定的领导工作经验。正如王群同志前几天在一次会议上向大家介绍的那样:"吴官正同志在大学里是高材生。分配到葛店化工厂工作以后,作风很艰苦,对厂里的技术革新和改造是有功劳的。到市科委工作以后,在思想、作风、品德上也表现很不错。他有理想,有抱负,思想比较开阔,有一定的组织能力。"

当记者问吴官正同志"在担任市长后有什么想法和打算"时,吴官正同志爽快地说:对于我担任市长职务,有不少同志还为我捏着一把汗。对于这个问题,要说我自己没有一点想法也是假的。我的水平和经验很有限,担心担不起这个担子,会辜负党和全市人民的希望。但是,我想到市长是人民公仆,有党的领导,有群众的支持,有老干部的传帮带,有广大知识分子出谋献策,我想困难是能够克服的。

对于今后的打算,吴官正同志谈了这样三点:

"第一,我来自人民,服务于人民。我的知识是党和人民给我的,我要很好地为人民服务,在生活上决不搞特殊化。我可以向大家表示,当市长后,房子不搬,上班骑车走路没问题,我准备搬到办公室里睡,让大家晚上在办公室里可以找到我。"

"第二,要在干中学,学中干。武汉市这么大,我的城市管理知识是很缺乏的。在经验上,我无法同黎智同志和一些老同志比,我要拜黎智同志为师,我当学徒。我要很好地学习党的方针政策,学习科学管理知识,要解放思想,勇于改革。要求实创新,有闯劲,还要有后劲。要善于调查研究,彻底转变作风,提高办事效率。看准了的事,要果断地去办。我要向全市人民学习,依靠全市人民管理好城市。武汉市有 11 万多知识分子,我要很好地向他们学习,发挥他们的参谋和智囊作用。同时,还要依靠各级组织。"

"第三,要想大事,干实事。武汉市的大事是什么呢? 我想一是在提高经济效益的前提下,要在本世纪末实现翻两番还要多一点。二是搞好城市的建设和管理,使武汉市这个特大中心城市有自己的特色,使武汉人民感到满意。干实事就是不讲大话,不讲空话,要说到做到,办事要考虑到人民的利益。"

末了,吴官正同志告诉记者,他将以王群同志代表本届市委委员表示的"四要四不要"作为自己行动的座右铭,即:执行党的方针政策要坚定不移,不要左右摇摆;要有抱负,不要无所作为;要勤奋,不要贪图安逸;要公正,不要以权谋私。

市长碰到了"死角"*

彭守章

（1984 年 2 月 23 日）

这件事情发生在农历正月初四,地点是武昌城区某菜场。那天,这家菜场宽敞的店堂里只有三五个买菜的人。干菜杂货柜内,几位营业员围炉而坐,柜台外站着一位买盐的女顾客。

"请方便一下,把盐包一包,只买一斤盐还要我回去拿东西来装?"女顾客恳求地说。

"啰嗦! 跟你说了,没有东西包,老缠个么事!"火炉边一位营业员不耐烦地答道。

这时,市长吴官正同志看望国棉四厂坚守生产岗位的干部、工人后,来到了这里。吴市长见状,只好上前帮买盐的顾客说情。

"关你么事? 冇得东西包!"一位看上去有 40 多岁的男同志瞪着眼睛说。

吴市长发现柜台货架边有好几个纸袋,坚持劝说营业员方便一下顾客,又遭到拒绝。

后来,有人知道了这位"喜欢管闲事"的人是来菜场拜年的吴官正市长,道歉的话说了一大堆。

读罢这则故事,您大概会感到:这家菜场一定是"怎样治好'摇头病'"的春风没有吹到的"死角"。这样的单位难道不该补补课么!

---

* 此文刊载于《长江日报》。

武汉市长微服出访
竟遭服务人员辱骂[*]

（1985 年 3 月 24 日）

3 月 16 日清晨，武汉市市长吴官正独自到武汉港十五码头了解情况，受到了几个服务员的辱骂。吴官正在尝到了劣质服务的苦头后说："武汉的服务工作没抓好，市长挨骂活该！"

15 日晚，两位外地同志找到吴官正家里反映："武汉市有些旅社、码头的服务态度太差了！"16 日清晨 5 点多，吴官正起床，披一件大衣，徒步半小时来到武汉港十五码头。6 点半刚过，一位旅客匆匆来到码头有礼貌地问道："这是去上海的船吗？"站在那儿的几名服务员没有一个搭理他。吴官正忙上前给这位旅客"帮腔"："这是不是六号轮？""不是！莫讲些鬼话！"一名服务员不耐烦地开口了，说话就像"甩砖头"。

"咦，同志，怎么这种态度？"吴官正又问。

"态度？你想扯皮么？走开些！"

"我不想扯皮，想看看……"

"看看？省委书记来看都不怕，莫说你。记住，我是××
×号！"

这位服务员拍起胸来。另一名服务员一边把手里的剪刀等物塞过来，一边嚷："站在这里想收票？剪刀给你，给你！也不看看你那个样子！"几名刚才不理旅客的服务员"呼"地涌过来……

---

[*] 此文刊载于《人民日报》。

吴官正挨了一顿骂归来,下了一个决心:武汉市的服务质量非抓不可了!

当天下午,吴市长在市政府机关备白开水几杯,请来省、市新闻单位的几名记者征询对服务工作的意见。他向记者感喟道:"我活了40多岁,第一次挨这样的骂,不好受,可武汉市的老百姓和来汉的客人该挨了多少这样的骂哟! 一些车站、码头、商店、旅社服务态度差,服务水平低,让群众'拿钱买气受',我感到很难过,我这个当市长的该检讨!"他又说:"×××号服务员的态度给了我深刻教育。看来,要充分发挥中心城市的综合服务能力,从我这个市长开始,各级领导必须把提高服务质量当作改革的一项重要内容来抓。抓不好,挨骂活该!"现在,武汉市人民政府要求机关干部对到政府机关联系工作的人和来访者做到:一起身,二请坐,三倒水,四办事,五送客,带头改善服务质量。

要讲处分得先处分
我这个当市长的*

（1985 年 3 月 20 日）

市长吴官正昨日写信给武汉港客运总站负责人，建议不要对港十五码头 16 日晨当班的服务员给予"开除留用"、"行政记过"之类的处分。他说："要讲处分，得先处分我这个当市长的。"

本报 17 日刊载"市长清晨出访港十五码头备尝旅客之苦"的消息后，武汉港客运总站迅速整改，对当事人分别给予了严肃处理。吴市长昨日上午看到有关处分决定后，心里很不安，下午派市政府办公室负责人专程给客运总站负责人送去一封信。信中说：对个别服务态度不好的人员，主要应着眼教育，处理不宜过重，建议撤销或减轻对他们的处分。更重要的是要举一反三，共同吸取教训，提高整个武汉市的服务水平。昨晚 9 时许，吴市长又当面向长江航运管理局和武汉港务局的负责人拱手请求："一定不要给当事人处分！不能因为市长挨了骂，就从重处罚，那么多老百姓挨了骂怎么办呀？"吴市长表示：要与那几个同志交朋友，希望他们切实转变服务态度，欢迎他们到市长办公室去交谈。适当的时候，他还要再去武汉港找这几位年轻人聊聊。

---

* 此文刊载于《长江日报》。

外国厂长能办到的
中国厂长为什么办不到 *

(1985 年 1 月 6 日)

吴官正市长：

现向您推荐两篇报道：11 月 22 日《长江日报》发表的《武柴厂长格里希有职有权，治厂严谨》和 11 月 24 日《武汉科技报》发表的《武柴的外国厂长——威尔纳·格里希》。我认为，这两篇报道的发表对于当前武汉市正在进行的整党和改革来说，是完全必要、非常及时的，我们为之拍手叫好！

我们在"四化"建设中需要格里希这样的厂长。如果武汉所有工厂，特别是领导干部都能像格里希那样，坚持实事求是，讲求效率；不讲情面，从严治厂；关心职工，平等相待，不用几年，肯定能使工厂面貌焕然一新。

据了解，有的企业领导干部有这样的习惯：一杯茶水加一根香烟加一张报纸＝"报到时间"半天。有的领导从不下车间班组调查研究、解决问题，总是互相扯皮、互相推诿，谁都不想承担责任，只图安逸，不顾工作。像这样继续下去，怎么能提高工作效率和经济效益？整党和改革岂不也成了一句空话？

我建议：把全市企业特别是厂、科室、车间的领导干部组织起来学习格里希的事迹，总结经验，改进工作，提高效率。同时，在向格里希学习的基础上，按系统、部门组织检查团到各单位，

---

* 此文刊载于《长江日报》，是一位工人写给吴官正同志的信。

就各种规章制度和各级领导干部的责任制落实情况进行大检查，重点放在领导干部的工作态度、工作作风、工作效率和工作方法上，找出原因，拿出方案，限期整改，违者严肃处理，为今后顺利完成整党和改革任务做好准备。

　　吴市长，您若认为我的建议可行的话，请将我写给您的这封信登报发表，让读者提出意见和建议。

武汉市一位普通工人

1984 年 11 月 27 日夜

这个建议提得好*

吴官正

(1985 年 1 月 6 日)

一位工人向我写信,字里行间激情洋溢,充分体现出工人群众关心社会主义企业兴衰的高度主人翁责任感。我觉得他提出了一个发人深省的问题:外国厂长能办到的事,中国厂长为什么办不到? 这需要每一个企业领导作出明确的回答。我同意他的建议,将此信见之于报端,并且借此机会开展一场讨论,以活跃思想,分清是非,提高认识,办好企业。

聘请外国专家当厂长,并不是我们的独创。苏联十月革命以后,列宁、斯大林时代都曾这样办过。今天,我们在"四化"建设中,为什么不能走这一条路子呢? 我们在许多方面还不如人家,落后就要请先生,格里希就是我们要请的先生中的一个。我们要肃清"左"的影响,进一步解放思想,大胆引进人才,把武汉的企业整顿好、管理好、建设好。

确实,格里希没有什么神奇、特殊的本领,他的经验说到底是个"严"字——严格按科学规律办事,按规章制度办事,严于律己,从严治厂。我们为什么严不起来呢? 是不合时宜的领导体制捆住了我们的手脚吗? 是上级领导不支持吗? 是担心群众怕严吗? 是我们不敢和不愿这样做吗? 诸如此类的问题,都可以通过讨论,揭露矛盾,加以澄清。

---

* 此文刊载于《长江日报》。

胡耀邦同志元旦给油田题词：新年要有新气象。我认为这个讨论就是活跃思想的新气象。它对提高领导的政治、思想、技术业务素质来说，不仅必要，而且迫切。热切希望广大干部、技术人员和工人群众支持《长江日报》编辑部把讨论搞好。

聘任"洋厂长"前后 *

黄启疆

(1998 年 11 月 20 日)

翻开 1984 年的采访本,记载最多的当推武汉引进"洋厂长"。

当年 11 月 1 日,65 岁的德国退休专家格里希受聘出任国有企业武汉柴油机厂厂长。在社会主义的中国,聘请资本主义国家的一位老人当国有企业厂长,无疑是条重大新闻。

作为《长江日报》工业记者的我,当天早早地赶到武汉柴油机厂,参加了格里希的就职大会。此前好几天,我已经采访了与此有关的不少情况。

武柴在我市颇有知名度,50 年代曾成功地试制出我国第一台手扶拖拉机,60 年代在全市第一个荣获"大庆式企业"称号。80 年代以来,产品质量徘徊不前,经营出现新的困难。

格里希本是由武汉的友好城市——德国杜伊斯堡市的退休专家合作局派出的退休工程师,应邀前来武汉柴油机厂进行技术咨询。9 月下旬,懂行而勤奋的格里希到厂考察,提出了 100 多条合理化建议,拿出了 10 万字的咨询材料,并表示:如果让他来当武柴厂长,可以在现有设备条件下,通过加强管理,大幅提高产品质量。

市委、市政府负责人得知此事,态度十分明确:列宁在十月

---

* 此文刊载于《长江日报》。

革命成功后，就邀请外国专家担当过国家部长一级的领导职务。周恩来总理也曾邀请日本的大松博文出任我国女排的教练。西方的科学技术和管理经验是全人类的智慧结晶和共同财富，要善于进行学习。国外智力、国外人才同样要敢于引进。

市委书记王群、市长吴官正多次慰勉格里希，同时确定武柴作为厂长负责制的试点企业，并为此专门成立了以市委常委李梅芳为首的四人小组，在厂进行指导。

其时，党中央关于经济体制改革的决定刚刚发布，武汉成为全国经济体制综合改革试点城市还不到半年。聘任"洋厂长"，显然是一个大胆的举措、一次勇敢的突破，是武汉改革开放创造的又一个"全国第一"。

也许正是因为如此，担心疑虑者自然不在个别。"中国人为什么要外国人来管？难道就挑不出一个中国人当厂长？""这是带方向性的大事，搞不准谁负得了责！"种种议论，自有其"根据"，并非意料之外。

那天，参加格里希就职大会的中央传媒驻汉记者和本地传媒记者甚多，却无一例外地未作即时报道——"看看再说"，已有指令下达。

"看看再说"，反映了当时的观念、思维和行为方式。在今天，谁还会怀疑此事的报道价值呢？谁还会下达这样的指令呢？

在全国传媒中，唯有千里之外的《羊城晚报》对此作了即时报道，作者署名为"本报特约记者陈修诚"。陈当时是本报副总编辑，报道材料由我提供。

10多天以后，国务委员张劲夫来湖北考察获悉此事，肯定"武汉大胆走了第一步"，称此事"将引起全国的注目"。接着，总书记胡耀邦又在新华社一份"内参"上作了批示。闻风而动的中央和本地各传媒的记者，争相前往武柴采访，关于"洋厂长"的报道一时成为一个舆论热点。

一位读者写信给市长吴官正:"我们需要格里希这样的厂长"。"外籍厂长能够做到的,为什么中国厂长做不到?"他建议在报纸上对此展开群众性的大讨论。吴官正市长称赞"这个建议提得好",并以此为题撰文。1985年1月,《长江日报》刊发这位读者的来信和吴官正市长的文章,推出读者讨论专栏,持续三个月。

"我的目标是国际市场"、"检验部门是厂长的眼睛"、"把不称职而在位的人狠心撤下去"、"再也不能支付'报到工资'了"——事隔多年,我采访一些企业界人士,人们仍对格里希这些"名言"记忆犹新,津津乐道。

格里希的厂长任期只有两年。其间,他在卓有成效治理武柴之时,先后到10多个城市演讲,撰写了26万字的企业机构设置和劳动组织方案,引起全国企业界的广泛关注。1986年11月,先后五次会见过格里希的姚依林副总理,在会见离任的格里希时说:"格里希两年来的工作所产生的意义,远远超出了武汉柴油机厂本身。"

要维护个体户的合法权益[*]

金生　传亮　邱长寿

（1984年1月3日）

　　昨天上午8点，市、区个体劳动者协会负责人和个体商业户部分代表兴冲冲地来到市政府会议室，他们是作为市长邀请的客人，专门给市政府和有关部门来提意见和反映情况的。

　　吴官正市长对大家说，由于我们的有些工作人员没有按政策办事，使有些个体商业户受到不应有的损失，问题虽然发生在下面，责任应该由我们承担。我们正在抓住这个问题，举一反三，整顿党风，请你们向全市个体商业户转达。

　　会上，市、区个体劳动者协会负责人和个体商业户代表心情非常激动，他们畅所欲言，反映了个体商业户的意见和要求，并提出了一些合理化建议。吴官正同志和刘泽清、高顺龄副市长，以及市委、市政府有关部门负责人态度诚恳，他们边听边记，耐心地听取了大家的意见和建议。对有些可以立即解决的问题，吴官正同志都当场一一请有关部门的负责同志回去后马上落实。

　　座谈会已开到中午12点半了，吴官正同志对大家说，你们的话可能还没有讲完，今后你们有什么问题，可以直接打电话找我和其他市长。吴官正同志说，要维护个体户的合法权益。对于扣缴个体商业户营业执照和生产工具的问题，虽然已经解决，

————————————

　　[*]　此文刊载于《长江日报》。

但市政府党组认为不能就事论事。我们要认真总结经验教训，提高办事效率。今后，市政府要加强责任制，该谁负责的问题，谁就要一抓到底。我们有些同志，还是用"左"的眼光来看待党的现行政策，所以在执行中出现问题，今后要认真纠正，坚决按照国家法令办事。

吴官正同志说，在我市个体户当中，有全国人大代表、全国工会十大代表、共青团十一大代表，省、市劳动模范，还有共产党员、共青团员。绝大多数个体户走勤劳致富之路，得到了党和政府的关怀。但是，也确有个别人违法乱纪，不服从管理。希望个体户代表回去以后，多做工作，教育大家遵守国家法令，保证国家税收。他还对市容交通管理部门的同志说，我们批评你们不是说你们不该管，而是指你们在管的过程中没有按政策办事。同时，希望工商、市容交通管理部门搞好团结、共同把市场搞好。

市容交通整顿部门的负责人接过吴官正同志的话头，诚恳地说，听了电台的广播和看了报纸的批评，我们受到很大震动，我们一定要根据市政府的要求，一律发还扣缴的营业执照和生产工具，损坏了的要照价赔偿，并且向大家道歉。同时，要认真进行整改。

窗外虽然天气严寒，但市长和有关部门负责同志的话把大家心里说得暖融融的。江岸区个体劳动者协会的负责人当即表示：市委、市政府这样重视我们个体商业户，我们深受感动。我们回去后一定要多做工作，支持市容交通整顿部门共同把市容交通管理好，并且教育大家自觉地遵守国家的法令。

鼓励先进　鞭策后进[*]

叶金生　邹良贤　胡咏兰

（1984 年 3 月 8 日）

　　武汉市政府今日张榜表扬在今年头两个月取得显著经济效益的七个企业,同时批评经营管理不善造成亏损的两个企业的党政一把手、工会主席、总工程师。

　　受表扬的七个企业是:武汉第二印染厂、武汉第一棉纺织厂、武汉冷冻机厂、武汉电池厂、武汉洗衣机厂、武汉客车制配厂、武汉制漆厂。这七个企业的产值销售收入、实现利润、上缴利税都比去年同期有显著的增长。

　　武汉自行车一厂、武汉第一皮鞋厂由于领导软弱不力,经营管理混乱,产品质量低劣,造成自行车、皮鞋大量积压,致使企业亏损,上缴利税分别比去年同期下降 79.6％和 50％,因此两厂的党委（总支）书记、厂长、工会主席被点名批评。

　　市长吴官正认为,张榜表扬好的、批评差的企业领导人,体现了赏罚分明,有助于增强企业领导人的责任心和紧迫感,先进的会更先进,后进的会赶上去。

---

　　* 此文刊载于《湖北日报》。

我是 27777……[*]

斯振舒

（1985 年 1 月 16 日）

　　"我是 27777，市长专线电话。"一年来，"27777"五个数字已经在武汉市人民心中扎下根，把市长和人民紧紧连在一起。

　　"丁零零……"，铃声响了，去年元月 25 日，华中工学院一教师来电话反映："上午 10 点左右，×××菜场拿出三筐皮蛋，结果只卖了几个人，就被菜场内部分光了，群众非常气愤。"市长吴官正听完电话，拍案而起，吩咐说："通知商业局，请他们立即到大专院校征求春节物资供应的意见，对菜场私分皮蛋的问题，查实后严肃处理，并通报。"市长就是这样把它的听筒放在群众的脉搏上，时刻倾听着群众的呼声。

　　"丁零零……"，铃声响了，去年 5 月长江轮船公司一同志来电话建议："希望市政府鼓励外地单位在武汉投资修建贸易大楼、商品展销中心、文化交流中心。"在此前后，不少外地单位也来电话要求在武汉建立办事处。工作人员将这一信息反映给何浣芬副市长，何副市长立即要求市规划部门将这些建议纳入城市建设总体规划。当人们今天了解到现在武汉每天有一家外地来设的商店开业时，就会了解到市长们是多么注重从专线电话中获得的信息。

　　"丁零零……"，铃声响了，武医的一位老专家来电批评："环

---

　　[*]　此文刊载于《湖北日报》。

卫部门不应当街焚烧树叶,这种烟雾含有较高的致癌物质……"市长们听到这一批评后,当即批示环卫部门:"严禁再当街焚烧树叶,所有落叶拖到郊外处理。"市长是人民的公仆,他们正是这样全心全意地为人民服务,替整个社会工作。

"丁零零……",铃声又响了。一年来,它响了1万多次,平均每天30次,市长们正是利用这小小话筒与人民倾谈着,心心相印。

请通话吧,公民,假若你有一个小小的请求,一个热切的愿望,一个中肯的批评,一个高明的建议,它都将热情地回答你:

"我是27777……"

领导者和"智囊团"*

陈堂明

（1985 年 3 月 7 日）

专家有报国之志，领导有礼贤之心，两相结合，于是，便出现了 1983 年 5 月 26 日成立的武汉市人民政府咨询委员会。

一

这是一个高水平的"智囊团"，32 名委员和 8 个专业咨询组的 86 名成员，几乎包括了社会学科和自然学科的各个门类，其中不乏享有盛名的经济专家。这些专家，很多都是市委书记王群和市长吴官正登门求贤、拜请"出山"的。

既然如此，大材岂可小用？早在咨委会成立之前，市政府便把"武汉发展战略"这个总揽全局的文章提请专家研讨了。于是，"诸子百家"，高论纵横：

朱仙、景德、佛山、汉口，素为我国四大名镇，而汉口繁荣，经久不衰，为何？

专家们认为："九省通衢"，交通发达，武汉自然形成华中经济中心。这，就是它在历史上的地理特点：得"中"独厚，唯"水"独优。

看今天，经济实力，武汉工业总产值居全国大城市第四位；

---

* 此文刊载于《湖北日报》。

大专学院、科研单位密集,智力优势仅次于京、津、沪等地,这说明,武汉应对全国作出更大贡献。

于是专家们提出了一系列战略设想。

其中有"中间开花"论——继14个沿海城市开放之后,武汉应该腹地"开花",建设成为我国内地最大的港口城市和经济中心,以服务全省,沟通华中,面向全国,通向海洋;

有"弦满箭飞"论——上海是"箭头",长江是"箭杆",武汉是"箭弦"。只有增强腹地经济实力,武汉满"弦",才能直下长江,支援上海,"箭"飞五洲,达到前沿开放的更好效果;

……

这些高瞻远瞩而又有科学依据的论证,给市领导以很大启示。正如吴官正市长所说:"地图一摊开,战略一研究,站在北京看武汉,站在武汉看北京,武汉的地位和作用就一目了然了。"武汉,难道不应建设成为一个开放式、网络型、高效益、多功能的中心城市么? 历史和现实的必然,任何人都不可妄自菲薄!

然而距此要求,武汉目前尚差甚远。这里虽有雄厚的工业基础,却未充分发挥应有效益。据1983年统计,全市工业固定资产给国家提供的利税,竟低于全国平均数的45%;这里虽然智力密集,却未得到很好的组织和运用;名为"九省通衢",实难水陆畅通,"铁路吃不了,航运吃不饱",更不用说水、陆、空综合联运了……这一切,都掩盖了武汉的客观优势,问题出在哪里?

专家认为,关键在于经济管理体制弊病甚多:条块分割、部门分割、地区分割、城乡分割,使许多环节都造成了人为的"肠梗阻"。只有打破分割,通开"肠梗阻",整个经济才能搞活,整个城市才能如同一部良好的机器,高速度地运转起来。科学的论证,化为改革的具体方案,终于迎来了党中央、国务院对武汉的批示:作为省会城市进行经济体制综合改革的试点,实行计划全面单列,赋予省级经济管理权限!

二

"振兴武汉经济,离开了专家不行!"吴官正明确提出:"权力与智力相结合"。

这是极有见地的指导思想。

现代经济工作的复杂性,要求建立智力运筹型的权力机构。权力以智力为基础,才能吸取最新的经济思想和科研成果,发挥"外脑"的作用,使政府决策科学化。这是变政府工作由单纯的行政管理为科学管理的良好途径。而智力以咨询的形式参与政府决策,与权力结合,理论联系实际,则将使知识迅速转化为社会生产力。

于是,武汉"智囊团"就呈现了这样的特点:"既非权力机构,而又参与权力决策;既有学术水平,又非一般学术组织"。它是改革之年出现的新事物:智力集团军! 决策参谋部!

让我们看看在权力的推动下,智力是如何转化为生产力,发挥巨大社会经济效益的吧!

中央批示下达后,武汉改革如何起步? 武大教授李崇淮提出了一个重要建议:以搞活"两通"(流通、交通)为突破口! 吴官正一听,立即表态:"我完全赞成李教授的意见!"

为什么?

这是符合武汉实际情况的建议。就流通反作用于生产而言,它也符合社会主义有计划的商品经济的规律。实践几个月后,果然,武汉市场流通搞活了,武汉产品质量提高了。去年举办秋季交易会,全国各地,万商云集武汉。原来预计商品成交一亿五至两亿元,结果达到两亿八,其中武汉产品成交额占一半以上。这,难道不是"搞活流通"带来的重大经济成果么?

诸如此类,不胜枚举。当然,有些咨询的社会效益,是很难用数字加以表述的。比如面对世界新的技术革命兴起而提出的武汉对策：建立激光工业、光纤通讯、生物工程基地和信息中心就是如此，它们将长期指导武汉的现代化建设。

采访中，记者高兴地获悉：去年元月，咨询委办公室汇集专家提出的 98 项重要咨询意见，均为市政府所接受，有的已经落实，有的正在创造条件逐步落实。而政府机构提出的各种改革方案，也都邀请专家科学论证，然后逐一加以推行。权力、智力，水乳交融，工作面貌怎不日新月异呢？

三

才者重才，智者重智。领导者能深刻理解"知识就是财富"这个道理，就能真心诚意"尊重知识，尊重人才"。武汉市委、市政府的一些领导人，就是如此。

人们向记者谈了这样一些"小事"：每逢专家与会，市政府都派专车迎送；会中伙食，市长亲自安排，甚至过目菜单；委员有病，则由市政府秘书长亲自陪同到医院就诊；新春佳节，茶话一堂，市委、市政府领导向专家祝贺致意，当面聆听建设高策……如此礼贤下士，谁不为之动情？

更为可喜的是，在市委和市政府领导人的带动下，"尊重知识，尊重人才"，已在全市蔚然成风。目前，不仅市里各委、办、局都成立了咨询组织，各区、县乃至部分厂矿企业，也都建立了多系统、多类型、多层次、多功能的咨询网络，大小共计 300 余家，恭请专家学者数千。

翻阅史册，可见不少礼贤下士之举，故有"门客三千"、"谋士如云"的美谈。但那终不过是"士为知己者死"，具有历史和阶级的局限。而今，领导、专家，共谋"四化"大计，目标一致，心心相印，岂止人才荟萃？扩展"礼贤下士"的传统内涵，我们整个社会生活都将在现代科学的轨道上运转，转向更加光明的未来！

走一步 看一步[*]

——记武汉市蔬菜市场放开前后

王 楚

（1985 年 3 月 17 日）

武汉市市长吴官正终于对蔬菜不犯愁了。

对蔬菜发愁,这是历任市长的一个心病。每当蔬菜遇上淡季,"淡则断",居民必定要给市长打电话,"民可三日不食荤,不可一餐不吃菜"。蔬菜多了,"旺则烂",武汉市 1983 年处理的废弃菜高达 2 亿斤,相当于 90 辆 4 吨载重卡车 1 年的运输量,当年,政策性亏损超过 1000 万元。因而,在市府大院内有"当官不摸青(菜)"的经传。

是谁帮助吴官正市长卸下这一包袱呢? 是农民,是成千上万个既是生产者又做了经营者的农民。他们从早到晚,推车、挑担、摆摊,自由出入市内的大大小小菜场。

"放开蔬菜市场,让农民进城"。好也好在这一步,难也难在这一步。

（一）

1984 年 7 月 13 日下午,市府大楼小会议室内,蔬菜产供销等部门的负责人正争论得面红耳赤,不可开交。郊区农民为何

---

* 此文刊载于《人民日报》。

不往国营菜场送菜？领导干部们各说不一。主持会议的吴官正市长不时掏出手绢，擦去额头上渗出的汗珠，半天没吭一声。

7月的武汉，酷热难当。蔬菜供应一进入"淡季"，国营菜场门庭冷冷清清，进菜量一落千丈。

"凡发现菜农往集市送菜，1担罚30元，1板车罚100元。"有的乡村把民兵都动员起来，手持武器，把住村口，堵塞要道。某个部门的同志无可奈何地汇报了他们收效甚微的"罚、连坐、堵"的防范措施。

"'无缝钢管'样的竹叶菜，'马鞭子'的苋菜，'鼓眼睛'的豆角，卖不出去的'老大粗'，菜农就往收购站、菜场送，'早鲜嫩'的菜纷纷送到集贸市场。现在的菜农越来越不听话了。"说话的人颇有些愤愤然。

"国营菜场收不到菜，只能说我们的统购包销的经营体制，已经不能适应郊区农村联产承包制后的形势，也满足不了城市居民日益增长的对蔬菜的需求。"市蔬菜产销办公室党组书记王新银发言，说，"尽管国营菜场蔬菜上市量一落千丈，但许多地段的蔬菜上市总量并没有减少。"

王新银同志从事蔬菜工作已多年了。他和同事们为解决武汉市吃菜难的问题，长年深入农村、菜场、居民家中，调查研究，先后曾搞出12个改革方案，因各种原因，都未能得到实施。会上，他一一列举了现在蔬菜统购包销的管理体制自身很难克服的五个方面的弊端。最后，他对现行的蔬菜管理体制讲出了八个字："不改不行，非改不可。"

300多万人的城市在蔬菜淡季搞改革，难度不小。好心的领导同志捏了一把汗："万一没有菜吃怎么办？蔬菜价格猛涨怎么办？菜场收入降低怎么办？……"

"让出阵地，让农民进城。"吴市长要拍板了。有人说，"没菜吃，老百姓一天要骂三次（三餐饭），但是，如果真的出现了上述问题,老百姓不怪淡季要怪改革的。"未曾登舟,先要考虑落水之计。吴市长扬起的手,又轻轻放下,拿起茶杯,沉思了一会说:"请你们主管部门把方案再充实一下。对外先不说是改革,就说是因势利导。出了问题,随时收回。"

(二)

探索蔬菜计划体制、价格体制改革的第 13 个方案在市政府通过了。五条改革措施:变统购包销为产销见面,对手成交;变独家经营为多渠道、多形式、多成分经营;变收购站为交易站;变分配制为采购制;菜场以菜为主,多种经营;变计划价格为浮动价格。五条改革措施突出一个"放"字。

的确,把 300 万人的吃菜问题,放手交给价值规律支配,交给农民,行不行,谁也不敢打保票。为稳妥,市政府决定新措施从 8 月 10 日正式试行。

一石激起千层浪。7 月 22 日的《长江日报》头版头条报道了这一新措施,郊区农民奔走相告。有的乡村干部和农民敲锣打鼓,给交易站送匾,上门祝贺。23 日,农商各方等不得了,自动提前执行。当日凌晨两点多钟,收购站灯火通明,不少菜农就把新鲜菜送到交易站。

新措施给市场带来了新气象。蔬菜上市赶早,质量鲜嫩。地处远郊的堪家矶乡的菜农,一改过去上午理菜,下午送菜的老做法,头天晚上把菜整好理顺,夜里两三点钟出发,早晨五点钟就把菜送到交易站,让鲜菜赶上了早市。菜农过去送鲜菜是 10 余斤一捆,竹叶菜一两尺长;现在是半斤一把,竹叶菜只有五六寸长。……群众高兴地说:"过去吃菜,一斤吃六丢四还不止,现在吃八丢二还不到,一洗一切就能下锅了,还是现在实惠。"

全市各家菜场纷纷派出采购员到田边、地头采购,对手成交。市内中心集市由 72 个猛增到 112 个。市内 108 家菜场、流动菜点 340 处,城乡接壤,星罗棋布的村办菜场、联营菜场,以及场外、点外、集外的分散交易,到处是菜,方便了群众。改革搞活了市场,购销两旺。

（三）

改革方案进行了 20 多天,武汉市的气温高达 38.9℃。持续几天的季风把地里的白菜杆、豆角藤都吹干了。菜农们冒着酷暑,每天都要浇一次水。高温、季风,对蔬菜改革进行了一次考验。

市场的变化比气温的变化还快。蔬菜一日三变,随行就市,菜价看涨。国营市场的小白菜由过去牌价 5 分钱 1 斤涨到 1 角 8 分;豆角由 1 角涨到 2 角 8 分,集市上涨到 3 角 5 分;个别缺俏品种价格更是昂贵……

吴官正市长办公室的电话格外忙,居民纷纷打电话,质问、批评。

市人大代表的“情况反映”,一件件交到吴官正的手上。

菜价的上涨,一时成为全市干部、群众议论的中心。

吴官正白天跑菜场、到郊区、走农户,晚上睡在办公室。天公为什么这么不作美呀?

8 月 20 日,市政府派出的调查组向市委、市政府汇报了蔬菜放开后的生产形势和市场供求状况,并提出,菜价上涨,正是价值规律在起作用。吴市长心急如焚,但没有采取简单的行政命令,也没有宣布收回五条改革措施,而是召集蔬菜产供销各部门的领导,商量对策。

“组织菜农搞好秋播秋管,多种快生菜,以稳定大局。”管生产的同志提出了建议。

　　"动用政策性亏损专款,以国营菜场为阵地,采取高进低出,倒挂补贴,购进外省市的菜,迅速把菜价压下来。"市委一位领导讲了话。

　　有争论,有批评,有委屈,也有分析。但是,改革走出了第一步,就不能退回去,就要坚定不移地走下去,这是一致的看法。

（四）

　　由于集市坚持对外开放,郊区和 13 个邻县的农民纷纷涌到武汉市卖菜。1984 年全市蔬菜总产量达到 10 亿 8 千万斤,比上年增产 15％,前几年几乎绝迹的稀缺品种,也开始上市。菜农人均纯收入由 1983 年的 439 元,增加到 622 元。蔬菜市场开放后,菜价一度有所上升。以后随着蔬菜上市量增加,改善经营管理,出现了"菜多价降"的规律。菜价终于降了下来。据工商部门统计,1984 年秋季 13 个主要品种菜价,较之上年同期,持平 3 个,下降 10 个,其中下降幅度 10％的占 8 个。

　　"老大粗,田头丢,早鲜嫩,城里运。"这是 10 月下旬武汉市蔬菜供应进入旺季时的写照。去年,1 至 6 月份,全市烂菜 7 千万斤,政策亏损 625 万元;改革后的 8 月至 12 月份,烂菜减少到 168.6 万斤,比上年同期减少 82.3％,政策亏损降到 190 万元。

　　武汉市在放开蔬菜市场的同时,猪肉市场也全部放开了。开始时也是价格略有上升,以后随着上市量的增加,价格日趋稳定,现在肉多、肉鲜,价钱公道,群众算算账,得出结论,还是放开好。

　　目前武汉市的改革并未止步。吴官正市长对记者说:"蔬菜问题,我们先走了一步,没有失去时机,是摸着石头过河。"武汉市在蔬菜放开搞活上,走一步,看一步,很有点开拓精神和实事求是的精神。

有胆略的决定 *

——武汉三镇大门是怎样敞开的

王 楚

（1985 年 5 月 11 日）

武汉三镇，这个"自守"了 30 多年的城堡，终于敞开了大门。中央领导同志称赞："这是一个有胆略的决定。"把城门打开，让外地商品冲击自己的市场，让自己的企业在市场上参加竞争，经风雨、见世面。制定这一决策，对"重镇历来讲守"的江城来说，的确是要有胆略的。市委第一书记王群，59 岁，打仗出身；市长吴官正，46 岁，学自动化专业的。就是这二位和他们领导的新班子凭着他们的魄力和胆略，使这个城市改革方案、决策，顺利得到实施。

（一）

去年 5 月，武汉市被批准为省会城市经济体制综合改革试点。对此，王群、吴官正心里既喜又忧。喜的是，"从此放开了手脚"；忧的是，"下步从何入手"。他们考虑的是，决不能辜负中央对武汉的厚望。

偌大的武汉三镇，日趋"加固的城堡"，使货不能畅其流，路不能畅其通，经济效益差。但是，一提起工业，一些同志总是津

---

* 此文刊载于《人民日报》。

494

津乐道,在全国44个工业门类中,武汉已有了40个;在156个工业细类中,武汉已占145个。可报表上清清楚楚写着:1983年,全市工业固定资产给国家提供的利税,竟为全国平均数的45%。武汉有"九省通衢"之称,而现状是,"铁路吃不了,航运吃不饱"。人、物要么进不来,进来了又难以出去。吸引力、辐射力日益缩小。昔日唇齿相依的九省,如今逐渐与武汉脱钩,纷纷自找伙伴。有识之士曾多次上书,大声疾呼:如此下去,"九省通衢"将会落个"东西南北空"。

"天上九头鸟,地下湖北佬",这种褒贬都含的俗语,也成了一些人炫耀的资本。全国第二次质量评比,一两重的"棉花糖",被推上了银牌的高座,一扫武汉在金银牌榜上无名的愁容,于是,"么样唦,湖北佬还是厉害哟",赞誉之声不绝于耳。殊不知,两把重的"棉花糖"怎能与大武汉共上天平称呢?!

王群和吴官正坐不住了。吴官正想到了自己的"智囊团"、"思想库"。

武汉市人民政府咨询委员会,是一个高水平的"智囊团",32名委员和8个专业咨询组的86名成员,几乎囊括了社会学科和自然学科的各个门类。其中不少是享有盛名的经济专家。其下,则是由大学、科研、学会、民主党派等七路大军共262家咨询单位形成的智囊网络。就是这个"智囊团",为市委、市政府的重大决策,提供了一系列的科学依据。

把武汉建设成一个网络型、高效益、多功能的中心城市,必须走开放之路,这是各家的共同见地。"智囊"集团军提供的大量科学论据和分析,使吴官正板上有眼了。

6月,市长吴官正举行新闻发布会,真诚地向国内外宣布:地不分南北,人不分公私,一律欢迎来武汉做生意;提供24万平方米的场地,供国内外客商开发、投资、做生意。

（二）

"枪一响就不怕了。"市委第一书记王群说："怕就怕在战斗未打响那一阵。"

的确，让三镇大门洞开，决策者有了勇气，还有一个怎么让全市各界通力合作去迎接挑战的问题。

当广州市要求来武汉展销他们的轻纺产品时，有关部门就向市委领导表态："坚决反对"。理由是，武汉市轻纺产品竞争不过广州。明知本地产品缺乏竞争能力，还让外地产品打进武汉市场，抢走本地生意，万一自己的企业被淘汰，成千上万人的工资、奖金，岂不……有的干部竭力给决策者吹风："保护措施这个传统不能丢。"武汉自行车二厂采取跨地区，择优选取外地零部件，以提高产品竞争能力。武汉自行车零件一厂就向系统内 10 多个单位散发传单，声言："本是同根生，相煎何太急。"并发出最后通牒，将本厂内与二厂有亲属关系的职工，全部辞退，让他们去向二厂要工作。真是水不急，鱼不跳。城门还未打开，城里已是风雨满巷。

"敞开三镇大门，岂不是引狼入室？"

"从来都是肥水不流外人田，问他们吃的还是不是武汉的粮，为何胳膊往外拐。"

"让外商来汉办厂、设店，岂不是拱手把武汉交给了洋人。辱国之举，辱国之举！"有的人还真的动了感情。

王群、吴官正心里很清楚，要使武汉腾飞，必须走敞开三镇之路，"引客入室"，是为了"放虎出城"。实行保护落后的措施，只能使本市产品永远落后。何况，落后产品，过了今天，过不了明天。武汉是华中的武汉，是全国的武汉。要站在北京看武汉。"他山之石，可以攻玉。"

"企业在家门口竞争,万一真垮了怎么办?"有人直接质问市领导。

"垮了活该。"王群和吴官正口径一致,回答得干脆利落。

话是这么说,要是企业真垮了,职工张着嘴,市委、市政府还能不管饭? 王群多次给企业领导做工作,鼓励他们在竞争中振兴:"看准了的事,该拿出勇气冲锋了。"

市政府作出决定,欢迎广州来汉展销,并要求热情接待;聘请联邦德国专家任武汉柴油机厂厂长;支持武汉自行车二厂从26 个省市的 277 家企业中,择优选取外地零部件,使"黄鹤牌"自行车由 B 级车上升到 A 级车。

(三)

武汉三镇敞开城门,万商云集,千帆进江,百货竞流,各业争雄。真是放开一步天地宽。截至今年 4 月 30 日,外省市在汉办厂办店 460 多家,外地、本地合资、本地独资兴办的厂店 11500 多家,11 个月来,平均每天有 36 家厂店开业。省外进武汉和经过武汉输往各地的日用消费品品种超过 53000 个,金额占武汉市总成交额的 40％以上;同时,武汉市地方轻工产品 1 万多种,也源源不断流向 28 个省、市、自治区。

长期被无形绳索紧紧捆缚的武汉,一旦放开了"手脚",大有不知所措之感。昔日封闭的城堡,变成眼花缭乱的大千世界。一些企业像鸭子走旱路,东张西望,但很快找到了水域和泉源。市场开放,打开了武汉本地企业狭隘的眼界,企业纷纷由生产型向生产经营型、开发经营型转化。武汉手表一度因外地手表涌进而被困,库存达 15 万只。全厂从厂长到工人,精诚团结,深入本省农村和大西南,建立了 500 多个销售点。同时,根据市场需要,研制出新式坤表和"武当"表,又夺回了市场。

　　面对激烈的竞争,除个别工厂被挤垮以外,有转向、有合并,更多的是跌倒了又就地爬起来,在竞争中提高了应变能力,为生存需要,走上了专业化协作的联合道路。去年以来,全市工交系统就有1565个企业,与28个省、市、自治区有关单位,组建了各种经济联合体和协作网253个。

　　武汉市改革走出了成功的一步,市委、市政府把权力同智力有机结合起来,以智力为依靠,实行科学决策,发挥"外脑"、"群脑"、"智囊"的作用,他们这种魄力和胆略的产生,不是令人十分可信和深思的吗!

胆识来自智力"集团军"*

——武汉的城市改革是怎样寻找突破口的

王　楚

（1985 年 6 月 25 日）

武汉经济体制综合改革跨出了可喜的一步。有些重要领域的决策,中央领导称为有胆略的决定。来访者常问:"市领导改革的胆识从何而来?"回答是:来自智力"集团军"。

（一）

武汉市长吴官正刚刚上任,就曾引起三镇一些人的震惊,随之而来的上访、疑虑……"怎么会轮到他当市长?"言外之意,他的资历不胜任市长这个角色。新市长上任,就被人指指戳戳。一块块疑云,从积极方面看,说明群众希望有位"信得过"的市长出任组阁。

出乎意外,吴官正竟承认自己不行。

吴市长多次在大庭广众之下说:"这么大的武汉市,凭我个人的聪明、才能,远远不能挑起市长这副担子。"他敢于面对现实,讲真话。因为据科学计算,一架喷气式飞机设计参数为 10 万个,洲际火箭的可变参数为 100 万个,而城市问题可变参数却高达 1 亿个!

但市委第一书记王群、即将交班的老市长黎智等领导干部

---

* 此文刊载于《人民日报》。

向吴官正报以信任的眼光。

1983年3月，刚刚到职的吴市长既未"新官上任烧三把火"，也未初来乍到踢"头三脚"，而是游说学府，登门求贤。50天过去了，一个高水平的"智囊团"——市政府咨询委员会正式成立了。32名咨询委员，有副教授、高级工程师以上职称的就占29名，咨委会下设工业、交通、农业、科教、财贸等8个专业咨询组，86名成员，几乎包括了社会学科和自然学科的各大门类。

"智囊团"开张大吉，市直机关却舆论四起：

"刚上台，就闹起花架子。"

"有本事，自己干，拉专家、教授吓唬谁呀？"

的确，当官的"求教于人"，在我国一些人的心目中可以与"没本事"画等号，再说，基层干部对某些领导的"老三招"也摸透了：对上，伸手大讲困难；对下，搞命令主义；当这两招都失灵，就玩起第三招形式主义和花架子。

"市长大人背后站那么一大排书生，你说这架子花不花？"这说明干部和群众深恶"花架子"。吴官正心里清楚，现代城市错综复杂，行情瞬息万变。市长不可能是通才，而遇事又要及时作出正确的决策，充分运用科学家、专家的专长和智慧，以缩短领导职责与个人能力之间的差距，实属必要。专家、学者是研究趋势和方向的。这，不能与"花架子"同日而语。

专家的学识、智慧与领导的决策相结合，可以打破传统的决策习惯，而利用智力咨询集团进行科学决策，这是当前改革的重要内容之一。

（二）

依据"智囊"们的建议进行决策，市领导同样需要胆量。

武汉经济体制综合改革"突破口"选在哪里？一题既出，高论各异。咨询委员会是市府的高级参谋部，建议、设想果然出手不凡。在武汉的大学、科研单位、学会、民主党派等七路大军的260多家咨询机构，也不甘示弱。市府召开的八次咨询研究会，建议就多达240余条。

"武汉雄踞长江中游，京广大动脉的中段，是我国商品的重要集散地，抓活流通、交通这'两翼'，武汉经济才能起飞。""两通"派观点一露，就成为众矢之的。武汉大学教授李崇淮不顾69岁高龄，他一论、再论、三论、四论"两通"起飞可行，据理力争；

"工业这个主体不壮实，光靠'两翼'呼哧呼哧，能飞得起来吗？再说手中无米鸡不来，武汉市没有打得出、叫得响的拳头产品，怎么发挥城市的吸引、辐射的功能作用？"工业先行派寸步不让，呼应者众多；

"要以科技立市。日美等国就是如此。科技水平将是制约各个地区经济发展的关键。识时务者为俊杰。"

"武汉一无石油、二无矿藏。古人曰：'两湖熟，天下足'，鱼米之乡不靠鱼米靠什么？"……

"诸子百家"，各持己见。市委、市府根据武汉计划单列以后的财力、物力现状，决定选用搞活"两通"为改革的突破口的方案。消息传出，市内外引起的强烈反响，这是王群、吴官正没有想到的。流通和交通对商品经济有着重要意义。统得过死的商品经济要向开放型的有计划的商品经济过渡，搞活流通、交通则是过渡的桥梁。学术自由的空气开阔了领导的视野。市委、市府为了使视野更加开阔，从全国各大城市请来了"智囊"：著名经济学家钱俊瑞、于光远、宦乡、蒋一苇、童大林等40多位学者专家，千里迢迢来汉，运筹谋划；日本、联邦德国友好城市的十几位专家也纷纷参加咨询。

集思广益，择善而从。

创第一流产品,提供第一流服务。把武汉建成开放型、多功能型的中心城市,而敞开三镇大门,搞活"两通"(交通、流通)为改革的突破口。方针定下,坚决执行。6月,市长吴官正举行了新闻发布会。

"两通"稍有突破,城门一敞开,武汉的地理和市场优势立即显示出来,并产生了巨大的吸引力。贸易行栈似雨后春笋;贸易中心脱颖而出;"第三产业"应运而生,"信息热"、"科技热",连10万农民建筑大军也浩浩荡荡开进城来;全国第一家民办航空公司成立;原来独家经营的长江港口,也成了各种经济实力竞争的闹市。

(三)

"市委真是如此重视专家的作用?还不是把他们当作无柄的暖壶,用时抱在怀里,不用就扔在床底。"

"历任市长都没有这任市长刁。把专家推到前面,说话当然灵。"

搞改革,每前进一步,总要遭人非议的。吴官正并不回避。他说,运用"智囊团",我们是刚刚开始。有议论,正说明用专家的科学咨询去取代习惯的决策方式,还需要有一个过程。把"智囊团"的科学咨询,作为市府决策的重要环节,从法律上还缺乏保证。何况有的是我们不识货。人们的怀疑也是正常的。但是,尊重专家,我们是真心诚意的。

"来的都是客,服务要周到。"这是市委第一书记王群常讲的一句话。市领导在实践中逐步明确,领导就是服务。把专家、学者振兴武汉经济的最佳方案付诸实施,这就是最好方式的服务。去年6月,武汉大学校长刘道玉偶尔露出一条建议:把一部分普通中学改为职业学校。吴市长知道后,当夜派员向刘道玉汇报:

一名副市长已根据他的建议组织了调查。市府决定第一批将38 所普通中学改为职业学校,1985 年职业学校比重达到 37％。市府还作出规定,对专家们的建议,有关部门要认真研究,凡合理可行的要尽快采纳,能办到的立即办;需要创造条件逐步办到的,积极创造条件;一时办不到的也应该作出实事求是的解释。

尊重专家,关键是尊重学识。为打破交通"分割的条块",市经委提出成立交通委员会,协调铁路、公路、水运、航空、邮电各部门。方案拿出,发现部属和省属有关企业并不能下放,改革不能同步,如果成立协调机构,仅仅只管一个交通局,显然多增加了一道门槛。市经委打了退堂鼓。市委、市政府有关领导也认为"庙好建,拆就难"。"智囊团"论证后,认为成立协调机构是搞活武汉大交通的必经之路。从长远计,成立协调机构,可以促进上下左右同步改革。市领导撤回原决定,迅速成立了交通委员会。市领导尊重专家,专家敬重市领导,不少人还相互交上了朋友。

武汉这个由当地、国内各地和海外专家、学者形成的松散的、多层次咨询网络,被人们誉为市政府的智力"集团军",从事咨询的人数多达两万余人。这支知识密集型的队伍,使全市的改革有了论证,因而指挥员才有了胆识,使起步不算早的武汉市经济体制改革,无论在宏观还是在微观经济的重要领域都有了新的突破。